China Coal Outlook 2017

● He Youguo
Liu Wenge Yu Lei Lan Xiaomei

2017 中国煤炭发展报告

● 主　编　贺佑国
副主编　刘文革　于　雷　蓝晓梅

煤炭工业出版社 · 北京
China Coal Industry Publishing House
Beijing · China

图书在版编目（CIP）数据

2017 中国煤炭发展报告 / 贺佑国主编．--北京：煤炭工业出版社，2017

ISBN 978-7-5020-5728-2

Ⅰ．①2… Ⅱ．①贺… Ⅲ．①煤炭工业—经济发展—研究报告—中国—2017 Ⅳ．①F426.21

中国版本图书馆 CIP 数据核字（2017）第 044581 号

2017 中国煤炭发展报告

主　　编　贺佑国
责任编辑　李振祥　闫　非　张　成
责任校对　尤　爽
封面设计　安德馨

出版发行　煤炭工业出版社（北京市朝阳区芍药居 35 号　100029）
电　　话　010-84657898（总编室）
　　　　　010-64018321（发行部）　010-84657880（读者服务部）
电子信箱　cciph612@126.com
网　　址　www.cciph.com.cn
印　　刷　北京玥实印刷有限公司
经　　销　全国新华书店

开　　本　889mm×1194mm 1/16　**印张**　21 1/4　**插页**　12　**字数**　439 千字
版　　次　2017 年 4 月第 1 版　2017 年 4 月第 1 次印刷
社内编号　8591　　　**定价**　300.00 元

编
委
会

Chairman

Wang Xianzheng　Chairman, China National Coal Association

Vice Chairman

He Youguo　President, China Coal Information Institute

Yang Qingsheng　Vice President, China Coal Information Institute
Vice Chairman and Secretary General, China Coal Miner Pneumoconiosis Treatment Foundation

Committee Members

Zhang Youxi　Chairman of Directors Board, Datong Coal Mine Group Co., Ltd.

Zhang Ruoxiang　Chairman of Directors Board, ShanDong Energy Xinwen Mining Group Co., Ltd.

Li Chong　Chairman of Directors Board, Zhengzhou Coal Industry (Group) Co., Ltd.

Chen Jiazhong　Chairman of Directors Board, ShanDong Energy Longkou Mining Group Co., Ltd.

Wang Mingsheng　Chairman of Directors Board, Huaibei Mining Industry (Group) Co., Ltd.

Zhai Hong　Chairman of Directors Board, Yangquan Coal Industry (Group) Co.,Ltd.

Kong Xiangxi　Chairman of Directors Board, Huainan Mining Industry (Group) Co., Ltd.

Liang Tieshan　Chairman of Directors Board, China Pingmei Shenma Energy & Chemical Group Co., Ltd.

Wu Huatai　Chairman of Directors Board, Shanxi Coking Coal Group Co., Ltd.

He Tiancai　Chairman of Directors Board, Shanxi Jincheng Anthracite Mining Group Co., Ltd.

Zhang Wenxue　Chairman of Directors Board, Kailuan Group Co., Ltd.

Hu Yuhong　Deputy Director-general, NationalCenter for International Exchange & Cooperation in Work Safety

Li Xiyong　Chairman of Director Board, Yankuang Group Co., Ltd.

Zhai Deyuan　Vice Manager, Inner Mongolia Yitai Group Co., Ltd.

Liu Pengfei　Chairman of Director Board, Hegang Mining Group Co., Ltd.

Team Leader

He Youguo

Team Leader Assistants

Liu Wenge　Yu Lei　Lan Xiaomei

Team Members

Niu Kehong	Ye Xudong	Zhu Chao	Zhu Xiyang	Liu Chuang
Sun Chao	Sun Qinggang	Li Yongping	Li Weili	Li Yanqiang
Zhang Jianming	Rong Jun	Ni Kun	Liang Zhuang	Fan Shao

2017 中国煤炭发展报告

研究单位

国家安全生产监督管理总局信息研究院
（煤炭信息研究院）

协助单位

中国煤矿尘肺病防治基金会
大同煤矿集团有限责任公司
神华集团有限责任公司
山东能源新汶矿业集团有限责任公司
郑州煤炭工业（集团）有限责任公司
兖矿集团有限公司
山东能源龙口矿业集团有限公司
淮北矿业（集团）有限责任公司
阳泉煤业（集团）有限责任公司
中国平煤神马能源化工集团有限责任公司
山西焦煤集团有限责任公司
开滦（集团）有限责任公司
鹤岗矿业集团有限责任公司
内蒙古伊泰集团有限公司
山西晋城无烟煤矿业集团有限责任公司
淮南矿业（集团）有限责任公司

China Coal Outlook 2017

Prepared by

China Coal Information Institute

Sponsored by

China Coal Miner Pneumoconiosis Treatment Foundation
Datong Coal Mine Group Co., Ltd.
Shenhua Group Co., Ltd.
Shandong Energy Xinwen Mining Group Co., Ltd.
Zhengzhou Coal Industry (Group) Co., Ltd.
Yankuang Group Co., Ltd.
Shandong Energy Longkou Mining Group Co., Ltd.
Huaibei Mining Industry (Group) Co., Ltd.
Yangquan Coal Industry (Group) Co., Ltd.
China Pingmei Shenma Energy & Chemical Group Co., Ltd.
Shanxi Coking Coal Group Co., Ltd.
Kailuan Group Co., Ltd.
Hegang Mining Group Co., Ltd.
Inner Mongolia Yitai Group Co., Ltd.
Shanxi Jincheng Anthracite Mining Group Co., Ltd.
Huainan Mining Industry (Group) Co., Ltd.

掌握国内外煤炭行业发展动态
促进中国煤炭工业可持续发展

中国／世界煤炭发展报告
China / World Coal Outlook

《中国／世界煤炭发展报告》是国家安全生产监督管理总局信息研究院在国家能源局和中国煤炭工业协会支持下开展的重点研究项目，自 2004 年首次出版以来，已出版《中国煤炭发展报告》中文版 12 期、英文版 4 期，《世界煤炭发展报告》2 期。今后将作为年度报告定期出版。

《中国／世界煤炭发展报告》以国民经济和社会发展趋势及宏观经济政策为背景，通过市场调研获得大量丰富详实的数据资料；深入分析煤炭生产与市场动态，包括煤炭需求与供应预测、煤炭物流与贸易、煤炭科学技术、煤矿安全生产、煤炭与环境、煤炭企业转型发展等，重点报道和研究当前煤炭行业的热点议题；同时对下一年度行业发展趋势进行预测，提出独家观点和对策建议。

《中国／世界煤炭发展报告》的编纂出版，得到了有关政府部门、大型企业领导和有关专家的大力支持，受到业内人士的普遍关注，课题组对此表示衷心的感谢！我们将努力工作，不断提高研究质量和水平，以报答领导和读者的厚爱！

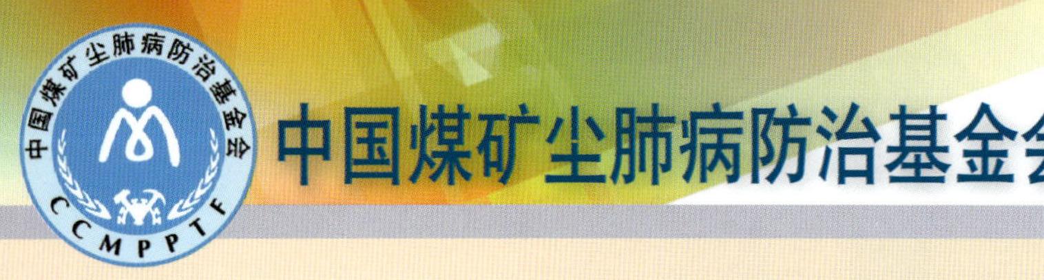

以人为本、关爱生命、慈善为怀、防治尘肺

中国煤矿尘肺病防治基金会理事长
黄 毅

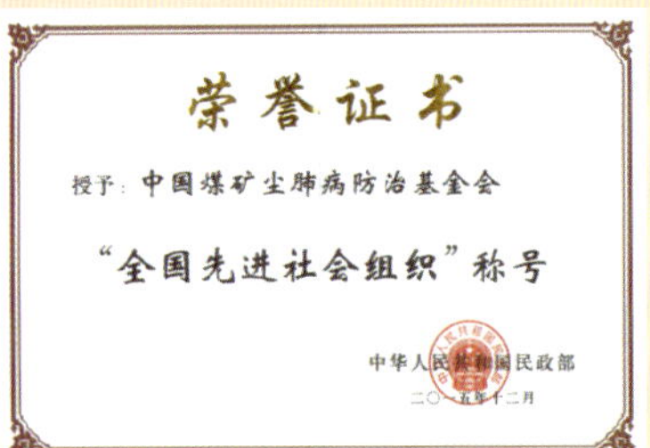

全国先进社会组织证书

社会组织评估等级 AAAA 证书

中国煤矿尘肺病防治基金会（以下简称基金会），是民政部批准注册成立，全国安全生产领域唯一的公益慈善机构。

2003 年成立以来，基金会秉承“以人为本、关爱生命、慈善为怀、防治尘肺”的宗旨，致力于尘肺病预防、治疗、科研、宣传等公益慈善工作。

多年来，基金会的善行义举，赢得了广大矿工、煤炭企业和社会各界的普遍赞誉。

- 2012 年被民政部评定为 AAAA 级基金会。
- 2015 年荣膺“全国先进社会组织”称号。
- 成立至今，募集善款总额达 1.94 亿元，用于慈善支出已达 1.68 亿元。
- 截至 2016 年底，累计救治尘肺病患者 19 万多人，其中大容量肺灌洗 2 万 5 千多人。
- 截至目前，在全国拥有 52 家尘肺病治疗的定点医院，其中能够开展大容量肺灌洗治疗技术医院 18 家，已形成完整的尘肺病治疗体系。
- 在全国设立了 20 家代表处（联络办）。
- 在全国建立了 20 支青年志愿者服务队伍。
- 有 10 家科研基地、2 家培训基地，还设立了煤矿粉尘检测中心、法律援助中心和工程技术研究中心。

基金会工作思路三个转变

单一的以尘肺病治疗为主向尘肺病预防和治疗并重转变；

基金的筹措由以煤炭企业为主向依靠社会力量办基金转变；

从单纯以募集资金为主，向募集资金和实物并举转变。

基金会五大公益慈善项目

- 洗肺清尘项目

尘肺病患者“洗肺清尘”项目也称为“尘肺病康复工程”，是基金会最早开展的慈善项目，是基金会主体工程，主要依靠基金会定点医院救助尘肺病矿工。采取大容量肺灌洗技术和综合治疗方法对患者进行治疗与康复。“洗肺清尘”受到广大尘肺病患者的一致好评，极大地推进了尘肺病治疗工作的发展。

- 西部尘肺病农民工救助项目

2014 年至今，基金会连续 3 年承接中央财政支持社会组织参与社会服务项目 --《西部尘肺病农民工洗肺清尘救助项目》，争取到中央财政支持资金 320 万元，基金会提供配套资金 228 万元。截至目前，共救治 13 省市的彝、藏、满、苗、侗、土、回、蒙、汉 9 个民族，共 1800 名贫困尘肺病农民工患者。

- 省、部级劳模尘肺病人公益救助项目

2015 年 7 月该项目启动，基金会通过委托指定定点医院组织劳模分期分批进行治疗（肺灌洗和综合治疗）康复，并每人赠送一台制氧机，至今救助 227 名省、部级劳模尘肺病患者。项目理念“发现一个救治一个”，使为煤炭工业做出突出贡献的劳动模范切身感受到党和政府的温暖。

●尘肺病人家庭氧疗公益救助项目

尘肺病晚期患者肺功能逐步丧失，呼吸困难，血氧含量降低，容易导致并发症，呼吸成为负担、奢求。为了提高他们的生活质量，能够顺畅的呼吸，基金会决定，利用 5 ~ 8 年的时间向他们捐赠制氧机 10000 台。2016 年 1 月项目启动，筛查符合救助范围的患者，每人赠送 1 台医疗级家用制氧机，发放了 270 台，2017 年拟发放 390 台。

●井下防尘降尘和设备设施公益行动

“煤矿粉尘综合治理”方案及相关装备，总价值 500 万元，由基金会理事单位山东天河科技股份公司捐赠。其中 3 台价值 135 万元的“矿用湿式除尘风机”已落地给为基金会奉献爱心的重庆能源投资集团中梁山矿业公司，投入使用后，获得一线矿工的一致好评。

“清洁煤炭防尘抑尘”产品及配套设备，价值 1000 万元，由基金会理事单位华扬怡和科技有限公司捐赠。其中 200 万元的“井下抑尘系统”，落地平煤神马集团十三矿，正常使用后，除尘效果明显，拟在河南永煤集团进一步推进。

“矿山精确定位监视监控多功能管控系统”，价值 3000 万元，由基金会理事单位辽宁瑞华科技集团捐赠。针对煤矿安全监控系统升级改造，服务于煤矿安全保障和风险控制等领域。基金会将设备捐给大同集团塔山矿，安装调试完毕后经国家煤矿安全监察局和专家考察，现已进入实用阶段。

“岩盐气溶胶治疗仪”共计 20 台，价值 1280 万元，由哈尔滨市源清贸易有限公司捐赠。目前，该治疗仪已落地 9 家基金会定点医院，成为治疗尘肺病的一项新手段。

《省部级尘肺病劳模公益救助项目》启动仪式

基金会向陕西尘肺病劳模捐赠制氧机

黄毅理事长亲切看望尘肺病患者

同煤集团

煤炭物流

同忻煤矿

高产高效工作面

塔山发电

塔山光伏

同煤集团是全国亿吨级动力煤大集团之一，煤炭产销量稳居行业前三；是煤电深度融合的特大型国有现代化能源集团，山西省最大的发电企业；是世界 500 强企业，2016 年世界 500 强排名第 322 位，比 2015 年前进了 19 位。

同煤集团的前身是大同矿务局，成立于 1949 年 8 月 30 日，是共和国煤炭工业的长子。1985 年产量突破 3000 万吨，被誉为“世界煤都”。1998 年从煤炭部下放到地方，成为山西省省属国有企业。现已发展成为以煤炭、电力为主，金融、煤化工、机械制造、物流贸易等多业并举的特大型国有现代化能源集团。

同煤集团现有 20 万员工、80 万员工和家属，产业布局在山西、内蒙、新疆等 7 省（直辖市、特别行政区）18 个市（区），拥有子分公司、二级单位 170 个。其中包括大同煤业、漳泽电力 2 个上市公司和 1 个财务公司。

近年来，同煤集团全面深入贯彻落实党的十八大和十八届三中、四中、五中、六中全会精神，严格落实省委、省政府的决策部署，紧紧围绕“建设新同煤、打造新生活”的战略愿景，坚持“五个一”战略要求和“三个三”战略思路，攻坚克难促转型，多措并举增动能，千方百计惠民生，切实做好煤与非煤“两篇大文章”。

同煤集团办公楼广场

“五个一”

- 营造一个公平正义、风清气正的工作环境；
- 建设一支团结务实、勇于担当的干部队伍；
- 形成一个管理创新、决策民主的运行机制；
- 创建一个廉洁奉公、和谐稳定的良好局面；
- 坚持一个关爱员工、惠及民生的根本宗旨。

“三个三”

- 突出坚持“三个依靠”：依靠各级组织、依靠各级干部、依靠广大员工；
- 突出抓好“三项重点”：安全稳定、转型发展、惠及民生；
- 突出改进“三种风气”：作风、会风、文风。

“十二五”期间，培育形成了“千万吨级安全高产高效矿井集群、深度融合的煤电一体化基地和高科技、高效益、高品位的循环经济园区”3大核心能力，释放了产业升级新引擎的强力助推作用。

“十三五”期间，同煤集团将紧紧围绕山西省委、省政府“一个指引，两手硬”的重大思路要求和各项决策部署，以“两新”战略为引领，在继续夯实3大核心能力的基础上，再强化“金融＋现代物贸”2个效益增长极，形成“3+2”核心能力，构筑综合性、大规模、高端化、效益好的立体式产业格局，建设具有市场竞争力和话语权的国内领先、国际一流的综合能源大集团，站稳世界500强。

财务公司

煤化工

机电装备

塔山循环经济园区

信息研究院成功举办 2016 中美煤炭清洁发展论坛

2016 年 9 月 9–10 日，由国家能源局和美国能源部联合主办，国家安全生产监督管理总局信息研究院和内蒙古自治区鄂尔多斯市政府共同协办的“2016 中美煤炭清洁发展论坛”在鄂尔多斯胜利召开。来自中美双方政府部门、有关企业和研究机构的代表近 150 人参加会议。国家能源局煤炭司和鄂尔多斯市人民政府相关领导、美国能源部道格拉斯 · 霍列特首席副助理部长、国家安全生产监督管理总局信息研究院贺佑国院长、刘文革副院长等出席论坛。

论坛以“共同迎接困难挑战，实现煤炭清洁发展”为主题，与会代表主要围绕煤炭绿色开发与可持续发展、煤炭高效转化与清洁利用、煤炭资源综合利用与污染物防治、煤炭产业低碳发展与 CO_2 减排等议题进行了充分交流与沟通，会议现场气氛热烈。

研讨会后，参会代表赴神华集团煤制油化工公司鄂尔多斯分公司煤制油项目、国电建投内蒙古能源有限公司布连 – 察哈素煤电一体化项目现场进行了参观和考察，效果显著。这次会议对推进中美两国共同应对能源安全、环境保护和气候变化的挑战，加强两国政府、企业和科研机构在煤炭清洁高效开发利用领域的合作发挥了重要促进作用。

“2017 中美煤炭清洁发展论坛”将于 2017 年下半年在美国召开。

贺佑国院长接受鄂尔多斯市电视台专访

美国能源部道格拉斯 · 霍列特首席副助理部长

参会代表赴布连 – 察哈素煤电一体化项目现场参观

会场全景图

国家安全生产监督管理总局信息研究院院长贺佑国致辞

国家煤矿安全监察局副局长杨富致辞

美国环保局全球甲烷行动倡议办公室主任莫妮卡·岛村致辞

信息研究院成功举办第十六届国际煤层气暨页岩气研讨会

2016 年 9 月 12-13 日，由国家煤矿安全监察局科技装备司、美国环保局煤层气办公室主办，国家安全生产监督管理总局信息研究院与山西晋煤集团、晋城市政府及煤与煤层气共采国家重点实验室联合承办的第十六届国际煤层气暨页岩气研讨会在山西晋城成功召开。国家煤矿安全监察局副局长杨富出席会议并讲话，美国环保局全球甲烷行动倡议办公室主任莫妮卡·岛村，山西省政府副秘书长刘德政，国家安全生产监督管理总局和国家煤矿安全监察局相关司负责人，中国工程院院士袁亮、李根生，国家安全生产监督管理总局信息研究院院长贺佑国、副院长刘文革出席会议，来自英国、加拿大等驻华使馆，国内外科研机构、高等院校、企业的专家和代表参加了会议。

与会专家围绕“煤矿瓦斯防治及抽采技术”、“地面煤层气及页岩气开发”、“煤层气（煤矿瓦斯）井上下联合抽采技术”、“煤矿瓦斯与通风瓦斯利用”等议题进行了深入研讨，有力地推动了煤层气、页岩气产业发展技术交流。研讨会后，参会代表赴山西蓝焰煤层气有限公司、易高煤层气有限公司、沁水瓦斯发电有限公司和煤与煤层气共采国家重点实验室进行现场考察，进一步促进了瓦斯防治与煤层气地面开发理论与实践、产学研相结合。本次研讨会突破以往在北京召开的传统模式，以现场会的形式在山西晋城召开，学术交流和现场参观相结合，意义重大、效果突出，获得与会领导和代表的充分肯定。

第十七届国际煤层气暨页岩气研讨会预计将于 2017 年 11 月在北京召开。

袁亮院士主旨演讲

李根生院士主旨演讲

代表现场参观

会场全景图

信息研究院新闻中心

新闻中心是国家安全生产监督管理总局信息研究院（煤炭信息研究院）的期刊出版部门，重点宣传全国安全生产领域的方针政策、法律法规，关注焦点热点问题、安全监管监察动态，煤炭行业以及能源矿产业新的学术思想和新技术、重大科研成果、先进的煤炭企业管理经验，是全国安全生产领域和煤炭行业权威的期刊出版部门，并承担国家安全生产监督管理总局和国家煤矿安全监察局部分课题项目。

新闻中心下设“四刊三网”及新媒体矩阵，是安全和能源领域的主流媒体平台，分别是《中国安全生产》《中国煤炭》《当代矿工》月刊，《煤炭信息》周刊，中国安全生产杂志网站、当代矿工网站和中国煤炭网以及各自的官方微博、微信。

近年来，新闻中心紧紧围绕国家安全生产监督管理总局工作重心，以期刊编辑出版活动为依托，服务于安全生产工作大局，并承办了总局的重要活动，承办过五届“安全发展”高层论坛，国家“科学发展 安全发展”知识竞赛、实施“安全发展战略”知识竞赛、新安法知识竞赛、“安全发展战略理论与实践”有奖征文等全国性活动。

历年“安全发展”高层论坛

四 刊

《中国安全生产》杂志

《中国安全生产》杂志由国家安全生产监督管理总局主管，创刊于 2006 年，是一本安全生产领域的全局性、指导性和前瞻性的刊物，位于国家安全生产监督管理总局“两报一刊一网”之列，杂志面向政府、企业、科研院所和社会各界，涉及安全生产领域，宣传安全生产方针政策，关注安全生产热点焦点问题，反映基层安全生产真实情况，探讨和交流安全生产理论和实践，交流国内外安全监管工作和企业安全管理经验，推广国内外安全生产新技术、新装备。

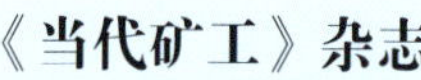

《当代矿工》杂志

《当代矿工》杂志由中国科协主管、中国煤炭学会和煤炭信息研究院主办，创刊于 1985 年，是以普及煤炭科学知识为主要内容的综合性期刊。杂志面向全国煤矿及非煤矿山公开发行，致力于宣传普及科学思想、科学知识和科学方法，以提高广大干部职工的科学文化素质为己任，力求融科学性与艺术性、知识性与趣味性于一体，积极发挥科普宣传的主渠道作用。

《中国煤炭》杂志

《中国煤炭》杂志是由中国煤炭工业协会主管，煤炭信息研究院主办，以科技为主导，经济、管理相结合的具有权威性、导向性和科学性的中文核心期刊。他展示中国煤炭工业发展全貌，探索科技和管理前沿问题，积极宣传煤炭工业创新成果和煤矿安全生产技术，解析行业发展动态指标，介绍煤炭循环经济发展及世界煤炭工业发展趋势。

《中国煤炭》杂志的前身是 1963 年创办的《煤炭译丛》；《煤炭译丛》于 1980 年更名为《世界煤炭技术》；1995 年，《世界煤炭技术》更名为《中国煤炭》。杂志先后荣获煤炭工业部科技情报成果三等奖、优秀煤炭科技期刊一等奖，中宣部、国家科委、新闻出版署联合颁发的全国优秀科技期刊三等奖，新闻出版署“双效期刊”奖、“国家期刊奖百种重点期刊”奖以及全国能源刊物协会能源期刊二等奖。2013 年荣获新闻出版广电总局“全国百强报刊”荣誉称号。

《煤炭信息》周刊

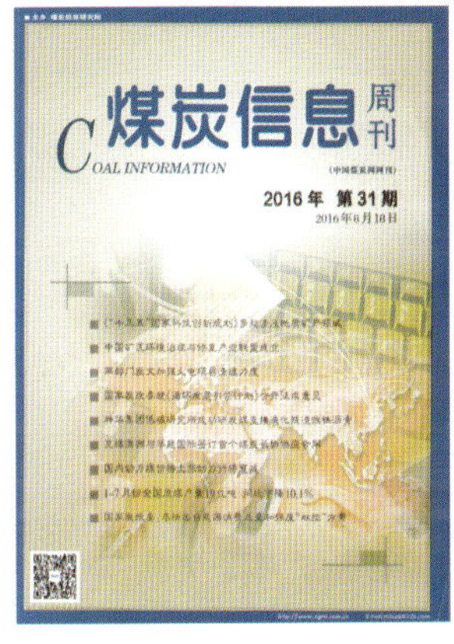

《煤炭信息》周刊由国家安全生产监督管理总局信息研究院（煤炭信息研究院）主办，《中国煤炭》杂志编辑出版发行，《煤炭信息》周刊突出时效性与实用性，每周精选煤炭行业领域的最新资讯和信息，让读者在 5 分钟内便可对一周内我国煤炭行业的信息了然于胸。

三 网

中国安全生产杂志网：www.chinaosh.com.cn

中国煤炭网：www.zgmt.com.cn

当代矿工网：www.ddkg.com.cn

新媒体矩阵

中国安全生产官方微信

中国安全生产官方微博

中国安全生产 QQ 群

当代矿工 QQ 群

当代矿工微信

中国煤炭官方微信

中国煤炭官方微博

煤炭信息周刊微信

信息研究院信息资源部

1. 煤炭数字图书馆

煤炭数字图书馆暨安全生产数字图书馆（www.coallib.com）建于 2004 年，是国家安全生产监督管理总局信息研究院信息资源部的基础业务。煤炭数字图书馆主要收集国内外煤炭及其相关专业文献和信息并提供服务，形成了以信息资源为基础、开发为重点、技术为保障、服务为龙头的信息工作体系，与国家图书馆、国家工程技术图书馆等文献机构建立了良好的合作关系，是煤炭科技查新所使用的重要数据库之一。十余年来，系统运行稳定，资源不断丰富，用户稳步增加。

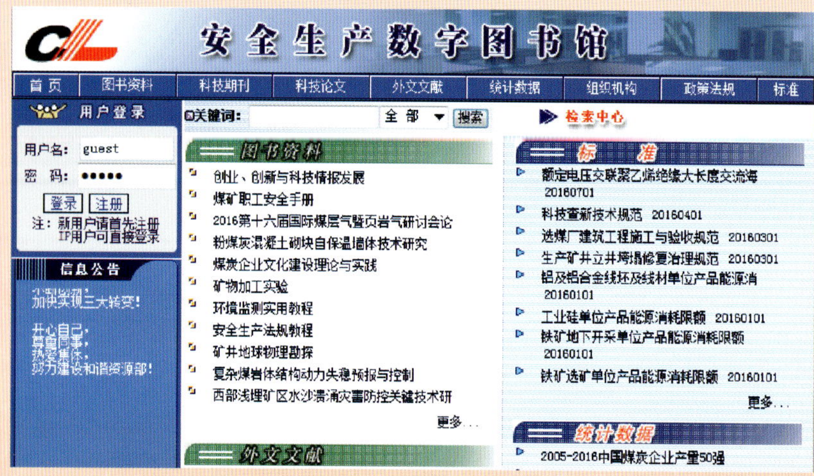

2. 煤炭产业信息跟踪系统

煤炭产业信息跟踪系统是国家安全生产监督管理总局信息研究院为各大煤炭企业量身定做的专业资讯终端系统，软件已经覆盖 iOS、Android 两大主流平台。

作为国内首款个性化订制煤炭资讯 APP，煤炭产业信息跟踪客户端定位于“煤炭新知，竞争利器”，为移动终端用户提供全天 24 小时滚动的即时煤炭资讯。

根据内容属性，客户端分设新闻、数据、建设项目 3 个主频道。内容覆盖宏观产业经济、国内外煤炭行业大事、国内外煤企动态、煤炭科技、政策法规、煤炭市场、拟在建煤炭项目、各类指数价格等。

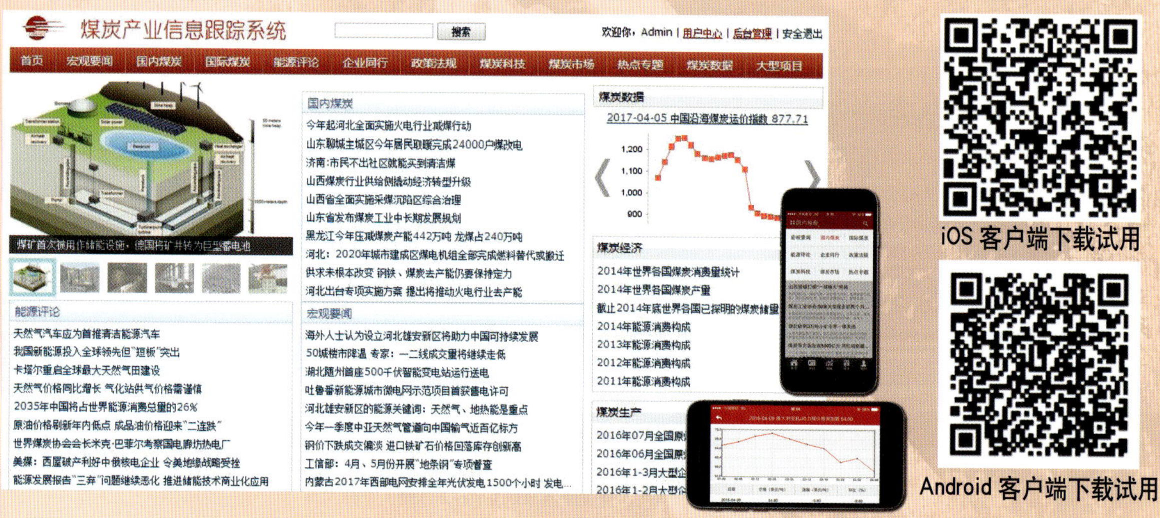

3. 职业安全心理健康评测与分析系统

职业安全心理健康评测与分析系统是由国家安全生产监督管理总局信息研究院开发的集人员信息管理、心理测评、心理档案管理、危机预警等功能于一体的心理健康测评综合管理平台，可通过网络浏览器及微信客户端访问操作。系统提供多套标准心理测评量表，包括国外经典心理量表及由北师大、中科院等专家编制的本土量表，可针对心理健康、人格、情绪、智力、职业生涯、人际关系、压力适应、自我评定等多个方面展开测试，并由专业人员编写科学严谨的测评报告，为企业开展职业安全心理健康测试和教育辅导工作提供科学的决策依据。

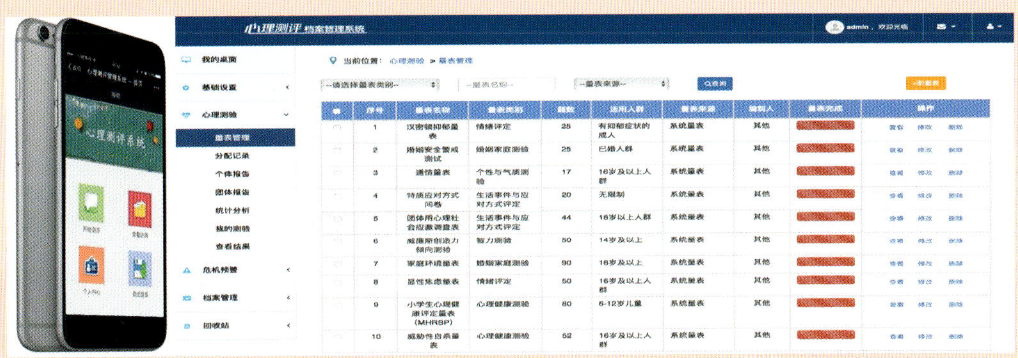

4. 科技创新管理信息系统

科技创新管理信息系统是应用于各企业及科研院所开展项目管理、成果管理及绩效考核管理等全方位科研创新管理工作的全流程信息化系统。系统提供全生命周期的项目管理，覆盖项目立项、招标、阶段考核、评估、报奖、鉴定、科研日常计划、成果评奖发布等管理工作流程，并结合督办管理和科技考核管理等辅助功能促进科技创新管理工作的开展。

5. 职业健康研究

职业安全健康预控管理体系及职业危害防治技术研究

国内外安全生产事故统计与规律分析

煤矿瓦斯治理抽采成套技术

信息研究院矿山安全研究所根据多年煤矿瓦斯治理现场经验，不断总结完善治理技术，引进煤科总院专家加盟煤矿瓦斯治理团队，目前已形成增透显著、抽采高效的煤矿瓦斯治理抽采成套技术。

一、钻场瓦斯防突技术

利用文丘里技术，将矿井的高压风管与文丘里泵相连，将钻场封孔器的首段排矸处与文丘里泵相连，实现打钻的同时排煤及排气，减小作业场所空气中的瓦斯含量，同时释放煤层的瓦斯压力，进一步降低突出危险，从而确保采场施工空间。

二、煤层强制增透技术

强制增加煤层透气性是解决低透气性松软煤层瓦斯抽采难题的必要措施，矿山安全研究所目前开发形成两项强制增透技术：液态 CO_2 相变爆破预裂技术、超高压水射流切割煤层技术。

1. 液态 CO_2 相变爆破预裂技术

液态 CO_2 相变爆破预裂技术原理是通过化学加热液态 CO_2，使其压力骤增至 300MPa，瞬间从液态膨胀 600 多倍转化为气态，产生的爆破力致裂煤体，从而增加煤体透气性，提高瓦斯抽采效率。

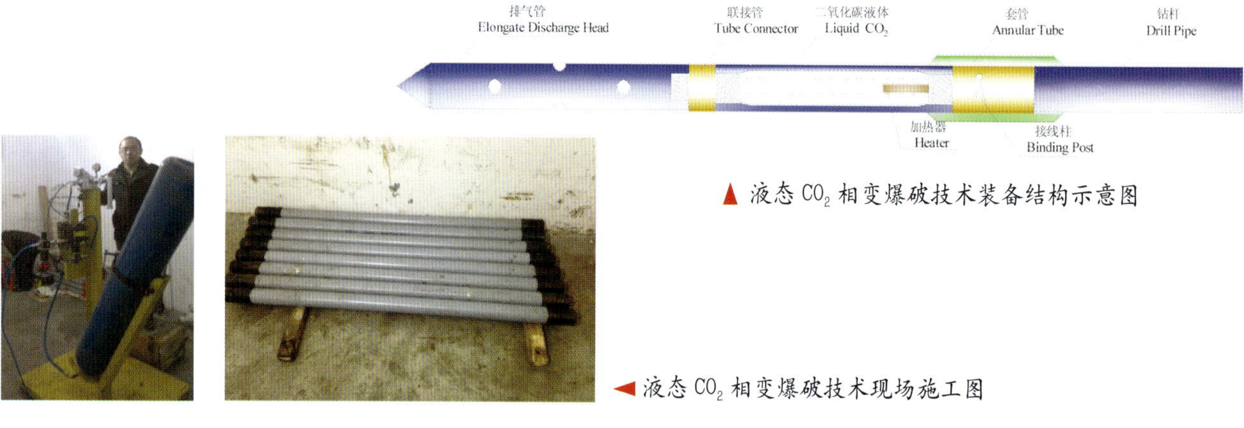

▲ 液态 CO_2 相变爆破技术装备结构示意图

◄ 液态 CO_2 相变爆破技术现场施工图

该法属物理爆破，爆破过程无火花外露、爆破威力大，无需验炮、操作简便，被广泛应用于瓦斯治理、石门揭煤等工程。

2. 超高压水射流切割煤层技术

超高压水射流切割煤层技术原理是利用超高压（可达 300MPa）水射流的切割力在煤体中割缝，增加煤层暴露面积，实现卸压增透，提高瓦斯抽采效果。

三、多级站抽放技术

多级站抽放技术的核心是减小主抽放泵功率，将多个抽放泵移动到钻场靠近抽放点，减小管道损失，增大抽放点的抽放压力和效率，使煤层达到最佳抽放效果的同时降低系统的总功耗、实现节能。

超高压水射流切割技术装备

55MPa 切割煤层排查效果

75MPa 切割煤层排查效果

98MPa 切割煤层排查效果

金属非金属矿山尾矿库安全监测实验室

实验室主要开展尾矿库在线安全监测技术研发与运用、监测监控技术标准制定、监管预警机制科研等工作，主要研发设备包括北斗高精度尾矿库监测研发系统、科研用金属非金属小型尾矿库传感监测系统、12 通道 (32bit) 金属非金属尾矿库地震响应监测系统等，力求解决金属非金属矿山尾矿库安全监督管理、远程监测技术、安全监测数据智能分析等方面的不足。其重要成果——尾矿库安全运行多级监测监管软件平台系统能够为各级安全监管部门和企业提供成熟、可靠的监测预警管理平台。

▲ 尾矿库在线监测沙盘

▲ Web 浏览器登陆

信息研究院信息技术研究所

信息技术研究所作为信息研究院信息研发的中坚力量，主要为国家安全生产监督管理总局、国家煤矿安全监察局、国家应急救援指挥中心等政府部门提供信息技术支撑服务，同时为企业提供软件产品开发和产品技术服务。

一、项目研发

信息技术研究所积极研发先进适用的安全生产信息化技术产品并承担多项国家科技重大专项、总局、科技部等国家级项目，获得多项荣誉。

“神华杯”

中国职业安全健康协会科学技术奖

二等奖

奖励为我国安全生产科技进步做出突出贡献的组织，特颁发此证书。

项目名称：基于wifi和zigbee的井下人员定位与无线通信综合系统研究与应用

完成单位：国家安全生产监督管理总局信息研究院

证书编号：2013-2-07

二〇一三年九月

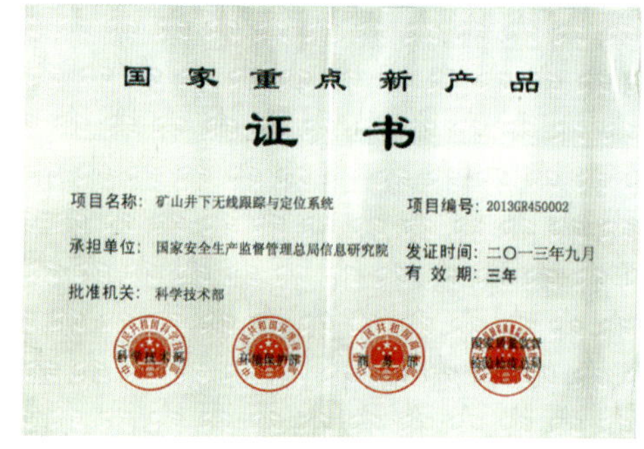

国 家 重 点 新 产 品

证 书

项目名称：矿山井下无线跟踪与定位系统　项目编号：2013GR450002

承担单位：国家安全生产监督管理总局信息研究院　发证时间：二〇一三年九月

有 效 期：三年

批准机关：科学技术部

二、软件产品

信息技术研究所积极为政府和企业提供信息化产品和技术服务，形成了系列核心业务产品。

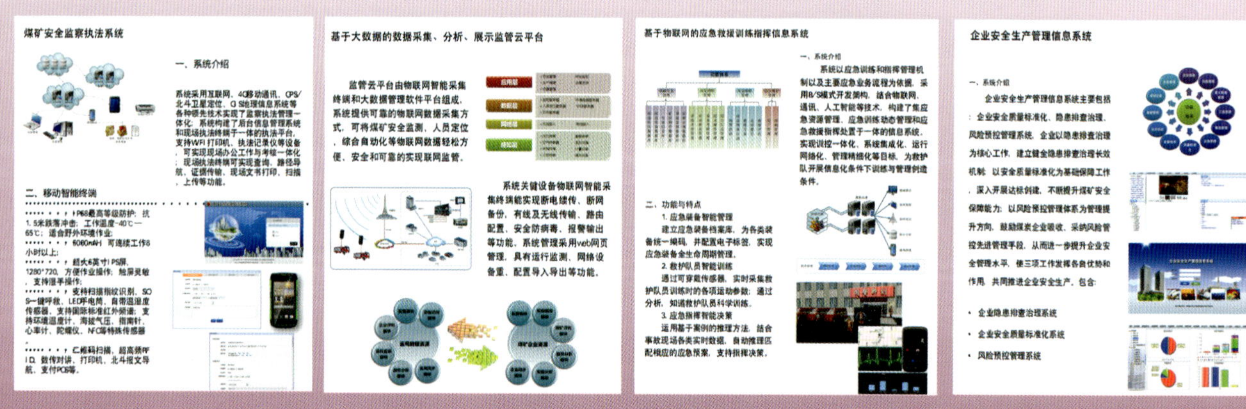

软件著作权证书

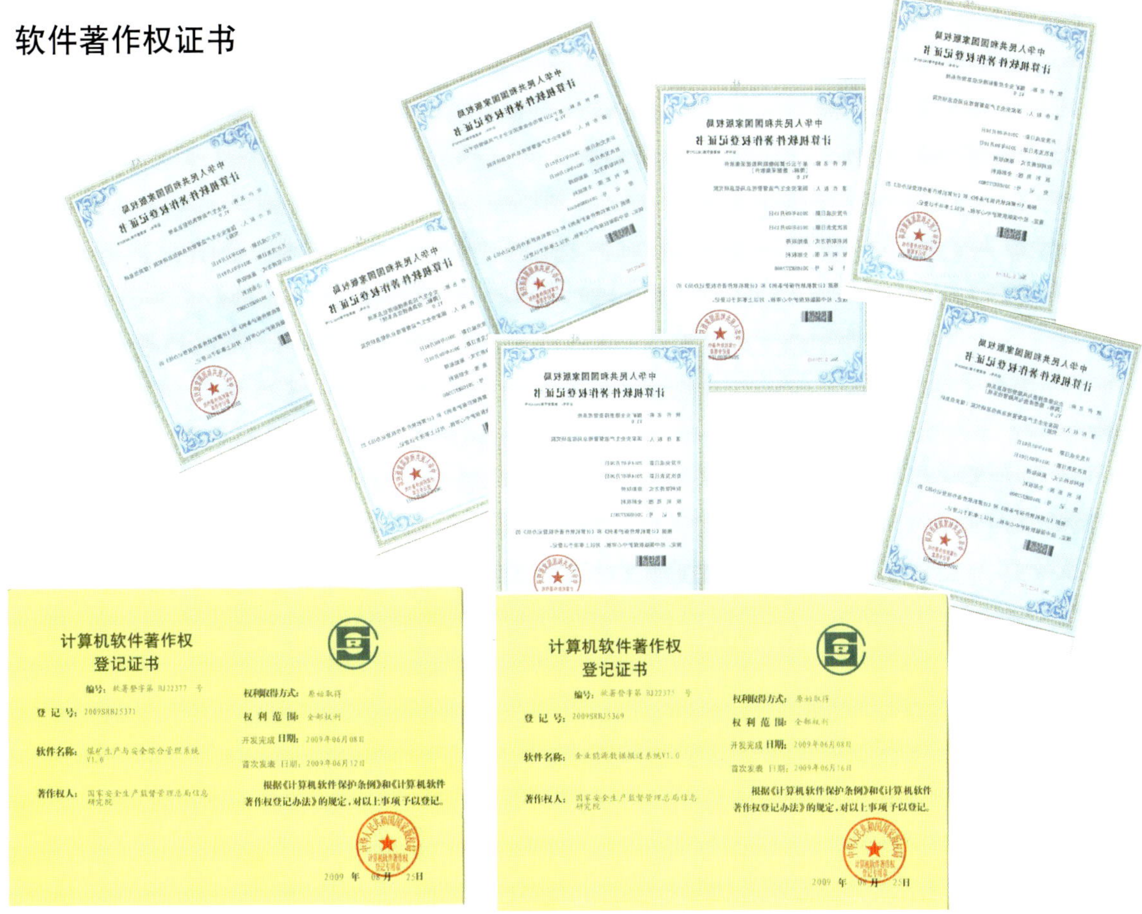

计算机软件著作权
登记证书

编号：软著登字第 BJ22377 号

登 记 号：2009SRBJ5371

软件名称：煤矿生产与安全综合管理系统 V1.0

著作权人：国家安全生产监督管理总局信息研究院

权利取得方式：原始取得

权 利 范 围：全部权利

开发完成日期：2009年06月08日

首次发表日期：2009年06月12日

根据《计算机软件保护条例》和《计算机软件著作权登记办法》的规定，对以上事项予以登记。

2009 年 08 月 25日

计算机软件著作权
登记证书

编号：软著登字第 BJ22375 号

登 记 号：2009SRBJ5369

软件名称：企业能源数据报送系统V1.0

著作权人：国家安全生产监督管理总局信息研究院

权利取得方式：原始取得

权 利 范 围：全部权利

开发完成日期：2009年06月08日

首次发表日期：2009年06月16日

根据《计算机软件保护条例》和《计算机软件著作权登记办法》的规定，对以上事项予以登记。

2009 年 08 月 25日

三、实验室资质建设

“矿山安全无线定位与监控技术实验室” 通过 CNAS（国家实验室认可）、CMA（（国家计量认证））认证评审，为软件测评业务提供广阔发展平台。

检验检测机构
资质认定证书

证书编号：150009133652

名称：国家安全生产监督管理总局信息研究院
矿山安全无线定位与监控技术实验室

地址：北京市朝阳区芍药居 35 号（100029）

经审查，你机构已具备国家有关法律、行政法规规定的基本条件和能力，现予批准，可以向社会出具具有证明作用的数据和结果，特发此证。资质认定包括检验检测机构计量认证。

检验检测能力及授权签字人见证书附表。

你机构对外出具检验检测报告或证书的法律责任由国家安全生产监督管理总局信息研究院（煤炭信息研究院）承担。

许可使用标志

发证日期：2015 年 12 月 23 日

有效期至：

发证机关：

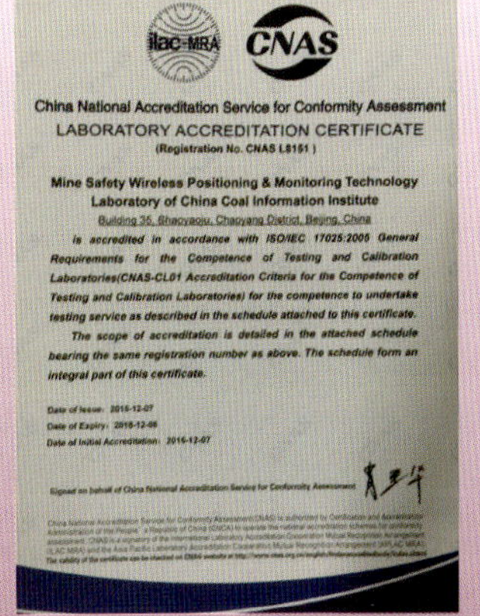

China National Accreditation Service for Conformity Assessment
LABORATORY ACCREDITATION CERTIFICATE
(Registration No. CNAS L8151)

Mine Safety Wireless Positioning & Monitoring Technology Laboratory of China Coal Information Institute
Building 35, Shaoyaoju, Chaoyang District, Beijing, China

is accredited in accordance with ISO/IEC 17025:2005 General Requirements for the Competence of Testing and Calibration Laboratories(CNAS-CL01 Accreditation Criteria for the Competence of Testing and Calibration Laboratories) for the competence to undertake testing service as described in the schedule attached to this certificate.

The scope of accreditation is detailed in the attached schedule bearing the same registration number as above. The schedule form an integral part of this certificate.

Date of Issue: 2015-12-07
Date of Expiry: 2018-12-06
Date of Initial Accreditation: 2015-12-07

Signed on behalf of China National Accreditation Service for Conformity Assessment

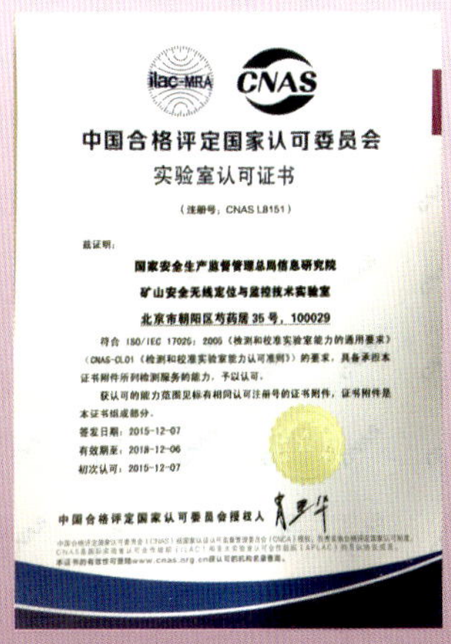

中国合格评定国家认可委员会
实验室认可证书
（注册号：CNAS L8151）

兹证明：

国家安全生产监督管理总局信息研究院
矿山安全无线定位与监控技术实验室
北京市朝阳区芍药居 35 号，100029

符合 ISO/IEC 17025：2005《检测和校准实验室能力的通用要求》（CNAS-CL01《检测和校准实验室能力认可准则》）的要求，具备承担本证书附件所列检测服务的能力，予以认可。

获认可的能力范围见标有相同认可注册号的证书附件，证书附件是本证书组成部分。

签发日期：2015-12-07
有效期至：2018-12-06
初次认可：2015-12-07

中国合格评定国家认可委员会授权人

信息研究院战略规划研究所

战略规划研究所成立于2016年2月，主要开展安全生产和煤炭行业发展战略、发展规划、经济政策、标准规范等研究，为政府、行业、企业提供战略决策、发展规划、市场及政策分析等管理咨询与技术支持服务。

战略规划研究所研究实力雄厚，博士及博士后所占比例达到50%。2016年，战略规划研究所承担了国家安全生产监督管理总局“煤矿安全监察执法监督机制研究”、《煤矿安全监察条例》及《国务院关于预防煤矿生产安全事故的特别规定》实施情况调研、“安全生产与职业健康一体化监管研究”项目；承担的地方政府研究项目“新疆哈密露天煤矿绿色开采生态环境保护研究”；承担的企业研究项目包括：“神华准能集团公司战略规划纲要及规划”，“中国平煤神马集团加大资本运作力度，推动‘双轮驱动’的探索与研究”，“百色百矿集团安全管理风险评估”；还主持编写了信息研究院重点研究项目《2016中国煤炭发展报告》等。

贺佑国院长带领新疆哈密项目组成员在神华集团大南湖二矿调研

贺佑国院长带领新疆哈密项目组成员与专家召开项目论证会

贺佑国院长带领新疆哈密项目组成员在别斯库都克露天煤矿进行调研

贺佑国院长带领新疆哈密项目组在哈密露天煤矿调研

贺佑国院长带领新疆哈密项目组成员在广汇新能源有限公司的白石湖露天煤矿调研

李艳强挂职榆林市能源局期间在红柳林煤矿现场检查

准能集团中长期规划纲要项目组在项目评审会上

准能集团中长期规划纲要项目组在集中讨论

准能集团中长期规划纲要项目组在氧化铝厂车间

准能集团中长期规划纲要项目组在氧化铝厂调研

煤炭工业出版社

煤炭工业出版社成立于 1951 年，是由国家安全生产监督管理总局主管、国家安全生产监督管理总局信息研究院主办、煤炭行业唯一的国家级出版社，是中国煤炭工业安全科学技术学会煤矿安全技术培训委员会秘书处、国家安全生产监督管理总局安全生产电视中心（央视安全生产工作室）挂靠单位，具有图书出版、音像出版、电子出版、互联网等出版资质。

煤炭工业出版社拥有专业出版人才 100 余人，编辑出版安全生产、地测、矿建、采煤、机电、煤化工、煤炭加工利用、环境保护、企业管理等专业的理论专著、生产技术用书、工具书、规范规程、教材教辅、史志年鉴、科普读物等各类专业科技图书；编辑出版人文社科类、经管类、少儿类、艺术类、生活类等社会类图书；还可策划、拍摄、制作安全生产专题片、影视剧，可对数字出版资源进行整理、内容加工、产品研发、制作和推广，承揽企业宣传册的策划制作及会场布置等。

煤炭工业出版社自成立以来，坚持实事求是、精益求精的社风，坚持为煤炭工业科技进步、安全生产和管理现代化服务，为煤炭行业广大职工服务，为社会广大读者服务的办社宗旨，始终以服务科技传播、知识普及、文化传承为己任，出版了《煤矿总工程师技术手册》《煤矿电工手册》《矿井地质手册》《煤矿防治水手册》《中国煤炭发展报告》《中国安全生产发展报告》等重点图书，并且多次获得国家图书奖、中国图书奖、科技进步奖等重大奖项。建有乌金网络学院、煤炭数字资源库、煤矿安全数字资源库、安全生产数字资源库等。煤炭工业出版社在煤炭工业和安全生产出版领域树立了优秀图书、音像品牌，赢得了广大读者的信赖和好评。

国家安全生产监督管理总局安全生产电视中心（央视安全生产工作室）以服务总局宣传工作为己任，2015 年开始制作《安全生产发展报告》，并在中央电视台新闻频道新闻直播间播出，每期栏目分为权威报道、典型事故通报、事故案例分析、安全预警。制作多条关于安全生产的公益广告，在中央电视台循环播出。2010 年开始举办安全生产影视作品创作与展映活动，目前已成为最权威的全国性安全生产领域影视文化宣传推广活动，最有影响力的安全生产影视传播平台。

新时期，煤炭工业出版社将实施“做强煤炭出版、做大安全出版、拓展大众出版”的业务战略，推动传统出版和新兴出版融合发展，提升企业核心竞争力。

图书出版

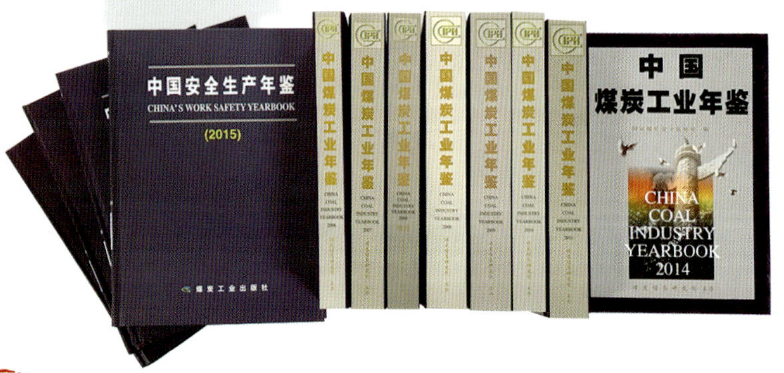

煤炭的前世、今生与未来
THE PREEXISTENCE, PRESENT SITUATION AND FUTURE OF COAL
矿井地质手册
中国煤炭工业志
冀中能源股份公司志
1978~2011
新汶矿业集团志
煤矿安全规程
2016
煤矿安全规程
2016
解读
煤矿安全规程
条文对比
煤矿安全规程
执行说明
中国安全生产史
矿井地质手册
地质·安全·资源卷

音像出版

煤矿瓦斯灾害防治技术
煤矿安全生产须知
中华人民共和国安全生产法
权威解读
煤矿典型瓦斯事故案例分析
安全生产
责任重于泰山

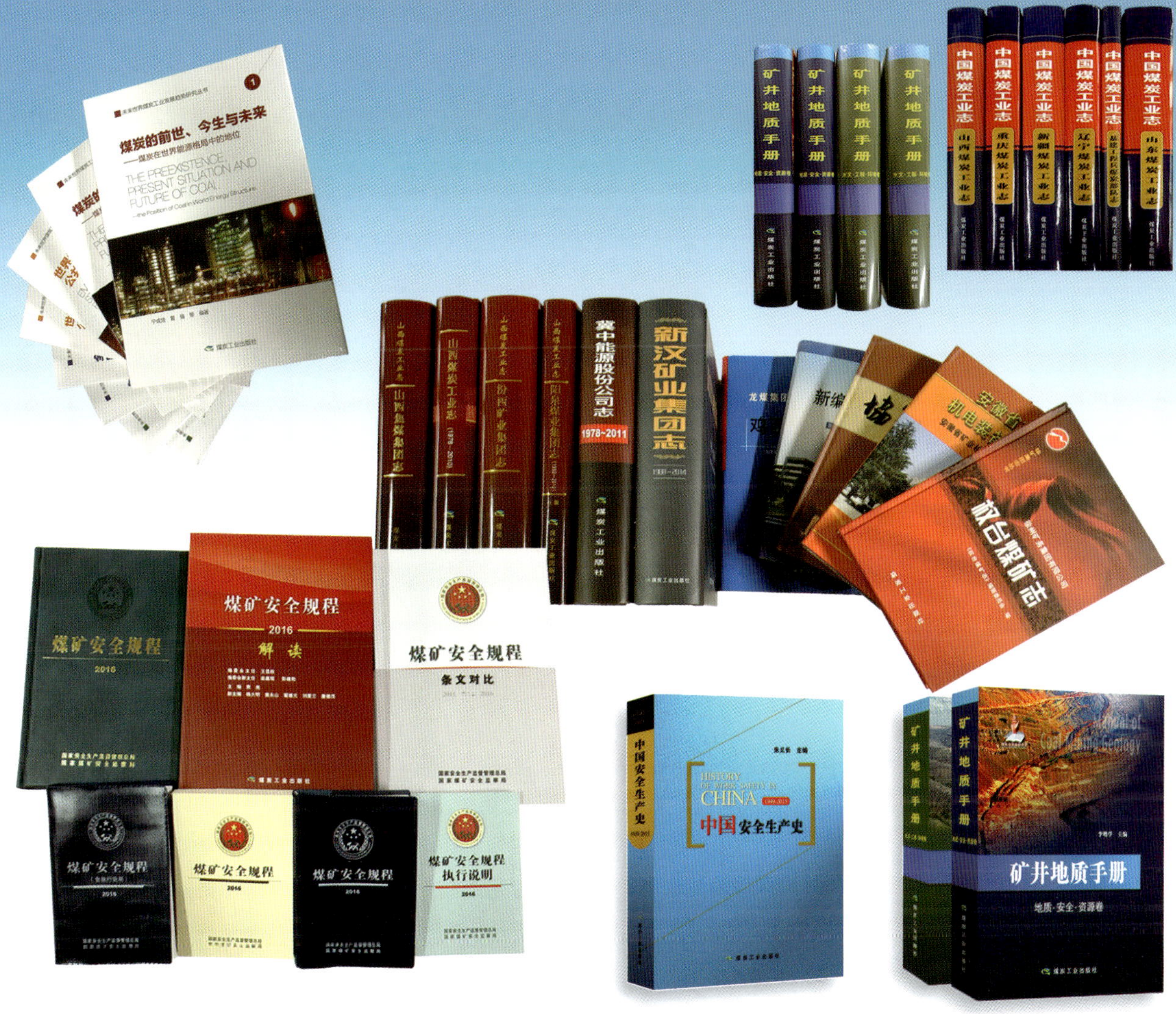

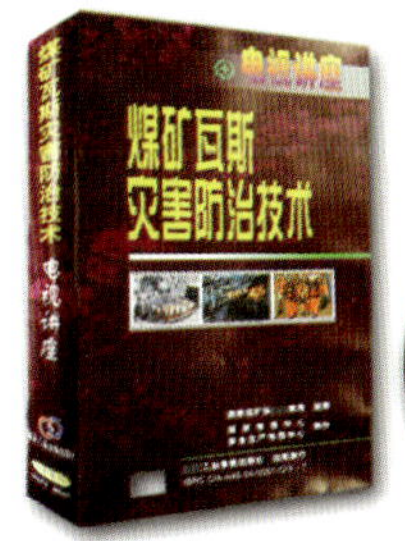

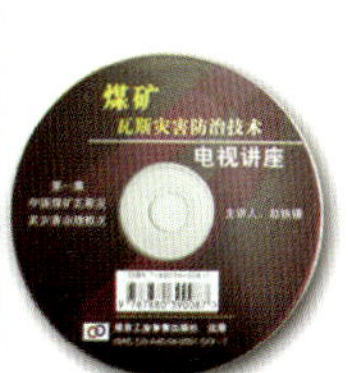

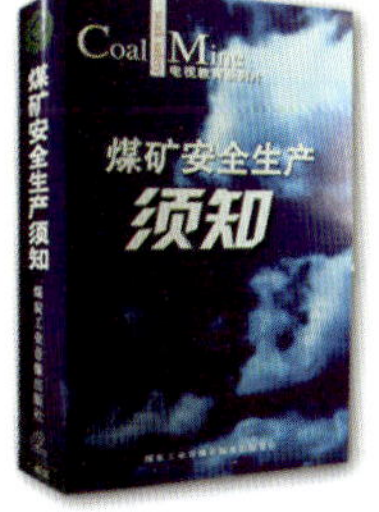

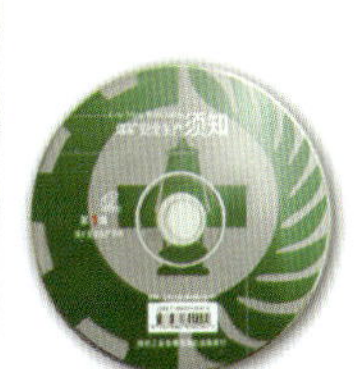

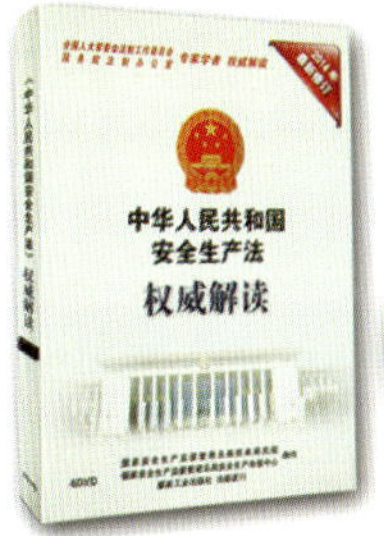

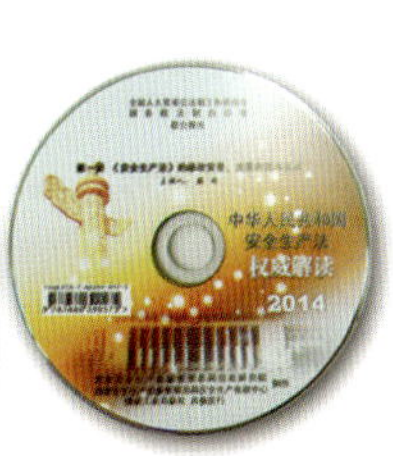

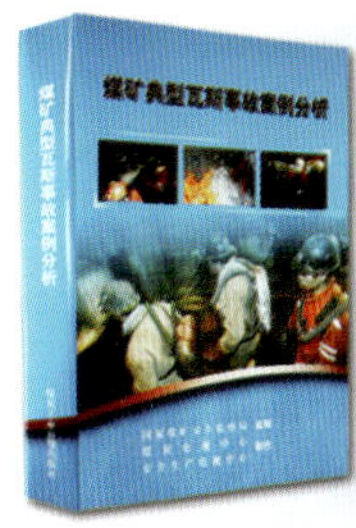

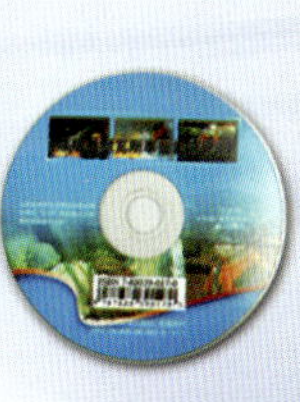

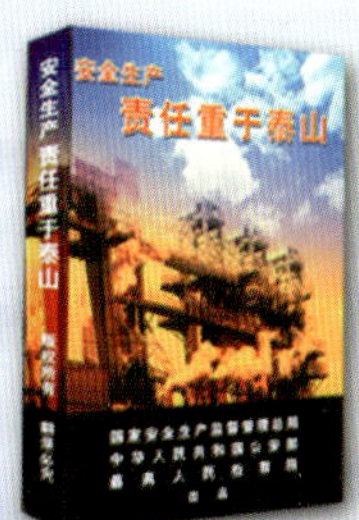

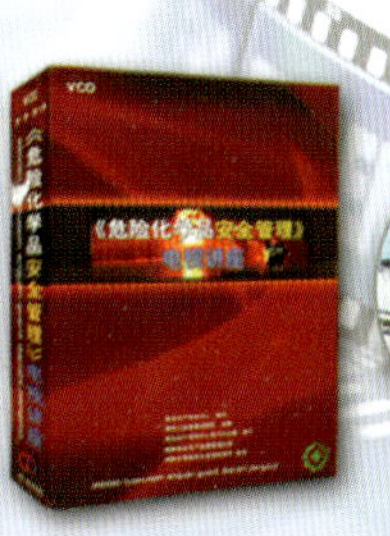

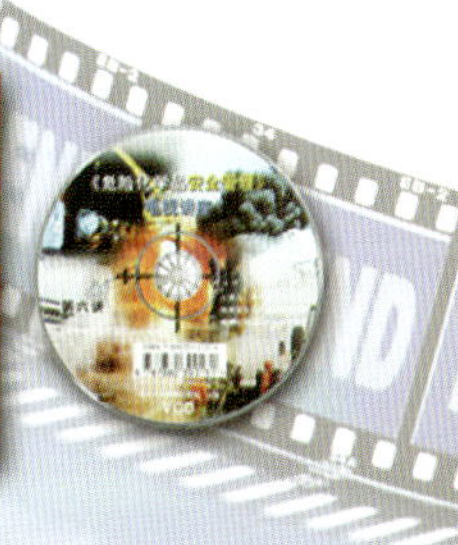

组织结构

煤炭信息研究院
国家安全生产监督管理总局信息研究院
办　公　室
党群工作部
（纪检监察室）
人　事　处
财　务　处
科技管理处
经营管理处
基建房产处
安全发展研究中心
能源安全研究所
安全生产法律研究所
新　闻　中　心
信　息　资　源　部
（安全生产与煤炭图书馆）
矿山安全研究所
信息技术研究所
战略规划研究所
物　业　开　发　部
煤炭工业出版社
煤炭工业出版社印刷厂

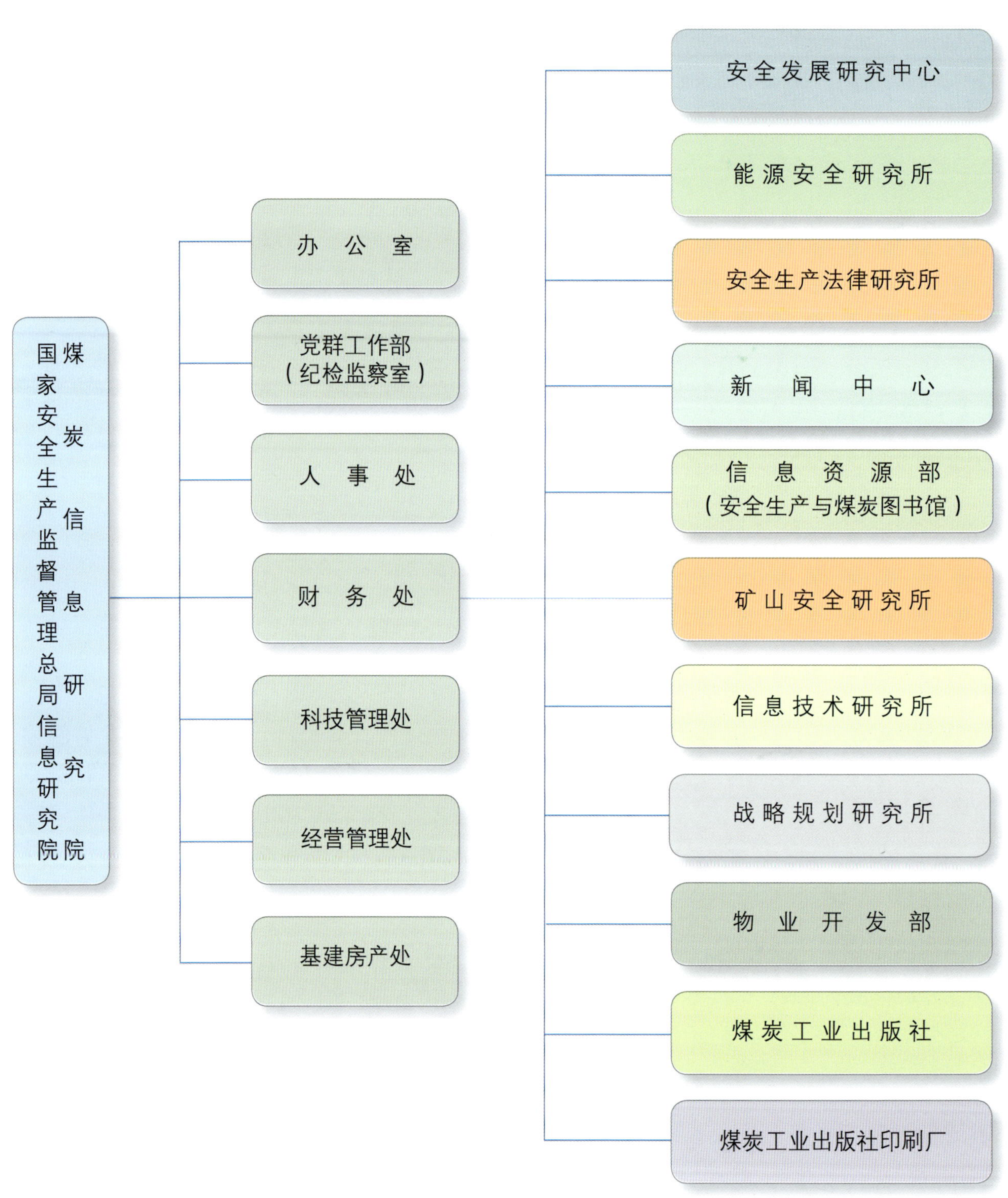

煤炭是我国的基础能源和重要的工业原料。煤炭在我国一次能源结构中一直占据主体地位。2016 年全国煤炭消费同比下降 4.7%，占全国能源消费总量的 62%；石油、天然气进口量快速增长，对外依存度继续上升，煤炭的地位和作用显得更加突出。

2017 年是实施“十三五”规划的重要一年，是煤炭供给侧结构性改革的深化之年。由煤炭信息研究院编写的《中国煤炭发展报告》结合中国宏观经济的发展特征，对 2016 年中国煤炭工业在市场化改革、产业结构调整和转型升级过程中取得的成果和经验进行了梳理和总结，同时对今后的煤炭供给侧结构性改革、煤炭需求预测、煤矿安全生产、煤炭绿色开发与清洁高效利用、煤炭科技发展的重点领域、煤炭信息化建设、煤炭企业转型发展、美国最近煤炭走向对中国的影响等进行了研究分析和客观预判。报告通过对煤炭需求形势分析及运用主要耗煤行业法预测，2017 年全国煤炭需求总量为 3878 Mt。

报告认为，产业政策导向、供给侧结构性改革以及科技进步是推动煤炭安全高效绿色开发和清洁高效利用的主要驱动力。《能源发展“十三五”规划》提出了能源发展的总体蓝图和行动纲领，《煤炭工业“十三五”规划》提出了建设集约、安全、高效、绿色现代煤炭工业体系的主要目标。在能源革命所指向的清洁低碳、安全高效的现代能源体系下，煤炭行业将继续围绕“控制总量，优化布局；控制增量，优化存量；淘汰落后，消化过剩；调整结构，促进转型；提高质量、提高效益”的总体思路，着力推动发展动力转换、方式转变、结构调整，提升煤炭安全高效绿色智能化开发和清洁高效集约化利用水平；推动行业发展由数量、速度、粗放型向质量、效益、集约型增长转变，由煤炭生产向生产服务型转变，提高煤炭行业的发展质量和效益。

今后一个时期是中国全面建成小康社会的决胜期，是全面深化改革的攻坚期，也是推动能源革命的关键时期。世界能源格局深度调整，全球应对气候变化行动加速，国内经济发展进入新常态，中国煤炭工业发展面临着去产能难度加大、煤炭企业经营状况尚未得到根本好转、行业脱困发展仍需付出艰苦努力、资源环境约束不断强化的新形势。报告认为，煤炭行业要深入贯彻“四个革命、一个合作”能源发展战略思想；抓住推动煤炭供给侧结构性改革的有利条件；加快淘汰落后产能和其他不符合产业政策的产能，发展先进产能、培育大型煤炭企业集团，提高产业集中度；提升行业自主创新能力，增强科技进步对行业发展的支撑作用；坚守红线意识，不断提升煤矿安全生产整体水平；推动煤炭绿色开采和洁净化利用，建设生态文明矿山；不断健全和完善煤炭市场体系，扩展煤炭国际合作范围和领域，促进行业创新发展、协调发展、绿色发展、开放发展、共享发展，提升煤炭工业发展的科学化水平。

《中国煤炭发展报告》是行业内层次较高的研究报告，具有内容全面、信息数据及时、研究分析深入、观点和结论比较客观等特点，对相关政府部门、煤炭企事业和科研单位把握市场动态、研究制定本单位发展战略和科学决策等具有重要的参考价值。

王显政

中国煤炭工业协会会长

2017 年 3 月 27 日

前言

行业信息在国家宏观决策和企业发展战略及市场竞争中越来越重要。2004年以来，由国家能源局牵头，煤炭信息研究院组织有关专家撰写并每年定期出版《中国煤炭发展报告》，得到相关部门领导和广大读者的认可。每年定期出版的报告都将针对当年的热点问题进行适当调整。煤炭信息研究院是煤炭行业权威信息中心，拥有一支从事煤炭信息研究工作的专家队伍，多年来对中国和世界煤炭工业发展趋势有较系统的、深入的研究，积累了丰富的研究成果和信息资料，为本报告的撰写工作提供了坚实基础，该报告已成为煤炭信息研究院的重点研究项目。

2016年是中国全面建成小康社会决胜阶段的开局之年，也是推进供给侧结构性改革的攻坚之年。世界经济复苏依然缓慢且不均衡，国际贸易和投资疲弱，增长动力不足，全球生产率降低、创新受阻，世界经济仍处于低增长阶段。在世界经济不景气的大背景下，中国政府积极适应和引领经济发展新常态，坚持全面深化改革，坚持创新驱动发展，加快经济发展方式转变和经济结构调整，经济增速保持了中高速增长、重回世界第一。服务业在创新发展中业绩突出，对国民经济增长的贡献率继续稳居三次产业之首；需求结构继续改善，全年最终消费支出对国内生产总值增长的贡献率为64.6%。2016年，中国能源消费总量同比增长1.4%，煤炭生产和消费继续下降，同比降低幅度分别为9.0%和4.7%。煤炭经济运行呈现煤炭需求下降、能源消费结构阶段性变化，去产能成效明显，煤炭价格合理回归等特点；全社会存煤在连续四年增加后出现下降，煤炭价格指数比年初回升44.2点，全国规模以上煤炭企业主营业务收入同比下降1.6%，利润总额同比有所增长，但大多数煤矿仍处于累计亏损状态，弥补前几年的欠账还需要时间。

2016年2月，国务院印发《关于煤炭行业化解过剩产能实现脱困发展的意见》(国发〔2016〕7号）文件，率先在煤炭、钢铁两个行业开展推动供给侧结构性改革试点工作。经国务院批准，在煤炭行业脱困部际协调机制基础上，成立了由国家发展改革委牵头，国家能源局、国家煤监局等多部门和钢铁、煤炭行业协会参加的化解钢铁煤炭行业过剩产能实现脱困发展部际协调机制，先后研究出台了多项具体的配套政策措施。主要产煤省区政府建立领导机构和工作协调机制，研究提出了化解煤炭过剩产能和脱困升级实施方案及配套政策。煤炭企业主动适应市场形势，认真执行减量化生产，落实煤矿 276 个工作日制度，主动淘汰落后产能，关闭退出煤矿，特别是对不具备安全生产条件的煤矿加大退出力度，努力提高经济发展的质量和效益。在多方的共同努力下，煤炭行业化解过剩产能与脱困工作取得阶段性进展。

2017 年是全面实施“十三五”规划的重要一年，是供给侧结构性改革的深化之年。中国煤炭工业步入了新的发展阶段，应牢固树立创新、协调、绿色、开放、共享的发展理念，遵循能源革命的战略思想，主动适应和引领经济发展新常态，围绕“控制总量，优化布局；控制增量，优化存量；淘汰落后，消化过剩；调整结构，促进转型；提高质量、提高效益”的总体思路，以新发展理念为引领，以供给侧结构性改革为主线，深入实施创新驱动发展战略，着力推动煤炭行业发展动力转换、方式转变、结构调整，提升煤炭安全高效绿色智能化开采和清洁高效集约化利用水平，推动行业发展由数量、速度、粗放型向质量、效益、集约型增长转变，由煤炭生产向生产服务型转变，提升煤炭工业的可持续发展能力。

《2017 中国煤炭发展报告》以 2016 年国民经济和社会发展趋势以及宏观经济政策为背景，通过市场调查获得大量第一手资料和数据信息，从中国宏观经济发展入手，深入分析煤炭生产与煤炭市场动态，包括煤炭供应和需求预测、煤炭物流与贸易、煤矿安全生产、煤炭与环境、煤炭科技、煤炭信息化建设、煤炭企业转型发展和美国最近煤炭走向对中国的影响等内容；并提出 2017 年的行业发展方向及相应的对策措施；报告以专家的视角从宏观的、战略的高度全面反映煤炭工业改革与发展中的重要成果、实践经验和发展趋势。

报告的撰写工作，得到了中国煤炭工业协会会长王显政、国家能源局相关领导以及各大煤炭企业高层人士和有关专家的大力支持与帮助。在此，课题组谨向为报告编写工作给予热情支持和帮助的有关单位领导和专家深表感谢。

国家安全生产监督管理总局信息研究院
煤炭信息研究院 院长

2017 年 3 月 22 日于北京

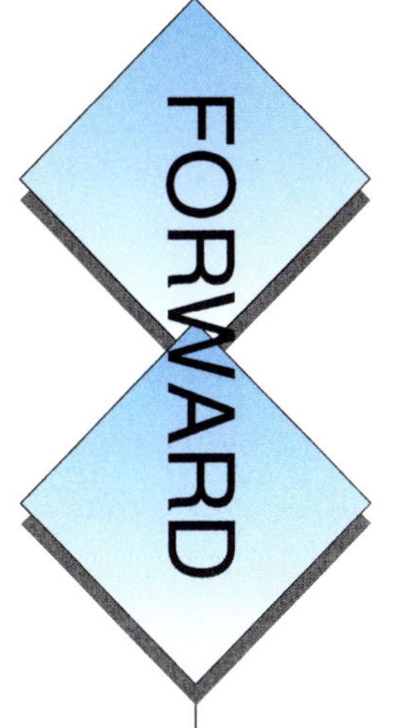

Industry information has been growing more and more vital in macroeconomic policy-making, enterprise development strategy and market competition. Since 2004, *China Coal Outlook*, sponsored by the National Energy Administration (NEA) and published by China Coal Information Institute (CCII), has received wide recognition from relevant leaders and general readers, In each year, it is properly adjusted based on hot issues of the year. CCII is an authoritative information center of the coal industry, with a team of experts engaged in coal information research. For years, CCII has been focusing on the systematic and in-depth study of coal sector development in China and across the world, with rich research achievements and information, which thus laid a solid foundation for the preparation of this report, becoming a key research project for CCII.

In 2016, China was at a critical moment to build an affluent society and promote the supply-side structural reform. World economy recovered slowly and unevenly, international trade and investment remained weak and poorly motivated, global productivity declined, innovation slowed, and world economy was still at low-growth stage. In the context of sluggish global economy the Chinese government actively adapted to the new economic development of the normal, adhered to the comprehensively deepening reform and innovation-driven development, accelerated the transformation of economic development mode and economic restructuring, economic growth in China maintained a medium-high pace, becoming the world's No. 1 once again, of the three industries, service sector outperformed in innovative development, with the highest contribution to national economic growth. Demand structure was further improved, and final consumption contributed 64.6% of the GDP growth. In 2016, energy consumption in China rose 1.4% on year-on-year basis, coal production and consumption further reduced, by 9.0% and 4.7% respectively. Coal industry experienced declining demand, changing consumption structure, significant reduction in excessive capacity and rationalizing coal price. Gross coal stock fell after rising for 4 consecutive years, and coal price index recovered 44.2 points from the year-beginning. Across the country, coal enterprises above designated scale saw 1.6% increase in prime operating income and a moderate growth in total profit, but the majority of coal mines remained in cumulative deficit and need time to cover previous losses.

In February 2016, the State Council issued the *Opinions on Reducing Overcapacity in the Coal Industry to Achieve Development by Solving the Difficulties* (Guo Fa No. 2016/7) to pilot the supply-side structural reform in coal and steel sectors. Approved by the State Council and based on the inter-departmental coordination mechanism for the coal industry, an inter-departmental coordination mechanism was established, involving the National Development and Reform Commission (NDRC), the NEA, the State Administration of Coal Mine Safety, relevant steel and coal industry associations, seeking to resolve excessive capacity and difficulties and promote development in steel and coal sectors, and so far, a number of specific policies and measures have been promulgated. A leadership and coordination mechanism was established in major coal-producing provinces to study and propose solutions and policies for resolving overcapacity and difficulties. Coal enterprises voluntarily adapted to market changes, earnestly reduced production, implemented the "276 working days" at coal mines, actively eliminated outdated capacity, and closed and withdrew from coal mines, especially those not up to the standards of work safety. Thanks to the efforts of relevant parties, the coal industry has made certain progress in resolving overcapacity and difficulties.

The year of 2017 is very important for implementing the 13th FYP and deepening the supply-side structural reform. Coal industry in China, now at a new stage, shall be dedicated to the development concepts of innovation, coordination, green development, openness, and sharing as well as strategic energy reform thinking. It shall voluntarily adapt to and take the initiative under the New Normal by "controlling the gross capacity to optimize the deployment; controlling the incremental capacity to optimize the stock; eliminating the outdated and absorbing the excessive capacity; adjusting the structure to promote the transformation; and improving quality and profitability". It shall adhere to the new development concepts, focus on the supply-side structural reform and enhance the sustainability of the coal industry by further implementing the innovation-driven development strategy, introducing different motivations, approaches and structures in the coal industry, promoting safe, efficient, eco friendly and intelligent mining as well as clean, efficient and intensive utilization, facilitating the industry to shift its focus from quantity, speed and extensive growth to quality, benefit and intensive growth, and transforming coal production into production service.

China Coal Outlook 2017 is on the basis of economic and social development and macroeconomic policies in 2016 as well as plenty of first-hand information and data acquired from market survey. It starts with macroeconomic development in China and carries out in-depth analysis of coal production and coal market development, including coal supply and demand forecast, coal logistics and trade, coal mine work safety, coal and environment, coal technologies, coal informationization, coal enterprise transformation, the impact of recent U. S. coal market development on China, etc. , and then proposes growth directions and corresponding policies and measures for the coal industry in

2017. It fully discloses important results, practices, experiences and trends in the course of coal industry reform and development from expert's macro and strategic perspective.

For preparing this report, we have received vigorous support and assistance from President Wang Xianzheng of China National Coal Association, competent NEA leaders, senior executives at major coal enterprises as well as relevant experts. Here, we would like to express our sincere thanks to these leaders and experts for their kind support and assistance.

President

China Coal Information Institute
March 22,2017,Beijing

目
次

CONTENTS

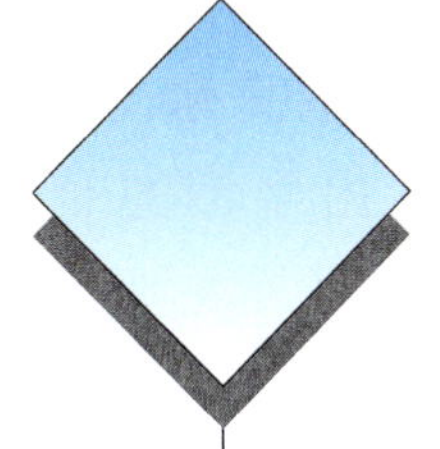

1　中国煤炭工业发展现状与展望

2016 年，世界经济复苏依然缓慢且不均衡，国际贸易和投资疲弱，增长动力不足，受贸易保护主义抬头、逆经济全球化趋势加剧、欧元区政治经济困局等影响，全球生产率降低、创新受阻，世界经济仍处于低增长阶段。在世界经济不景气的大背景下，中国政府积极适应和引领经济发展新常态，坚持全面深化改革，坚持创新驱动发展，加快经济发展方式转变和经济结构调整，国民经济运行缓中趋稳、稳中向好，实现了“十三五”良好开局。针对煤炭行业发展面临的新形势和新变化，中国政府先后出台了一系列政策措施，推动煤炭结构调整与改革发展。煤炭行业认真贯彻落实各项重大决策部署，坚持以提升煤炭工业发展的科学化水平为主攻方向，深化煤炭市场化改革，围绕煤炭安全高效绿色智能化开采和清洁高效低碳集约化利用，依靠科技进步，促进产业转型升级，提高行业发展质量和效益，行业改革发展取得了长足进步，为国民经济平稳较快发展提供了可靠的能源保障。

1.1　中国宏观经济发展

2016 年中国经济增速保持了中高速增长、重回世界主要经济体第一，随着供给侧结构性改革逐步显效，在基建投资、住房和汽车需求全面回暖等综合作用下，宏观经济呈现底部企稳迹象，经济平稳收官；在经济增长企稳的同时，经济结构也更趋优化。按 2010 年美元不变价计算，2016 年中国经济增长对世界经济增长的贡献率达到 33.2%，居首位，仍是世界经济增长的第一引擎。

1.1.1　2016 年中国宏观经济运行特点分析

2016 年中国经济在增长企稳的同时，经济结构更趋优化。服务业的比重继续提高，消费贡献率占了将近 2/3，高技术产业加快增长；2016 年单位 GDP 能耗下降 5%；清洁能源比重上升，企业效益提高。

1. 国民经济增速重回世界之巅，实现“十三五”良好开局

根据中国国家统计局公布的《2016 国民经济和社会发展统计公报》(以下简称《统计公报》) 和国际货币基金组织最新数据，初步核算，2016 年全年国内生产总值 744127 亿元，比上年增长 6.7%，高于印度的 6.6%，中国经济增速重回世界主要经济体第一位。国民经济运行缓中趋稳、稳中向好，实现了“十三五”良好开局。

其中，第一产业增加值 63671 亿元，增长 3.3%；第二产业增加值 296236 亿元，增长 6.1%；第三产业增加值 384221 亿元，增长 7.8%。第一产业增加值占国内生产总值的比重为 8.6%，第二产业增加值比重为 39.8%，第三产业增加值比重为 51.6%，同比增长了 1.4 个百分点。全年人均国内生产总值 53980 元，比上年增长 6.1%。2016 年国民总收入 742352 亿元，比上年增长 6.9%。如图 1－1 和图 1－2 所示。

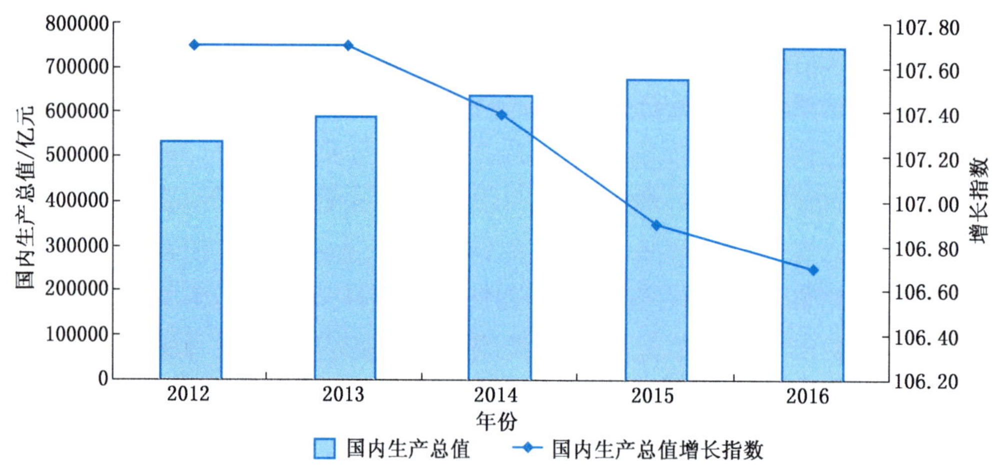

图 1－1　2012—2016 年国内生产总值及其增长指数

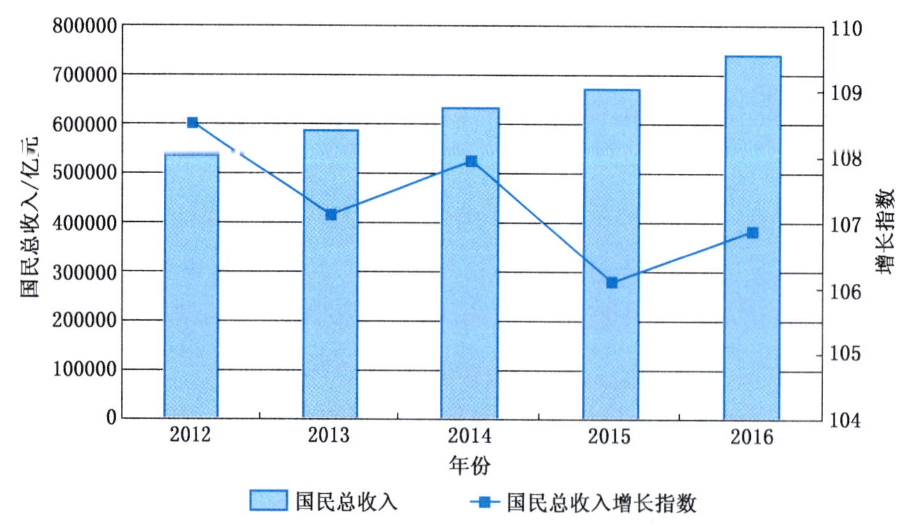

图 1－2　2012—2016 年国民总收入及其增长指数

2. 供给侧结构性改革取得积极进展，经济结构继续优化

“三去一降一补”成效初显。钢铁煤炭行业圆满完成2016年去产能任务，全年原煤产量比上年下降9.0%。2016年末，规模以上工业企业产成品存货比上年增长3.2%，增速比上年回落0.1个百分点。商品房库存水平持续下降，2016年12月末商品房待售面积比上年末减少23.14×10^6 m^2。工业企业资产负债率及成本均有所下降。2016年末，规模以上工业企业资产负债率为55.8%，比上年下降0.4个百分点；规模以上工业企业每百元主营业务收入中的成本为85.52元，比上年减少0.1元。短板领域投资加快，全年生态保护和环境治理业、水利管理业、农林牧渔业投资分别比上年增长39.9%、20.4%和19.5%，分别快于全部投资31.8、12.3和11.4个百分点。

经济持续转型升级。产业结构优化转型，如图1-3所示，2016年第三产业增加值占国内生产总值的51.6%，比上年提高1.4个百分点，高于第二产业11.8个百分点。需求结构继续改善，全年最终消费支出对国内生产总值增长的贡献率为64.6%。

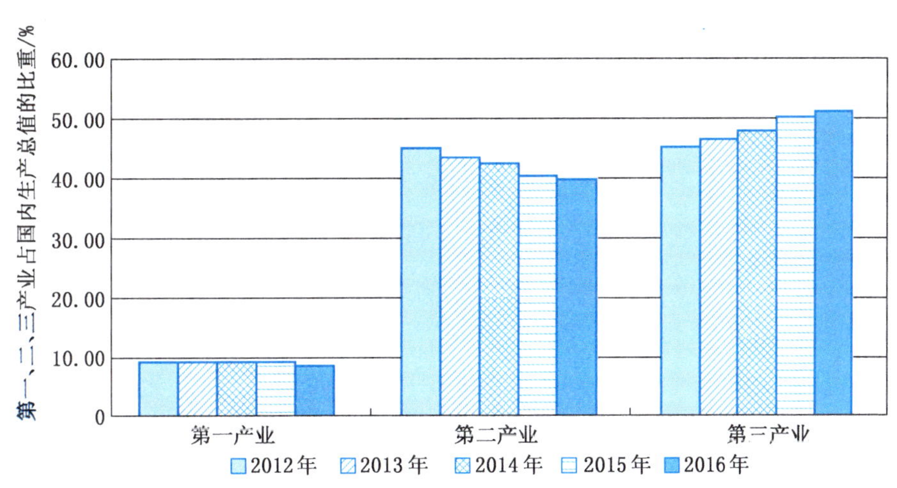

图1-3 2012—2016年第一、第二、第三产业占国内生产总值比重的变化

3. 节能降耗成效显著，环境质量得到改善

2016年中国节能降耗成效突出，全年单位国内生产总值能耗比上年下降5.0%，水电、风电、核电、天然气等清洁能源消费比重比上年提高1.6个百分点。2012—2016年中国单位国内生产总值能耗降低率如图1-4所示。

环境质量得到改善。深入实施大气污染防治行动计划，实行区域联防联控，污染物排放总量逐步得到控制。2011—2015年，全国化学需氧量、二氧化硫、氨氮、氮氧化物等主要污染物排放总量分别减少12.9%、18%、13%和18.6%，超额完成节能减排预定目标任务。2016年上半年，全国地表水环境质量总体保持稳定。与2015年全年水质相比，水质优良断面比例为68.8%，上升2.8个百分点；劣V类断面比例上升0.8个百分点。

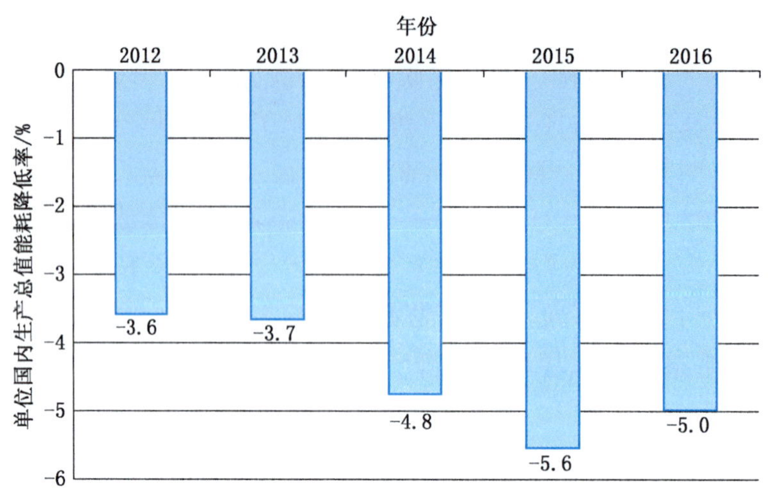

图 1-4 2012—2016 年中国单位国内生产总值能耗降低率

4. 固定资产投资总体呈现缓中趋稳，结构调整持续推进

国家统计局的数据显示，2016 年全国规模以上工业增加值比上年实际增长 6.0%，全年固定资产投资（不含农户）比上年名义增长 8.1%，增速比上年回落 1.9 个百分点；投资增长的内生动力出现企稳态势，投资结构继续优化。1—12 月份，全国规模以上工业企业实现利润总额 68803.2 亿元，同比增长 8.5%。

2011、2015、2016 年全社会固定资产投资（不含农户）变化情况如图 1-5 所示。2016 年第三产业投资对全部投资增长的贡献率大幅增长。第三产业投资比上年增长 10.9%，占全部投资的比重比上年提高 1.4 个百分点；对全部投资增长的贡献率为 75.4%，比上年提高 15.9 个百分点，第三产业投资已经成为拉动全部投资增长的主要

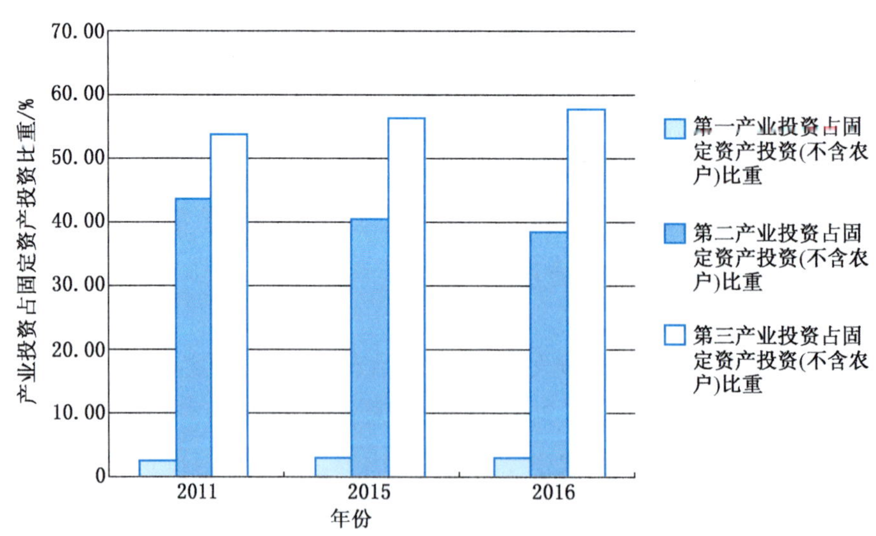

图 1-5 2011、2015、2016 年全社会固定资产投资（不含农户）变化情况

动力。一是基础设施投资比上年增长 17.4%，增速比全部投资高 9.3 个百分点；基础设施投资占全部投资的比重为 19.9%，比上年提高 1.5 个百分点。二是科教文卫领域投资比上年增长 19.0%。其中，教育投资增长 20.7%，卫生和社会工作投资增长 21.4%，科学研究和技术服务投资增长 17.2%，文化体育和娱乐业投资增长 16.4%。三是高技术服务业投资比上年增长 18.3%，增速比第三产业投资高 7.4 个百分点，比全部投资高 10.2 个百分点；占第三产业投资的比重为 4.3%，比上年提高 0.2 个百分点。2016 年高技术服务业投资成为第三产业投资中新的增长点。四是房地产开发投资比上年增长 6.9%，增速比上年高 5.9 个百分点；对全部投资增长的贡献率为 14.7%，比上年提高 12.8 个百分点。

2016 年中国制造业投资结构日趋合理，民间投资倾向第三产业。从制造业投资结构看，装备制造业投资比上年增长 4.4%，对制造业投资增长的贡献率为 41.9%；与食品、服装、健康等有关的消费品制造业投资比上年增长 8.1%；高耗能制造业投资比上年下降 0.9%，降幅收窄 0.5 个百分点。民间投资比上年增长 3.2%，对第三产业的投资增长稳定。其中，对第一产业的投资比上年增长 18.1%，对第二产业的投资比上年增长 3.2%，对第三产业中的教育、卫生、文化、社会保障等社会事务领域的投资增长 10.1%，对房地产开发投资增长 7.5%。

2016 年中国中西部地区投资增速引领全国，投资比重有所提高。全年，中部地区完成投资 156762 亿元，比上年增长 12%；西部地区完成投资 154054 亿元，比上年增长 12.2%，增速提高 3.2 个百分点；中西部 18 个省份中有 14 个投资保持两位数增长。中西部地区投资占全部投资的比重为 52.1%，比上年提高 1.8 个百分点；对全部投资增长的贡献率高达 74.7%，比上年提高 14.4 个百分点。2016 年，东部地区完成投资 249665 亿元，增长 9.1%；占全部投资的比重为 41.9%，比上年提高 0.4 个百分点。2016 年东北地区投资虽呈下降趋势，但四季度以来下降幅度已明显收窄。

5. 科技工作落实创新驱动发展战略，支撑引领供给侧结构性改革

2016 年中国科技工作全面落实创新驱动发展战略，科技实力和创新能力进一步增强；科技创新融入经济社会发展全局，新动能加快成长，对供给侧结构性改革的支撑引领作用显著提升；大众创新创业蓬勃开展，全社会支持创新、参与创新的热情空前高涨；科技体制改革主体架构基本建立，企业创新政策、计划经费管理、科技成果转化、收入分配制度等重点领域改革取得实质性突破，科技人员获得感进一步增强；科技创新的国际位势不断提升。2016 年全社会 R&D 支出达到 15440 亿元，占 GDP 比重为 2.1%，其中企业占比 78%以上；全国技术合同成交额 11407 亿元，同比增长 15.97%，首次突破 1 万亿元；科技进步贡献率增至 56.2%，同比增加 0.9 个百分点，创新型国家建设取得重要进展。2012—2016 年中国研究与试验发展经费支出与投入强度变化情况如图 1-6 所示。

科技创新有效支撑供给侧结构性改革。“十二五”重大专项中央财政投入 769 亿元，带动企业地方投入 1080 亿元，直接带动新增产值 1.42 万亿元，实缴税金总额

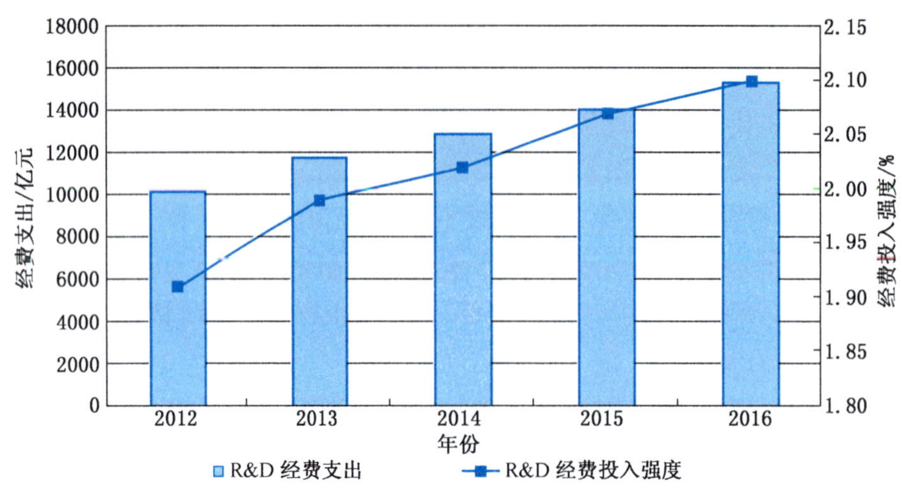

图 1-6 2012—2016 年中国研究与试验发展经费支出与投入强度变化

1300 亿元，获专利授权 1.1 万项、技术标准 8478 项，取得了一批重大创新成果。2016 年中国新能源汽车销量同比增长 60%以上；“十城万盏”工程推广应用 LED 灯 2400 余万盏，成为全球最大的 LED 照明产品生产基地；“数控一代”、制造业信息化等应用示范工程深入实施，研制专用数控系统及相关设备 350 余种，推广应用 22.3 万台套。

创新驱动发展战略深入实施，航天空间站、飞船火箭、量子通信、高速计算、对天观测、大飞机等领域一批科技成果不断涌现。新动能快速成长，战略性新兴产业增加值比上年增长 10.5%，增速比规模以上工业高 4.5 个百分点。大众创业、万众创新扎实推进，全国新登记企业 553 万户，比上年增长 24.5%，平均每天新登记企业 1.5 万户。工业小微企业景气回升，1—4 季度景气指数分别为 87.2、90.6、92.0 和 93.3。

6. 民生改革不断深入，发展成果普惠人民

中国政府一贯坚持民生优先，不断加强就业、收入分配、社会保障、住房等保障和改善民生的制度安排，全力推进基本公共服务均等化，人民生活水平有新提高，生活质量有新改善。

（1）城镇新增就业完成目标任务。全社会高度重视就业工作，以改革促进大众创业、万众创新，城镇新增就业人数提前完成了 1000 万人的目标任务。2016 年，全国城镇新增就业人数达 1314 万人，超额完成全年目标任务；全国城镇登记失业率为 4.02%，低于 4.5%的年度调控目标。2012—2016 年中国城镇新增就业人数变化情况如图 1-7 所示。

（2）1000 万人以上减贫目标实现。2016 年，中央和省级财政专项扶贫资金投入首次超千亿元，全国共派出 12.8 万个驻村工作队进驻贫困村，54 万多名驻村干部助力脱贫攻坚。精准扶贫、精准脱贫方略落地，428 个县开展电商扶贫试点，在缓解农

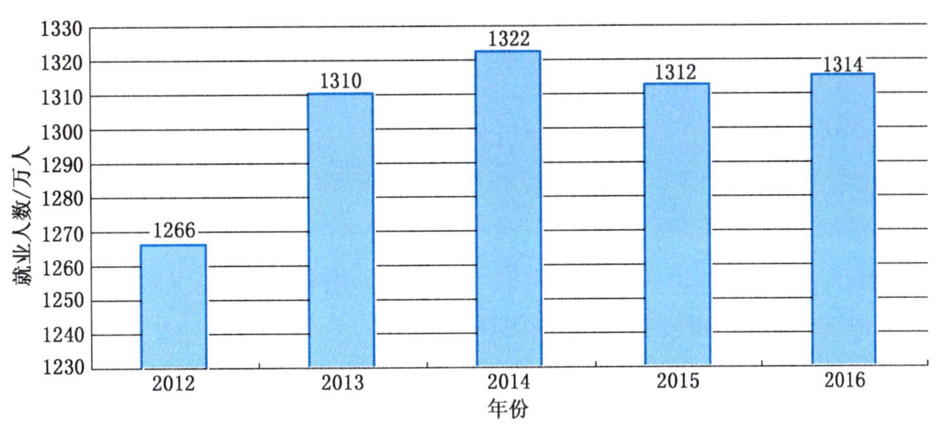

图 1-7 2012—2016 年中国城镇新增就业人数变化情况

产品卖难、增加贫困群众收入方面成效明显；2.26 万个贫困村开展旅游扶贫试点。通过扶贫工作的全面推进，2016 年减贫人数达到 1240 万人，超额完成 1000 万人的目标任务。

(3) 收入分配改革更重视知识价值。2016 年，全国居民人均可支配收入 23821 元，同比名义增长 8.4%，扣除价格因素实际增长 6.3%。11 月 7 日，中共中央办公厅、国务院办公厅印发《关于实行以增加知识价值为导向分配政策的若干意见》，科研人员科技成果转化收益分享比例将提高；高校教师收入渠道增加，可依法依规适度兼职兼薪；医务人员薪酬将适度增长，建立以公益性为导向的绩效考核机制，薪酬在保持现有水平的基础上实现适度增长。此外，随着 2016 年《关于激发重点群体活力带动城乡居民收入的实施意见》《关于完善农村土地所有权承包权经营权分置办法的意见》等文件印发，农民增收有了更多制度保障。

7. 对外开放不断向纵深推进，新一轮高水平对外开放局面初步形成

2016 年，中国货物贸易进出口总值 24.33 万亿元，比 2015 年下降 0.9%。其中，出口 13.84 万亿元，比 2015 年下降 2%；进口 10.49 万亿元，比 2015 年增长 0.6%；贸易顺差 3.35 万亿元，收窄 9.1%。

(1) 对部分“一带一路”沿线国家出口增长。2016 年，中国对巴基斯坦、俄罗斯、波兰、孟加拉国和印度出口分别增长 11%、14.1%、11.8%、9%和 6.5%。同时，中国对欧盟出口增长 1.2%、对美国出口微增 0.1%、对东盟出口下降 2%，三者合计占中国出口总值的 46.7%。

(2) 民营企业出口占比继续保持首位。2016 年，中国民营企业进出口 9.28 万亿元，增长 2.2%，占外贸总值的 38.1%。其中，出口 6.35 万亿元，下降 0.2%，占出口总值的 45.9%，但继续保持出口份额居首的地位；进口增长 8.1%。

(3) 铁矿石、原油、煤炭等大宗商品进口量保持增长。2016 年，中国进口铁矿石

1024 Mt，比上年增长 7.5%；原油 381 Mt，比上年增长 13.6%；煤炭 256 Mt，比上年增长 25.2%；钢材 13.21 Mt，比上年增长 3.4%；铜 4.95 Mt，比上年增长 2.9%；成品油 27.84 Mt，比上年下降 6.5%。

(4) 双向投资进入新阶段。利用外资稳定增长，全年实际使用外资 8132 亿元人民币（折合 1260 亿美元），比上年增长 4.1%；在全球跨国直接投资下降 13%的背景下，充分证明全球资本对中国经济的信心；对外投资快速增长，全年非金融类对外直接投资 1.13 万亿元人民币（折合 1701 亿美元），比上年增长 53.7%。

1.1.2 2016 年中国经济在世界经济中的地位

近年来，世界经济处于深度调整期，欧、美、日等主要经济体对世界经济增长的带动作用明显减弱。印度等国虽然增速较快，但经济规模不大，还不能成为带动世界经济增长的主力，而巴西、俄罗斯等国尚未走出衰退的阴影。与此同时，中国对外开放的步伐加快，与世界经济的融合度日益提高，虽然经济增速有所放缓，但仍保持了中高速增长，速度继续位居世界主要经济体最前列。根据中国国家统计局的统计数据，按 2010 年美元不变价计算，2016 年中国经济增长对世界经济增长的贡献率达到 33.2%，仍是世界经济增长的第一引擎。

1. 中国为提振世界经济贡献智慧和力量

中国作为世界第二大经济体，不仅凭借自身经济发展提振世界经济发展，还一直积极参与全球事务和全球治理，在国际政治、经济、能源、气候等问题上履行了大国应有的责任和担当，贡献了中国智慧和中国力量。

全球性挑战需要全球性的应对，合作是必然选择。转型中的世界期待中国提出创新理念。中国政府一直也在探索全球治理的新理念和新举措，“一带一路”构想、亚洲基础设施投资银行、以合作共赢为核心的新型国际关系等新理念的提出，符合各国利益诉求，促进了中国与各国利益的交汇。在 2016 年 G20 杭州峰会上，中国针对世界经济增长乏力提出创新发展、结构改革等倡议，在 2017 年 1 月份的达沃斯年会提出中国方案，使中国在全球经济治理转型中不仅是参与者和合作者，还成为了倡议者和引领者。

2. 中国经济稳定增长是世界经济复苏的主要动力

改革开放 30 多年来，中国经济占世界经济比重不断上升。根据世界银行统计数据，按照 2010 年美元不变价计算，1979—2010 年中国国内生产总值占世界经济的比重由 1.2%提高到 9.3%，年均提高 0.3 个百分点；“十二五”时期，按照 2010 年美元不变价计算，中国经济增长对世界经济增长的年均贡献率达到 30.5%，跃居全球第一，比“十一五”时期 14.2%的年均贡献率，提高了 16.3 个百分点，同期美国和欧元区分别为 17.8%和 4.4%。

2016 年，中国经济增长对世界经济增长的贡献率居世界首位。中国经济运行总体平稳，全年经济增速为 6.7%，而世界银行预测全球经济增速为 2.4%左右。按 2010 年美元不变价计算，2016 年中国经济增长对世界经济增长的贡献率达到 33.2%。如果按照2015年价格计算，则中国经济增长对世界经济增长的贡献率会更高一点。根据有关国际组织预测，2016年中国、美国、日本经济增速分别为6.7%、1.6%、0.6%，对世界经济增长的贡献率将分别为41.3%、16.3%、1.4%。

3. 中国扶贫工作对世界减贫贡献率超过70%

根据中国社科院和国务院扶贫办联合编撰的《中国扶贫开发报告2016》和联合国《2015年千年发展目标报告》显示，中国贡献了1990—2014年全球使用改良饮用水源人口增量的45.6%；中国在提高人口期望寿命方面的努力，将全球平均的人口期望寿命提高了1岁；中国极端贫困人口比例从1990年的61%下降到2002年的30%以下，率先实现比例减半，2014年又下降到4.2%，中国对全球减贫的贡献率超过70%；2016年，中国1240万人告别贫困，意味着“十三五”脱贫攻坚首战告捷。

据国务院新闻办公室发布的《中国的减贫行动与人权进步》白皮书，改革开放30多年来，中国有7亿多贫困人口摆脱贫困，农村贫困人口到2016年已减少到4335万人，贫困发生率下降到4.5%。到2020年，中国现存几千万贫困人口将全部脱贫，中国成为世界上减贫人口最多的国家，也是世界上率先完成联合国千年发展目标的国家。中国消除贫困的实践，正在迅速实现从数量到模式和路径，再到观念与理念的巨大飞跃。中国基于内生发展动力的“减贫观”和完善的减贫体系，正在迅速重塑全球可持续发展理念，推动全球发展治理，达到新的水平。

4. 中国内需增长为推动世界贸易和经济发展做出重大贡献

近年来，中国在世界贸易中的地位不断提高。据联合国统计数据，2010—2015年中国货物贸易出口额占全球的比重由10.3%提高到13.7%，进口额占全球的比重由9.1%提高到10.1%；服务贸易出口额占全球的比重由3.9%提高到5.9%，进口额占全球比重由4.8%提高到9.9%。2016年，在世界经济较为低迷的环境下，中国仍然保持着旺盛的市场需求。1—12月份，中国铁矿砂及其精矿、铜矿砂及其精矿、原油的进口量比上年分别增长了7.5%、28.2%、13.6%，集成电路进口量增长9.1%，医药品、汽车零配件进口额分别增长16.9%、8.9%，1—12月份，中国服务贸易进口比上年增长14.2%。中国对国际大宗商品和主要工业品进口的大幅增长，有力地改善了国际供求关系，不仅提振了资源与能源出口国的经济增长，而且对发达工业国的经济逐渐复苏也起到了不可或缺的积极作用。

与此同时，中国持续为世界提供着物美价廉的工业制成品，对降低全球生产成本、推动技术进步、改善各国人民生活作出了巨大的贡献。2016年1—11月份，中国塑料制品、汽车及汽车底盘出口量分别增长7.0%、6.9%，而出口额（以美元计）分别下降4.6%、5.3%。

5. 2016《财富》世界企业500强中国企业继续增加

《财富》杂志发布的2016世界企业500强中，中国上榜企业个数连续第13年增加、达到了110家，占据五分之一的席位。中国上榜企业数量稳居世界第二，仅次于美国。2016年度上榜500家企业的总营业收入为27.6万亿美元，净利润之和为1.48

万亿美元，同比分别下降 11.5%和 11.3%。入围门槛为 209.2 亿美元，比去年的 237.2 亿美元下降 11.8%。上年榜单最后一名的营业收入在今年可以排到第 449 位。全球企业的经营状况不甚理想，自 2009 年以来，全球 500 强公司销售收入第一次出现两位数下降。

中国企业在排行榜中地位稳步增强。全球企业经营状况不佳，中国企业在世界 500 强公司排行榜中的地位进一步上升，中国两岸三地上榜企业数量创下历史新高。日本企业在 500 强公司排行榜中的数量逐步下降，是上榜中国企业数量的一半。欧洲三强德国、英国、法国加起来一共有 84 家，远不及中国企业上榜总量。2016 年度世界 500 强上榜公司的平均营业收入为 553 亿美元，平均利润 30 亿美元；上榜中国企业平均营业收入和利润分别为 571 亿美元和 32 亿美元，略超过世界 500 强公司平均水平。

中国面临产业转型升级的严峻挑战。从产业角度看，上榜中国企业中有相当数量集中在煤炭、钢铁等传统产业，而美国这类行业的上榜企业比较少；食品行业和医疗保健行业关系未来巨大市场，美国在这两个行业上榜的企业具有极大优势，其中有 12 家企业与食品行业相关，而中国上榜的企业中只有万洲国际 1 家。医疗保健和制药行业也是关系民生的重要行业，美国上榜的企业中有 8 家在医疗保健行业、5 家在制药业，中国上榜的企业中只有 1 家在制药业（中国医药集团），在医疗保健行业中没有中国企业上榜。

从煤炭上榜企业看，不仅数量与去年相比减少了 3 家，为 9 家；而且上榜中国煤炭企业的位次有所调整，有 4 家企业的位次上升、5 家企业的位次下降。其中，冀中能源集团、大同煤矿集团有限责任公司、陕西煤业化工集团、山西阳泉煤业（集团）有限责任公司分别从 2015 年的第 315 位上升到第 267 位、第 341 位上升到第 322 位、第 416 位上升到第 347 位、第 409 位上升到第 374 位；神华集团、山西焦煤集团有限责任公司、潞安集团、山西晋城无烟煤矿业集团有限责任公司、山东能源集团有限公司分别从 2015 年的第 196 位下降到第 270 位、第 264 位下降到第 337 位、第 358 位下降到第 370 位、第 379 位下降到第 384 位、第 373 位下降到第 426 位。

6. 中国对外投资合作持续增长为全球结构优化注入活力

近年来，随着我国经济技术实力的增强，特别是“一带一路”发展战略的稳步推进，企业“走出去”步伐明显加快，对外投资和经济合作蓬勃发展，成为很多发展中国家完善基础设施、加快工业化进程的重要参与者，也对发达国家拓展市场、增加就业、缓解债务压力发挥了重要作用。联合国贸发会议统计数据显示，中国对外直接投资虽起步较晚，但占全球总量的比重快速提高。2000 年中国对外直接投资额仅为 9 亿美元，占全球比重还不足 0.1%，到 2010 年占比提高到 4.9%，2015 年进一步提高到 8.7%。

2016 年，我国对外投资合作持续增长，1—12 月份，非金融类直接投资累计达 11299.2 亿元人民币，折合 1701.1 亿美元；对外承包工程新签合同额达 16207.9 亿元人民币，折合2440.1亿美元，同比增长16.2%。其中，对“一带一路”相关国家的投资与合作持续保持较高水平。1—11月，中国企业对“一带一路”相关的53个国家非金融类直接投资133.5亿美元，在“一带一路”相关的61个国家新签对外承包工程项目合同额1003.6亿美元，占同期中国对外承包工程新签合同额的52.1%。在美元升值、发展中国家资金外流压力加大的情况下，中国对外投资的增加，是稳定全球金融市场和经济运行的重要因素。

1.2 2016年宏观经济政策要点分析

2016年是中国全面深化改革的攻坚之年，也是确定“十三五”发展方向的规划之年。《中华人民共和国国民经济和社会发展第十三个五年规划纲要》为未来五年的国民经济发展远景规定了目标和方向，《能源发展“十三五”规划》提出了能源发展的总体蓝图和行动纲领，《国家创新驱动发展战略纲要》指明了建设创新型国家的行动指南，国发〔2016〕7号文确定了煤炭、钢铁两个行业成为供给侧结构性改革的试点，一系列脱困发展金融支持政策是煤炭企业增强抗风险能力的保障，《煤炭工业“十三五”规划》是推动煤炭工业转型发展的行动纲领，“一带一路”战略是能源领域开展国际合作的统领。主要政策要点如下。

1.《中华人民共和国国民经济和社会发展第十三个五年规划纲要》是全面建成小康社会的行动纲领

2016年3月16日，十二届全国人大四次会议审查通过了《中华人民共和国国民经济和社会发展第十三个五年规划纲要》(以下简称《纲要》)，主要阐明国家战略意图，明确政府工作重点，引导市场主体行为，是2016—2020年中国经济社会发展的宏伟蓝图，是各族人民共同的行动纲领，是政府履行经济调节、市场监管、社会管理和公共服务职责的重要依据。

《纲要》提出坚持全面建成小康社会、全面深化改革、全面依法治国、全面从严治党的战略布局，坚持发展是第一要务，牢固树立和贯彻落实创新、协调、绿色、开放、共享的发展理念，以提高发展质量和效益为中心，以供给侧结构性改革为主线，扩大有效供给，满足有效需求，加快形成引领经济发展新常态的体制机制和发展方式，保持战略定力，坚持稳中求进，统筹推进经济建设、政治建设、文化建设、社会建设、生态文明建设和党的建设，确保如期全面建成小康社会，为实现中华民族伟大复兴的中国梦奠定更加坚实的基础。

《纲要》提出的主要目标是经济保持中高速增长，在提高发展平衡性、包容性、可持续性的基础上，到2020年中国国内生产总值和城乡居民人均收入比2010年翻一番，产业迈向中高端水平，消费对经济增长贡献明显加大，户籍人口城镇化率加快提高；农业现代化取得明显进展，人民生活水平和质量普遍提高，中国现行标准下农村贫困人口实现脱贫，贫困县全部摘帽，解决区域性整体贫困；国民素质和社会文明程度显著提高；生态环境质量总体改善；各方面制度更加成熟更加定型，国家治理体系和治理能力现代化取得重大进展。

在建设现代能源体系方面，《纲要》提出了包括推动能源结构的优化升级、构建现代能源储运网络和智慧能源系统3个方面的内容。智慧能源系统是指加快推进能源全领域、全环节智慧化发展，提高可持续自适应能力；适应分布式能源发展、用户多元化需求，优化电力需求侧管理，加快智能电网建设，提高电网与发电侧、需求侧交互响应能力；推进能源与信息等领域新技术深度融合，统筹能源与通信、交通等基础设施网络建设，建设“源—网—荷—储”协调发展、集成互补的能源互联网。

2.《能源发展“十三五”规划》等系列能源规划是落实能源革命战略、实现清洁能源、系统优化的关键

2016年12月26日，国家发展改革委、国家能源局发布了《能源发展“十三五”规划》(以下简称《规划》)。此前，电力、可再生能源、煤炭、风电、太阳能、水电、生物质能等专项规划已经相继发布。作为总体规划，《规划》明确了“十三五”能源革命思路：从保供应转向提高能源系统效率和发展质量，将清洁低碳能源发展放到突出位置。《规划》提出，“十三五”期间能源消费总量年均增长2.5%左右，非化石能源消费比重提高到15%以上，天然气消费比重力争达10%，煤炭消费比重将降到58%以下。到2020年，把能源消费总量控制在5 Gtce以内。优化能源结构，实现清洁低碳发展，是推动能源革命的本质要求，也是中国经济社会转型发展的迫切需要。按照《规划》相关指标推算，非化石能源和天然气消费增量是煤炭增量的3倍多，约占能源消费总量增量的68%以上。清洁低碳能源将是“十三五”期间能源供应增量的主体。

国家能源局于2016年4月1日发布的《2016年能源工作指导意见》(以下简称《意见》)，明确了2016年控制能源消费总量及优化能源消费结构的目标，提出了加强能源法制建设、加强战略规划引领、促进可再生能源就地消纳利用以及切实加强煤炭清洁绿色开发利用等项内容。能源法制建设包括：《电力法》修订和《能源法》《核电管理条例》《国家石油储备条例》的立法；以及研究推进《石油天然气法》《能源监管条例》《海洋石油天然气管道保护条例》立法和《煤炭法》修订等。战略规划引领包括：编制完成和发布实施《能源发展“十三五”规划》，以及能源科技创新、电力、核电、煤炭、石油、天然气、可再生能源等专项规划，同时做好国家级与省级能源总体规划衔接；落实国家区域发展战略，研究编制区域中长期发展规划，如《京津冀能源协同发展专项规划》和《丝绸之路经济带能源发展规划》等；研究能源长远发展战略，建立重大战略问题研究协商机制等。针对可再生能源消纳难题，提出了建设配套调峰电站、提高电网接入消纳能力，开展风电供暖、制氢等示范工程建设，探索风电、光伏就地消纳利用商业新模式等，进一步促进可再生能源就地消纳利用。在煤炭清洁绿色开发利用方面，《意见》提出：限制开发高硫、高灰、高砷、高氟煤炭资源，推广充填开采、保水开采、煤与瓦斯共采等绿色开采技术；加强煤矿粉尘综合治理，完善矿区生态环境补偿机制；提高原煤洗选加工比重，在钢铁、建筑等领域推广高效

清洁燃煤锅炉（窑炉）技术；适度发展煤制燃料和低阶煤分级分质加工转化利用；加强煤矸石、矿井水、煤矿瓦斯等资源综合利用 5 项具体要求。

3.《国家创新驱动发展战略纲要》是建设创新型国家的行动指南

2016 年 5 月 20 日，中国国务院发布《国家创新驱动发展战略纲要》(以下简称《纲要》)。《纲要》是新时期推进创新工作的纲领性文件，是建设创新型国家的行动指南。

党的十八大提出要实施创新驱动发展战略，强调科技创新是提高社会生产力和综合国力的战略支撑，必须摆在国家发展全局的核心位置。党的十八届五中全会把创新作为五大发展理念之首，提出创新是引领发展的第一动力，必须把发展基点放在创新上，塑造更多依靠创新驱动、更多发挥先发优势的引领型发展。《纲要》明确了实施创新驱动发展战略的总体部署，强调要“坚持双轮驱动、构建一个体系、推动六大转变”。双轮驱动就是科技创新和体制机制创新两个轮子相互协调、持续发力。一个体系就是建设国家创新体系。六大转变就是发展方式从以规模扩张为主导的粗放式增长向以质量效益为主导的可持续发展转变；发展要素从传统要素主导发展向创新要素主导发展转变；产业分工从价值链中低端向价值链中高端转变；创新能力从“跟踪、并行、领跑”并存、“跟踪”为主向“并行”、“领跑”为主转变；资源配置从以研发环节为主向产业链、创新链、资金链统筹配置转变；创新群体从以科技人员的“小众”为主向“小众”与大众创新创业互动转变。

4. 煤炭、钢铁两个行业成为供给侧结构性改革的试点

2016 年 2 月 1 日，中国国务院印发《关于煤炭行业化解过剩产能实现脱困发展的意见》(国发〔2016〕7 号）文件，在国民经济 41 个大行业中，率先在煤炭、钢铁两个行业开展推动供给侧结构性改革试点工作，明确提出，要化解产能与转型升级相结合，促进企业优化组织结构、技术结构、产品结构，创新体制机制，提升综合竞争力。实现煤炭行业过剩产能得到有效化解，市场供需基本平衡，产业结构得到优化，转型升级取得实质性进展。成立了由国家发展改革委等 25 个部委和单位参加的煤炭行业化解过剩产能部际协调机制，全力推动煤炭行业去产能和脱困发展工作。国家发展改革委、财政部、国资委、人社部、国土资源部、国家安监总局等相关部门先后研究出台了一系列配套政策措施，为煤炭行业化解过剩产能实现脱困发展奠定了坚实的政策基础。在国务院强力推动下，化解过剩产能实现脱困发展，成为 2016 年煤炭行业的主旋律。全国 25 个主要产煤省区和新疆生产建设兵团，贯彻落实国务院 7 号文件精神，取得了实质性效果。2016 年中国化解煤炭过剩产能任务超额完成，市场供需基本平衡，煤炭价格出现了理性回升，煤炭企业经营出现好转。

5. 一系列脱困发展的金融支持政策是煤炭企业增强抗风险能力的保障

为贯彻落实国务院关于做好钢铁煤炭行业化解过剩产能和脱困升级工作的决策部署，充分发挥金融引导作用，支持钢铁、煤炭等行业去产能、去杠杆、降成本、补短板，促进钢铁、煤炭行业加快转型发展、实现脱困升级，中国财政部、国家税务总

局、中国人民银行、银监会、证监会、保监会等出台了一系列脱困发展的金融支持政策，成为钢铁、煤炭企业增强抗风险能力的保障。

2016 年 2 月，国务院印发了《关于煤炭行业化解过剩产能实现脱困发展的意见》。明确提出要运用市场化手段妥善处置煤炭企业债务和银行不良资产，落实金融机构呆账核销的财税政策，完善金融机构加大抵债资产处置力度的财税支持政策。研究完善不良资产批量转让政策，支持银行加快不良资产处置进度，支持银行向金融资产管理公司打包转让不良资产，提高不良资产处置效率。

2016 年 4 月，中国人民银行、银监会、证监会、保监会联合印发了《关于支持钢铁煤炭行业化解过剩产能实现脱困发展的意见》(银发〔2016〕118 号)，提出：坚持区别对待、有扶有控原则，积极做好“去产能”信贷服务；加强直接融资市场建设，支持钢铁、煤炭企业去杠杆、降成本；支持企业债务重组和兼并重组，推动钢铁、煤炭行业结构调整优化；进一步提高就业创业金融服务水平，支持钢铁、煤炭行业去产能分流人员就业创业；大力支持钢铁、煤炭扩大出口，推动钢铁、煤炭企业加快“走出去”；支持银行加快不良资产处置，依法处置企业信用违约事件；加强沟通协调配合，有效防范钢铁、煤炭行业金融风险。

2016 年 6 月，财政部、国家税务总局印发了《关于化解钢铁煤炭行业过剩产能实现脱困发展的意见》，明确提出了要支持金融企业及时处置不良资产，推动煤炭行业化解过剩产能。银行可运用不良资产批量转让、呆账核销等政策工具，处置包括煤炭企业债权在内的不良资产。对符合国家产业政策、积极主动去产能、调结构、转型发展、有一定清偿能力的煤炭企业，银行可在做好贷款质量监测和准确分类的同时，通过调整贷款期限和还款方式等措施，加快推进债务重组；通过专项建设基金支持符合条件的煤炭项目。根据国务院确定的原则和专项建设基金组建方集，支持符合条件的钢铁、煤炭企业按规定申报项目使用专项建设基金。

2016 年 10 月 10 日，国务院发布《关于积极稳妥降低企业杠杆率的意见》(国发〔2016〕54 号)，总体强调要遵循法治化原则、按照市场化方式有序开展债转股，建立债转股对象企业市场化选择、价格市场化定价、资金市场化筹集、股权市场化退出等长效机制，严禁将“僵尸企业”、失信企业和不符合国家产业政策的企业作为债转股对象。重点鼓励金融资产管理公司、保险资产管理机构、国有资本投资运营公司等多种类型实施机构参与开展市场化债转股；支持银行充分利用现有符合条件的所属机构，或允许申请设立符合规定的新机构开展市场化债转股。

2016 年 12 月，中国银监会、国家发展改革委、工业和信息化部发布了《关于钢铁煤炭行业化解过剩产能金融债权债务问题的若干意见》，提出：支持钢铁煤炭企业合理资金需求，加大对兼并重组钢铁煤炭企业的金融支持力度，鼓励银行业金融机构对主动去产能的钢铁煤炭困难企业进行贷款重组，严控违规新增钢铁煤炭产能的信贷投放，坚决停止对落后产能和“僵尸企业”的金融支持等十三项建议。

6.《煤炭工业发展“十三五”规划》是推动煤炭工业转型发展的行动纲领

2016年12月22日，国家发展改革委和国家能源局依据《中华人民共和国国民经济和社会发展第十三个五年规划纲要》和《能源发展“十三五”规划》，制订发布了《煤炭工业发展“十三五”规划》。目的是加快推进煤炭领域供给侧结构性改革，推动煤炭工业转型发展，建设集约、安全、高效、绿色的现代煤炭工业体系。

《煤炭工业发展“十三五”规划》从优化生产开发布局、加快煤炭结构优化升级、推进煤炭清洁生产、促进煤炭清洁高效利用、提升安全保障能力、加强煤炭科技创新、加快煤层气产业发展、深化煤炭行业改革、发展煤炭服务业、推进全方位国际合作、环境影响评价11个方面，提出了2020年的主要目标是：煤炭产量控制在3900 Mt，化解淘汰落后产能800 Mt，增加先进产能500 Mt；煤矿数量控制在6000处左右，1.20 Mt/a及以上大型煤矿产量占80%以上，0.30 Mt/a及以下小型煤矿产量占10%以下；大型煤炭基地产量占95%以上，产业集中度进一步提高；煤矿安全保障能力显著提高，煤矿事故死亡人数下降15%以上、百万吨死亡率下降15%以上，煤矿职工健康状况显著改善；煤矿采煤机械化程度达到85%、掘进机械化程度达到65%，全员劳动工效达到1300 t/(人·a)以上；科技创新对行业发展贡献率进一步提高，煤矿信息化、智能化建设取得新进展，建成一批先进高效的智慧煤矿；最大程度减轻煤炭生产开发对环境的影响，煤层气(煤矿瓦斯)产量 2.40×10^{10} m^3，利用量 1.60×10^{10} m^3；煤矸石综合利用率75%左右，矿井水利用率80%左右，土地复垦率60%左右；原煤入选率75%以上，煤炭产品质量显著提高，清洁煤电加快发展，煤炭深加工产业示范取得积极进展，煤炭清洁利用水平迈上新台阶。

7. “一带一路”战略是能源领域开展国际合作的统领

《2016年能源工作指导意见》提出加强能源国际合作，拓展开放发展新空间的建议。具体包括：

(1) 加快推动重大能源装备“走出去”。深入实施“一带一路”能源合作和中巴经济走廊能源合作，进一步完善能源装备出口服务机制，依托工程建设推动能源装备出口。积极推进核电“走出去”，扩大火电机组、水电机组等常规大型成套设备出口，拓展风电、光伏发电等新能源装备出口，鼓励炼化装备、运营、设计企业“抱团出海”。稳妥投资海外输配电项目。鼓励以企业为主体，发展电力装备服务出口。

(2) 积极拓展海外油气合作。巩固重点国家和资源地区油气产能合作，积极参与国际油气基础设施建设，促进与“一带一路”沿线国家油气管网互联互通。推进中俄东线天然气管道建设，确保按计划建成。务实推动中俄西线天然气合作项目。稳妥推进天然气进口。加强与资源国炼化合作，多元保障石油资源进口。

(3) 积极参与国际能源治理。加快建设上海国际能源交易中心。加强东北亚、上海合作组织能源合作，推动建立区域能源市场。推动核电等中国能源标准国际化。办好G20峰会能源系列会议，确保取得预期成果和实效。加强与国际能源署、国际可再生能源署、国际能源宪章等国际能源组织合作，提高中国参与国际能源治理的话语权和影响力。

1.3 中国能源结构和发展趋势

2016年中国能源工作深入贯彻党中央治国理政的新理念新思想新战略，坚持稳中求进工作总基调，以推进供给侧结构性改革为主线，推进结构优化和产业升级，增强创新发展动力，拓展国际合作，系统建构贯彻落实能源革命战略的框架体系，发布实施“十三五”能源发展系列规划，推进能源领域供给侧结构性改革，实现了“十三五”良好开局。

1.3.1 中国能源资源特点

中国具有比较丰富的化石能源，但人均能源资源拥有量较低，且分布不均衡、开发难度较大。为了提高矿产资源保障能力，中国政府从2011年起，推动实施了“找矿突破战略行动”，发现了一批重要矿产地。

1. 能源资源总量比较丰富

中国拥有较为丰富的化石能源资源，其中煤炭占主导地位。2011—2015年，中国煤炭勘查新增查明资源储量分别为74.9 Gt、61.6 Gt、67.3 Gt、47.4 Gt和36.4 Gt，达到1566.31 Gt，仅次于美国和俄罗斯，列世界第3位。已探明的石油、天然气资源储量相对不足，油页岩、煤层气等非常规化石能源储量潜力较大。中国拥有较为丰富的可再生能源资源。

2. 人均能源资源拥有量较低

中国人口众多，人均能源资源拥有量在世界上处于较低水平。煤炭和水力资源人均拥有量相当于世界平均水平的50%，石油、天然气人均资源量仅为世界平均水平的1/15左右。耕地资源不足世界人均水平的30%，制约了生物质能源的开发。

3. 能源资源赋存分布不均衡

中国能源资源分布广泛但不均衡。煤炭资源主要赋存在华北、西北地区，水力资源主要分布在西南地区，石油、天然气资源主要赋存在东、中、西部地区和海域。中国主要的能源消费地区集中在东南沿海经济发达地区，资源赋存与能源消费地域存在明显差别。大规模、长距离的北煤南运、北油南运、西气东输、西电东送，是中国能源流向的显著特征和能源运输的基本格局。

4. 能源资源开发难度较大

与世界相比，中国煤炭资源地质开采条件较差，能够进行露天开采的煤炭储量极少。石油天然气资源地质条件复杂，埋藏深，勘探开发技术要求较高。未开发的水力资源多集中在西南部的高山深谷，远离负荷中心，开发难度和成本较大。非常规能源资源勘探程度低，经济性较差，缺乏竞争力。

2011—2015年中国地质勘查投入为5681.8亿元，勘查取得重大进展。石油新增探明地质储量6130 Mt，天然气3.92×10^{12} m^3；设立页岩气为新矿种，累计探明地质储量54.41×10^{10} m^3。2015年，中国石油剩余技术可采储量3500 Mt，比2010年增长

10.4%；天然气 5.2×10^{12} m^3，比 2010 年增长 37.4%；煤炭查明资源储量 1570 Gt，比 2010 年增长 16.8%；铁矿 85.08 Gt，比 2010 年增长 17.0%；铜矿 99.10 Mt，比 2010 年增长 23.3%；钨矿 9.588 Mt，比 2010 年增长 62.2%；金矿 1.16×10^4 t，比 2010 年增长 68.4%；钾盐 1080 Mt，比 2010 年增长 16.1%。

根据山西省国土资源厅通报，2016 年山西省共投入 5.5 亿元进行地质找矿，安排地质勘察项目 103 个，发现超大型气田 1 处，新增煤炭资源量 785 Mt，提高储量级的资源量 3789 Mt。截至 2016 年，山西省累计查明煤炭保有资源量达 267.4 Gt，约占全国查明煤炭资源储量的 25%；据测算，山西全省含煤面积 5.7×10^4 km^2，占其国土面积的 36.3%。

2016 年中国新增探明油气当量超过 1100 Mt，其中石油地质储量 649 Mt、天然气地质储量 59.85×10^{10} m^3。截至 2016 年，中石油通过保证勘探投资和开展科技创新，连续 10 年保障了国内新增探明储量 10 亿吨当量的高位增长，2016 年勘探开发投资超过 1200 亿元，占全公司当年全部投资的 60%左右；“十二五”期间，中石油仅在地质勘探领域取得的重大科技成果就有 40 多项，如长庆油田大面积岩性油藏立体勘探技术，在陇东地区新增探明石油储量 369 Mt；塔里木油田强化复杂山前地震攻关，新增天然气地质储量 30×10^{10} m^3。

1.3.2 2016 年中国能源生产与消费

2016 年，中国能源消费总量约 4.36 Gtce，比上年增长 1.4%左右。2016 年非化石能源消费比重达到 13.3%，比上年提高 1.3 个百分点；能源生产总量约 3.43 Gtce，比上年下降 5.1%左右。电力装机达到 1.65×10^9 kW，装机结构清洁化趋势显著，非化石能源发电装机比重 36.1%，比上年提高 2 个百分点；全社会用电量约 6×10^{12} kW·h，比上年增长 5.0%左右。2007—2016 年中国能源生产和消费总量变化如图 1－8 所示。

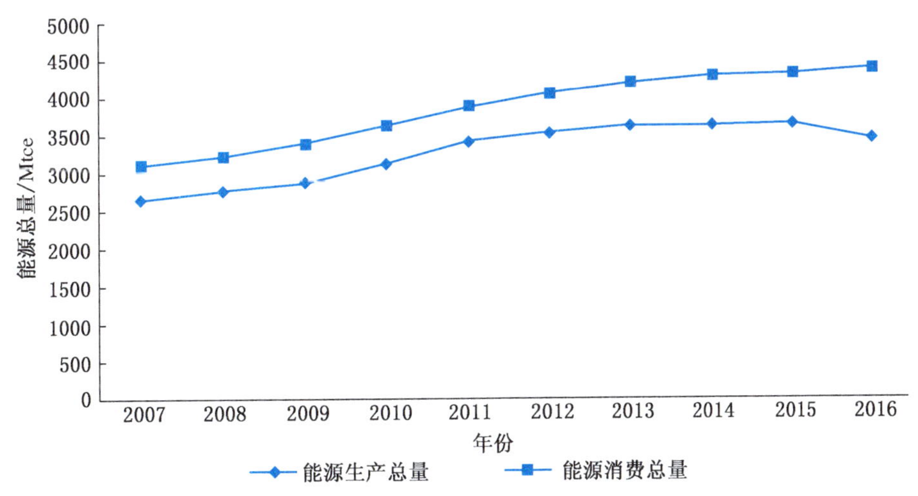

图 1－8 2007—2016 年中国能源生产与消费总量变化情况

1.3.3 2016年中国能源发展特点

2016年，中国能源行业通过调结构促转型、强基础补短板、“放管服”改革、深化国际合作等项工作，能源供给质量进一步提高、可持续发展能力进一步增强。

1. 调结构促转型，能源供给质量进一步提高

化解煤炭过剩产能，超额完成全年任务。目前已取消 1.24×10^{7} kW 不具备核准条件的煤电项目，关停落后煤电机组 4.92×10^{6} kW；稳步推进煤炭绿色清洁开发利用，煤电机组节能改造和超低排放改造全年改造规模分别超过 2×10^{8} kW 和 1×10^{8} kW。

加快发展非化石能源。中国已成为水电、风电、太阳能发电装机世界第一大国。2016年新投产核电机组7台，装机容量 7.13×10^{6} kW；截至目前全国累计建成电动汽车公共充电桩超过15万个，私人充电桩总数超过20万个。

非常规油气开发取得新突破。2016年中国产气量达 77×10^{8} m^3，比上年增长72%；煤层气（煤矿瓦斯）全年抽采量达 1.73×10^{10} m^3，利用量达 8.8×10^{9} m^3。

2. 强基础补短板，能源持续发展能力进一步增强

新增输电能力超过 2.00×10^{7} kW，全年变（配）电容量、线路长度均比上年增长8%。全年核准抽水蓄能电站7座，总装机 9.55×10^{7} kW。

重点能源立法项目取得重要进展，《能源法》《电力法》《核电管理条例》《国家石油储备条例》《能源监管条例》的制修订迈出实质性步伐。电力体制改革取得关键突破，已在全国范围内展开。

3. 推进“放管服”改革，能源行业治理能力和服务水平进一步提升

积极推进简政放权，全面完成国务院部署的放管服改革任务，市场监管富有成效，安全监管扎实有力。

全面启动实施新一轮农网升级改造工程，全国小城镇、中心村农网改造升级和农村机井通电工程总投资约1900亿元，惠及2416个县的8.5万个小城镇和中心村，覆盖150万个机井、2.1亿亩农田。

实施光伏扶贫，下达的第一批光伏扶贫项目总规模 5.16×10^{6} kW，惠及14个省约55万个建档立卡贫困户，每年每户将增收3000元以上；实施贫困村通动力电工程，惠及5.4万个贫困自然村、1080万人口。

4. 深化国际合作、能源发展空间进一步拓展

“一带一路”能源合作进展顺利，核电走出去取得重要成果，欣克利角C核电项目实质性启动，多层次对话交流务实深入。

1.3.4 2017年中国能源行业发展趋势

1. 围绕供给侧结构性改革，全面深入推进能源生产和消费革命战略

2017年是实施“十三五”规划的重要一年，能源行业要坚持稳中求进的总基调，围绕推进供给侧结构性改革这条主线，重点做好以下工作：一是坚定不移去产能，不折不扣地将化解煤炭过剩产能一抓到底，高度重视防范化解煤电产能过剩问题；二是全面深入推进能源生产和消费革命战略，推进非化石能源规模化发展、化石能源清洁

高效利用；三是加快能源领域改革创新步伐，在电力、石油、天然气行业改革实现新的突破，集中力量推进能源关键技术装备创新；四是大力实施能源民生工程，增加清洁民生能源供应，加快推进农村能源生产和消费方式变革，全面开展能源扶贫；五是进一步强化安全责任意识，牢牢守住安全生产底线。

2. 继续严控能源消费总量，进一步提高能源产品质量

根据2017年全国能源工作会议的要求，2017年全国一次能源消费总量要控制在4.4×10^9 tce左右，非化石能源消费比重提高到14.3%左右，天然气消费比重提高到6.8%左右。重点开展居民采暖、交通运输等领域电能替代，推动完善峰谷电价机制。持续推进油品质量升级，2017年起全国将全面供应国五标准车用汽、柴油。

3. 着力优化能源供给结构，持续化解防范产能过剩

2017年将着力优化能源供给结构。持续化解防范产能过剩，加快淘汰一批灾害严重、资源枯竭、技术装备落后、不具备安全生产条件、不符合煤炭产业政策的煤矿，重点淘汰0.3 Mt以下的落后产能，严控新增产能，通过减量置换，依法依规处置在建手续不全煤矿和涉嫌违规煤矿，有序发展先进产能。提升可再生能源消纳能力，加快清洁能源输送通道建设，弃风率超过20%、弃光率超过5%的省份，暂停安排新建风电、光伏发电规模；加强电力系统调节能力建设。

中国将加快煤电结构优化和转型升级，到2020年煤电装机规模将控制在1.1×10^9 kW以内；2017年煤炭消费比重下降到60%左右。

1.4　中国煤炭行业发展

2016年是中国煤炭工业发展环境深刻变化的一年，也是中国煤炭工业深化改革、推动结构调整、提升抗风险能力的关键一年。超额完成去产能年度任务、供给侧结构性改革成效明显；结构调整步伐加快、产业升级效果显著；煤炭市场化改革取得重大进展，企业市场主体作用得到充分发挥；科技创新能力显著提升，科技创新体系日益完善；煤矿安全生产形势进一步好转。

1.4.1　2016年中国煤炭经济运行特点

1. 推进供给侧结构性改革，化解煤炭过剩产能

2016年年初，国务院《关于钢铁煤炭行业化解过剩产能实现脱困发展的意见》相继印发，明确了钢铁煤炭去产能的指导思想、基本原则、工作目标、主要任务、政策措施，强调要因地制宜、分类施策、标本兼治，积极稳妥化解过剩产能。按照国务院部署要求，国家发展改革委、工业和信息化部等部门与地方和央企经过自下而上、自上而下三轮衔接和综合平衡，科学确定了钢铁煤炭去产能的具体目标和任务。相关部门研究出台了专项奖补资金、财税、金融、职工安置、国土、环保、质量、安全8个配套文件，就妥善做好债务处置和职工安置、规范和改善市场秩序等方面出台多项政策措施，建立了全面的配套政策体系。

煤炭企业主动适应市场形势，认真执行减量化生产，落实煤矿 276 个工作日制度，主动淘汰落后产能，关闭退出煤矿，特别是对不具备安全生产条件的煤矿加大了退出力度，努力提高经济发展的质量和效益。在多方的共同努力下，煤炭行业提前完成 250 Mt 去产能年度任务，脱困工作也取得了阶段性进展。

2. 结构调整步伐加快，产业升级效果显著

2016 年中国煤炭行业在结构调整和产业升级方面效果显著，如图 1－9 所示。大型现代化煤矿成为煤炭生产主力，2016 年底全国年产 1.20 Mt 以上的大型煤矿煤炭产量比重提高到 75%以上，年产千万吨级的特大型现代化煤矿达到 59 处、总产能达 800 Mt 以上。大型煤炭基地产量占全国总产量的比重比 2010 年提高 4.7 个百分点；产量超过亿吨的煤炭省区产量比重比 2010 年提高了 6.8 个百分点；前 4 家煤炭企业产量占全国的比重比 2010 年提高 1.8%；神华集团、中煤能源集团、山东能源集团、陕西煤业化工集团、同煤集团、兖矿集团 6 家煤炭企业产量超过亿吨，其产量之和占全国的比重比 2010 年提高了 5.3 个百分点。煤炭行业初步形成了煤炭开采，电力、煤化工、建材、新能源、现代物流、电子商务、金融服务等多元产业协调发展的新格局；煤炭企业参股、控股电厂权益装机容量占全国火电装机容量的 17%左右。

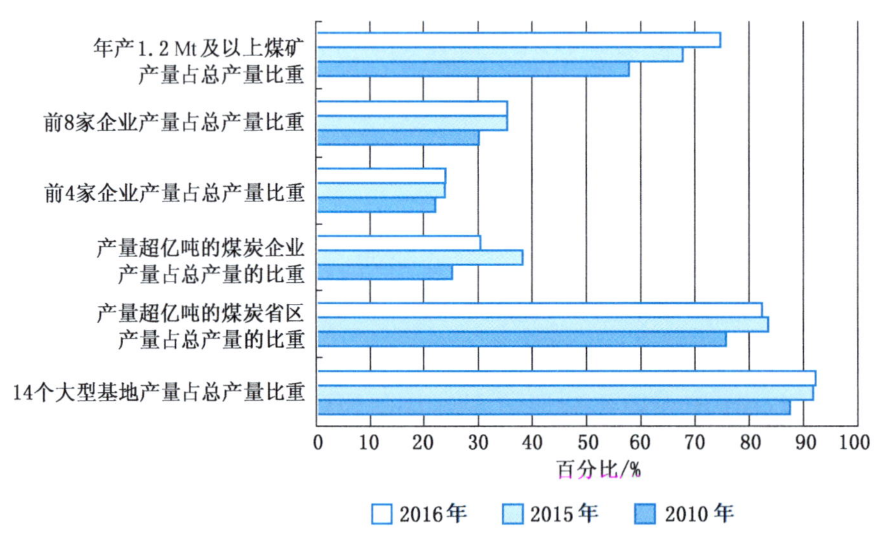

图 1－9　2010、2015、2016 年中国煤炭行业结构调整主要指标变化趋势

3. 煤炭市场化改革取得重大进展，企业市场主体作用得到充分发挥

煤炭市场化改革取得重大进展，企业市场主体作用得到充分发挥。2013 年，国家取消重点电煤合同和电煤价格双轨制，煤炭市场化改革取得实质性进展，建成了中国太原、大连东北亚、鄂尔多斯、华东等多个区域性煤炭交易中心，初步形成了以全国煤炭价格指数为主体，环渤海、太原、西安、鄂尔多斯、东煤城市指数等区域价格指数为补充，综合指数与区域指数相衔接的全国煤炭价格指数体系，市场活力逐步显

现。

中央企业煤炭资产管理平台公司成立，优化整合涉煤中央企业煤炭资源。2016 年 7 月 22 日，由中国国新、诚通集团、中煤能源集团、神华集团出资组建的国源煤炭资产管理有限公司成立运行，主要任务是配合中央企业化解煤炭过剩产能，推动优化整合涉煤中央企业煤炭资源，促进涉煤中央企业瘦身健体、提质增效、结构调整和改革脱困。

煤炭企业市场化债转股签订第一单，降低企业杠杆率。2016 年 11 月 14 日，山东省国资委、中国建设银行、山东能源集团共同签署市场化债转股框架合作协议，中国建设银行将牵头分阶段设立 3 只总规模达 210 亿元基金，与山东能源集团开展市场化债转股合作。

4. 科技创新能力显著提升，科技创新体系日趋完善

科技创新能力显著提升。2016 年煤炭行业有 5 项科技成果荣获国家科技奖励，其中“急倾斜厚煤层走向长壁综放开采关键理论与技术”“煤层瓦斯安全高效抽采关键技术体系及工程应用”“智能煤矿建设关键技术与示范工程”3 个项目荣获国家科技进步二等奖，“大型高效水煤浆气化过程关键技术创新及应用”“深部隧（巷）道破碎软弱围岩稳定性监测控制关键技术及应用”2 个项目荣获国家技术发明二等奖。

煤炭科技创新体系日趋完善。截至 2016 年，煤炭行业共建成 22 个国家（企业）重点实验室和国家工程技术研究中心、15 个国家工程实验室和国家工程研究中心、27 个国家级企业技术中心；共培育成立了 1 个国家级、2 个行业级、14 个省级协同创新中心。

5. 煤矿安全生产责任体系不断健全，安全生产形势进一步好转

煤矿安全生产责任体系不断健全，全国煤矿安全生产形势明显好转。在国家煤矿安全法律法规的指导下，在相关安全生产政策措施的支持下，特别是在允许煤矿提取安全生产费用政策的支持下，煤矿安全投入大幅增加，煤矿安全生产技术装备水平大幅提升，国家建立煤矿安全生产责任追究制度，全国煤矿安全生产形势实现了明显好转。煤矿事故死亡人数由 2005 年的 3306 人下降到 2016 年的 538 人，百万吨死亡率由 2.811 下降到 0.156。

1.4.2 2016 年中国煤炭行业上市公司经营业绩分析

1. 2016 年前 3 个季度中国煤炭行业上市公司业绩分析

2016 年受益于煤炭行业去产能改革的大趋势，加之进入采暖季煤炭需求旺盛，多种煤炭价格回升。2016 年前 8 个月全国规模以上煤炭企业原煤产量 2180 Mt，比上年同期减少 247 Mt、下降 10.2%。从月度产量变化看，4 月份以来与上年同期相比降幅分别为 11%、15.5%、16.6%、13.1%和 11%，均在 10%以上。供给侧结构性改革稳步推进，煤炭产量降幅扩大。前 3 个季度动力煤价格均价 415.92 元/t，与上年同期相比下降 6.5%，但是三季度均价较二季度均价上涨 80 元/t，煤价回升趋势明显。按 2016 年 9 月 30 日股市收盘价计算，煤炭行业中市值最高的是中国神华，达 3023.22

亿元；中煤能源和兖州煤业分列第 2、第 3 位。上市公司 2016 年前 3 个季度市值超过 100 亿元人民币的煤炭上市公司共有 18 家，如图 1－10 所示。

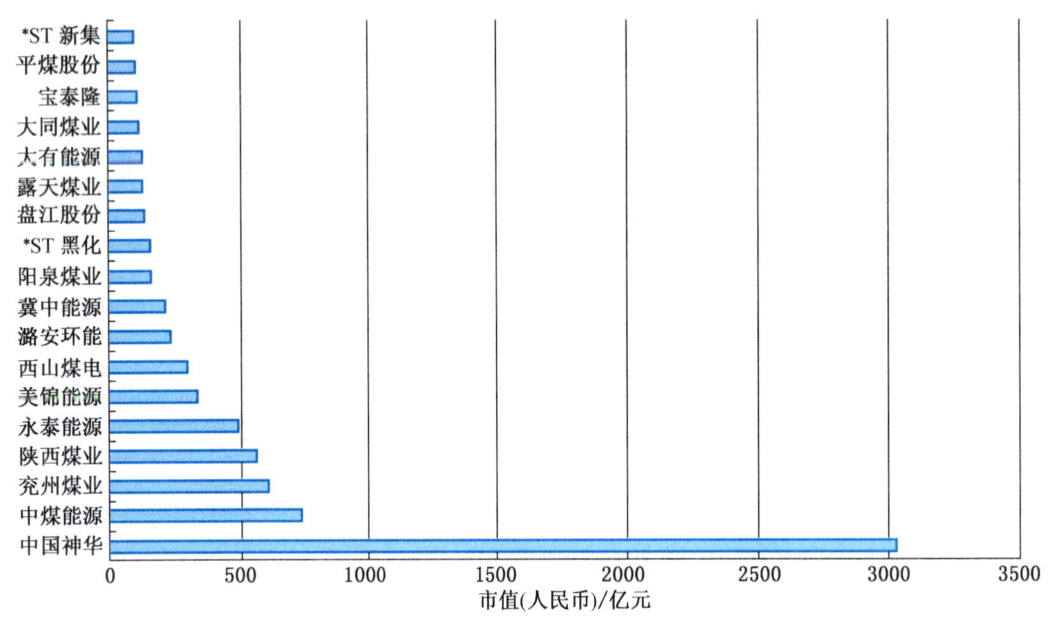

图 1－10　2016 年前 3 个季度市值超过 100 亿元人民币的 18 家上市煤炭企业

需求回暖价格回升是煤炭企业赢利的主因。山西焦化（600740）、开滦股份（600997）、中煤能源（601898）等多家煤炭企业实现了扭亏，部分面临停牌风险的煤炭企业亦赢得扭亏的机会。

2. 2016 年中国煤炭行业上市公司年度业绩预报

截至 2016 年 1 月 31 日，中国神华、中煤能源等煤炭主要上市公司的业绩预告表明，2016 年煤炭行业盈利状况有所好转，盈利面有所扩大。主要原因分析如下。

煤炭供给侧结构性改革推动去产能和减量化生产，原煤产量下降，煤价回升。2016 年下半年，国内煤炭价格开始持续回升，多数煤炭上市公司 2016 年煤炭综合平均售价均比上年大幅提高，价格增幅超过了煤炭产量的减少幅度，企业综合效益明显提升，盈利能力显著好转。

资产重组或调整使煤炭上市公司实现扭亏。经历煤炭市场连续 4 年下行之后，2016 年各上市煤炭公司资产重组或调整进度加快，特别是部分 2015 年亏损额较大的上市煤炭企业在 2016 年均实施了相关资产出售或重组的策略。*ST 新集、*ST 神火、*ST 山煤等煤炭上市企业通过出售部分高成本、低效资产进行资产重组获得了部分收益，使企业实现盈利。

降本增效、严控成本支出提升了煤炭上市公司的盈利能力。部分煤炭上市公司通过降低成本、严控支出，使得成本下降幅度超过营业收入的下降幅度，提升了盈利能力。兖州煤业通过加强对市场的分析研判，实现煤炭、非煤产业发展平衡；深化内部市场化机制，实现成本有效控制；加大改革改制、经营机制转换和资源整合力度，提高经济运行质量，创新销售手段，实现企业转型发展。2016 年兖州煤业 1—9 月份公告显示，归属于上市公司股东的净利润是 13.81 亿元，在前 3 个季度煤炭上市公司中净利润排名第二位。

综合分析认为，2016 年多数煤炭企业同比扭亏为盈，主要得益于国家供给侧结构性改革和煤炭去产能等政策，煤炭价格出现了快速回升。随着改革的逐步深入，绝大多数煤炭类上市公司的盈利能力将因煤炭去产能而继续稳中有升。

1.5 中国煤炭工业发展趋势

2017 年是实施“十三五”规划的重要一年，是煤炭供给侧结构性改革的深化之年。在能源革命所指向的清洁低碳、安全高效的现代能源体系下，煤炭行业将围绕“控制总量，优化布局；控制增量，优化存量；淘汰落后，消化过剩；调整结构，促进转型；提高质量，提高效益”的总体思路，着力推动煤炭行业发展动力转换、方式转变、结构调整，提升煤炭安全高效智能化开采和清洁高效集约化利用水平；推动行业发展由数量、速度、粗放型向质量、效益、集约型增长转变，由煤炭生产向生产服务型转变，提升煤炭工业的可持续发展能力。

1.5.1 新常态下中国煤炭工业面临的新形势

今后一个时期是中国全面建成小康社会的决胜期，是全面深化改革的攻坚期，也是推动能源革命的关键时期。世界能源格局深度调整，全球应对气候变化行动加速，国内经济发展进入新常态，资源环境约束不断强化，中国煤炭工业发展面临的新形势包括以下 3 个方面。

1. 供给侧结构性改革的深入使煤炭 2017 年去产能的难度加大

2017 年作为深化供给侧结构性改革的重要一年，煤炭去产能任务仍然比较艰巨，而且难度加大。《煤炭工业发展“十三五”规划》自始至终都在贯彻供给侧结构性改革这一主线。煤炭供给侧结构性改革的核心是去产能。去掉安全无保障、煤质差、长期亏损等落后产能，为先进产能留出发展空间，使布局更加合理，生产结构更加优化，生态环境保护和安全生产水平进一步提高，达到产业升级的目的。《煤炭工业发展“十三五”规划》提出化解淘汰过剩落后产能 800 Mt，明显高于国务院《关于煤炭行业化解过剩产能实现脱困发展的意见》(国发〔2016〕7 号）提出退出产能 500 Mt 左右的要求，淘汰落后产能数量要增加。

从各省份公布的 2017 年去产能数据来看，虽然一些省份 2017 年去产能目标较 2016 年有所下调，但钢铁大省以及煤炭大省的去产能力度依然不减。其中，2017 年河北省将压减炼钢产能 15.62 Mt、炼铁 16.24 Mt，压减煤炭产能 7.42 Mt；2017 年山西省关闭退出煤炭产能 20.00 Mt 左右，退出钢铁产能 1.70 Mt。

2017年煤炭去产能的难度加大，主要有两个方面原因。一方面，2016年涉及去产能的部分煤矿已经处于停产或半停产状态，因此完成去产能任务相对容易，但2017年去产能将全部涉及目前正常生产的煤矿，需要安置的人员不会比2016年少；另一方面，2016年去产能过程中，通过遣散临时用工以及在职职工转岗等方式解决了部分人员安置的问题，企业内部自己消化冗员的空间在逐步缩小，因此2017年去产能时人员安置将成为难点。

2. 煤炭经济平稳运行尚缺乏坚实的基础

中国煤炭企业经营状况尚未得到根本好转，行业脱困发展仍需付出艰苦努力。自2012年开始的持续4年多的经济下行，煤炭企业经营困难的状况不断加剧，虽然2016年下半年煤价回升、企业效益增加，但回升的时间较短，大多数煤矿仍处于累计亏损状态，弥补前几年的巨大亏损还需要时间。特别是企业资金链紧张的状况并没有得到根本好转，还有相当多的煤矿欠发职工工资、养老保险金的问题没有得到解决。

总体上看，2016年影响煤炭市场变化的因素是多重的，既是国家加大煤炭供给侧结构性改革工作力度，去产能、去库存、降成本政策效应的直接体现；也有能源结构短时变化，水电出力减少、火电大幅增加的原因；还有天气变化、自然灾害等偶发因素和市场预期变化的影响。但必须看到，当前煤炭需求基本面并未发生明显改变，全国煤炭行业效益仍然处于低位，全国规模以上煤炭企业主营业务收入同比下降4%，煤炭经济平稳运行尚缺乏坚实基础。

3. 环保垂直管理制度改革和环保税的实施将形成对煤炭企业的硬约束

2016年9月22日中共中央办公厅、国务院办公厅印发了《关于省以下环保机构监测监察执法垂直管理制度改革试点工作的指导意见》。该意见落实实施后，将建立形成条块结合、各司其职、权责明确、保障有力、权威高效的地方环保管理体制，确保环境监测监察执法的独立性、权威性、有效性。该意见进一步强化了地方党委和政府环保部门的环境保护责任，煤矿环境执法将严格到位，这无疑会增加煤矿的治污成本。煤矿必须按照环保要求投入大量资金和物力财力，确保符合环保检测要求。

2016年12月25日，全国人大常委会表决通过了《中华人民共和国环境保护税法》，并将于2018年1月1日开始实施。环境保护税，由此成为中国的第18个税种。《中华人民共和国环境保护税法》是中国落实税收法定原则后第一部“绿色税法”，也为今后的其他税种立法树立了标杆和示范。开征环境保护税，是贯彻党的十八届五中全会确立的绿色发展理念的具体体现，有利于减少污染物排放，推进生态环境保护和生态文明建设。此次环保税立法，一个重要原则是将排污费制度向环境保护税制度“平移”，原来征收排污费存在执法刚性不足、地方政府和部门干预等问题。环境保护税可以形成有效的约束和激励机制，税收的征管更加严格，增强执法的刚性，减少地方政府和部门的干预，有效解决企业欠缴排污费问题。同时，对主动采取措施降低污染物排放浓度的企业，给予税收减免优惠，激励企业改进工艺，减少污染物排放。

环保机构监测监察执法垂直管理制度改革和征收环境保护税将倒逼高污染、高能耗的企业转型升级，推动经济结构调整和发展方式转变；同时，环保税法与环境保护法有效衔接，纳税人除履行纳税义务缴纳环境保护税外，还要按照环境保护法的规定，对所造成的环境损害依法承担责任，形成对煤炭企业的硬约束。

1.5.2 中国能源发展的总体目标和重点工作

中国能源发展应树立和落实“创新、协调、绿色、开放、共享”的新发展理念，遵循“四个革命、一个合作”的能源发展战略思想，以推进能源供给侧结构性改革为主线，以提高供给质量和效益为中心，着力化解和防范过剩产能，推进能源清洁开发利用，补齐发展短板，为经济社会发展提供坚强的能源保障。

1. 2017 年能源发展主要目标

2017 年能源发展主要目标是：全国能源消费总量控制在 44×10^{8} tce 左右，其中非化石能源消费比重提高到 14.3%左右，天然气消费比重提高到 6.8%左右，煤炭消费比重下降到 60%左右；全国能源生产总量 36.7×10^{8} tce 左右，其中煤炭产量 3650 Mt 左右，原油产量 200 Mt 左右，天然气产量 1.7×10^{11} m^{3} 左右（含页岩气产量 1×10^{10} m^{3} 左右）。在能源效率方面，单位国内生产总值能耗比上年下降 5.0%以上，燃煤电厂平均供电煤耗 314 gce/(kW・h)，与上年同比减少 1 g；完成煤电节能改造规模 60 GW。

2. 2017 年能源发展重点任务

化解防范产能过剩。坚定不移落实去产能年度工作部署，加快淘汰落后产能，稳步发展先进产能，提高产能利用效率，促进生产能力与实际产出相匹配。具体内容包括 2017 年将力争关闭落后煤矿 500 处以上，退出产能 50 Mt 左右。到 2020 年煤电装机总规模控制在 1.1×10^{9} kW 以内等。

推进非化石能源规模化发展。着力解决弃风、弃光、弃水等突出问题，促进电源建设与消纳送出相协调，提高清洁低碳能源发展质量和效益。具体内容包括建立健全水电开发利益共享机制，对弃风率超过 20%的省份暂停安排新建风电规模，对弃光率超过 5%的省份暂停安排新建光伏发电规模，积极发展能源、农业和环保“三位一体”生物天然气县域循环经济等。

推进化石能源清洁开发利用。推广先进适用技术，加快传统能源产业转型升级，着力创新能源生产消费模式，夯实化石能源发展基础，增强能源安全保障能力。具体内容包括推进煤炭绿色高效开发利用，推进页岩气国家级示范区新产能建设、力争新建产能达到 3.5×10^{9} m^{3}，推进国家石油储备基地建设、有序开展国储原油收储工作，制定实施《关于加快推进天然气利用的意见》等。

补强能源系统短板。针对调峰能力不足、运行效率不高、基础设施薄弱等瓶颈制约，着力优化能源系统，完善相关政策措施，增强系统协调性和灵活性，提高能源系统效率。具体内容包括研究实施煤电机组参与调峰激励机制、建立健全辅助服务（市场）补偿机制，制订实施《关于促进储能技术与产业健康发展的指导意见》，加强能源输送通道建设，制订实施《关于推进高效智能电力系统建设的实施意见》和研究制订《智能电网 2030 战略》等。

加强生产建设安全管理。坚持“以人为本”的安全发展理念，坚持预防为主、管防结合的基本原则，健全完善“国家监察、地方监管、企业负责”的工作机制，牢牢守住安全生产这条红线。具体内容包括加强电力安全监管、加强油气储运设施安全管理、提升煤矿安全生产水平和确保核电建设运行安全4个方面。

推进能源技术装备升级。加大科技创新政策支持力度，加强能源科技攻关和先进技术装备推广应用，推动取得重点突破，切实增强产业发展核心竞争力。具体内容包括在核电、新能源、页岩气等领域推动自主核心技术取得突破，深化能源装备创新发展、制订实施《关于依托能源工程推进燃气轮机创新发展的若干意见》，加强标准体系建设、发布落实《“华龙一号”国家重大工程标准化示范项目实施方案》、制订实施《少数民族地区水电工程建设征地移民安置规划设计规定》等。

加强能源行业管理。切实转变政府职能，加强能源法治建设，深化电力、油气等重点领域改革，进一步消除体制机制障碍、增加有效制度供给，努力营造良好发展环境。具体内容包括推进能源法治建设、积极推动《能源法》等送审稿修改完善和加快推进《国家石油储备条例》《能源监管条例》立法工作，深化重点领域改革、组织实施《电力中长期交易基本规则（暂行）》，推进“放管服”改革和强化市场秩序监管4个方面。

拓展能源国际合作。坚持“走出去”与“引进来”相结合，着力打造具有国际竞争力的能源装备品牌，着力增强开放条件下能源安全保障能力，着力加强基础设施互联互通，全方位拓展能源国际合作。具体内容包括深入拓展国际油气合作、促进与周边国家电力互联互通、推动核电“走出去”、拓宽国家能源合作领域、积极参与全球能源治理5个方面。

着力提高能源民生福祉。围绕人民群众普遍关心的冬季供暖、大气污染、光伏扶贫等问题，加大政策支持和供应保障工作力度，加强重点用能领域基础设施建设，积极推广清洁便利的能源消费新模式，促进能源发展更好惠及社会民生。具体内容包括大力推进北方地区冬季清洁取暖、编制实施《北方地区冬季清洁取暖规划（2017—2020年）》，深入推进电网改造升级，精准实施光伏扶贫工程。

1.5.3 中国煤炭工业发展趋势

中国煤炭工业步入了新的发展阶段。应牢固树立创新、协调、绿色、开放、共享的发展理念，遵循能源革命的战略思想，主动适应和引领经济发展新常态，围绕“控制总量，优化布局；控制增量，优化存量；淘汰落后，消化过剩；调整结构，促进转型；提高质量，提高效益”的总体思路，以新发展理念为引领，以供给侧结构性改革为主线，深入实施创新驱动发展战略，着力推动煤炭行业发展动力转换、方式转变、结构调整，提升煤炭安全高效智能化开采和清洁高效集约化利用水平，推动行业发展由数量、速度、粗放型向质量、效益、集约型增长转变，由煤炭生产向生产服务型转变，提升煤炭工业的可持续发展能力。

深化供给侧结构性改革，继续化解产能过剩。煤炭供给侧结构性改革是“十三五”时期煤炭行业改革发展的重点任务，全行业应认真贯彻落实国务院化解煤炭行业过剩产能实现脱困发展的一系列决策部署，运用市场化、法治化手段化解产能过剩；进一步提高安全、环保、技术等标准，淘汰一批灾害严重、资源枯竭、技术装备落后、不具备安全生产条件、不符合煤炭产业政策的煤矿；按照减量置换原则，有序发展先进产能。

以结构调整为主线，推动煤炭产业转型升级和可持续发展。优化资源开发布局，发展先进产能，推动煤炭企业兼并重组，培育大型煤炭企业集团，提高产业集中度，走多元化、绿色化、高端化发展道路，深入推进煤电一体化、煤焦一体化、煤化工、煤建材、现代物流、电子商务、金融服务等产业相互融合，培育新兴产业和高技术产业，着力打造高水平产业园区和特色项目示范基地，促进煤炭深加工转化和全产业链整体升级，提升产业价值链和产品附加值，实现优势互补、互利共赢，提升煤炭发展的质量和效益。

提升行业自主创新能力，增强科技进步对行业发展的支撑作用。今后一个时期，煤炭科技创新将继续以煤炭安全高效绿色智能化开采和清洁高效低碳集约化利用为主攻方向，加强基础理论研究和关键技术攻关，提升行业自主创新能力，推进重大科技示范工程建设，应用推广先进适用技术，加快关键部件研发，增强大型成套装备制造能力和产品的可靠性，加强产学研协同，集聚优化创新要素，提高煤炭科技创新和成果转化效率，推进行业两化深度融合，促进煤炭生产利用向机械化、信息化、智能化和绿色低碳方向发展，推动行业发展由资源、要素投入驱动型向创新驱动型转变。

推动煤炭绿色高效开发和洁净化利用，建设生态文明矿山。树立“绿色、低碳、循环”发展理念，抓好矿区生态环境建设和保护，完善清洁生产机制，推广充填开采、保水开采、煤与瓦斯共采等绿色开采技术，推进采煤沉陷区综合治理；推广先进技术装备，提升煤矿机械化、信息化、智能化“三化”水平；实施粉尘综合治理，降低采煤粉尘排放；大力发展煤炭洗选加工，提升商品煤质量，原煤入选率提高到70%；实施煤电超低排放改造和节能改造，2017年底前东部地区具备条件的机组全部完成超低排放和节能改造。推动煤矸石、粉煤灰、矿井水等二次资源的综合利用，大力发展节水、节地、节能产业，加大矿区生态环境恢复与治理力度，构建“物质闭路循环、能量梯度利用、经济与生态和谐”的现代产业体系，努力建设美丽矿山。

保证安全投入、提升煤矿安全生产整体水平。煤炭行业必须坚守发展决不能以牺牲安全为代价这条不可逾越的红线，坚持安全第一、预防为主、综合治理的方针，健全煤矿安全生产长效机制，落实煤矿企业主体责任；加大安全生产投入力度，改善安全生产条件，加强对水、火、瓦斯、煤尘、顶板、冲击地压等重大灾害防治，强化安全监管监察执法，提高煤矿安全生产保障能力；加强煤矿职业病防治体系建设，落实国家职业病防治规划和煤矿作业场所职业危害防治规定，健全职业安全健康监管体系，强化源头治理，坚持综合施策综合，提升煤矿职业健康保障水平，促进煤矿安全生产形势稳定好转。

煤炭市场体系不断健全和完善，国际合作范围和领域不断扩展。今后一个时期，煤炭市场化要充分运用互联网、云计算、大数据、物联网等现代信息技术，推进全国煤炭交易数据平台建设、完善市场交易规则、健全煤炭市场标准和政策体系、发展煤炭现货市场和完善煤炭期货市场，推进全国煤炭储备体系建设，加快煤炭交易信用体系建设，完善煤炭市场合作组织和加强煤炭市场监测与预警，构建以全国煤炭交易中心为主导，以区域煤炭交易中心为辅助，以地方交易中心为补充，与国际煤炭市场接轨的现代煤炭市场体系。完善煤炭价格指数体系，推动煤炭交易模式和企业商业模式创新，增强市场交易活力，充分发挥市场配置资源的决定性作用。煤炭行业要主动融入“一带一路”发展战略，建设煤炭国际贸易及技术信息交流平台，完善贸易交易机制和联系机制；加大国际标准跟踪、评估和转化力度，推动与主要贸易国之间的标准互认；积极参与全球煤炭资源优化配置，充分利用国际科技资源、拓宽合作领域和创新合作方式，推动煤机装备走出去和国际煤炭产能合作，培育有国际影响力的品牌产品；更好融入全球产业分工体系，培育形成国际合作和竞争的新优势，实现煤炭大国向煤炭强国迈进。

2 煤炭需求预测

煤炭是中国的基础能源，在一次能源消费中长期占据较高比重，为全国经济社会发展做出了重要贡献。当前，中国经济发展步入新常态，经济增速从高速增长转向中高速增长，能源需求强度和增速下降。绿色发展理念深入人心，能源结构调整步伐加快，新能源快速发展，非化石能源比重逐步提高。供给侧结构性改革力度加大，产业结构进一步调整。在当前背景下，煤炭占一次能源消费比重逐步下降，煤炭需求增速放缓甚至呈现负增长。2016 年，中国经济增速缓中趋稳、稳中向好，经济基本面对煤炭需求的拉动力总体稳健、略微减弱。2017 年是实施“十三五”规划的重要一年，是供给侧结构性改革的深化之年，准确判断煤炭行业发展趋势、预测煤炭需求形势，对化解煤炭行业过剩产能、缓解供需矛盾具有重要意义。通过对国内宏观经济形势及电力、钢铁、建材、化工等主要耗煤行业发展趋势进行分析，预测 2017 年全国煤炭需求量较去年略有下降。

2.1 煤炭消费现状

2.1.1 煤炭消费总量

（1）煤炭消费在一次能源消费中长期占据较高比重。中国是世界上最大的煤炭生产和消费国，也是少数几个以煤为主要能源的国家之一，富煤、贫油、少气的能源资源赋存特点决定了煤炭在中国能源供应中的重要地位。从消费总量上看，中国煤炭消费增长是世界煤炭增长的主要动力，2016 年煤炭消费量约 3900 Mt，较 2010 年增加 410 Mt，年均增长 1.9%，占世界煤炭消费量的 50.0%左右，占世界 1980 年以来煤炭消费增量的近 80%；从能源结构上看，受能源结构调整、清洁能源快速发展等影响，煤炭占一次能源消费量的比重总体上呈缓慢下降趋势，但仍将在较长时期在一次能源构成中占主导地位，2016 年全国煤炭消费量占一次能源消费量的 62%，较 2010 年下降 7 个百分点，但仍高出世界目前平均水平近 40 个百分点。图2-1所示为2010—2016年全国煤炭消费占世界比重变化情况。

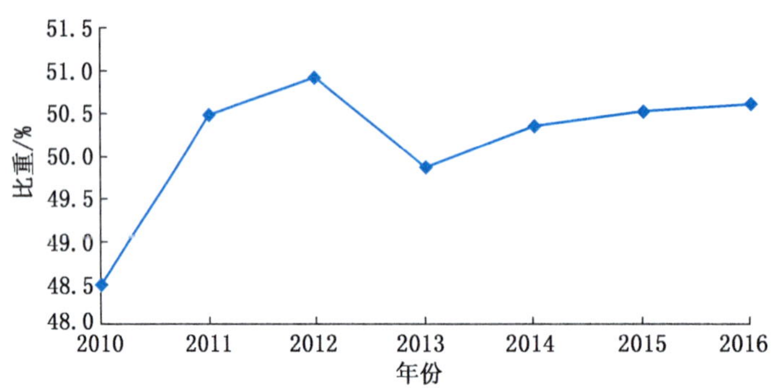

图2-1 2010—2016年全国煤炭消费占世界比重变化情况

(2) 煤炭消费总量由高速增长转变为持续回落。2002年以后，中国工业化和城镇化进程进入快速发展时期，基础设施和人们生活福利设施建设明显加快，电力、钢铁、建材等相关耗煤行业迅速扩张，拉动煤炭消费量逐年大幅增长，由2000年的1357 Mt增加到2011年的3890 Mt，平均每年增长230 Mt，年均增速高达10.0%。近两年来，受国际金融危机持续蔓延和世界经济复苏缓慢、国内经济自主调整和经济增长速度放缓、能源结构调整等因素影响，主要耗煤行业产品产量增速大幅下降，煤炭市场疲软，煤炭消费总量增速急剧回落并呈负增长，供需形势发生逆转。2013年，全国煤炭消费总量达到历史峰值4244 Mt，但同比仅增长3.1%。2014年、2015年全国煤炭消费量分别为4116 Mt、3965 Mt，分别同比下降3.0%和3.7%，煤炭消费降幅明显。随着经济增速放缓和能源结构调整加快，2016年全国煤炭消费继续减少，从月度消费变化来看，前7个月煤炭消费2150 Mt，同比下降4%，受气候因素影响，下游需求量季节性增加，8月份以来全国煤炭消费由负转正，11月份同比增长1.4%，测算前11个月全国煤炭消费约3490 Mt，同比下降1.6%，预计全年煤炭消费量3900 Mt左右，同比减少65 Mt。图2-2所示为2010—2016年中国煤炭消费量情况。

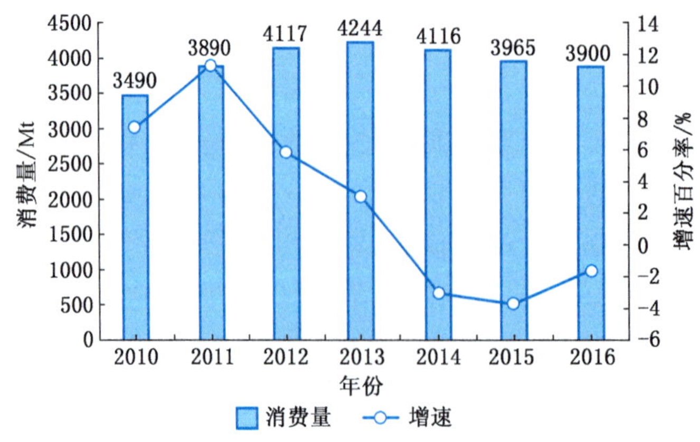

图2-2 2010—2016年中国煤炭消费量情况

2.1.2 煤炭消费分布

主要产煤地区煤炭消费量及所占比重逐步上升。中国煤炭消费分布与区域经济规模呈明显正相关关系，经济较发达的地区煤炭消费量相对较高。东部地区是全国工业化进程的先驱，电力等主要耗煤行业发展起步早、规模大，且长期以来是全国煤炭消费重心，其煤炭消费量长期占全国煤炭消费量的一半以上。但随着中部崛起战略和西部大开发战略实施，中西部经济发展加速，能耗需求较快增长，布局了一大批主要耗煤项目，煤炭消费量占全国的比重呈逐步上升态势，而东部地区尽管煤炭消费总量仍在增加，但所占比重却逐步下降。2005—2016 年，晋陕蒙甘宁新地区煤炭消费量由 445 Mt 增加到 1135 Mt，占全国煤炭消费总量比重由 18.3%上升到 29.0%；京津冀、东北、华东、中南、云贵、川渝青藏地区煤炭消费量占全国的比重分别比 2005 年下降 1.7、0.6、4.1、1.8、1.0 和 1.6 个百分点。图 2-3、图 2-4 所示为 2005 年和 2016 年各地区煤炭消费量及占全国比重对比。

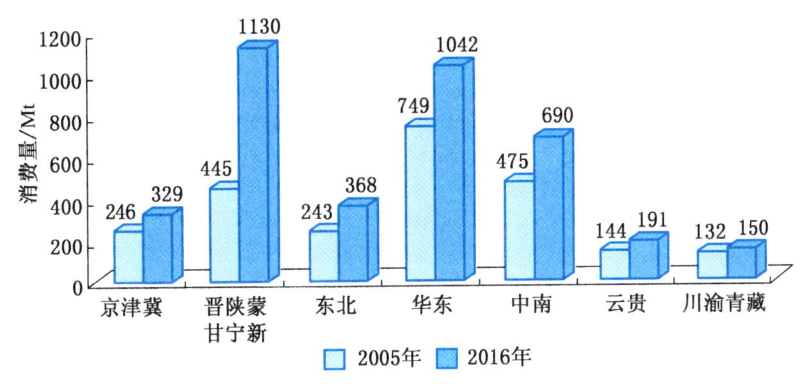

图 2-3 各地区煤炭消费量对比

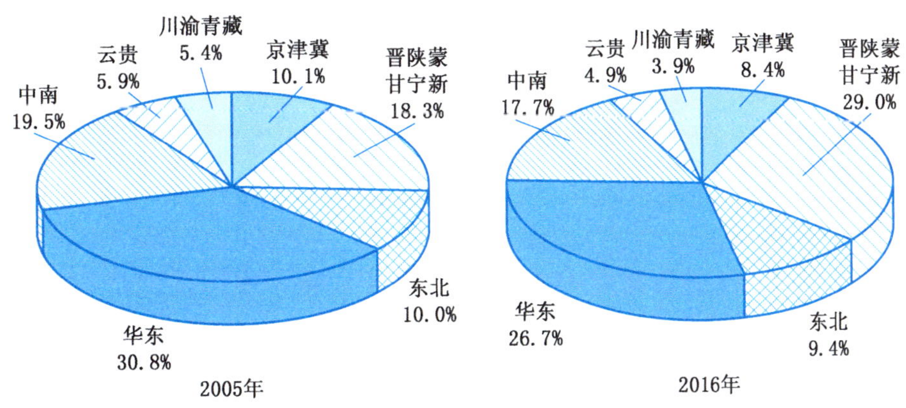

图 2-4 各地区煤炭消费量占全国比重对比

2.1.3 煤炭消费结构

煤炭消费的重心在第二产业（主要是工业），工业耗煤的重心在重工业。一直以来，第二产业是中国煤炭消费的主力，且占消费总量的比例呈逐步上升趋势。随着中国经济的继续增长，第二产业耗煤增速进一步加快，所占比例进一步上升。2015 年第二产业煤炭消费量达到 3765 Mt，占国内煤炭消费总量的 94.8%，与 2010 年相比，年均增长 92 Mt，所占比例又上升了 0.1 个百分点。第二产业包括工业和建筑业，其中工业占第二产业煤炭消费量的比例一直保持在 99%以上，且随着中国工业化进程不断推进，工业占国内煤炭消费总量的比例呈快速上升趋势，近年保持在 94%左右，2015 年工业部门煤炭消费量达到 3762 Mt，占国内消费总量的 94.9%，与 2010 年相比，年均增长 93 Mt，所占比例进一步上升了 0.44 个百分点。在工业部门煤炭消费量中，电力、钢铁、建材、化工历来是中国主要耗煤行业，且煤炭消费越来越向这四大主要耗煤行业集中，其中电力是拉动煤炭消费增长的主要因素。2010—2015 年，四大主要耗煤行业煤炭消费量由 2828 Mt 增加到 3414 Mt，占国内煤炭消费总量的比重由 81.0%上升到 86.1%，其中发电和供热耗煤量由 1713 Mt 增加到 1993 Mt，所占比重由 49.1%上升到 50.3%。2016 年前 11 个月，四大主要耗煤行业煤炭消费量 2970 Mt，占国内煤炭消费总量的 85.1%，其中发电和供热耗煤量 1670 Mt，2016 年全年四大主要耗煤行业煤炭消费量 3386 Mt，占国内煤炭消费总量的 86.8%，其中发电和供热耗煤量 1952 Mt，占消费总量的 50.1%。2010 年和 2016 年煤炭消费结构如图 2 - 5 所示。

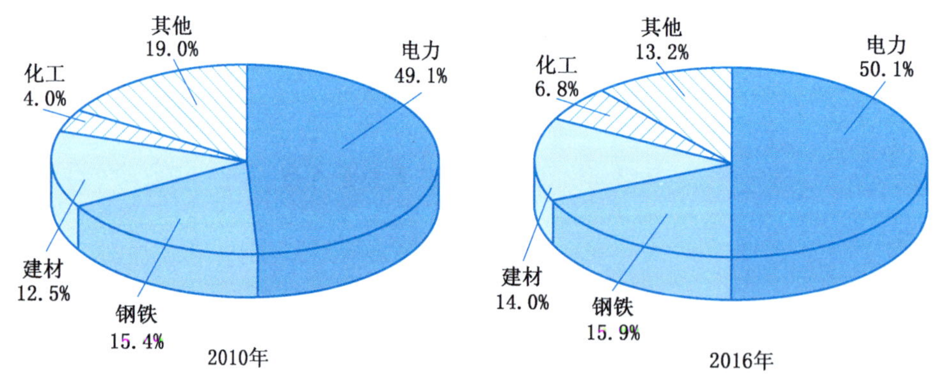

图 2 - 5　2010 年和 2016 年煤炭消费结构

1. 电力行业

“十二五”以来，特别是面对中国经济发展新常态，中国发电行业持续加快电力转变发展方式，着力推进电力结构优化和产业升级，为经济社会发展和电力安全保障做出了突出贡献。受能源资源结构和分布制约，电力发展长期倚重煤电，使电力行业成为拉动煤炭消费增长的主要因素。“十二五”以来，电力装机容量持续增长，装机结构进一步优化，煤电装机比重逐步降低，用电量转变为低速增长，煤电发电量增速下降。2016 年，全国用电形势呈现增速同比提高、动力持续转换、消费结构继续调整的特征，全国电力供需总体宽松、部分地区相对过剩，电煤供需形势从上半年的宽松转为下半年的偏紧，全年电煤消耗略有下降。

1）电力供需现状

(1) 电力装机容量持续快速增长。21世纪以来，中国经济保持较快增长，取得巨大成就，全国工业化进程不断重型化发展，与此同时，电力作为保障工业稳定发展的重要能源，电力工业也进入高速发展时期，投产大中型机组逐渐上升。2015年，全国电力装机容量达到1525 GW，比2010年增加559 GW，年均增长约110 GW。2016年，全国净增发电装机容量120 GW，比上年减少21.86 GW，净增装机结构逐步变化，电力行业控制投资节奏、优化投资结构的效果开始显现。截止到2016年底，全国全口径发电装机容量1650 GW，同比增长8.2%，其中非化石能源600 GW，占总发电装机容量的比重较上年提高1.7个百分点。图2－6所示为2010—2016年全国电力装机容量。

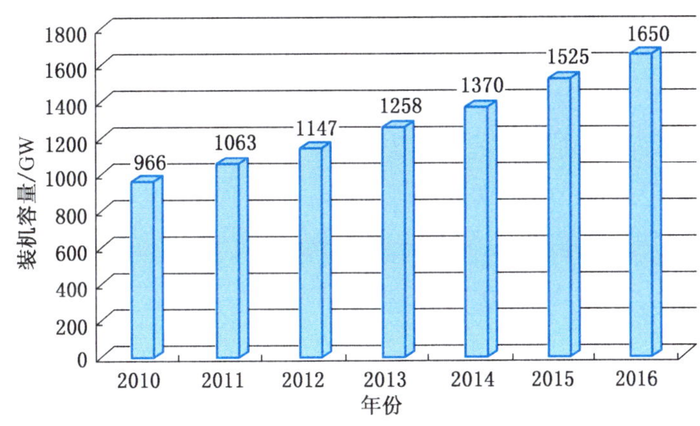

图2－6 2010—2016年全国电力装机容量

(2) 煤电装机比重持续下降。受能源资源条件制约，中国电力装机长期以煤电为主。近年来，随着生态文明建设、环保力度加大等外部环境的要求，电源结构调整加快，水能、核能、风能、太阳能等非化石能源发电快速发展，煤电装机所占比重逐步下降，发展高效洁净煤发电，提高煤电机组热效率,减少污染物排放,已成为中国未来煤电发展的必然趋势。2010—2016年,全国电力装机容量由966 GW增加到1650 GW。其中，煤电装机容量由657 GW增加到932 GW，年均增长约45.83 GW，占发电总装机容量的比例由68.0%下降到56.5%；在2016年净增装机容量中，净增非化石能源发电装机72 GW，接近上年水平，而煤电净增规模同比减少11.54 GW。图2－7所示为2010年和2016年全国电源结构对比。

(3) 用电量由高速增长转变为中低速增长。电力消费增长与经济发展呈正相关关系，且用电量增速波动幅度要大于经济增速波动幅度。进入新世纪后，在工业化、城镇化步伐进一步加快的拉动下，经济步入新一轮快速增长期，电力需求高速增长。之

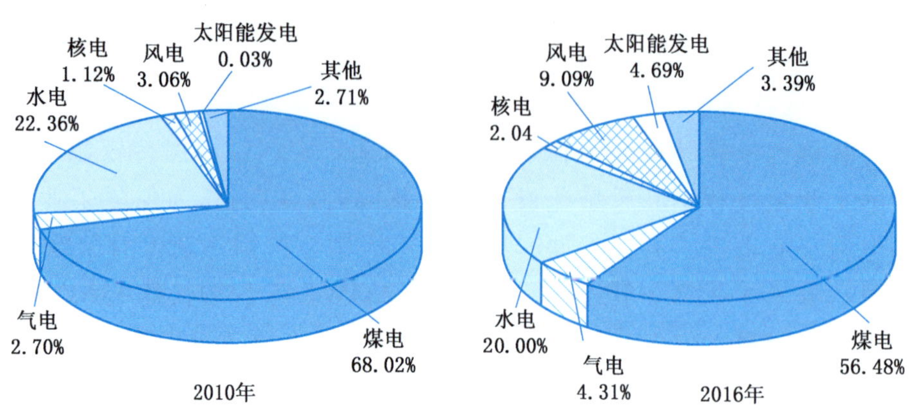

图 2-7　2010 年和 2016 年全国电源结构对比

后，受国际金融危机影响，加之国内经济步入换挡期，用电量增速大幅回落，为应对国际金融危机和国内经济快速下滑，在投资刺激政策的带动下，用电量增速反弹，但随着经济刺激政策效应逐步消失和经济发展阶段性变化，“十二五”期间用电增速总体上呈持续下行趋势，年均增长仅 6.2%，电力消费弹性系数下降至 0.79，2015 年全社会用电增速仅为 0.5%，是中国过去 40 年电力同比增长数据最低的一年。随着中国经济增速企稳、积极因素增多、增长质量提高，2016 年全社会用电量 5920 TW·h，同比增长 5.0%，比上年提高 4.5 个百分点。图 2-8 所示为 2010—2016 年中国用电量与 GDP 增速。

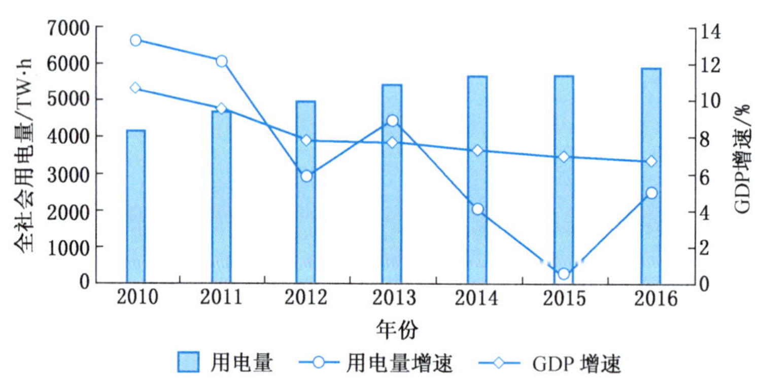

图 2-8　2010—2016 年中国用电量与 GDP 增速

（4）全国发电设备利用小时数持续下降。受电力需求增长放缓、电力装机容量持续增长、新能源装机占比不断提高等因素影响，“十二五”以来，全国 6000 kW 及以上电厂发电设备平均利用小时数总体上呈逐步下降趋势。2011 年全国发电设备平均利用小时达到 4731 h，其中火电设备平均利用小时 5294 h，均为 2008 年以来最高水平。之后，随着经济增速放缓、电力结构持续优化、社会用电增长放缓，全国发电设备平均利用小时数连续下降，截止到 2015 年底下降至 3969 h，火电利用小时数下降至 4329 h。2016 年发电设备平均利用小时数继续下降至 3785 h，火电利用小时数下降至 4165 h，均达到 1964 年以来的最低水平。图 2-9 所示为 2010—2016 年全国发电设备平均利用小时情况。

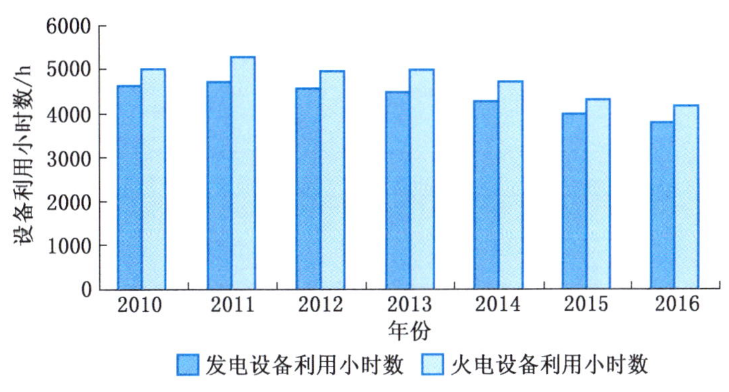

图 2-9 2010—2016 年全国发电设备平均利用小时情况

2）电力行业煤炭消费现状

（1）电力是中国最大的耗煤行业。进入 21 世纪特别是“十一五”以来，在经济快速发展、电力需求快速增长的推动下，电力工业出现了前所未有的快速发展，煤电装机规模和发电量迅速增长。2013 年电力工业耗煤量达到历史高点，耗煤 2179 Mt，较 2010 年增长 466 Mt。近年来，随着电力消费增速大幅下滑、煤电装机结构调整，以及清洁能源发电快速增长的作用下，电力行业耗煤首次呈现负增长。2014 年、2015 年电力工业耗煤量为 2070 Mt 和 1993 Mt，分别同比下降 109 Mt 和 77 Mt，占全国煤炭消费总量的比重分别为 50.3%和 50.2%。受煤电装机增幅继续减少、发电利用小时持续下降、装机结构进一步优化等因素影响，2016 年上半年电力工业耗煤 880 Mt，同比下降 5.8%，进入三季度，在基本面因素和气候因素的双重拉动下，电力工业耗煤由负转正，同比增长 4.8%，全年电力工业耗煤 1952 Mt，下降 2.1%，占全国煤炭消费总量的比重为 50.1%。图 2-10 所示为 2010—2016 年全国电力耗煤量及占全国煤炭消费总量的比重。

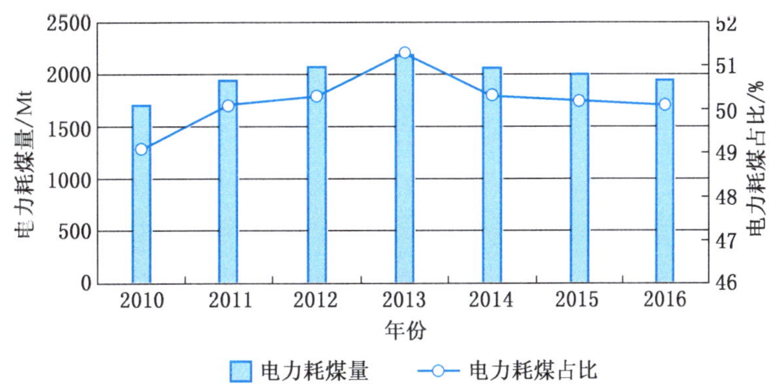

图 2-10 2010—2016 年全国电力耗煤量及占比

(2) 单位发电标准煤耗不断下降。“十二五”以来，随着电力工业淘汰落后产能力度的加大和技术进步的加快，煤电机组结构持续优化，具有国际先进水平的大容量、高参数、高效率发电机组在中国电力装机中所占比例不断提高，节能减排技术水平不断发展，发电煤耗逐步下降。2016 年中国发电煤耗为 305 gce/(kW·h)，比 2010 年的 319 gce/(kW·h) 下降了 14 gce/(kW·h)。图 2-11 所示为 2010—2016 年全国发电标准煤耗变化情况。

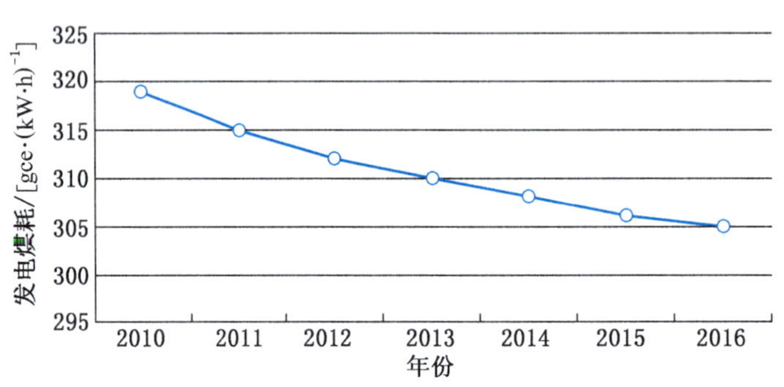

图 2-11　2010—2016 年全国发电标准煤耗变化情况

2. 钢铁行业

钢铁工业是国民经济的重要基础产业，长期以来，钢铁工业为国家建设提供了重要的原材料保障，有力支撑了相关产业发展，推动了中国工业化、现代化进程，促进了民生改善和社会发展，同时作为中国第二大耗煤产业，为煤炭行业快速发展提供了重要支撑。

1) 钢铁行业发展现状

(1) 钢铁产量由快速增长转变为基本平稳。钢铁工业作为原材料生产和加工部门，处于工业产业链中间位置，与国家基础建设以及工业发展速度关联性很强。“十二五”以来，中国已建成全球产业链最完整的钢铁工业体系，提供了国民经济发展所需的绝大部分钢铁材料，产品实物质量日趋稳定，有效支撑了下游用钢行业和国民经济的平稳较快发展。2010—2013 年，粗钢产量由 637 Mt 增加到 813 Mt，年均增长 59 Mt，年均增速 8.5%；生铁产量由 597 Mt 增加到 711 Mt，年均增长 38 Mt，年均增速 6.0%。近年来，随着经济增速回落和结构调整加快影响，粗钢和生铁产量增速大幅下降甚至呈现负增长。2014 年粗钢和生铁产量分别同比增长 1.1%和 0.3%，2015 年分别同比下降 2.2%和 3.1%，是 1981 年来首次下降。2016 年，国内经济平稳增长，中国钢铁行业在去产能的大背景下实现了根本性的好转，粗钢和生铁产量止跌回升，全国粗钢及生铁产量呈现前低后高的局面，粗钢前两个月累计产量减少 5.7%，从 3 月份至年底产量持续正增长，最终全年产量 808 Mt，增长 1.2%；生铁产量前 5 个月累计产量减少 2.8%，从 6 月份至年底产量持续正增长，全年累计产量 700 Mt，增长 0.7%。图 2-12 所示为 2010—2016 年中国粗钢和生铁产量变化情况。

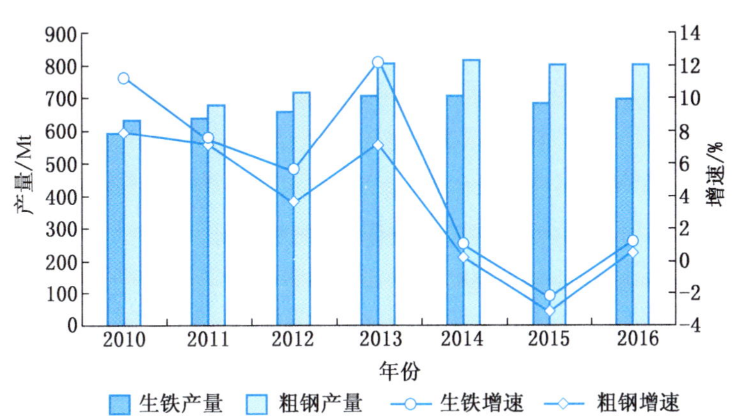

图 2-12 2010—2016 年中国粗钢和生铁产量变化情况

(2) 吨钢能耗逐步下降，重点钢铁企业能耗指标已达到国际先进水平。近年来，随着中国钢铁行业技术进步、设备大型化、落后生产能力逐步淘汰、节能技术普及以及铁钢比降低和喷煤比提高，钢铁工业能耗指标有很大改善，重点钢铁企业部分工序能耗指标已经达到或超越国际先进水平。2010—2015 年吨钢综合能耗由 605 kg 下降到 572 kg，标准煤可比能耗由 585 kg 下降到 533 kg。2016 年，随着钢铁行业化解过剩产能和节能减排工作的不断深入，钢铁生产企业能源消耗总量延续呈下降趋势，全国吨钢综合能耗下降 0.08%。根据钢铁工业协会统计，会员生产企业球团工序、焦化工序、转炉炼钢工序、电炉炼钢工序和钢加工工序等工序能耗比 2015 年降低，降幅分别为 1.87%、2.78%、14.12%、12.77%和 3.54%；烧结工序和炼铁工序能耗较 2015 年略有上升，升幅为 1.04%和 0.91%；吨钢可比能耗比 2015 年下降 0.60%，吨钢耗电比 2015 年下降 1.32%。表 2-1 为中国重点钢铁企业吨钢能耗指标与国际先进水平对比。

表 2-1 中国重点钢铁企业吨钢能耗指标与国际先进水平对比 kg

生产工序	2010 年	2011 年	2012 年	2013 年	2014 年	2015 年	国际先进水平
烧结	53	49	50	49	48	47	50
球团	29	29	29	28	28	27	26
焦化	106	108	101	100	99	99	120
炼铁	408	399	395	391	389	387	430
转炉	-0.16	-5.01	-6.36	-7.5	-9	-12	-9
电炉	74	67	65	63	60	60	90
轧钢	62	61	59	59	59	58	48
综合能耗	605	597	599	590	585	572	580
可比能耗	585	574	568	556	540	533	560

（3）铁钢比下降缓慢，远高于国际水平。铁钢比即生铁产量和粗钢产量的比值，是钢铁强国的重要标志之一。由于炼铁及前置工序（包括矿石采选以及铁、烧、焦等）能源消耗占整个钢铁工业能耗的70%左右，铁钢比越高（生产相同钢产量），生铁用量越大，能源消耗也越多，从而导致吨钢能耗上升，因此降低铁钢比是钢铁工业降低能耗的重要手段。“十二五”以来，中国钢铁行业技术装备水平大幅提升，铁钢比逐渐下降，但与先进国家相比仍有较大差距。2016年中国铁钢比为0.87，较2010年降低8.5%，世界平均水平为0.71，扣除中国后的世界平均铁钢比为0.56；美国、韩国、德国、俄罗斯、日本铁钢比分别为0.37、0.56、0.63、0.7和0.71，远低于中国。图2－13所示为2010—2016年中国铁钢比变化情况。

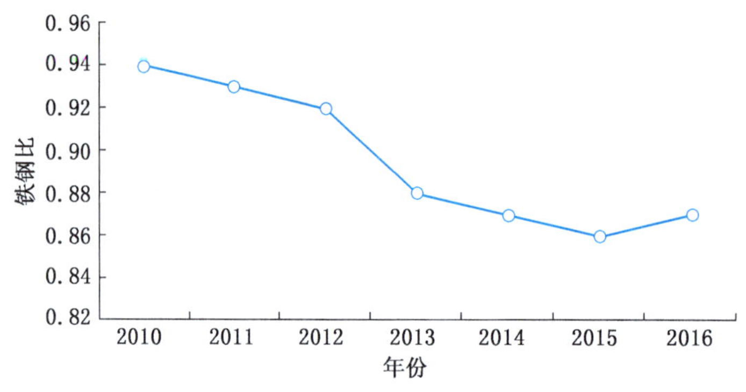

图2－13　2010—2016年中国铁钢比变化情况

2）钢铁行业煤炭消费现状

（1）钢铁工业耗煤量由快速增长转变缓慢下降。钢铁行业是中国主要能源消耗行业之一，煤炭占其能源消费量的70%左右，其他依次是电力、燃料油、天然气。目前电力已上升到25%以上，油气比重很小。钢铁行业煤炭消费量主要取决于生铁产量和单位产品能耗，消费的煤炭主要是炼焦用煤和燃料用煤。炼焦用煤主要供炼焦炭，燃料用煤主要包括无烟粉煤、自备电站和高炉烧结等用煤。“十二五”以来，受经济增速放缓、房地产持续下滑、基建投资增长减弱和制造业恢复力度偏弱等多重因素影响，钢铁产量增速有所下降，在吨钢能耗持续降低背景下，2013年钢铁工业耗煤达到历史峰值672 Mt，较2010年增加134 Mt，随后耗煤量缓慢下降。2016年钢铁工业耗煤619 Mt，其中炼焦煤469 Mt、喷吹煤95 Mt、燃料煤55 Mt。表2－2为中国钢铁产量与煤炭消费量情况。

（2）入炉焦比和喷煤比指标不断优化，但较国际先进水平还存在很大差距。入炉焦比和喷煤比是衡量钢铁工业煤炭消费的主要指标。高炉喷煤可实现以煤代焦，使高炉炼铁焦比大幅度下降，从而使高炉吨铁焦炭消耗降低。2010—2015年，重点钢铁企业吨铁入炉焦比由369 kg下降到350 kg，年均下降3.8 kg；喷煤比由149 kg上升到168 kg，年均增加3.8 kg。随着钢铁行业化解过剩产能、淘汰落后产能工作逐步开展，

表 2-2 中国钢铁产量与煤炭消费量 Mt

年　份	2010	2016
生铁产量	597	700
粗钢产量	637	808
煤炭消费量	538	619
其中：炼焦煤	438	469
喷吹煤	57	95
燃料煤	43	55

预计 2016 年重点钢铁企业吨铁入炉焦比达到 346 kg，喷煤比达到 172 kg。目前，先进国家吨铁入炉焦比已经下降到 271 kg 左右，喷煤比提高到 266 kg 左右，中国还存在很大差距。表 2-3 为中国重点钢铁企业吨钢炼铁指标与国际先进水平对比。

表 2-3 中国重点钢铁企业吨钢炼铁指标与国际先进水平对比 kg

指　标	2010 年	2011 年	2012 年	2013 年	2014 年	2015 年	2016 年	国际先进水平
入炉焦比	369	368	362	359	354	350	346	271
喷煤比	149	150	155	157	162	168	172	266

3. 建材行业

建材工业是重要的原材料和制品工业，是中国重要的基础性产业，在国民经济发展中起到至关重要的作用，作为主要耗煤产业之一，也为煤炭工业发展提供了有力支撑。“十二五”期间建材工业发展成绩喜人，建材生产、消费大国地位进一步巩固，保障了经济社会持续快速发展。但中国建材工业仍“大而不强”，水泥、平板玻璃等传统建材产能严重过剩，新型建材发展缓慢，技术创新能力不足，节能减排水平不高等问题突出，仍有待解决。2016 年，建材行业去产能工作继续推进，在国家出台稳增长政策下，经济增长有所企稳，建材行业产品需求略有回升，耗煤量与去年基本持平。

1）建材行业发展现状

（1）主要建材产品产量由快速增长转变为负增长。中国是世界上最大的建筑材料生产和消费国，水泥、平板玻璃、建筑陶瓷、卫生陶瓷、墙体材料等产品产量连续多年雄踞世界首位。在住房和基础设施建设投资拉动下，“十二五”期间建材工业持续增长，但有所起伏，尤其是“十二五”后两年，在经济进入新常态、市场需求增长趋缓的背景下，建材主要产品产量增速开始下降。建材工业产品产量在 2014 年达到历史高点，2014 年水泥产量 2490 Mt、平板玻璃产量 8.3 亿重量箱、建筑陶瓷产量 $102\times10^8\ m^2$，较 2010 年分别增长 32.4%、25.3%、30.8%，年均增速分别为 7.3%、5.8%、6.9%。2015 年，建材工业面对产能严重过剩、市场需求不旺、下行压力加大的严峻形势，主要建材产品产量均出现不同程度负增长，水泥、平板玻璃、建筑陶瓷分别同比下降 5.6%、5.7%、1.3%。2016 年，在国家出台稳增长政策下，基建和房地产投资均实现稳健增长，全国建材市场需求呈现复苏态势，全年建材产品产量有所回升，其中水泥产量 2403 Mt、平板玻璃产量 822 Mt、建筑陶瓷产量 100×10^8 m^2，分别同比增长 1.9%、4.4%、下降 1%。表 2-4 为 2010—2016 年中国主要建材产品产量。

表 2-4　2010—2016 年中国主要建材产品产量

产　品	2010 年	2011 年	2012 年	2013 年	2014 年	2015 年	2016 年
水泥/Mt	1882	2099	2210	2419	2492	2359	2403
平板玻璃/亿重量箱	6.63	7.91	7.51	7.93	8.31	7.87	8.22
建筑陶瓷/10^8 m^2	78	92	93	97	102	101	100

(2) 产业结构加速优化，但产能过剩、利用率低问题仍然突出。“十二五”期间，中国累计淘汰落后水泥和平板玻璃产能 657 Mt、1.69 亿重量箱。2015 年前十家水泥、平板玻璃企业生产集中度均达 53%。以玻璃、陶瓷、石材等为特色的产业园区日益成为支撑行业创新、延伸产业链和发展区域经济的重要载体。2016 年，建材行业继续推进供给侧结构性改革、优化调整生产结构，2016 年全国新点火水泥熟料生产线共有 19 条，合计年度新点火熟料产能 25.58 Mt，较 2015 年减少 21.63 Mt，降幅为 46%，已连续 4 年呈递减走势。截止到 2016 年底，全国新型干法水泥生产线累计 1769 条，设计熟料产能达 1830 Mt，实际年熟料产能超过 2000 Mt，累计产能比上年增长 1%，水泥熟料产能利用率仅为 64.5%。综合来看，虽水泥产能集中度逐年提升、增速逐步下降，但受近年市场需求降低影响，供需矛盾加剧，产能严重过剩问题仍未得到有效遏制，产能利用率与合理预期目标仍有较大差距。

2) 建材行业煤炭消费现状

(1) 建材行业耗煤由较快增长转变为下降。建材产品大多需要进行煅烧、烘烤、熔炼、焙烧等加工工艺过程，需要消耗大量煤炭，其中煤炭消耗较大的建材产品主要有水泥、墙体材料、石灰 3 种产品，其煤炭消费量占建材工业煤炭消费量的 90%左右。近年，受全国固定资产增速持续回落影响，建材行业中受投资直接驱动的行业或生产增速大幅回落，或产品产量出现下降，进而直接影响建材行业耗煤消费，2013 年建材行业煤炭消费 591 Mt，较 2010 年增加 155 Mt，在达到历史峰值后逐步下降。2016 年受经济增速趋稳、房地产增速提高影响，建材行业产品产量同比略有回升，建材行业煤炭消费 545 Mt，其中水泥耗煤 348 Mt、墙体材料耗煤 113 Mt、石灰耗煤 31 Mt，煤炭消费量较 2013 年减少 46 Mt，下降 7.8%，见表 2-5。

(2) 建材单位产品综合能耗呈下降趋势，但与国际先进水平相比还有较大差距。随着中国新型干法水泥生产技术和装备的快速发展和行业结构调整的步伐加快，水泥单位产品综合能耗呈下降趋势。2010—2016 年，吨水泥煤耗从 129 kgce 下降到 105 kgce，降幅达18.6%。但与国际先进水平相比，中国建材产品单位能耗还有较大差距，仅对新型干法水泥而言，中国熟料烧成热耗平均水平比国际上约高20%、综合电耗比国际上约高10%。

表2-5 建材行业主要产品耗煤量 Mt

年 份	2010	2016
合 计	436	545
水泥耗煤量	261	348
墙体材料耗煤量	98	113
石灰耗煤量	28	31
其他产品耗煤量	49	53

4. 化工行业

化学工业是国民经济的重要支柱产业，经济总量大，产业关联度高，在中国工业体系中占有重要地位，同时也是能源消费大户。“十二五”期间，化学工业积极应对各种风险和挑战，大力推进“转方式、调结构”，全行业总体保持平稳较快发展，综合实力显著增强，为促进经济社会健康发展做出了突出贡献。2016年，化工行业结构调整继续推进，化学工业产品产量平稳增长，耗煤量继续增加。

1）化工行业发展现状

目前，中国化学工业要耗煤产品大致可分为两类：一类是包括生产合成氨、电石、烧碱、甲醇等在内的传统煤化工；另一类是包括煤制醇醚、煤制烯烃和煤制油等在内的现代煤化工。

(1) 传统煤化工产品结构性过剩较为严重。中国传统煤化工产品产量多年来位居世界第一，2016年合成氨、甲醇、电石产量分别占全球产量的32%、28%和93%，但产业结构较为落后，竞争力较差。目前，传统煤化工产品均处于阶段性供大于求状态，不同程度地存在结构性过剩，其中电石、烧碱、聚氯乙烯、磷肥、氮肥等重点行业产能过剩尤为明显。截止到2016年底，电石产能达到45 Mt/a，产量25.88 Mt，产能利用率仅为57.5%；甲醇产能达到75 Mt/a左右，产量43 Mt，装置开工率仅为57.3%。

(2) 现代煤化工发展步伐加快，但还处于示范发展阶段。“十二五”时期，在石油需求快速攀升和国家油价高企的背景下，中国以石油替代产品为主要方向的现代煤化工，随着一批示范工程的建成投产，快速步入产业化轨道，产业规模快速增长；技术创新步伐加快，煤制油、煤制烯烃、煤制天然气、煤制乙二醇等领域关键核心技术获得重大突破，掌握了一批具有世界先进水平的关键核心技术，开发了一大批大型装备；园区化、基地化格局初步形成。但大多示范投产项目仍属于示范运营，没有形成规模效应，“十三五”期间将在优化布局、严控规模的前提下，继续推进现代煤化工升级示范。2015 年，中国煤制油产能达到 2.78 Mt，产量 1.32 Mt；煤（甲醇）制烯烃产能达到 7.92 Mt，产量 6.48 Mt；煤制乙二醇产能达到 2.12 Mt，产量 1.02 Mt；煤制天然气产能达到 $31\times10^8\ m^3$，产量 $16\times10^8\ m^3$。

2）化工行业煤炭消费现状

近几年随着现代煤化工技术的突破，以及一批示范项目的建设运行，中国煤化工产业规模增长较快，化工用煤整体呈增长态势，占比不断提高。2016 年化工行业用煤量 270 Mt，较 2010 年增长 130 Mt，年均增长 11.4%。

合成氨是化学工业的主要耗煤产品，产量 70%以上以煤为原料，其中无烟块煤约占 96%。近年来，合成氨的产量基本保持稳定，为 50 Mt 左右。2016 年，合成氨产量为 53.8 Mt，共消耗煤炭约 77.48 Mt。

中国是世界上最大的电石生产国和消费国，电石产量近年来基本保持稳定增长，但产量增速低于产能增速，电石产业整体处于产能过剩局面，在化工行业中电石产业所消耗煤炭总量占比较少。2016 年电石产量 25.88 Mt，消耗煤炭 12 Mt。

甲醇主要作为中间化学产品，直接消费的甲醇不超过总消费量的 30%。国外通过多种原料生产甲醇，我国煤制甲醇占 90%以上，是化工行业耗煤量较大的产品。“十二五”期间，我国甲醇产量增长较快，由 2010 年的 15.74 Mt 增加到 2015 年的 39.30 Mt。2016 年煤制甲醇产量 43 Mt，共消耗煤炭 88.15 Mt。

2016 年，受低油价和环保法规日趋严格的影响，煤化工拟建、规划项目放缓，部分新增产能推迟投运，产品产量较上年有所增长，但幅度不大。煤制油产量 1.4 Mt，煤制天然气产量 $19\times10^8\ m^3$，煤制烯烃产量 6.5 Mt，分别消耗煤炭 7 Mt、6.27 Mt 和 42.25 Mt。

5. 其他行业

其他用煤包括生活、采掘业、交通运输仓储和邮政业、农林牧渔水利业、批发及零售业、住宿、餐饮业以及其他行业用煤。2016 年其他行业用煤为 514 Mt。

2.2 影响煤炭需求的因素

2.2.1 宏观经济走势

宏观经济走势主要表现为两种形式：一是经济社会发展阶段性转变引发的经济增速长期趋势变化；二是在经济社会发展某一阶段内周期性变化引发的经济增速短期波动。从世界各国经济社会发展客观规律可以看出，经济发展不同阶段对能源的依赖程度不同，工业化中期在基础设施建设和工业自身需求的拉动下，化工、冶金、金属制品、电力等以原材料生产和初级加工为特征的工业以前所未有的速度发展，从而带动能源资源的大量消耗。当国民经济发展到一定水平后，经济增速放缓，科技创新成果作用加强，能源消费弹性系数下降。同时，在经济发展某一阶段内，GDP 周期性波动与能源消费变动趋势大体一致，呈明显正相关性，当经济发展加速时，能源消费增速加快；反之，当经济发展速度下滑或负增长时，能源消费增速下降甚至呈负增长。图2-14、图2-15所示分别为美国、日本历年能源消费量增速与GDP增速的关系。

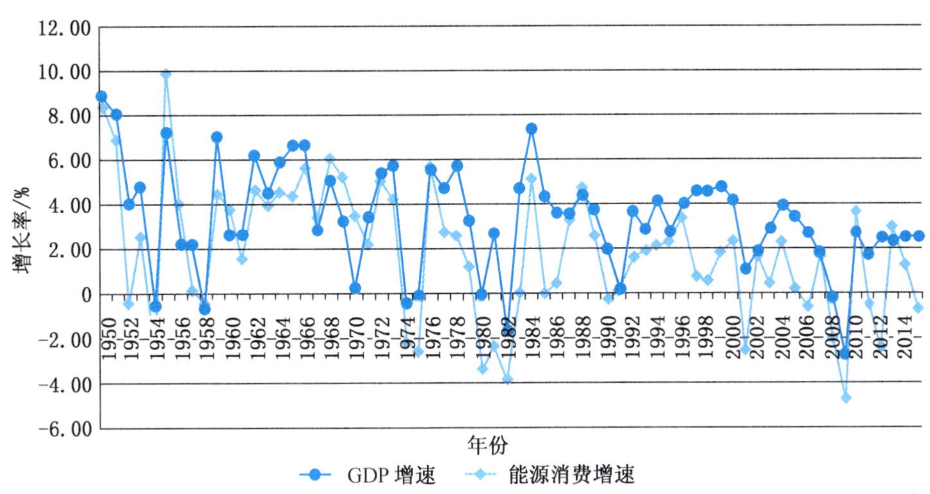

图 2-14 美国历年能源消费量增速与GDP增速的关系

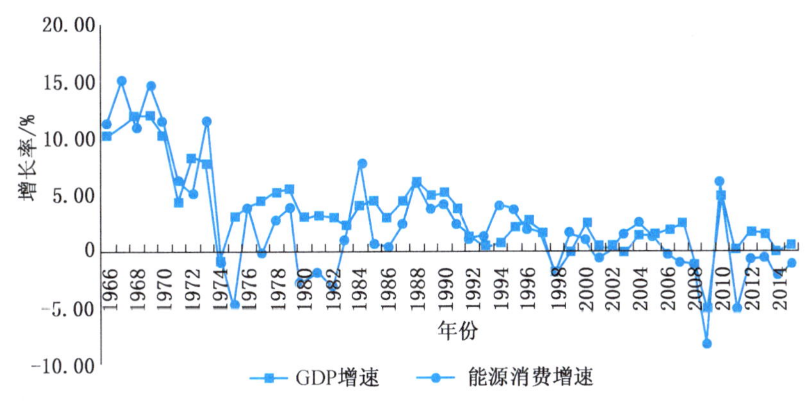

图 2-15 日本历年能源消费量增速与GDP增速的关系

煤炭是中国主体能源，其消费变动趋势基本上代表了经济周期性波动对能源消费的影响。从历史数据来看，中国煤炭消费走势与经济波动呈现出高度一致性，当经济高速发展时，煤炭消费增长率较高；当经济增速回落时，煤炭消费增速随之下降甚至负增长。从发展阶段看，中国经济发展已进入新常态，经济增长速度正从高速增长转向中高速增长，能源需求强度和增速明显下降，也符合世界经济发展一般规律。

2.2.2 产业结构调整

经济发展对煤炭需求的影响主要是通过产业结构调整来实现的。产业结构调整对煤炭需求的影响取决于各行业的煤耗水平和其在产业结构中的比重，不同的产业结构煤炭的需求水平是不同的，在产业结构中，如果煤炭需求水平高的产业所占比重大，整个国民经济的煤炭需求量就会增加；反之，则整个国民经济的煤炭需求量就会减少。各项研究表明，煤炭的需求随着产业结构的调整而不断发生变化，产业结构调整与煤炭需求之间存在着很强的关联性。

改革开放以来，中国三次产业特别是第二、第三产业得到快速发展，产业结构不断优化。2015年国内生产总值达到68.55万亿元，按照不变价格，与1978年相比增加29倍，其中第一产业增加4倍，第二产业增加45倍，第三产业增加41倍；第一产业所占比重由27.7%下降至8.9%，第二产业所占比重由47.7%下降至40.9%，第三产业所占比重由24.6%上升到50.2%。从历史统计数据来看，中国第一产业和第三产业煤炭消费甚少，且随着产业规模增长消费量变化不大，占全国煤炭消费总量的比例呈逐步下降趋势；第二产业煤炭消费量大，且对产业规模极为敏感，在全国煤炭消费总量中的比例不断上升。图2-16所示为中国三次产业比重及煤炭消费总量。

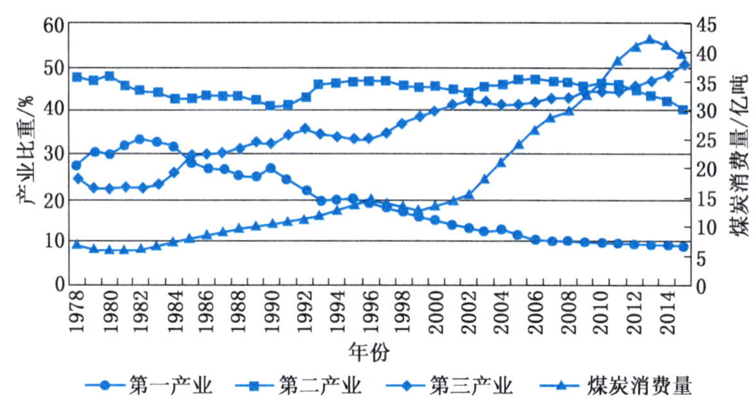

图2-16　中国三次产业比重及煤炭消费总量

从总体上看，中国产业结构变动符合世界经济发展的一般规律。目前中国正处于工业化发展中期阶段，工业化、城镇化进程继续推进，基础产业和基础设施建设稳步发展，第二产业所占比重依然较大，不会出现明显的下降，但随着工业化、城镇化进一步深化，第二产业已呈现缓慢下降的趋势，煤炭需求增速下降。

2.2.3　能源结构调整

20世纪50年代以来，世界能源消费总量持续增长，但结构发生了显著变化。1950年，煤炭占全球一次能源消费总量的57.7%，接下来的20年中迅速下降，1970年仅占30.5%，此后基本稳定在30%左右。2015年，煤炭占全球一次能源消费总量的比重为29.2%，石油占32.9%，天然气占23.9%，核能、水电和其他可再生能源占14.0%，能源供应的多元化趋势明显。

中国是一个富煤、贫油、少气的国家，煤炭资源丰富、品种齐全、分布广泛，而石油、天然气资源相对匮乏，能源结构一直以煤为主。随着经济社会发展，能源消费总量持续较快上升，并已成为世界第一能源消费大国，面临的资源、环境压力越来越突出。近年来，在国家产业政策引导和鼓励下，能源多元化取得显著成效，天然气、核电、水电和其他可再生能源快速发展，已成为能源供应的重要组成部分，对煤炭的替代作用不断显现。2011—2015 年，煤炭占一次能源消费总量的比重下降了 5.2 个百分点，石油所占比重保持基本稳定，天然气上升 1.9 个百分点，核电、水电和其他可再生能源上升 2.6 个百分点，相当于累计替代发电用煤约 355 Mt。图 2－17 所示为 1978 年以来中国能源消费结构变化。

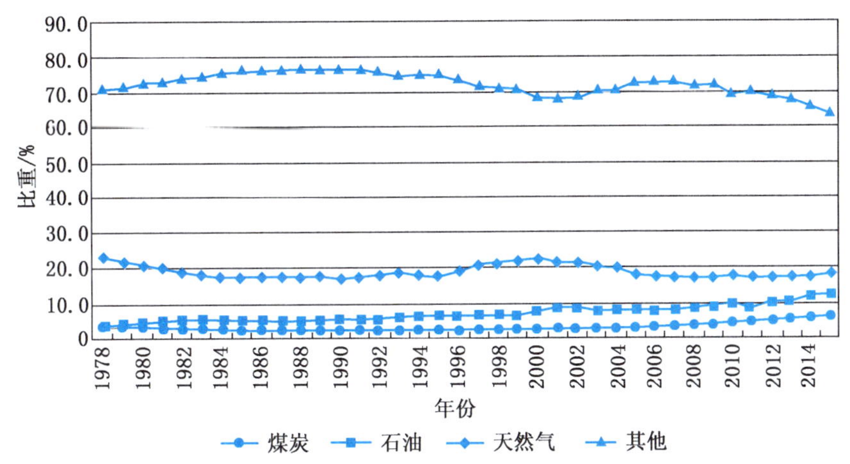

图 2－17 1978 年以来中国能源消费结构变化

2.2.4 生态环境保护

煤炭开发对生态环境影响较为严重。煤炭开采引起地表沉陷，并诱发大量地质灾害，造成土地挖损和压占，矿区大量耕地损害与配给，植被破坏、水土流失与土地荒漠化加剧，给矿区农业生产、人民生活及社会安定带来一定影响。据初步统计，中国每采万吨煤炭，地表下沉和破坏土地面积为 2～5 亩（1 亩＝666.67 m^2），2015 年全国矿区（井）土地塌陷面积约 6.8×10^8 m^2。

煤炭消费是环境污染的重要来源。中国煤炭硫分和灰分含量较大，约 85%的 CO_2、90%的 SO_2 和 73%的烟尘排放都来自燃煤。每年散烧煤 700～800 Mt，约占煤炭消费总量的 20%，1 t 散煤燃烧的污染排放量是火电用煤的 5～10 倍，在极端气候的条件下，使用散煤所产生的污染可以达到污染总量的 40%左右，大气污染防治压力巨大。中国单位 GDP 的 CO_2 排放量远高于发达国家，排放总量已居世界第一位。中国政府已向国际社会庄严承诺到 2030 年的碳排放目标和非化石能源发展目标，必将对全国煤炭需求产生重要影响。2013 年国务院公布了《大气污染防治行动计划》，明确提出控制煤炭消费总量，煤炭发展的空间逐步压缩。

2.2.5 煤炭清洁高效利用技术进步

当前，煤炭利用方式粗放、能效低、污染重等问题没有得到根本解决。中国煤炭转化利用主要是通过燃烧，煤炭燃烧存在两个问题：一是排放大量的烟尘、TSP 和

SO_2 等污染物；二是排放大量温室气体 CO_2。其实，燃烧煤炭给环境带来的污染与破坏的根源不在煤炭本身，而在燃烧技术不过关以及对燃烧过程治理不力。洁净煤技术是高效、洁净的煤炭加工、燃烧、转化和污染控制的技术。通过加工可减少煤的硫分、灰分；通过洁净、高效的燃烧可显著减少 SO_2 和 CO_2 的排放；通过转化可把煤变为清洁的液体和气体燃料，使得煤炭得到清洁的利用。因此，通过洁净煤技术可以实现煤炭的洁净利用，从而对煤炭消费产生影响。

2015 年中国国家能源局公布《煤炭清洁高效利用行动计划》(2015—2020 年)，从煤炭提质加工、燃煤发电、煤化工、燃煤锅炉、煤炭分质分级利用、民用散煤治理、减少污染物排放等方面提出重点工作和到 2020 年的工作目标。加快推动能源消费革命，进一步提高煤炭清洁高效利用水平，不仅是低碳经济下保持污染减排与环境友好发展的重要途径，也是我国能源发展的战略选择和当前节能减排最重要、最现实的手段，也将会对煤炭消费产生重要影响。

2.3 煤炭需求预测

2.3.1 煤炭需求形势分析

(1) 经济基本面对煤炭需求拉动力度略有减弱，但总体上呈现稳健、适中状态。从宏观经济形势来看，中国经济发展进入新常态，经济发展已从过去高速增长转变为中高速增长，2016 年全国经济缓中趋稳、稳中向好，经济发展出现更多积极变化，新常态下速度变化、结构优化、动能转换的特征更加明显。根据国家统计局公布数据，2016 年 GDP 增速为 6.7%，经济增速实现降中趋稳。中国经济供求失衡的态势正在缓解，经济增长显现出质量和效益逐步改善的趋势。经济增速快落的风险下降，“L 型”增长正在从原来型的“竖”过渡到“横”，转从降速逐步转向提质。展望 2017 年，全球经济有望延续缓慢复苏的态势，国内经济总体增速延续回落态势，但下降空间不大，2017 年将是中国经济持续筑底的一年，预计 2017 年宏观经济仍将保持平稳增长态势，GDP 增速将微降至 6.5%，对能源需求将继续增加，但增长速度下降，经济增长更注重质量和效益的提升，对能源依赖程度有所降低，对煤炭需求略有减弱。

(2) 非化石能源对煤炭的替代作用增强，挤压煤炭需求。从能源结构调整看，中国能源发展正处于油气替代煤炭、非化石能源替代化石能源的双重更替期，在有效利用国际资源，增加石油、天然气供应，保障能源安全的同时，顺应世界能源发展趋势，大力发展水电、核电、风电、太阳能等清洁能源，加快能源结构调整，与世界同步进入低碳能源时代，是全国能源发展的必然方向。在中国经济发展进入新常态、能源消费增速放缓的大背景下，新能源和可再生能源对化石能源特别是煤炭的增量替代效应将加快显现。近年来，中国积极推动新能源发展，大幅提高非化石能源发电比重。根据《能源发展“十三五”规划》，“十三五”期间，非化石能源消费比重提高到 15%以上，天然气消费比重力争达到 10%，煤炭消费比重降低到 58%以下。因此，从

“十三五”期间非化石能源及天然气消费增长幅度来看，煤炭增长空间有限，预计 2017 年基本维持当前消费水平，符合中国的特定国情和发展阶段。

(3) 气候因素对煤炭需求影响程度加大。进入 2017 年 1 月，水电同比继续下降，1 月上旬水电下降 5.1%，火电增长 8.6%。1 月份由于冷空气频繁，中国大部分地区进入一年中最冷的月份，供暖需求还将保持一定增长，进入 2 月下旬随着气温回升、水电发电量加大，季节性需求将逐步回落。总体看，2016 年气候因素所致煤炭需求超出正常水平，如果 2017 年气候基本正常，则气候因素所带动的煤炭需求将比去年有所减少。

综合来看，展望 2017 年，经济运行中的积极变化累积增多，宏观经济形势总体弱势趋于稳定，经济基本面对煤炭需求的拉动将有所减弱，但总体稳健。同时，非化石能源仍将保持较快增长，加之资源、环境约束不断强化，非化石能源对煤炭的替代仍将延续，仍会制约动力煤需求。预计 2017 年，在气候正常的情况下，煤炭需求较 2016 年略有下降。

2.3.2 主要耗煤行业煤炭需求预测

煤炭需求预测方法很多，经过多年实践总结，主要耗煤部门（行业）法更适合我国国情。目前，中国电力、钢铁、建材和化学工业耗煤量约占煤炭消费总量的 90%，且其产品产量增长、单位产品煤耗和节能技术进步等趋势比较明确，将其作为煤炭需求预测的主要依据准确性较高，预测过程也比较直观、简明。

1. 电力行业用煤需求预测

(1) 全社会用电量低速增长。2016 年，中国经济实现了“十三五”良好开局，全社会用电量增速明显回升。2017 年，全国面临着更为复杂的外部环境，经济下行压力仍然较大，随着国内经济发展速度持续放缓，电力消费增长减速换挡、结构不断调整，电力消费增长主要动力呈现由高耗能向新兴产业、服务业和居民生活用电转换，综合考虑宏观经济形势、服务业和居民用电发展趋势、电能替代、房地产及汽车行业政策调整及 2016 年夏季高温天气等因素，在常年气温水平情况下，电力消费将维持低速增长，预计 2017 年全国用电量达到 6170 TW·h，同比增长 3%左右。

(2) 煤电装机及发电量继续增长，但增长速度和占全国比重继续下降。2016 年，煤电装机容量 932 GW，发电量 4100 TW·h，分别同比增长 5.4%、2.9%，分别占全国装机总量和发电总量的 56.5%和 68.4%。考虑电力结构持续调整、非化石电源发展加快，新增发电装机规模依然较大，非化石能源装机比重进一步上升，煤电装机比重继续下降。预计 2017 年全国基建新增发电装机 110 GW 左右，其中非化石能源发电装机 60 GW 左右，预计 2017 年底全国发电装机容量将达到 1750 GW，同比增长 6.1%，其中非化石能源发电 660 GW，占总装机比重将上升至 38%左右；煤电装机 975 GW，同比增长 4.6%，占总装机比重下降至 55.8%。考虑全国电力供应总体富余、部分地区相对过剩、新增装机继续增长因素，预计全年全国发电设备利用小时 3600 h 左右，其中火电设备利用小时将下降至 4000 h 左右，届时煤电发电量同比增长 1.6%，发电量达到4160 TW·h。

(3) 发电用煤继续下降，供热用煤有所增长。目前中国燃煤发电行业在技术和运行经验上都已趋于成熟，节能减排取得一定成效。随着持续推进燃煤机组淘汰落后产能，在役机组技术改造，新建燃煤电厂逐步投产，高效燃煤机组比例进一步提高，单位发电标准煤耗呈继续下降趋势，预计2017年发电用煤量为1698 Mt。根据中国供热发展趋势，将在符合条件的大中型城市适度建设大型热电机组，在热负荷稳定的工业园区和中小型采暖城市建设背压式热电机组，将拉动供热用煤较快增长，预计2017年供热用煤245 Mt。因此，2017年电力行业煤炭需求量为1943 Mt，见表2-6。

表2-6 电力行业煤炭需求预测

项　目	2017年
煤电装机容量/GW	975
煤电发电量/(TW·h)	4160
煤炭需求量/Mt	1943
其中：发电用煤/Mt	1698
供热用煤/Mt	245

2. 钢铁行业用煤需求预测

(1) 钢铁需求呈下降趋势。受益于基础设施、房地产和汽车行业的超预期增长，2016年粗钢表观消费量709 Mt，同比略有增长，但受经济增速放缓、下游行业需求降低等影响，粗钢表观消费量下降的趋势不会改变，2017年钢铁表观消费量预计同比略有下降。根据钢铁工业调整升级规划（2016—2020年），“十三五”中国钢材消费强度和消费总量将呈双下降走势，生产消费将步入峰值弧顶下行期，呈波动缓降趋势。随着工业化和城镇化进程不断深入，城乡基础设施投资增速放缓，且由于产业结构战略性升级的继续进行，个别钢铁下游行业可能进入减量化阶段，钢铁需求增速较快下降甚至负增长，同时由于钢铁去产能工作继续深入，预测2017年粗钢消费量698 Mt、粗钢产量798 Mt，分别同比下降1.6%、1.2%。随着钢铁保有量的不断增加，废钢产量会越来越多，汽车等陆续进入报废回收期，铁钢比逐步下降，届时生铁产量为690 Mt。

(2) 钢铁行业能耗指标和煤炭需求下降。随着技术进步、设备大型化、落后生产能力逐步淘汰、节能技术普及以及铁钢比降低和喷煤比提高，中国钢铁工业能耗指标逐步改善，综合焦比和综合燃料比呈下降趋势。随着钢铁企业对工业锅炉余热利用程度的提高，全行业燃料比也将逐步下降。钢铁工业调整升级规划（2016—2020年）提出，坚持绿色发展原则，以降低能源消耗、减少污染物排放为目标，全面实施节能减排升级改造，吨钢综合能耗年均下降0.4%。预测2017年钢铁工业煤炭需求量610 Mt，见表2-7，其中炼焦用煤470 Mt，燃料煤90 Mt，喷吹煤50 Mt。

表2-7 钢铁产量与煤炭消费量预测　Mt

年　份	2016	2017
生铁产量	701	690
粗钢产量	808	798
煤炭消费量	619	610

3. 建材行业用煤需求预测

（1）主要产品产量保持平稳或略有负增长。随着中国城市化进程推进和人民改善居住条件，对住房、基础设施需求将继续增长，但近年由于工业化和城镇化进程不断深入，经济发展进入新常态，城乡基础设施和房地产投资增速放缓，与建材行业相关的市场需求下降，建材主要产品产量呈现下降趋势。展望2017年，电力、水利、交通等基础设施建设和农村农户建设投资保持平稳增长，而占固定资产投资总额比重较大的房地产投资依然难以恢复高速增长，随着房地产调控政策不断趋紧，房地产及制造业投资难以持续好转，固定资产投资增速仍有回落空间，建材行业去产能形势依然严峻，建材市场需求情况难言乐观。根据建材工业发展规划（2016—2020年）预测，随着经济发展方式不断转变，需求结构不断升级，传统建材产品需求量保持基本平稳或略有下降的态势，其中水泥需求量会出现下降，绿色建材和先进无机非金属材料、复合材料等需求量继续增长，“十三五”期间水泥熟料、平板玻璃、陶瓷砖年均增长分别为-2%、1%、-1%。综合来看，预计2017年水泥产量与上年持平或略有负增长，保持在2403 Mt左右；平板玻璃产量830 Mt；陶瓷砖产量$99\times10^8 m^2$。

（2）建材行业单位产品煤耗和耗煤量逐步下降。《关于促进建材工业稳增长调结构增效益的指导意见》（国办发〔2016〕34号）提出建材行业发展目标任务，要求到2020年再压减一批水泥熟料和平板玻璃产能，进一步提升节能减排和资源综合利用水平。同时，中国国民经济和社会发展“十三五”规划建议也强调，加强高能耗行业能耗管控，有效控制电力、钢铁、建材、化工等重点行业碳排放。由此可知，“十三五”期间，对于资源消耗型、能源依赖型和环境敏感型的建材行业而言，节能减排仍将是重要任务之一。随着建材工业落后产能不断淘汰和新型干法水泥、浮法玻璃、新型墙体材料比重进一步提高，单位产品综合能耗下降空间较大，预测2017年建材工业煤炭消费量将维持在530 Mt左右。

4. 化工行业用煤需求预测

（1）传统煤化工产品产量增长空间有限。由于目前农作物对氮肥施用量已经处于较高水平，今后氮肥在农业领域消费的增长幅度基本趋于稳定；火电、水泥行业脱硝和柴油车尾气处理等对尿素需求拉动较大的领域，经过近几年快速增长之后，对尿素的需求增速将会明显放缓，预计2017年合成氨产量为54.20 Mt。电石法聚氯乙烯受国家消除汞污染和节能减排制约，且面临煤制烯烃-乙烯法聚氯乙烯竞争，短期电石市场需求量和消费结构不会发生大的变化，电石产量将保持小幅增长或基本持平，预计2017年产量在26.40 Mt左右。随着下游产业链不断延伸和扩张，甲醇的原料属性越来越强，甲醇未来市场需求仍有一定上升空间，预计2017年产量为46 Mt左右。

（2）新型煤化工有较大增长空间。中国部分现代煤化工技术处于世界前列，一批拥有自主知识产权的技术正在产业化示范阶段。2013年9月国务院发布的《大气污染防治行动计划》明确提出，在满足最严格的环保要求和保障水资源供应的前提下，加快煤制天然气产业化和规模化发展步伐。但新型煤化工尚处于大规模发展初期，面临着投资大、耗水多、能效低、排放高等一系列问题，应定位为战略性产业，有控制地发展。综合考虑环境、水资源、能源转化效率、国家相关规划、已审批项目及政策影响等因素，预计 2017 年全国煤制天然气产量为 23×10^8 m^3，煤制油产量为 1.90 Mt，煤制烯烃产量为 6.80 Mt。

综合以上分析，在新型煤化工持续发展的带动下，化工行业耗煤量继续保持稳定增长，预计 2017 年煤炭需求量在 285 Mt 左右。表 2－8 为化工行业及主要产品煤炭需求量。

表 2－8　化工行业及主要产品煤炭需求量　　Mt

指　标	2016 年	2017 年
化学工业耗煤量	270.30	285.04
1. 合成氨耗煤量	77.48	78.05
合成氨产量	53.80	54.20
2. 电石耗煤量	12.00	12.20
电石产量	25.88	26.40
3. 甲醇耗煤量	90.30	96.60
甲醇产量	43.00	46.00
4. 煤制油耗煤量	7.00	9.50
煤制油产量	1.40	1.90
5. 煤制天然气耗煤量	6.27	7.59
煤制天然气产量/Mm^3	1900	2300
6. 煤制烯烃耗煤量	42.25	44.20
煤制烯烃产量	6.50	6.80
7. 其他耗煤量	37.15	36.90

5. 其他行业用煤需求预测

其他行业用煤呈下降趋势。随着城镇燃气用户率、建筑集中供热普及率、用电水平等进一步提高，以及农村节煤灶、沼气池、小水电等加快发展，居民生活耗能结构将继续向清洁、高效、优质能源转变，居民生活终端直接用煤量将逐步减少。随着采掘业产量产品增长，煤炭需求也将随之增加，但由于矿山广泛采用电力替代煤炭，增幅不会很大。随着铁路电气化改造不断推进，交通运输、仓储和邮政业煤炭需求将继续下降。随着沼气、液化石油气、电力（含小水电和风电）、太阳能等大力推广，以及水泥替代白灰和砖瓦，农林牧渔水利业的煤炭需求也将进一步下降。随着中国产业结构调整步伐加快，轻工、纺织、食品加工以及机械制造等其他行业用煤将逐步下降。综上因素，预测 2017 年其他用煤需求将下降到 510 Mt 左右。

6. 煤炭需求预测结果

通过以上对电力、钢铁、建材、化工四大耗煤行业以及其他用煤需求分析预测，2017 年全国煤炭需求总量为 3878 Mt，较上年略有下降，见表 2－9。

表 2-9 2017 年全国煤炭需求预测结果 Mt

年份	2016	2017
煤炭需求总量	3900	3878
电力行业	1952	1943
钢铁行业	619	610
建材行业	545	530
化工行业	270	285
其他行业	514	510

2.3.3 分地区煤炭需求预测

煤炭消费区域分布与产业布局有着密切关系。当前，国际国内产业分工深刻调整，中国东部沿海地区步入经济转型升级阶段，产业向中西部地区转移步伐加快。随着近年来的区域产业梯度转移，中国中西部地区各省市开始逐步取代传统的东部地区各省市，成为“新常态”下培育全国经济增长的新动力。未来一段时期中国劳动密集型产业、能源矿产开发和加工业、装备制造业等高耗能产业将加速向西部地区转移，对未来煤炭消费区域分布将产生重大影响。

从中国主要耗煤行业来看，电力、钢铁、化工等煤炭需求增量较大的行业在国家宏观产业布局政策导向作用下，其发展布局也将发生较大变化，直接影响全国煤炭需求区域分布。近年，国家陆续出台相关政策，优化调整能源结构，促进煤炭清洁高效利用，对未来煤炭消费分布也产生了较大影响，《大气污染防治行动计划》提出控制煤炭消费总量，京津冀、长三角、珠三角等区域力争实现煤炭消费总量负增长；为落实煤炭消费总量控制目标，出台了《重点地区煤炭消费减量替代管理暂行办法》，对相关重点地区通过淘汰落后产能、压减过剩产能、提高煤炭等能源利用效率直接减少煤炭消费。通过近年分地区煤炭消费情况、相关政策要求以及主要耗煤行业布局变化，预测各省（区、市）煤炭消费主要依据如下。

1. 电力工业

东部地区煤电装机容量历来占全国装机总量的 50%以上。《大气污染防治行动计划》明确提出京津冀、长三角、珠三角等区域通过逐步提高接受外输电比例、增加天然气供应、加大非化石能源利用强度等措施替代燃煤，除热电联产外，禁止审批新建燃煤发电项目。在煤炭主要产区开发转化政策、东部发达地区减少燃煤发电比重以及东部区域性、时段性供应紧张共同作用下，随着特高压输电技术逐步成熟和电网日趋完善，加之煤电基地建设逐步推进，中西部地区电力需求不断增加，未来煤电建设布局将进一步向西部转移。

2. 钢铁工业

目前，国内内陆地区一半以上的钢产量调往东部地区。受铁矿石进口量增加和运输成本上升的影响，钢铁产能向沿海、沿江转移，已成为钢铁行业和相关政府部门的共识，未来中国40%以上的钢铁产能将转向沿海、沿江地区。目前钢铁工业正加速推进供给侧结构性改革、着力化解过剩产能，根据钢铁工业调整升级规划（2016—2020年），沿海地区不再布局新的沿海基地，立足现有沿海基地实施组团发展、提质增效，内陆地区坚决退出缺乏竞争力的企业，立足现有龙头企业实施整合脱困发展。在以化解过剩产能为主攻方向的政策背景下，未来几年钢铁布局向沿海、沿江地区转移有所减缓，但趋势不会改变。

3. 化学工业

煤炭需求增长主要取决于煤制天然气、煤制油、煤制甲醇、煤制二甲醚煤炭转化产品产量，且其增长以煤炭资源富集地区为主，如山西、陕西、内蒙古、宁夏、新疆、黑龙江、云南等省区。2017年各地区煤炭需求量见表2-10。

表2-10　2017年各地区煤炭需求量　Mt

年　份	2016	2017
合计	3900	3878
京津冀	329	321
晋陕蒙甘宁新	1130	1132
东北	368	364
华东	1042	1030
中南	690	685
云贵	191	193
川渝青藏	150	153

2.3.4　主要结论

在经济增速趋缓、经济转型升级加快、供给侧结构性改革力度加大等因素共同作用下，能源消费强度降低，能源消费增长换挡减速。加之能源结构调整步伐加快，清洁化、低碳化趋势明显，非化石能源对煤炭替代作用增强，煤炭在一次能源消费中的比重呈下降趋势。通过对煤炭需求形势分析及主要耗煤行业法预测，2017年全国煤炭需求量为3878 Mt，其中电力行业电力消费维持低速增长，随着电源结构进一步调整，煤电比重逐步下降，随着煤电提效工程进一步实施，高效机组投产，电力行业耗煤1943 Mt；钢铁、建材行业由于中国目前正处于工业化进程中后期，未来铁路、公路、机场、农田水利、区域治理等重大基础设施和人民生活福利设施投资增速将逐步下降，钢铁和建材产品产量缓慢回落，钢铁和建材行业耗煤量分别为610 Mt、530 Mt，较上年略有下降；化工行业传统煤化工产品产量增长空间有限，产能过剩矛盾较为突出，新型煤化工尚处于大规模发展初期仍有较大增长空间，化工行业耗煤285 Mt，保持一定增长态势。

3 煤炭供应

2016年是煤炭工业改革发展很不平凡的一年，也是国家积极推进供给侧结构性改革的关键年。面对错综复杂的国内外宏观经济形势，煤炭行业认真贯彻落实党中央、国务院促进煤炭工业发展的一系列决策部署，坚持以提升煤炭工业发展的科学化水平为主攻方向，深化煤炭市场化改革，依靠创新驱动，加快产业结构调整和转型发展，稳定煤炭供需平衡，在保障国家能源安全稳定供应的同时，有力地支撑了国民经济持续快速发展。

3.1 2016年煤炭生产概况

根据国土资源部《中国矿产资源报告（2016）》，“十二五”末，全国煤炭查明资源储量1570 Gt，增长16.8%。“十二五”期间，新发现煤炭矿产地218处，其中大中型169处，新增查明资源储量298.96 Gt，主要集中在内蒙古、山西、甘肃、四川、黑龙江、新疆等地。中国现有各类煤矿近1万处，产量占世界的近一半。从生产结构看，年产1.2 Mt及以上大型煤矿近1200处；年产0.3～1.2 Mt中型煤矿1700多处；年产0.3 Mt及以下小煤矿高达6700多处。煤矿平均采深接近500 m。

2016年煤炭开采和洗选业固定资产投资3038亿元，同比下降24.2%。2016年煤炭开采和洗选业的民间固定资产投资1864亿元，同比下降18.3%。全国规模以上煤炭企业原煤产量3.36 Gt，累计同比下降8.71%，增速较去年回落5.9个百分点（图3-1）。全年产量最大的依次为内蒙古自治区、山西省、陕西省。其中内蒙古原煤产量0.838 Gt，占全国24.92%，同比下降8.1%；山西原煤产量0.832 Gt，占24.27%，下降14.7%；陕西原煤产量511.51 Mt，同比减少14.95 Mt，下降2.84%。3省区2016年生产原煤2.18 Gt，占全国原煤产量的63.96%。

2016年全年累计原煤产量超过50 Mt的共有12个省区，分别是

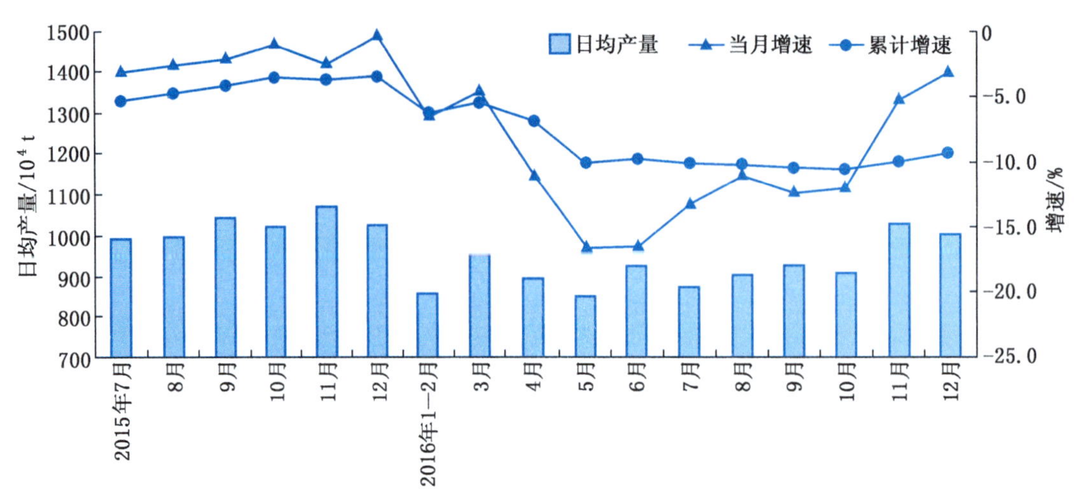

图 3-1 2016 年中国规模以上工业原煤产量月度走势

内蒙古、山西、陕西、贵州、新疆、山东、安徽、河南、宁夏、河北、四川、黑龙江，其产量达 3.11 Gt，约占总产量的 92.44%。同比来看，除新疆、广西外，其余各省的累计原煤产量同比都有所下降，降幅最大的是吉林省，2016 年全年累计生产原煤 16.43 Mt，同比减少下降 37.3%；其次是江西省，原煤累计产量为 14.32 Mt，同比下降 30.2%；新疆 2016 年累计生产原煤 158.34 Mt，同比增长 1.2%；广西累计生产原煤近 4 Mt，同比增长 1.1%。

2016 年，全国共关闭退出煤矿 1900 多处，其中，重庆 346 处（计划关闭 163 处，“10·31” 事故后再关闭 183 处）、湖南 315 处、江西 229 处、四川 169 处、云南 125 处、湖北 124 处、贵州 121 处、河南 100 处，江苏关闭所有高瓦斯、突出矿井。

3.2 2016年煤炭产业结构调整

3.2.1 煤炭供应重点区域分析

1. 山西省

山西煤炭资源储量大、分布广、品种全、质量优。全省含煤面积 6.2×10^4 km^2，占省内国土面积的 40.4%。全省 2000 m 以内浅煤炭预测资源储量 655.2 Gt，占全国煤炭资源总量的 11.8%，累计查明保有资源量 267.4 Gt，约占全国近 25%，其中，生产在建煤矿保有可采储量 130.2 Gt。截至 2015 年底，全省各类煤矿共有 1078 座，其中兼并重组保留 1053 座，国家新核准 25 座，总产能 1.46 Gt/a，平均单井规模 1.354 Mt/a，生产煤矿 541 座，建设及其他煤矿 537 座。

2016 年，山西省煤炭产量 832 Mt，同比减少 143 Mt，下降 14.7%，煤炭综合售价 291.6 元/吨，同比增加 28.6 元，增长 10.9%；全行业实现利润 16.9 亿元，扭亏为盈。全年共关闭25座煤矿，退出产能23.25 Mt，占全国煤炭减产量的近40%，安置职工20166人。其中山西省属煤炭企业所辖煤矿23座，退出产能21.30 Mt。值得注意的是，这25座煤矿产能均在0.3 Mt以上，其中最大产能为山西右玉元堡煤业有限责任公司，产能5 Mt/a。

2017年山西省计划退出煤炭产能20 Mt左右，把退出产能与发展先进产能结合起来，进一步优化产业结构。按照“市场倒逼、企业主体、政府引导”的原则，通过淘汰关闭一批、减量置换一批、核减规模一批、减量重组一批、置换改造一批煤矿，严格控制新增产能，有序退出过剩产能，大力发展先进产能。

《山西省“十三五”综合能源发展规划》明确提出，建立关闭矿井衔接机制和落后产能退出机制，构建有效控制煤炭生产总量、市场需求调节煤炭产品结构新机制。“十三五”期间，山西省将着力调整优化产能结构，科学合理控制煤炭生产总量。到2020年，煤矿数量将控制在900座以内，平均单井规模力争达到1.8 Mt/a，并将建成150座现代化矿井。全省煤炭产能控制在1.2 Gt/a左右；煤炭产量控制在1 Gt以内。下一阶段，山西省煤炭工业将重点开展以下工作：

(1) 煤炭消费。2016年，山西煤矿企业商品煤销量752 Mt，同比减少65.37 Mt，下降8%。“十三五”时期，山西省将承接东部地区部分高载能产业、现代煤化工和煤炭清洁高效利用项目的示范推广。2015—2020年煤炭消费总量0.4 Gt，年均增速6.35%。其中2020年山西省电力耗煤0.2 Gt，炼焦耗煤0.1 Gt，化工、冶金、建材合计耗0.09 Gt，生活耗煤0.01 Gt。

(2) 进一步提高煤炭产业集中度。山西省将在晋北、晋中、晋东3个大型煤炭基地内，以大型煤炭企业为主体，按照“一个矿区原则上由一个主体开发，一个主体可以开发多个矿区”的原则，在企业自愿、市场主导的基础上，进一步加大资源整合、兼并重组力度。晋北动力煤基地培育同煤集团和中煤平朔两个亿吨煤炭集团，晋中炼焦煤基地培育焦煤集团亿吨级煤炭企业，晋东无烟煤基地培育阳煤集团、潞安集团和晋煤集团三大煤炭集团向亿吨级企业迈进。在已有煤炭大集团整合重组基础上，调整优化产能结构，突出动力煤、无烟煤、炼焦煤三大资源品牌优势，通过产业、产权、管理、文化等的深度融合，研究探索分基地、分煤种，组建世界一流、国内引领的特大型煤炭集团公司。到2020年，全省煤矿数量控制在900座以内，平均单井规模力争达到1.8 Mt/a。

(3) 优化发展煤电。积极推进煤电一体化发展，大力发展大容量、高参数超临界、超超临界燃煤发电机组，加快燃煤发电升级与改造，全面推进高效清洁燃煤机组建设，重点加快晋北、晋中、晋东三大国家级千万千瓦级现代化大型煤电外送基地建设，鼓励新建机组设计采用超超临界参数，除热电机组外，限制超临界机组建设数量，禁止建设亚临界参数机组，淘汰普通高温高压机组。加快进度，努力实现百万千瓦机组零的突破。到2020年，全省电力装机容量力争达到1.3×10^8 kW，其中，煤电装机容量力争达0.92×10^8 kW。此外，还要继续推进煤电项目前期工作（规模2000

万 kW 以内）。到 2020 年，60 万千瓦级机组在燃煤火电装机中占比力争超过 40%，百万千瓦级机组在燃煤火电装机中占比力争超过 8%。

（4）建设三大煤化工基地。以五大煤炭集团等骨干企业为龙头，以潞安集团煤制油等项目为核心，在晋北、晋中、晋东规划建设各具特色的三大煤化工产业，形成辐射全省的现代煤化工产业辐射带。晋北基地，面向煤基清洁能源和煤基高端石化产业两大方向，打造高端煤化工产业集群，推动煤制油、煤制天然气、煤制烯烃、煤制芳烃等重点示范项目前期工作，力争到 2020 年部分项目建成投产；晋中基地，重点发展焦化产业；晋东基地，重点发展煤基合成油、甲醇制汽油、煤制烯烃、煤制天然气、化肥等产业。依托已建成的潞安集团 0.21 Mt/a 煤制柴油和晋煤 0.1 Mt/a 煤制汽油示范项目，推动潞安集团长治 1.8 Mt/a 煤制油、大同左云 40×10^{8} m^{3}/a 煤制气、焦煤 0.6 Mt/a 甲醇制烯烃、晋煤 1 Mt/a 甲醇制清洁燃料、阳煤 1 Mt/a 煤制乙二醇等示范项目建成投入运行。

（5）建设两大煤层气基地。建设沁水、河东两大煤层气基地，推进河曲-保德、临县-兴县、三交-柳林、永和-大宁-吉县、沁南、沁北 6 个煤层气片区勘探开发。到 2020 年，全省煤层气总产能力争达 400×10^{8} m^{3}。推进晋城矿区、阳泉矿区、潞安矿区、西山矿区和离柳矿区五大瓦斯抽采利用矿区建设。加大井下煤矿瓦斯抽采量，积极探索低浓度瓦斯利用途径，提升煤矿瓦斯综合利用水平。到 2020 年，基本实现全省煤矿瓦斯抽采利用全覆盖。

（6）建设现代物流体系。按照“天字型”物流网络布局，打造内畅外联的物流通道网络体系。依托省属煤焦企业现有物流资源，适时在省内煤炭主产地、交通枢纽地建设煤炭集散、中转煤炭储配中心，在省外主要消费地建设煤焦物流仓储配送中心，打造产运需有效衔接、国内外市场相互贯通，生产、运输、储备、配煤相互支持的煤炭物流网络体系。建立物流公共管理信息平台和物流信息交换平台。整合煤炭物流资源，培育一批高端化、集约化、专业化的旗舰煤炭物流企业。鼓励发展货运服务业和物流中介企业。推广先进煤炭物流技术装备，完善煤炭物流标准体系，促进煤炭物流产业升级。同时，积极推进燃气管网、电网等垄断行业市场化改革，发展符合社会主义市场机制的新型物流服务体系。

（7）加大技术创新。“十三五”期间，山西省将以安全、绿色、低碳为方向，以企业创新为主体，坚持自主创新与引进吸收相结合、产学研相结合的原则，完善能源科技创新体系，推动山西由“煤老大”向“煤科老大”转变。瞄准能源产业技术链和价值链的高端，构建煤层气、煤电、煤化工、煤焦化、煤机装备、新材料等产业创新链，努力在煤炭绿色开采、煤层气开采、煤炭综合利用、煤基高端制造、现代煤化工、二氧化碳捕捉封存及转化利用、矿区生态修复等关键领域实现重大技术突破。到 2020 年，形成一批具有国际水准的煤基领域科研团队和科研成果，大幅增加产业升级所需技术供给，把煤炭能源技术及其关联产业培育成带动我省产业升级的新增长点。

（8）理顺煤炭价格形成机制。继续完善现行煤炭成本核算体系，努力实现煤炭开采外部成本内部化。规范、清理或合并功能性重复的成本项目。探索推进目前煤炭企业尚未发生的、未计入成本的外部成本项目，以税费形式统一调节。完善煤炭价格监测制度，探索建立煤炭价格预警和快速反应机制。整顿煤炭流通秩序，清理妨碍煤炭自由流通的乱收费、乱加价行为。构建煤层气上中下游价格联动机制。研究出台鼓励燃气企业建设调峰设施的价格政策，探索制定发展天然气发电的鼓励配套政策。构建相关利益者调解联动机制。探索对居民用气实行阶梯式气价政策。理顺热力价格形成机制。积极稳妥下放城市供热价格管理权限，逐步完善供热价格形成机制。综合采取价格、财政、税收等措施，积极稳妥地推进热价改革，逐步理顺供热价格。加大力度推进供热计量改革，积极稳妥实施按用热量计价收费工作。建立完善科学的能源价格信息监测系统和指标体系及成本预算体系，合理核定电价气价，与煤电气价格相衔接。推动形成能源价格联动机制，理顺煤炭、煤层气价格变动对电力、热力的关系，促进煤炭、煤层气、电力、热力等行业协调发展。

2. 内蒙古自治区

2016 年内蒙古大力推进煤炭“去产能”，在既定时间内出色地完成了目标。内蒙古 2016 年共关闭煤矿 10 处、产能 3.3 Mt，关停违规煤矿 23 处、产能 0.16 Gt，实现生产煤矿按 276 天减量化生产，严控煤矿超能力生产。全年原煤产量为 0.838 Gt，同比下降 8.1%。

2016 年内蒙古共引导煤炭企业上下游联合兼并重组 23 起，涉及重组资产 1480 亿元。盘活煤矿投资和转化项目投资 240 亿元，可新增产值 200 亿元，控制新增产能 70 Mt，可就地消化现有煤炭产能 92.86 Mt。

全区以提质增效为切入点，工业结构调整步伐加快，规模以上工业增加值中，煤炭占比由上年的 23.1%下降到 21.6%。供给侧结构性改革稳步推进，煤电用一体化产业链竞争优势明显。构建起“煤-电-加”一体化产业链，煤电、煤化一体化产业比重和煤电铝一体化产业比重提高。首座 1000 kV 特高压变电站在锡盟的建成投运，意味着内蒙古真正开启“煤从空中走、电送全中国”的豪迈之旅。在建和规划的特高压输电通道及配套煤转电项目建成后，将至少化解目前全区 70%以上的煤电产能，“煤堵在路上、电窝在家里”这一多年困扰内蒙古发展的困局将因此终结。伊泰 200 万 t 煤制油项目的获批和中天合创 137 万 t 煤制烯烃项目的投产，标志着内蒙古煤制油、煤制烯烃等现代煤化工示范项目的集群化落地，煤化工链条正在形成化解 0.2 Gt 以上原煤的能力，内蒙古走进以煤炭深加工实现资源转化的新时代。

3. 新疆生产建设兵团

新疆生产建设兵团高度重视化解煤炭过剩产能工作，专门成立了由发改委、国资委等 14 个成员单位组成的化解钢铁、煤炭过剩产能实现脱困发展工作领导小组，并制定了《兵团化解煤炭行业过剩产能实施方案》。《兵团化解煤炭行业过剩产能实施方案》确定，2016—2020 年新疆兵团引导退出煤矿 16 处，退出产能 2.82 Mt，涉及职工安置人数 2315 人。2016 年新疆煤炭计划退出 11 家煤矿、产能 2.32 Mt，实际共关闭退出煤矿 21 个，比国家目标责任书计划任务 17 个超额完成 4 个；完成煤炭去产能任务 2.74 Mt，完成年度目标任务的 115%，超额完成 0.36 Mt。全年生产原煤 158.34 Mt，同比增长 1.2%。

新疆生产建设兵团 2016 年度煤炭去产能通过验收的 11 处煤矿分别为新赛双陆矿业公司煤矿、新疆大黄山豫新煤业七号井（白杨河煤矿）、新疆君安矿业君安煤矿、新疆百花村股份 101 团煤矿、新疆天富南山煤矿大沟分矿斜井、新疆天富南山煤矿水沟分矿、新疆天富煤业 142 团煤矿、石河子开发区天业矿业呼图壁县小东沟煤矿、石河子开发区建煤商贸乌鲁木齐西山三利煤矿、屯南煤业有限责任公司二分公司 203 井、屯南煤业有限责任公司三分公司二号井。

4. 陕西省

陕西省煤炭资源丰富，是中国传统产煤大省。2016 年陕西省积极适应经济发展新常态，紧抓国家解决落后过剩产能问题的政策机遇，精心谋划供给侧结构性改革，重点开发陕北和彬长煤矿，逐步关停渭北老矿区，切实抓好去产能任务，增强煤炭经济持续增长动力。全年陕西省累计生产原煤 511.51 Mt，同比减少 14.95 Mt，下降 2.84%。

2016 年 9 月，陕西省发改委公布了《陕西省 2016 年化解煤炭过剩产能引导退出煤矿名单》，要求已公告关闭退出的煤矿不得申请新的煤矿项目，不得参与资源整合、兼并重组。因特殊情况未注销证照的，省级有关部门要抓紧在承诺的时间内注销煤矿企业的安全生产许可证、采矿许可证。陕西 2016 年关闭退出煤矿 42 处，合计产能 18.24 Mt/a。按照国家发改委关于煤炭去产能有关工作部署，陕西省 2016 年完成煤炭去产能 29.34 Mt，超额完成任务。关闭煤矿涉及铜川、渭南等 9 市，其中铜川市 21 处，渭南市 18 处。产能最大的为陕西中能煤田有限公司榆阳煤矿，产能 3 Mt；其次为陕西陕煤澄合矿业有限公司王村煤矿，产能 2.1 Mt。按照陕西省煤炭去产能工作目标和实施方案，2016—2020 年，将引导资源衰竭、产能落后、扭亏无望的 101 家煤矿有序退出，退出煤炭产能 47 Mt。

5. 河南省

2016 年河南省煤矿共生产原煤 108.46 Mt，同比减少 19.55 Mt，下降 15.27%。其中，骨干煤矿企业原煤产量 101.08 Mt，同比减少 19.82 Mt，下降 16.39%；地方煤矿原煤产量为 7.38 Mt，同比增加 0.27 Mt，增长 3.73%。分企业来看，河南能源集团生产原煤 44.70 Mt，同比减少 9.07 Mt，下降 16.87%；平煤神马集团生产原煤 34.57 Mt，同比减少 6.16 Mt，下降 15.12%；郑煤集团生产原煤 13.37 Mt，同比减少 3.95 Mt，下降 22.79%；神火集团生产原煤 5.69 Mt，同比减少 0.62 Mt，下降 9.75%；国投河南分公司生产原煤 2.45 Mt，同比增加 0.03 Mt，增长 1.32%；河南省煤层气公司生产原煤 0.31 Mt，同比增加 0.02 Mt，增长 6.97%。

2016 年 8 月，河南省人民政府颁布《河南省煤炭行业化解过剩产能实现脱困发展总体方案》，要求切实做好化解煤炭过剩产能工作，落实省政府与国家签订的目标责任书，2016—2018年河南省计划关闭退出产能62.54 Mt，涉及矿井256对，资产总额342亿元，负债总额305亿元，金融机构借款144亿元，需要安置职工13.63万人（建立劳动关系12.61万人，劳务派遣1.02万人）。

2016年河南省实际关闭矿井100处、退出煤炭产能23.88 Mt，多集中在河南能源化工集团、平煤神马集团、郑煤集团、神火集团等。其中产能最大的为中国平煤神马能源化工集团有限责任公司梨园矿宁庄井，核定生产能力0.8 Mt/a；其次为平顶山天安煤业七矿有限责任公司、河南神火煤电股份有限公司葛店煤矿，核定生产能力均为0.78 Mt/a。为推动煤炭行业化解过剩产能，实现脱困发展，河南省政府提出，2016年每关闭一处奖励300万元，2017年每关闭一处奖励250万元，2018年每关闭一处奖励200万元，2018年以后关闭不奖励。矿井所在地市、县级政府可在省级奖励基础上增加奖励。通过化解煤炭过剩产能和结构调整，到2018年，河南省煤炭产能压减到0.16 Gt/a以内，煤炭行业过剩产能得到有效化解，产业结构得到优化，脱困转型升级取得实质性进展。

6. 重庆市

2016年重庆市与国家部际联席会议签订了化解煤炭产能目标责任书，确定全市2016—2018年化解煤炭产能目标任务为23 Mt/a，关闭退出煤矿340个左右。其中，2016年化解煤炭产能目标任务为9 Mt/a，关闭退出煤矿140个。1—10月，重庆市已完成关闭退出163个煤矿的工作任务。但永川区金山沟煤矿“10·31”特别重大瓦斯爆炸事故发生后，重庆市委、市政府决定关闭全市0.09 Mt/a及以下煤矿，并印发了《重庆市人民政府办公厅关于进一步加强煤矿安全生产加快煤矿关闭退出工作的通知》，与产煤区（县）政府和市级部门签订了目标责任书，落实了各级责任，将化解煤炭产能任务纳入对区（县）和市级部门年度目标考核，推动煤矿关闭退出全面提速。2016年重庆市完成关闭退出煤矿344个，实现去产能20.84 Mt，分别占国家下达任务的246%和232%。通过此轮关闭工作，重庆煤矿由2016年年初的407个下降至63个，保有产能23.64 Mt/a。万州、黔江、沙坪坝、长寿、璧山、丰都、垫江、忠县、云阳、巫溪、武隆、石柱、秀山13个区（县）整体退出煤炭生产行业，北碚、合川、梁平、彭水4个区（县）乡镇煤矿全部关闭退出，全市产煤区（县）由30个减少到17个。

7. 四川省

截至2016年底，全省有合法生产矿井384处，核准（核定）生产能力70.15 Mt/a。其中，川煤集团合法生产矿井23处，核准（核定）生产能力17.39 Mt/a；古叙煤田公司合法生产矿井3处，核准（核定）生产能力2.25 Mt/a；其余均为地方煤矿。达州市现有合法生产矿井最多，为98处，核准（核定）生产能力11.43 Mt/a；其次为宜宾市，合法生产矿井49处，核准（核定）生产能力7.66 Mt/a。2016年四川省产煤60.76 Mt，同比下降3.9%。

按照党中央、国务院和四川省委、省政府去产能决策部署和工作要求，四川省各级财政部门积极筹集奖补资金，加强奖补资金监管，多措并举大力支持四川省煤炭行业化解过剩产能任务完成。2013—2015 年，四川省各级财政共筹集资金 80 亿元（其中省级财政筹集 30.4 亿元）支持全省关闭淘汰退出各类小煤矿 584 处、退出产能 48.26 Mt/a。根据 2016 年四川煤炭行业化解过剩产能目标任务，四川已经关闭煤矿 169 处、退出产能 23.03 Mt，超额完成目标任务。其中 2016 年各级财政部门共筹集资金 24.38 亿元（其中省级财政筹集 17.6 亿元），支持全省煤炭行业化解过剩产能。

在积极筹集奖补资金的同时，四川省级财政部门围绕“保障资金安全，确保项目见效”的目标，采取多种措施加强资金监督管理。一是按照“奖补资金重点支持省属煤炭企业，对市（州）人民政府推进化解过剩产能工作给予适当奖补”的原则，资金分配对省属国有企业采取据实据效办法进行安排，对市（州）人民政府采取因素测算办法进行分配。二是根据国家有关规定，省财政厅牵头会同省级相关部门制定《四川省钢铁、煤炭行业化解过剩产能专项奖补资金管理细则》，规范资金使用管理。三是为确保奖补资金切实用于解决化解过剩产能人员安置问题，四川省财政厅会同省国资委、省人社厅、省安监局（四川煤监局）共同建立省级煤炭行业化解过剩产能资金监管账户，由省属煤炭企业根据职工安置工作进度提出申请，5 部门共同审核签章拨付资金。

8. 山东省

山东省是产煤大省同时也是煤炭消耗大省。在山东省能源消费结构中，煤炭占比达 80%左右，高于全国平均水平 15 个百分点。根据山东省与钢铁煤炭行业化解过剩产能和脱困发展工作部际联席会议签订的《山东省煤炭行业化解过剩产能实现脱困发展目标责任书》，山东 2016 年计划内关退煤矿 58 处、化解产能 16.25 Mt。此外经省政府同意并报国家部际联席会议备案，提前关退新方煤矿等 8 处计划外矿井、产能 3.35 Mt。截至 2016 年 11 月 20 日，上述 66 处煤矿已全部完成关退任务，完成年度计划的 113.8%；退出产能规模 19.6 Mt，完成年度计划的 120.6%。其中，山东能源集团计划内关退煤矿 9 处、产能 5.79 Mt；计划外关退煤矿 1 处、产能 0.3 Mt；9 处煤矿已全部完成关退，退出产能规模 6.09 Mt，完成年度计划的 105.2%。兖矿集团计划内关退煤矿 1 处、产能 1 Mt；已完成关退，退出产能规模 1 Mt，完成年度计划的 100%。2016 年山东省产煤 128.14 Mt，同比下降 9.6%。

根据山东省能源中长期发展规划，山东省将对煤炭产业坚持化解过剩产能与促进转型升级并重，推动煤炭产业向集约高效、多元支撑、绿色生态、服务保障型转变。到 2020 年和 2030 年，山东省内煤炭产量分别压减到 0.1 Gt 和 60 Mt，需求缺口部分依靠山东省外供应保障。2016 年，山东省煤炭行业已经关退煤矿 66 处，退出产能规模 19.6 Mt。2020 年煤炭消费较 2012 年下降 20 Mt 以上，到 2030 年在 2020 年的基础上继续下降 50 Mt 左右，届时山东煤炭消费占比将由目前的 80%下降到 55%左右。

9. 其他省份

福建省 2016 年计划煤炭去产能 1.82 Mt，涉及煤矿 30 处。截至 2016 年 11 月，福建省共完成去产能合计 2.97 Mt，涉及煤矿 49 处，完成国家下达任务的 163.2%，均大幅超额完成年度目标任务。全年共生产煤炭 13.47 Mt，同比下降 10.1%。

湖北省 2016—2018 年间，需化解煤炭过剩产能 8 Mt。中央下达 4.64 亿元去产能奖补资金，湖北省筹措 2.44 亿元配套，支持职工安置等；停止审批钢铁、煤矿新增产能；国土、环保、安监、质监、金融等部门联合执法，去劣增优；在媒体公示去产能企业名单，接受社会监督。2016 年湖北省关闭退出煤矿 158 处，化解过剩煤炭产能 10.11 Mt，提前两年超额完成国家下达任务。全年共生产煤炭 5.48 Mt，同比下降 21.6%。

湖南省把关闭小煤矿作为煤炭去产能的重要抓手，高位推动，建立了“省领导、市负责、县落实”的工作机制和责任体系。发改、财政、煤炭等部门联合，制定出台“上符国家政策要求，下贴湖南煤矿实情”的关闭退出工作方案。在明确中央奖补资金主要用于煤矿职工安置的基础上，省财政再配套安排省级奖补资金，对积极主动关闭退出的非国有煤矿进行奖补；同时对因“去产能”而财政收入影响较大的县（市、区），加大财政转移支付力度。国土部门积极返还被关闭矿井剩余资源采矿权价款和地质环境治理备用金。2016 年湖南省已关闭煤矿 318 处、退出煤炭产能 20.73 Mt，超额完成国家下达湖南省 2016 年煤炭去产能目标任务 7%。其中第一批关闭煤矿 257 处，化解过剩产能 16.10 Mt；第二批关闭煤矿 32 处，化解过剩产能 2.73 Mt；第三批关闭煤矿 29 处，化解过剩产能 1.90 Mt。全年共生产煤炭 25.95 Mt，同比下降 11%。

江西省“十三五”期间化解煤炭过剩产能目标任务为关闭煤矿 283 处、退出产能 18.68 Mt。其中，2016 年任务为关闭煤矿 205 处、退出产能 12.79 Mt。今年 1—11 月，江西省已累计关闭煤矿 229 处、退出产能 14 Mt，分别占全年关闭煤矿、退出产能任务的 111.7%和 109.5%。全年共生产煤炭 14.32 Mt，同比下降 30.2%。

宁夏 2016 年关闭 8 处煤矿，退出产能 1.07 Mt。8 处煤矿分别为：宁夏中卫市北山天卫煤矿、宁夏中卫市红育煤矿、宁夏中卫市常乐镇第二煤矿、宁夏中卫市甘塘镇煤矿、宁夏中卫市东园镇单梁山煤矿、宁夏中卫市单梁山沙渠远兴煤矿、宁夏红寺堡石炭沟煤矿、宁夏泰山阳光能源开发有限公司芦草井沟煤矿。2016 年宁夏煤炭产量约 68 Mt，比上年减少约 11 Mt。

2016 年吉林共关闭退出煤矿 64 处，去产能 16.43 Mt。比国家下达任务多退出 2 处，多去产能 4.33 Mt，超国家任务 35.8%。其中吉林省吉煤集团关闭退出煤矿 14 处，去产能 10.36 Mt；民营煤矿关闭退出 50 处，去产能 6.07 Mt。退出关闭煤矿均达到“三不留一毁闭”标准。省内各煤炭企业纷纷采取域外开发、劳务派遣等方式“走出去”，并谋划新产业以求转型发展。集团下属的通化矿业（集团）有限责任公司永安煤矿等已经实现井口彻底封闭，井下设备已经撤到地面，一些设备回收工作还在进行。全年共生产煤炭 16.43 Mt，同比下降 37.3%。

3.2.2 化解过剩产能及相关政策

1. 2016 年以来煤炭去产能政策梳理

为改善供需格局，抑制煤价下跌，2016 年以来国务院及各省市出台了一系列煤炭去产能政策。2016 年 2 月 5 日，国务院发布煤炭行业去产能的纲领性文件《国务院关于煤炭行业化解过剩产能实现脱困发展的意见》(以下简称《意见》)，指出对煤炭产能影响最大的包括 3 点：①从 2016 年开始，用 3～5 年的时间，再退出产能 0.5 Gt 左右、减量重组 0.5 Gt 左右；②2016 年起，全年作业时间不超过 276 个工作日（简称“276 个工作日”政策)；③2016 年起，3 年内原则上停止审批新建煤矿项目、新增产能的技术改造项目和产能核增项目，确需新建煤矿的，一律实行减量置换。

在《意见》发布后，2016 年 3 月 21 日，发改委发布《关于进一步规范和改善煤炭生产经营秩序的通知》，进一步明确“276 个工作日”限产政策，并要求各地煤炭行业相关管理机构加强监察，加大休假休息日停产期间的检查力度，确保“276 个工作日”政策的落实。次日，国家能源局发布《2016 年能源工作指导意见》，要求 2016 年全年力争关闭落后煤矿 1000 处以上，合计产能约 60 Mt。同年 7 月 8 日，在钢铁煤炭行业化解过剩产能和脱困发展工作部际联席会议上，确保 2016 年完成退出煤炭产能 250 Mt（表 3－1)。

表 3－1　2016 年煤炭行业去产能相关政策

出台时间	文件或会议	具体政策内容
2016－02－05	《国务院关于煤炭行业化解过剩产能实现脱困发展的意见》(国发〔2016〕7 号)	1. 从 2016 年开始，用 3～5 年的时间，再退出产能 0.5 Gt 左右、减量重组 0.5 Gt 左右 2. 引导企业实行减量化生产，从 2016 年开始，按全年作业时间不超过 276 个工作日重新确定煤矿产能，原则上法定节假日和周日不安排生产 3. 2016 年起，3 年内原则上停止审批新建煤矿项目、新增产能的技术改造项目和产能核增项目；确需新建煤矿的，一律实行减量置换 4. 未来 3 年内，淘汰下列煤矿：0.3 Mt 以下发生重大安全事故、0.15 Mt 以下发生较大安全事故以及工艺落后并无法改造的等煤矿 5. 引导晋、蒙、陕、宁 4 个地区产能小于 0.6 Mt/a，冀、辽、吉、黑、苏、皖、鲁、豫、甘、青、新 11 个地区产能小于 0.3 Mt/a，其他地区产能小于 0.09 Mt/a 的煤矿有序退出
2016－03－21	《关于进一步规范和改善煤炭生产经营秩序的通知》(发改运行〔2016〕593 号)	1. 从 2016 年开始，全国所有煤矿按照 276 个工作日重新确定生产能力，即直接将现有合规产能乘以 0.84(276 除以 330)的系数后取整，作为新的合规生产能力；同时，为防止超能力生产，保证职工正常节假日休假休息，原则上法定节假日和周日不安排生产 2. 各地煤炭行业管理部门、煤矿安全监察机构要按照各自职责，加强监管监察，及时掌握煤矿生产动态，加大休假休息日停产期间的检查力度
2016－03－22	《2016 年能源工作指导意见》(国能规划〔2016〕89 号)	1. 煤炭产量 3.65 Gt 左右 2. 全年力争关闭落后煤矿 1000 处以上，合计产能 60 Mt

表 3-1 (续)

出台时间	文件或会议	具体政策内容
2016-07-08	钢铁煤炭行业化解过剩产能和脱困发展工作部际联席会议	确保 2016 年完成退出煤炭产能 0.25 Gt
2016-07-23	国家发改委、能源局、煤矿安监局联合下发《关于实施减量置换严控煤炭新增产能有关事项的通知》	1. 未经核准擅自开工的违规建设煤矿一律停建停产，确需继续建设的违规煤矿项目，严格执行减量置换政策，项目单位须关闭退出相应规模的煤矿进行产能减量置换后，方可补办项目核准手续 (1) 对于未纳入煤炭工业发展规模、未经同意开展前期工作，但承担资源枯竭矿区生产接续、人员转移安置等任务的煤矿项目，置换率（退出产能除以新增产能）不小于 120% (2) 已纳入煤炭工业发展规划或经同意开展前期工作的煤矿项目，置换率不小于 110% (3) 满足（2）的情况下，先进产能、企业跨省区市兼并重组后新建的煤矿项目，置换率不低于 105% (4) 满足（2）的情况下，对于历史贡献大、依法为职工缴纳社会保险、转产职工安置任务重、单位产能职工比例较高的企业，置换率不低于 100% 2. 鼓励（在《意见》引发前已核准的）在建煤矿停建或缓建，“十三五”期间暂不释放产能；不能停建缓建的，按不低于 20%的比例核减产能；既不停建缓建也不核减产能的，需关闭退出一定规模煤矿进行产能置换，置换率不低于 120% 3. 2016 年起 3 年内原则上停止核准新建煤矿项目，确须新建且不存在未经核准擅自开工建设行为的，应进行减量置换，置换率不低于 110%；对于历史贡献大、依法为职工缴纳社会保险、转产职工安置任务重、单位产能职工比例较高的企业，置换率不小于 100%；新建煤矿建设规模不小于 1.2 Mt/a 4. 用于置换的关闭退出煤矿必须是合法在籍的生产建设煤矿；退出过剩产能实施方案以外的煤矿用于产能置换的比例不低于总置换比例的 50%；纳入退出过剩产能实施方案的煤矿产能也可用于产能置换，但要按一定比例折减；已列入 2016—2020 年关闭退出计划且按计划年度退出的按实际退出产能的 30%计算，计划 2017—2020 年关闭退出的煤矿如提前到 2016 年关闭，按 50%计算，计划 2018—2020 年关闭退出的煤矿如提前到 2017 年关闭，按 40%计算
2016-09-08	国家发改委召开了稳定煤炭供应、抑制煤价过快上涨预案启动工作会议	1. 由中国煤炭工业协会与符合先进产能条件的大型煤炭企业签订自愿承担稳定市场调节总量任务的相关协议 2. 制定了《稳定煤炭供应、抑制煤价过快上涨预案》，预案中设置了应对煤价过快上涨的三级响应机制：三级响应，环渤海动力煤价格上涨到 460 元以上，连续两周上涨，则日均增产 0.2 Mt，响应范围包括晋、陕、蒙，53 座煤矿；二级响应，动力煤价格上涨到 480 元，则日均增产 0.3 Mt，响应范围包括晋、陕、蒙、鲁、豫、皖、苏，66 个煤矿；一级响应，动力煤价格上涨到 500 元，则日均增产 0.5 Mt，范围是全国范围 74 个矿井。响应停止条件：价格下跌至 490 元，连续两周下跌，一级停止；下跌至 470 元，二级停止；下跌至 460 元，三级停止 3. 参与市场总量调节任务的煤矿全年总产量仍不能突破 276 个工作日核定的产能

表 3-1（续）

出台时间	文件或会议	具体政策内容
2016-10-17	《煤炭工业“十三五”结构调整指导意见》	力争到 2020 年，14 个亿吨级大型煤炭基地生产能力占全国 95% 左右，全国煤矿数量控制在 6000 处左右，比重占 40% 左右，先进产能比重占 40% 左右，前 8 家企业产量占全国总产量的 40% 左右
2016-12-30	《煤炭工业发展“十三五”规划》	煤矿数量控制在 6000 处左右，1.2 Mt/a 及以上大型煤矿产量占 80% 以上，0.3 Mt/a 及以下小型煤矿产量占 10% 以下；煤炭生产开发进一步向大型煤炭基地集中，大型煤炭基地产量占 95% 以上；产业集中度进一步提高，煤炭企业数量 3000 家以内，50 Mt 级以上大型企业产量占 60% 以上

各省市也相继推出了化解过剩产能的政策，明确了“十三五”期间或未来 3 年以及 2016 年计划退出产能。从公布情况来看，“十三五”期间 25 个省市共计划退出产能 0.8 Gt；2016 年计划退出产能 0.25 Gt。从执行情况来看，2016 年上半年去产能进度缓慢，但 8 月份开始显著提速，前 8 个月共退出产能 0.15 Gt，完成全年任务量的 60%（表 3-2）。

表 3-2　各省（区、市）煤炭退出产能计划一览

省　份	去产能时间	计划退出煤矿产能/Mt	2016 年计划退出煤矿个数	2016 年计划退出产能/Mt
山西省	2016—2020 年	100	15	10.6
内蒙古自治区	3～5 年	49.59	10	3.3
陕西省	2016—2021 年	47.06	42	18.24
河南省	3 年左右	62.54	89	22.15
安徽省	2016—2020 年	31.83	6	9.09
贵州省	3～5 年	70	100	18.97
山东省	2016—2018 年	64.6	58	16.25
河北省	3～5 年	51.03	50	13.09
云南省	2016—2018 年	33.03	144	19.83
重庆市	2016—2020 年	23	219	13
湖南省	3～5 年	16.1	257	16.1
江西省	2016—2020 年	18.68	205	12.79
新疆维吾尔自治区	2016—2020 年	2.82	—	—
总　计		752.21	—	252.03

注：统计总量中还包括国内其他产煤省，在表上没有一一列举。

2. 煤矿产能构成解析

截至 2015 年底，全国煤炭总规模 5.7 Gt。其中，正常生产及改造的煤矿 3.9 Gt，停产煤矿 0.31 Gt，新建改扩建煤矿 1.5 Gt，其中约 0.8 Gt 属于未经核准的违规项目。根据统计数据，截至 2016 年 6 月底，共有 26 个省级行政单位（包括新疆生产建设兵团）公示了产能，统计结果显示，中国“两证”齐全的煤矿共计 593 处，核准（核定）产能合计 3.58 Gt。其中，山西、内蒙古、陕西产能分别为 0.93 Gt、0.78 Gt 和 0.39 Gt，占比为 59%，此外河南、贵州、山东、安徽、黑龙江等省份的产能也在 0.1 Gt 以上。前 8 个主要产煤省煤矿数量总计占比虽不足 50%，不过产能总计占比则高达 81%（图 3-2 和图 3-3）。

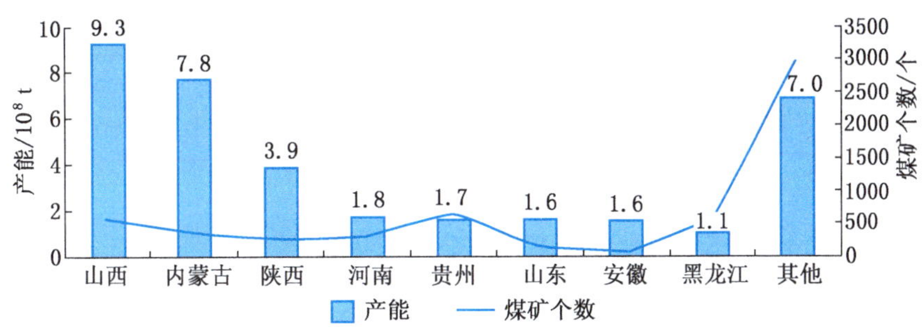

图 3-2 中国产量超亿吨的主要产煤省产能趋势

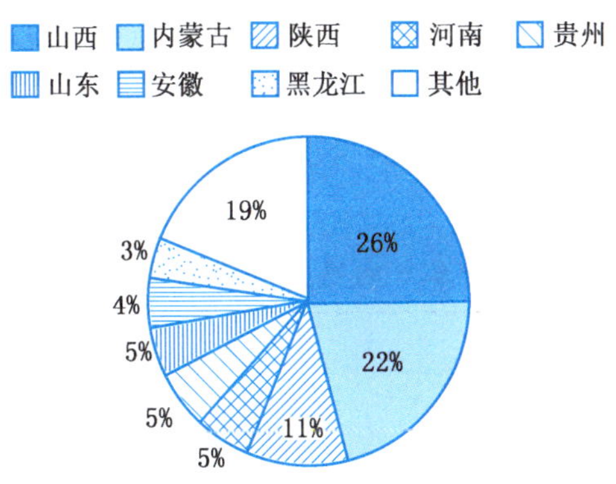

图 3-3 中国主要产煤省产能占比变化趋势

从煤矿的规模来看，2016 年上半年在各省市公示的产能中，0.09 Mt 以下的煤矿个数有 2707 个，占总煤矿数的 45.6%，总产能约 0.16 Gt，占比仅为 4.5%。近 70% 的煤矿产能在 0.3 Mt 以下，总产能约 0.45 Gt，占比为 12.5%；而产能在 3 Mt 以上的煤矿产能占比为 36.4%。目前中国煤矿呈现中小煤矿数目多，产能小而分散的主要特点（表 3-3）。

表 3-3　截至 2016 年 6 月底全国公示煤矿规模

单个煤矿产能	煤矿个数	煤矿个数占比/%	总产能/Mt	总产能占比/%
0.09 Mt 以下	2707	45.6	162.02	4.5
0.09～0.3 Mt	1415	23.9	287.92	8.0
0.3～0.6 Mt	577	9.7	300.23	8.4
0.6～0.9 Mt	354	6.0	307.71	8.6
0.9～3 Mt	702	11.8	1218.15	34.0
3～5 Mt	105	1.8	449.15	12.5
5～10 Mt	45	0.8	352.8	9.9
10 Mt 以上	25	0.4	502.7	14.0
总　计	5930	100.0	3580.68	100.0

（1）新增产能缓慢投放，去产能加速退出。根据统计数据，2016 年 1—6 月，中国新建煤矿投产 143 处，产能增加 95.95 Mt，改扩建煤矿 56 处，产能增加 32.48 Mt，关闭煤矿 423 处，产能减少 64.82 Mt，核定产能调减的煤矿 18 处，产能减少 4.4 Mt。相比较 2015 年底，2016 年 6 月底合法产能净增加 63.14 Mt。

（2）山西、内蒙古等地新建矿占比较高，新疆、辽宁等关闭产能推进较明显。2016 年上半年，各个省份中山西、内蒙古和陕西的产能增量相对较大，新增产能分别为 50.75 Mt、20.21 Mt 和 8.05 Mt，而辽宁、新疆和重庆等地产能下降较快，产能降幅超过 8 Mt。其中，关闭产能规模较大的省份包括：山西、新疆和辽宁，其中山西关闭和调减产能合计为 17.7 Mt，此外新疆和辽宁也分别达到 15.45 Mt 和 11.62 Mt。而新建矿方面，山西、内蒙古和陕西等主要产煤省新建矿和改扩建产能增加较多，增量分别为 68.45 Mt、21.25 Mt 和 8.05 Mt（表 3-4）。

表 3-4　截至 2016 年 6 月底主要产煤省公示煤矿产能变化　Mt

省(区、市)	首次公告	重新公告	核定产能调整	新增产能总计	取消公告	核定产能调减	减少产能总计	净增量
山西	54.85	0	13.6	68.45	13.7	4	17.7	50.75
内蒙古	16.25	0	5	21.25	0	0	0	21.25
陕西	2.7	0	5.35	8.05	0	0	0	8.05
安徽	4.45	0	0	4.45	0	0	0	4.45
河南	2.1	0	2.16	4.26	0.6	0	0.6	3.66
四川	3.08	0	0.42	3.5	0	0	0	3.5
宁夏	0	3.3	0	3.3	0	0	0	3.3
黑龙江	0	0	2.38	2.38	0	0	0	2.38
江西	1.2	0	0	1.2	0.51	0	0.51	0.69

表 3-4（续） Mt

省(区、市)	首次公告	重新公告	核定产能调整	新增产能总计	取消公告	核定产能调减	减少产能总计	净增量
新疆生产建设兵团	0.09	0	0.39	0.48	0	0	0	0.48
河北	0.45	0	0	0.45	0	0.05	0.05	0.4
吉林	1.59	0	0.09	1.68	1.3	0	1.3	0.38
云南	0	0	0	0	0	0	0	0
广西	0	0	0	0	0	0	0	0
甘肃	0	0	0	0	0	0	0	0
青海	0	0	0	0	0	0	0	0
湖南	0	0	0.25	0.25	0	0.35	0.35	-0.1
山东	0	0	0.9	0.9	1.2	0	1.2	-0.3
福建	0.21	0.12	0	0.33	0.75	0	0.75	-0.42
湖北	0.45	0.51	0.33	1.29	2.16	0	2.16	-0.87
北京	0	0	0	0	1	0	1	-1
贵州	2.55	0	0.36	2.91	4.9	0	4.9	-1.99
江苏	0	0	0	0	3.45	0	3.45	-3.45
重庆	0	0	0	0	8.12	0	8.12	-8.12
新疆	5.61	0	1.25	6.86	15.45	0	15.45	-8.59
辽宁	0.37	0	0	0.37	11.62	0	11.62	-11.25
合计	95.95	3.93	32.48	132.36	64.82	4.4	69.22	63.14

（3）小矿大矿均有退出，新建大矿占比超60%。2016年上半年已关闭、正在关闭、停产和证照到期的煤矿中，年产能0.3 Mt以下的煤矿占据了多数。其中0.09～0.3 Mt的煤矿减小产能占比达到49%，而0.6 Mt以上的中大矿取消产能也占44%，表明除小煤矿外，国有企业或大型煤炭企业产能也在退出。而新建煤矿中0.9 Mt以上的大矿达到29座，合计产能超过60 Mt，占比约为63%（表3-5）。

表 3-5 2016年1—6月取消公告产能煤矿主要构成 Mt

状态	0.09 Mt以下		0.09～0.3 Mt		0.3～0.6 Mt		0.6 Mt以上	
	煤矿个数	产能	煤矿个数	产能	煤矿个数	产能	煤矿个数	产能
已关闭	33	1.77	1	0.15	0	0	6	6.8
正在关闭	129	7.19	15	2.82	3	1.22	2	2.05
停产	1	0.05	1	0.3	0	0	3	4.3
证照过期	221	15.07	22	4.07	6	3.15	11	15.5
合计	384	24.08	39	7.34	9	4.37	22	28.65

(4) 先进产能煤矿，蒙陕晋占比近80%。中国煤炭工业协会评定的74个先进产能煤矿合计产能约620 Mt，80%以上是年产能3 Mt以上的大型煤矿。分省份来看，内蒙古煤矿个数21个、产能210 Mt，山西煤矿个数18个、产能120 Mt，陕西煤矿个数13个、产能160 Mt，山东煤矿个数7个、产能近50 Mt，安徽煤矿个数5个、产能近40 Mt（图3-4和图3-5）。

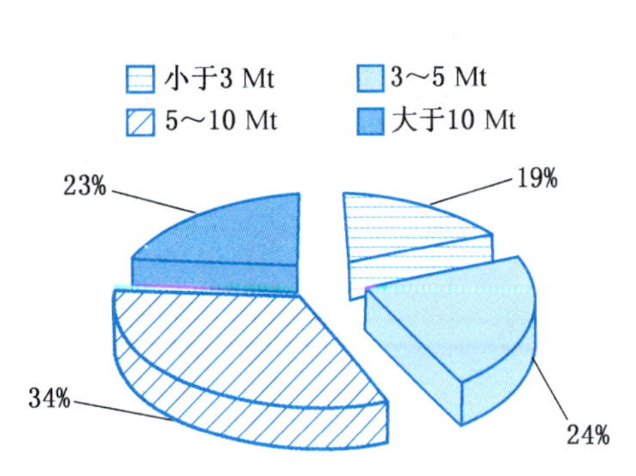

图3-4　74个先进产能煤矿数量分布

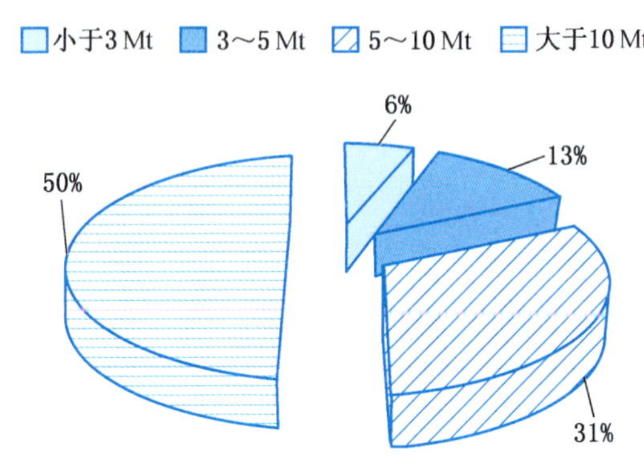

图3-5　74个先进产能煤矿产能分布

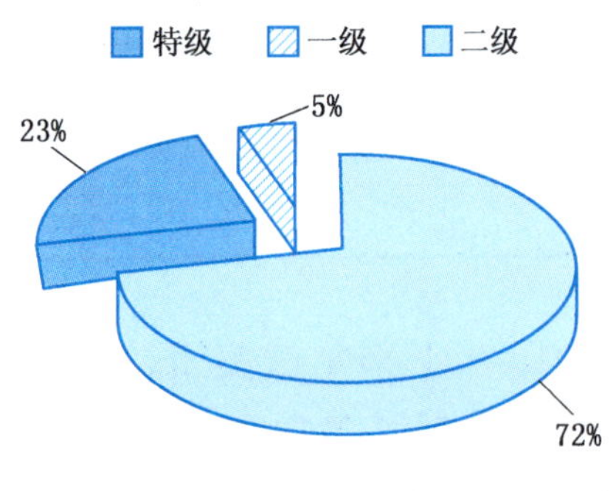

图3-6　安全高效煤矿分等级产能分布

(5) 640家安全高效煤矿概况。各地向中国煤炭工业协会申报的安全高效煤矿共有640家，其中特级煤矿304家，一级煤矿259家，二级煤矿77家，分别占煤矿总数的48%、40%、12%。640家安全高效煤矿合计产能约1.792 Gt，其中特级煤矿产能1.291 Gt，一级煤矿产能405 Mt，二级煤矿产能96 Mt，分别占安全高效煤矿总产能的72%、23%、5%。在640家安全煤矿中，已在全国一级安全煤矿名单的数量，扣除这部分量之外，还包括产能合计0.59 Gt（图3-6）。

(6) 减量置换，严控新增产能。国家发展改革委、国家能源局、国家煤矿安监局2016年7月底发布《关于实施减量置换严控煤矿新增产能有关事项的通知》，明确要求建设煤矿要与关闭退出的煤矿产能进行减量置换，确保整体产能有减无增。其中，《通知》鼓励关闭退出化解煤炭过剩产能实施计划以外的煤矿参与产能置换，并明确实施方案外的关闭退出产能占总产能置换比例不低于50%；实施方案内的产能虽可用于置换，但置换指标需按比例折减（表3-6）。

3.2.3 去产能效果分析

煤炭去产能政策可大致分为两类，一类为对产能“永久性”的调控，主要为产能的直接退出（以下称为“产能退出政策”），此类产能将被永久核销，不再具有潜在供

表 3-6 国家发展改革委、国家能源局关于实施减量置换措施概览

实施对象	置换产能指标	实施条件
在建煤矿项目 未经核准擅自开工	—	一律停产
在建煤矿项目 国发〔2016〕7号文件印发前未核准，但需继续建设	关闭退出产能大于建设产能的120%	未纳入煤炭工业发展规划，且未经同意开展前期工作，但承担资源枯竭矿区生产接续、人员转移安置
	关闭退出产能大于建设产能的110%	已纳入煤炭工业发展规划，或经同意开展前期工作
	关闭退出产能大于建设产能的105%	已纳入煤炭工业发展规划，或经同意开展前期工作，煤矿项目达到先进产能标准
	关闭退出产能大于建设产能的100%	已纳入煤炭工业发展规划，或经同意开展前期工作，转产职工安置任务重，单位产能职工比例较高
在建煤矿项目 国发〔2016〕7号文件印发前已核准	—	鼓励停建缓建，不能停建缓建的，按不低于20%的比例核减产能，不得以任何形式重新核增
	关闭退出产能大于建设产能的20%	不能停建缓建，也不核减产能
新建煤矿	—	2016年起3年内原则上停止核准
	关闭退出产能大于建设产能的110%	因结构调整、转型升级需要布局，且不存在未经核准擅自开工
	关闭退出产能大于建设产能的100%	转产职工安置任务重，单位产能职工比例较高
关闭退出化解煤炭过剩产能实施计划内的煤矿	实际退出产能的30%	列入2016—2020年关闭退出计划，并按计划年度退出
	实际退出产能的40%	列入2018—2020年关闭计划，并提前到2017年关闭
	实际退出产能的50%	列入2017—2020年关闭计划，并提前到2016年关闭

给能力；另一类为对产能“暂时性”的调控，主要为“276个工作日”政策及其微调政策，在此类政策下，煤矿的生产能力仍然存在，实际产量释放情况将根据煤炭市场变化，通过行政规定进行调节。由于两类政策的作用效果和可调节便利度不同，为了区别分析，分为2016年当年和未来4年两个阶段进行分析。第二阶段见**3.3煤炭供应**

中长期预测。

1. 2016 年去产能政策对煤炭供给的影响

2016 年所退出产能对实际产量影响较小，“276 个工作日”政策为 2016 年煤炭产量下降的主要原因。根据发展改革委要求，煤炭企业 2016 年将按计划退出产能 0.25 Gt，由于该淘汰规模中包含了停产产能，实际在产产能退出量小于该值，即 0.25 Gt 产能的退出对实际产量的影响要小于该产能，本处选取 11 家煤炭企业作为样本，该 11 家企业为各省主要的煤炭生产企业，2015 年煤炭产量合计 785 Mt，占全国总产量的 21%，本次计划淘汰产能占全国总计划淘汰产能的 25%，具有一定代表性。该 11 家企业共计划淘汰产能 0.21 Gt，对应 2015 年的产量约为 90 Mt，即计划退出的产能 2015 年的平均产能利用率仅约为 43%。考虑企业从自身利益最大化角度出发，将优先退出已停产或低产量的产能，推测 2016 年全国计划退出的 0.25 Gt 产能的产能利用率或将更低，加之 2016 年产能的退出多集中于下半年，因此估计该 2.5 亿吨退出产能对实际产量的影响不足 50 Mt，部分煤炭企业淘汰产能及新建产能计划见表 3-7，部分产煤省关闭退出计划见表 3-8。

表 3-7　部分煤炭企业淘汰产能及新建产能计划

企业名称	2015 年末产能（不含在建）/($Mt\cdot a^{-1}$)	2015 年原煤产量/Mt	计划淘汰产能/($Mt\cdot a^{-1}$)	所淘汰产能 2015 涉及的产量/($Mt\cdot a^{-1}$)	在建产能/($Mt\cdot a^{-1}$)	未来 3 年计划投产产能/($Mt\cdot a^{-1}$)
山东能源集团	127	134	43.69	20～30	58.16	11
山西焦煤集团	91.8	105.35	16.55	3.6	3～8	3～8
冀中能源集团	115.88	101.74	20	4	3	3
河南能源化工集团	99.96	101.63	28.98	10	29	10
阳泉煤业集团	80.2	66.63	17.4	15	15	5
淮南矿业集团	69.5	63.4	14.2	10.53	12	—
中国平煤神马集团	41.23	40.73	11.46	3.07	7.69	7.69
开滦集团	40.3	37.42	18.55	10.06	16.8	6.58
郑煤集团	14.1	17.32	7.95	—	—	—
合　计	679.97	668.22	178.78	56.26	141.65	43.27

表 3-8　部分产煤省关闭退出计划　　Mt

省份	现有煤矿数量	核定后产能	煤矿总数目标	化解过剩产能目标	其　他
北京	4	4.37	关 4	5.2	京煤集团 2020 年以前关闭所有在京煤矿：2016 年 3 月底，关停长沟峪煤矿，2017 年关掉门头沟木城涧矿，2018 年关掉大台矿，2019 年关掉房山的大安山矿

表 3-8（续）

Mt

省份	现有煤矿数量	核定后产能	煤矿总数目标	化解过剩产能目标	其他
河北	198	124.16	关 123	51.03	“十三五”期间退出产能 51.03 Mt（2016 年计划退出 50 处、产能 13.09 Mt；2017 年退出 11 处，产能 7.42 Mt；2018 年退出 31 处、产能 4.4 Mt；2020 年退出 23 处、产能 14.61 Mt。到 2020 年，单个企业年生产规模达到 3 Mt 以上。）结合实际，河北省将 2016 年去产能目标提高至退出 56 处、产能 14.58 Mt
山西	562	763.77	—	100	未履行核准手续、擅自建设生产的 16 座煤矿，立即停产停建。到 2020 年，全省有序退出煤炭过剩产能 0.1 Gt 以上；其中，2016 年全省目标任务是关闭退出和减量重组减少煤矿 21 座，退出能力 20 Mt/a，安置职工 27122 人；2016 年公布第一批化解产能 10.60 Mt
内蒙古	588	1151	522	54.14	“十三五”期间，全区煤炭行业计划退出煤矿 65 处，涉及产能 54.14 Mt；其中，2016 年计划去煤炭产能 3.3 Mt，涉及的 10 处煤矿去年均已停产，8 月以来已经关闭煤矿 7 处
黑龙江	—	—	关 44	25.67	“十三五”期间，化解煤炭过剩产能 25.67 Mt（省外 0.45 Mt）：其中，龙煤集团 18.34 Mt（省外 0.45 Mt）、牡丹江 1.05 Mt、鸡西 4.08 Mt、双鸭山 0.12 Mt、鹤岗 0.09 Mt、黑河 2.19 Mt。2016 年退出 15 处（省外 1 处），化解产能 9.83 Mt（省外 0.45 Mt）；2017 年退出 8 处，化解产能 5.14 Mt；2018 年退出 6 处，化解产能 8.16 Mt；2019 年退出 1 处，化解产能 0.15 Mt；2020 年退出 14 处，化解产能 2.39 Mt
辽宁	—	—	关 140	30.4	2016 年辽宁省拟退出产能 13.27 Mt，煤矿 39 处；到 2018 年，化解煤炭过剩产能 27.31 Mt，关闭退出煤矿 83 个；到 2020 年，完成煤炭化解过剩产能 30.40 Mt 的任务，关闭退出煤矿 140 家
江苏	20	24.77	关 140	11.82	从 2016 年起，江苏省地方企业退出 3 家 8 处煤矿，核定总生产能力 8.36 Mt/a；中央企业退出 2 家 6 处煤矿，核定总生产能力 3.46 Mt/a。2016 年江苏地方企业退出产能 8.18 Mt/a
安徽	58	157.49	37	31.83	2016—2020 年，省属和地方煤炭企业关闭煤矿 21 对，退出产能 31.83 Mt/a，分流安置职工 7 万余人；到 2020 年，全省煤矿数量减至 37 对，生产能力控制在 110 Mt/a 左右
福建	192	21.6	关闭退出 78	6	2016 年退出 30 处、1.82 Mt/a，2017 年退出 15 处、1 Mt/a，2018 年退出 26 处、2.04 Mt/a，2020 年退出 7 处、1.14 Mt/a。武夷山、宁化、明溪、尤溪、三元等县（市、区）须在 2017 年退出煤炭生产

表 3-8（续） Mt

省份	现有煤矿数量	核定后产能	煤矿总数目标	化解过剩产能目标	其他
江西	500	—	关 283	18.68	2016 年，关闭退出煤矿 205 处，退出产能 12.79 Mt；2017 年，关闭退出煤矿 36 处，退出产能 2.74 Mt；2018 年，关闭退出煤矿 26 处，退出产能 2.37 Mt；2019 年，关闭退出煤矿 9 处，退出产能 0.4 Mt；2020 年，关闭退出煤矿 7 处，退出产能 0.38 Mt
山东	191	180	78	64.6	“十三五”期间山东省退出煤矿 114 处，化解过剩产能 64.60 Mt；其中，2016 年将化解产能 16.25 Mt，关闭退出煤矿 58 处
河南	—	—	—	—	从 2016 年起，3 年内原则上停止审批建设不符合国家要求的矿井、新增产能的技术改造项目及煤矿生产能力核增项目，确因结构调整转型升级需要新增产能的，一律实行减量置换。
湖北	320	22.56	关 80～100	8	压减 8 Mt，关 80～100 处，2016 年压减 4 Mt；2017 年压减产能 2 Mt；2018 年压减产能 2 Mt
湖南	—	—	200	—	2016 年上半年关闭 257 处煤矿，化解过剩产能 16.10 Mt；下半年还将关闭煤矿 70 处、化解产能 5 Mt 左右
贵州	1260	313.68	关 510	70	与国家签订的 2016 年去产能任务是压减产能 18.97 Mt，关闭煤矿 100 处。贵州省政府提出了主动加压、力争今年完成关闭煤矿 149 处、压减产能 23 Mt 以上的目标，确保超额完成任务
重庆	407	26.83	70 以内	20	2016—2017 年关闭煤矿 340 处，2016 年关闭煤矿 219 处，削减产能 13 Mt
四川	—	—	关 215	33.03	从 2016 年开始，用 3～5 年时间，退出关闭煤矿 215 处左右，化解产能 33.03 Mt 左右，其中省属国有重点煤矿 18 处、产能 12.09 Mt 左右
云南	788	138	关 139	20.88	2016—2020 年压减 20.88 Mt，当年压减 18.17 Mt
陕西	175	250.41（不含央企）	关 76	47.06	到 2018 年，煤炭产能将控制在 660 Mt 以内
甘肃	152（不含央企）	58	70	9.91	—
宁夏	98	138.44	关 17	11.19	央企压减 9.97 Mt、自治区压减 1.22 Mt。2016 年底前宁夏回族自治区将关闭退出煤矿 8 处，产能 1.07 Mt/a；2018 年底前再关闭退出煤矿 1 处，产能 0.15 Mt/a
青海	—	—	关 14	2.76	2016 年关 3 座，退出产能 0.45 Mt
新疆	—	—	—	—	2016 年新疆原煤产量目标控制在 150 Mt 左右

从2016年4月开始，全国各煤炭企业开始严格执行“276个工作日”政策。“276个工作日”政策指企业实行减量化生产，按全年作业时间不超过276个工作日重新确定煤矿产能，原则上法定节假日和周日不安排生产。相比于正常的约330个工作日，276个工作日将使煤炭产能缩减约16%。从调研情况来看，该276个工作日政策监督检查力度大，执行效果较好，对产量影响显著。2015年末约3.9 Gt的在产产能按276个工作日重新核算后约为3.3 Gt，考虑到该政策实际从4月份开始执行，则全年的在产产能约为3.4 Gt，满产的情况下，产量将较上年(约3.7 Gt)减少3亿吨。对比产能退出政策和“276个工作日”政策的效果来看，“276个工作日”政策为影响2016年供给的主要原因。

2. 恢复330个工作日新增供应

由于此前所有煤矿实行276天生产后煤价大幅上升，国家发展改革委从9月初开始允许部分“先进”煤矿恢复330个工作日生产。自9月30日以来，按330个工作日生产煤矿的年产能为1.8 Gt（每日新增产量0.9 Mt）。随着政策进一步放松，预计从11月底至3月份，又将有年产能0.6 Gt的煤矿采用330个工作日生产制，而且9月份以来释放的产能约占2016年全年预测的50%。在预测的2.4 Gt新释放产能中，约20%为焦煤，其余为动力煤。

3.2.4 去产能4个效果

1. 实现全国煤炭市场供需的基本平衡

2012年下半年以来，煤炭市场出现供大于求，并且这种供大于求的形式愈演愈烈，煤价下滑到2015年环渤海动力煤365元/t（5500大卡）。今年在国家和产煤省地方政府的推动下，随着化解过剩产能任务的完成，也带动了市场供需形势的平衡，由过去的严重失衡到现在的基本平衡。煤炭市场供需出现基本平衡的重要标志——价格回升。煤价由年初的370元/t到现在的680元/t，效果非常明显。

2. 经过一年去产能相关政策的落地，煤炭企业的经济效益逐步回升

2016年前9个月全国规模以上的煤炭企业效益351亿元，前6个月煤炭企业利润很低，6月份以后煤炭企业利润在逐月回升。除了部分老矿区老企业还在亏损外，大部分资源条件比较好的、原来经营状况稍微好些的企业基本都实现了当月盈利，而在2015年煤炭企业亏损面达到90%。

3. 煤炭企业市场意识进一步增强

过去市场供大于求的情况下，煤炭企业让利不让市场、以量补价，这进一步加大了市场过度竞争，导致市场供大于求越来越严重。随着今年去产能政策的实施，企业取得了效益和收益，煤炭企业对今后如何科学组织生产、按市场需求合理组织生产的市场意识进一步加强，给企业生产经营理念带来了变化。

4. 中长协合同签订工作积极推进

在神华、中煤等企业签订电煤中长协合同的带动下，从11月中旬开始煤炭企业与电力企业、钢铁企业在各省省市纷纷签订了中长协供需合同。这些大企业都主动积极开展签订中长协工作，这也为煤炭上游、下游企业在去产能过程中一种合作共赢、公

平有序竞争局面的形成创造了良好开端。

3.3 煤炭供应中长期预测

1. 产能过剩压力将大幅缓解，行业由宽松转向平衡或略偏紧

根据数据统计，2015 年底全国煤矿产能总规模为 5.7 Gt。其中，正常生产及改造的煤矿产能 3.9 Gt，停产煤矿产能约 0.3 Gt，新建改扩建煤矿产能 1.5 Gt，其中，违法违规建设的煤矿总规模约 0.8 Gt。而 2015 年国内煤炭产量、进口量和消费量分别为 3.7 Gt、0.2 Gt 和 3.9 Gt。根据规划，未来 3～5 年内行业去产能规模为 0.8 Gt，合法在建煤矿规模为 0.7 Gt，考虑减量置换煤矿后其他在建矿新增规模预计约 0.3 Gt，同时考虑此前超产及违法违规矿井产量约 0.5 Gt。综合考虑后，行业未来将由宽松转向基本平衡或略偏紧的状态。

2. 煤炭工业“十三五”规划

2016 年 12 月 30 日，国家发展改革委和国家能源局联合印发《煤炭工业发展“十三五”规划》，强调了煤炭作为中国最主要的基础性能源和原料在一次性能源消费占比中仍将占主体地位。“十三五”期间，中国煤炭工业将以提高发展质量和效益为中心，以供给侧结构性改革为主线，坚持市场在资源配置中的决定性作用，着力化解煤炭过剩产能，着力调整产业结构和优化布局，努力建设集约、安全、高效、绿色的现代煤炭工业体系，实现煤炭工业由大到强的历史跨越。

1）总量控制

规划提出严格控制煤炭总量。未来 5 年化解淘汰过剩落后产能 0.8 Gt，减量置换及优化布局先进产能 0.5 Gt，2020 年煤炭产量 3.9 Gt，消费量 4.1 Gt，积极推进企业兼并重组。

规划中显示“十二五”期间合计淘汰落后煤炭产能 0.55 Gt，关闭 0.32 Gt，计划“十三五”期间淘汰落后产能 0.8 Gt，且减量置换及优化布局先进产能 0.5 Gt。其中 2016 年提出关闭产能 0.25 Gt，目前已基本完成，且当年未有新增产能投放。因此预计未来 4 年将继续关闭 0.55 Gt，年均 0.14 Gt；同时减量置换投产 0.5 Gt 先进产能，年均 0.13 Gt。关闭产能与新投放产能将基本持平（表 3－9）。

表 3－9 “十二五”及“十三五”期间煤炭产量变化情况 Gt

指　标	2010 年	2015 年	“十二五”年均增速	2020 年	“十三五”年均增速
查明资源储量	1341.2	1566.3	3.20%	1766.3	2.40%
煤炭产量	3.43	3.75	2.60%	3.9	0.80%
煤炭消费量	3.49	3.96	2.60%	4.1	0.70%
5 年间淘汰落后产能	0.55		—	0.8	1.60%
其中：关闭产能	0.32		—	—	—
5 年间减量置换	—		—	0.5	1%

2）结构调整

煤矿数量控制在 6000 处左右，1.2 Mt/a 及以上大型煤矿产量占 80%以上，0.3 Mt/a 及以下小型煤矿产量占 10%以下。煤炭生产开发进一步向大型煤炭基地集中，大型煤炭基地产量占 95%以上。产业集中度进一步提高，煤炭企业数量 3000 家以内，50 Mt 级以上大型企业产量占 60%以上（表 3－10）。

表 3－10 “十二五”及“十三五”期间煤炭指标变化情况

指　　标	2015 年	2020 年	年均增速（累计）/%
大型煤炭基地产量比重/%	93	95	2
大型煤矿产量比重/%	73	80	7
煤矿数量/处	9700	6000	－39
企业数量/家	6000	<3000	－50
50 Mt 以上大型煤炭企业产量比重/%	55	60	5

3）布局优化

以大型煤炭基地为重点，统筹资源、开发强度、市场区位、环境容量、输送通道等因素，优化煤炭生产布局。

（1）加快大型煤炭基地外煤矿关闭退出。北京、吉林、江苏资源枯竭，产量下降，逐步关闭退出现有煤矿；福建、江西、湖北、湖南、广西、重庆、四川煤炭资源零星分布，开采条件差，矿井规模小，瓦斯灾害严重，水文地质条件复杂，加快煤矿关闭退出；青海做好重要水源地、高寒草甸和冻土层生态环境保护，加快矿区环境恢复治理，从严控制煤矿建设生产。到 2020 年，大型煤炭基地外煤炭产量控制在 200 Mt 以内。

（2）降低鲁西、冀中、河南、两淮大型煤炭基地生产规模。鲁西、冀中、河南、两淮基地资源储量有限，地质条件复杂，煤矿开采深度大，部分矿井开采深度超过千米，安全生产压力大。基地内人口稠密，地下煤炭资源开发与地面建设矛盾突出。重点做好资源枯竭、灾害严重煤矿退出，逐步关闭采深超过千米的矿井，合理划定煤炭禁采、限采、缓采区范围，压缩煤炭生产规模。到 2020 年，鲁西基地产量控制在 0.1 Gt 以内、冀中基地 60 Mt、河南基地 135 Mt、两淮基地 130 Mt。

（3）控制蒙东（东北）、晋北、晋中、晋东、云贵、宁东大型煤炭基地生产规模。内蒙古东部生态环境脆弱，水资源短缺，需控制褐煤生产规模，限制远距离外运，主要满足锡盟煤电基地用煤需要，通过锡盟—山东、锡盟—江苏输电通道，向华北、华东电网送电；东北地区煤质差，退出煤矿规模大，人员安置任务重，应适度建设接续矿井，逐步降低生产规模：到 2020 年，蒙东（东北）基地产量 400 Mt。晋北、晋中、晋东基地尚未利用资源多在中深部，煤质下降，水资源和生态环境承载能力有限，要做好资源枯竭煤矿关闭退出，加快处置资源整合煤矿，适度建设接续矿井；晋北基地坚持输煤输电并举，积极推进煤电一体化，通过晋北—江苏输电通道向华东地区供电，结合煤制天然气项目建设，向华北地区供气；晋中基地做好炼焦煤资源保护性开发；晋东基地做好优质无烟煤资源保护性开发，结合煤制油项目建设，满足新增煤炭深加工用煤需求：到 2020 年，晋北基地产量 350 Mt、晋中基地 310 Mt、晋东基地 340 Mt。

云贵基地开采条件差，高瓦斯和煤与瓦斯突出矿井多，水文地质条件复杂，单井规模小，应大力调整生产结构，淘汰落后和非正规采煤工艺方法，加快关闭灾害严重煤矿，适度建设大中型煤矿，提高安全生产水平。结合煤制油项目建设，满足新增煤炭深加工用煤需求。到 2020 年，云贵基地产量 260 Mt。

宁东基地开发强度大，控制煤炭生产规模，以就地转化为主，重点满足宁东—浙江输电通道和宁东煤制油等新增用煤需求。到 2020 年，宁东基地产量 90 Mt。

（4）有序推进陕北、神东、黄陇、新疆大型煤炭基地建设。陕北、神东基地煤炭资源丰富、煤质好，煤层埋藏浅，地质构造简单，生产成本低，重点配套建设大型、特大型一体化煤矿。结合蒙西—天津南、上海庙—山东、神木—河北、榆横—潍坊 4 条外送电通道建设，配套建设一体化煤矿，变输煤为输电，向华北电网送电；结合榆林、鄂尔多斯等煤制油、煤制天然气、低阶煤分质利用（多联产）项目建设情况，有序建设配套煤矿，满足煤炭深加工用煤需要；增加外调规模，通过蒙西至华中等煤运通道向南方供煤，保障华中、华南地区淘汰小煤矿后的煤炭供应。到 2020 年，陕北基地产量 260 Mt，神东基地 900 Mt。

黄陇基地适度建设大型煤矿，补充川渝等地区供应缺口。黄陇基地渭北区域保有资源储量少，水文地质条件复杂，加快资源枯竭和灾害严重煤矿关闭退出。黄陇基地陇东区域资源埋藏深，缺乏区位优势，煤炭开发仍需依赖外送电力需求。到 2020 年，黄陇基地产量 160 Mt。

新疆基地煤炭资源丰富，开采条件好，水资源短缺，生态环境脆弱，市场相对独立，以区内转化为主，少量外调。结合哈密—郑州和准东—华东等疆电外送通道建设，配套建设大型、特大型一体化煤矿，满足电力外送用煤需要。根据准东、伊犁煤炭深加工项目建设情况，适度开发配套煤矿，满足就地转化需求。到 2020 年，新疆基地产量 250 Mt。

到 2020 年，煤炭生产开发进一步向大型煤炭基地集中，14 个大型煤炭基地产量 3.74 Gt，占全国煤炭产量的 95%以上。

4）新增规模西移

按照减量置换原则，严格控制煤炭新增规模，东部地区原则上不再新建煤矿。中部和东北地区从严控制接续煤矿，中部地区新开工规模约占全国的 12%，东北地区新开工规模约占全国的 1%。西部地区结合煤电和煤炭深加工项目用煤需要，配套建设一体化煤矿，新开工规模约占全国的 87%。内蒙古、陕西、新疆为重点建设省（区），新开工规模约占全国的 80%。新开工项目结合过剩产能化解效果和市场情况，另行安排。

预计到 2020 年，全国煤炭产量 3.9 Gt。东部地区煤炭产量 170 Mt，占全国的 4.4%，其中北京退出煤炭生产，河北、江苏、福建、山东煤炭产量下降；东部地区煤炭消费量 1.27 Gt，占全国的 30.8%；净调入煤炭 1.1 Gt。东北地区煤炭产量 120 Mt，占全国的 3.1%，其中黑龙江省产量基本维持现有规模，辽宁、吉林产量下降；东北地区煤炭消费量 360 Mt，占全国的 8.6%；净调入煤炭 240 Mt。中部地区煤炭产量 1.3 Gt，占全国的 33.3%，其中山西、安徽、河南基本保持稳定，江西、湖北、湖南产量下降；中部地区煤炭消费量 1.06 Gt，占全国的 25.5%；净调出煤炭 240 Mt。西部地区煤炭产量 2.31 Gt，占全国的 59.2%，其中内蒙古、陕西、新疆产量增幅较大，贵州、云南、甘肃、宁夏、青海产量适度增加，重庆、四川、广西产量下降；西部地区煤炭消费量 1.45 Gt，占全国的 35.1%；净调出煤炭 860 Mt。

5）新增产能严控

从 2016 年起，3 年内原则上停止审批新建煤矿项目、新增产能的技术改造项目和产能核增项目。未经核准擅自开工的违规建设煤矿一律停建停产；承担资源枯竭矿区生产接续、人员转移安置等任务确需继续建设的，须关闭退出相应规模的煤矿进行减量置换。鼓励在建煤矿停建缓建，暂不释放产能，对不能停建缓建的，按一定比例关闭退出相应规模煤矿或核减生产能力进行产能置换。因结构调整、转型升级等原因确需在规划布局内新建煤矿的，应关闭退出相应规模的煤矿进行减量置换。新建煤矿建设规模不小于 1.2 Mt/a。在煤炭市场相对独立的边疆少数民族地区，对符合国家规划和产业政策的煤电、煤炭深加工等重点项目，按照有所区别的产能减量置换办法，有序安排配套煤矿建设，充分发挥一体化运营效益。

6）过剩产能退出

加快依法关闭退出落后小煤矿，以及与保护区等生态环境敏感区域重叠、安全事故多发、国家明令禁止使用采煤工艺的煤矿。综合运用安全、质量、环保、能耗、技术、资源规模等政策措施，引导灾害严重、安全无保障、煤质差、能耗不达标、非机械化开采的煤矿有序退出；引导长期亏损、资不抵债、长期停产停建、资源枯竭的煤矿有序退出。对依赖政府补贴和银行续贷生存、难以恢复竞争力的煤矿企业，通过能耗、技术等执法手段和企业细化实施方案停止各种不合理补贴，强化安全、质量、环保倒逼企业退出；加快实施进度建立问责考核机制，督促地方引导过剩产能加快退出。

3. 未来 4 年去产能政策对煤炭供给的影响

若仅考虑产能退出政策，行业供给或仍过剩。根据统计的 25 个产煤省（区、市）计划淘汰的产能数据，未来 3～5 年，全国共计划淘汰煤炭产能约 0.75 Gt，不考虑新增产能的情况下，在产产能预计约为 3.45 Gt。而对于未来新增产能，《意见》规定，“从 2016 年起，3 年内原则上停止审批新建煤矿项目、新增产能的技术改造项目和产能核增项目”，但《意见》同时补充，“确需新建煤矿的，一律实行减量置换。在建煤矿项目应按一定比例与淘汰落后产能和化解过剩产能挂钩。”7月底，国家发展和改革委员会、国家能源局和国家煤矿安全监察局联合下发《关于实施减量置换严控煤炭新增产能有关事项的通知》(简称《通知》)，对煤矿减量置换做了相对细化的规定。根据《通知》规定，纳入退出过剩产能实施方案的煤矿产能也可用于产能置换，但要按一定比例折减，折减比例约30%～50%。根据该规定，0.75 Gt退出产能最多可置换约0.22～0.37 Gt新建产能，而其他在退出产能实施方案外的煤炭产能退出的置换对煤炭总在产产能影响不大。

如果严格执行“276个工作日”政策，会导致供给相对不足。事实上，2016年4月份后，煤炭产量同比大幅下降，加之7—8月份全国大部分地区持续高温少雨，空调用电增加，水电发电量减少，煤炭需求上升，煤价持续上涨。为抑制煤价过度上涨，国家发展改革委召开了稳定煤炭供应、抑制煤价过快上涨预案启动工作会议，并制定了抑制煤价上涨的响应机制。在该会议后，三级、二级、一级响应机制被相应触发，在一级响应机制实施后，由于进入冬煤储备期，煤价仍无下跌态势，于是国家发展改革委于9月底再次召开会议，考虑允许先进产能增产使煤炭产量日均增加1 Mt，用于补充煤炭需求缺口以及部分社会库存。三级、二级、一级响应机制对应的日均增量分别为0.2 Mt、0.3 Mt、0.5 Mt，对应的年产量分别约为70 Mt、110 Mt和180 Mt，而1 Mt日均增量对应年产量约为0.36 Gt。

根据以上分析可知，未来3年将退出在产产能0.75 Gt（假设产能退出主要集中于近3年），同时将新增产能0.2～0.3 Gt，加上净进口约0.2 Gt，预计3年后煤炭供给能力约为3.8～3.9 Gt。而需求方面，随着经济增速的下滑，火电发电量及钢铁产量下降，同时，火电单千瓦时耗煤量逐年下降，煤炭需求预计将呈小幅下降趋势，每年下滑幅度约为2%～3%。假设年均下滑约3%，则2016—2018年的煤炭需求量约分别为3.8 Gt、3.7 Gt、3.6 Gt，小于煤炭供给能力。因此，中期看，煤炭产能退出对扭转供给过剩局面的效果并不显著，煤炭供给仍将小幅过剩。

值得注意的是，未来供需格局状态对煤炭需求量的预测相对敏感，若未来出台经济刺激政策，导致煤炭需求表现好于预期，如保持稳定或小幅增长，则煤炭产能按计划退出后，煤炭行业有望实现供需平衡。在产能退出政策基础上叠加“276个工作日”政策后，行业将呈现供不应求局面。假设“十三五”期间继续严格执行276天政策，在下游需求微增的预测前提下，则供给缺口将进一步扩大，煤炭价格仍将上涨。假设产能恢复到330天执行，未来4年产量测算在3.42 Gt、3.55 Gt、3.7 Gt和3.9 Gt，表观消费量分别为3.9 Gt、3.95 Gt、4.06 Gt和4.09 Gt，基本能够维持供需平衡。如果“十三五”煤炭消费能达到该增速，则意味着供改政策需要重大变动。因此未来继续完全执行276天政策的可能性较小，未来有可能在部分执行276天政策和330天政策之间相机抉择（2017年供过于求60 Mt）（表3-11）。

表 3-11 未来 4 年供需预测

Gt

年 份	2013	2014	2015	2016	2017E	2018E	2019E	2020E
供给								
煤炭 330 天年初产能	3.4	3.77	4.02	4.2	3.95	3.9	3.85	3.85
新增产能	0.4	0.3	0.25	0	0.1	0.1	0.15	0.15
关闭产能	0.03	0.05	0.064	0.25	0.15	0.15	0.15	0.1
煤炭 330 天年底产能	3.77	4.02	4.2	3.95	3.9	3.85	3.85	3.9
276 天重核产能	—	—	3.53	3.3	3.26	3.22	3.22	3.26
煤炭产量	3.94	3.87	3.75	3.36	3.42	3.55	3.7	3.9
产量增速	0.70%	-2.60%	-3.10%	-9.40%	1.79%	3.80%	4.23%	5.41%
需求								
煤炭需求国内部分	3.97	3.87	3.75	3.77	3.84	3.86	3.9	3.94
煤炭进口量	0.33	0.29	0.2	0.25	0.2	0.2	0.2	0.2
表现消费量	4.29	4.15	3.94	3.9	3.95	4.06	4.09	4.13
表现增速	1.60%	-3.20%	-5.00%	-1.02%	1.28%	2.78%	0.74%	0.98%
276 天供求缺口	—	—	—	0.29	0.33	0.31	0.19	0.03
330 天供给缺口	—	—	—	-0.3	-0.15	0.01	0.04	0.03

注：①2016 年在产产能未考虑已停产的 0.3 Gt，2017 年及以后考虑了该 0.3 Gt；②假设当年淘汰的产能对当年产能的影响约为 50%，剩下部分的影响在下一年释放；③2016 年列中“按 276 天核算后的在产产能”数据考虑了 2016 年 4 月份前未实施“276 个工作日”政策；④2016 年初全社会煤炭库存很高，假设约有 0.15 Gt 的下降空间，此后库存保持稳定。

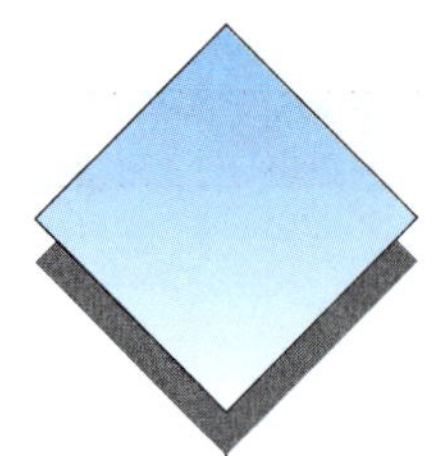

4 煤炭物流与贸易

2016 年中国铁路发运煤炭 1900 Mt，同比下降 4.7%。前三个季度铁路发运煤炭量一直呈现负增长，同比 2016 年下降 9.1%；第四季度以后随着需求增加，发运量同比增长。2016 年，全国主要港口发运煤炭 644 Mt，同比基本持平。

随着《国务院关于煤炭行业化解过剩产能实现脱困发展的意见》（国发〔2016〕7 号）的颁布实施，2016 年中国大力推进供给侧结构性改革，煤炭去产能和煤矿减量化生产政策落地实施，全国煤炭供需形势由严重供大于求逐渐转为供需基本平衡。2016 年全国规模以上煤炭企业原煤产量 3364 Mt，同比下降 9.4%。同时，煤炭需求继续下降，2016 年全国煤炭消费在连续两年下降的基础上同比继续下降 4.7%，电力、钢铁等主要行业耗煤同比仍然下降。

2016 年上半年全国煤炭运输环境宽松，下半年受夏季持续高温全社会用电量大幅增加、公路治理超载、铁路车皮不足等因素影响，使煤炭运输环境趋紧，煤炭运费迅速上涨，进而带动煤炭价格上涨。2016 年全社会存煤量在连续四年增长后出现下降，年末重点煤炭企业存煤量 93 Mt，比 2016 年初减少 34.99 Mt，下降 27.3%。重点发电企业煤炭库存 65.46 Mt，比 2016 年初减少 8.12 Mt，下降 11%，存煤可用 16 天。

4.1 煤炭物流

根据《煤炭工业发展“十三五”规划》，预计 2020 年煤炭调出省（区、市）净调出量 1660 Mt。其中晋陕蒙地区 1585 Mt，主要调往华东、京津冀、中南、东北地区及四川、重庆；新疆 20 Mt，主要供应甘肃西部，少量供应四川、重庆；贵州 55 Mt，主要调往云南、湖南、广东、广西、四川、重庆。煤炭调入省区净调入 1900 Mt，主要由晋陕蒙、贵州、新疆供应，沿海、沿江地区进口部分煤炭。

“十三五”期间，煤炭铁路运力总体宽松，预计 2020 年全国煤炭铁路运输总需求 2600～2800 Mt。考虑铁路、港口及生产、消费等环节不均衡性，需要铁路运力 3000～3300 Mt。铁路规划煤炭运力 3600 Mt，可以满足“北煤南运、西煤东调”的煤炭运输需求。西部地区煤炭外调量较快增长，煤炭铁路运输以晋陕蒙煤炭外运为主，全国形成“九纵六横”的煤炭物流通道网络。中国主要运煤通道见表 4－1。

表 4－1 “十三五”期间中国主要运煤通道

运煤通道	基本情况
晋陕蒙外运通道	由北通路（大秦、朔黄、蒙冀、丰沙大、集通、京原）、中通路（石太、邯长、山西中南部、和邢）和南通路（侯月、陇海、宁西）三大横向通路和焦柳、京九、京广、蒙西至华中、包西五大纵向通路组成，满足京津冀、华东、华中和东北地区煤炭需求
蒙东外运通道	主要为锡乌、巴新横向通路，满足东北地区煤炭需求
云贵外运通道	主要包括沪昆横向通路、南昆纵向通路，满足湘粤桂川渝地区煤炭需求
新疆外运通道	主要包括兰新、兰渝纵向通路，适应新疆煤炭外运需求
水运通道	由长江、珠江-西江横向通路、沿海纵向通路、京杭运河纵向通路组成，满足华东、华中、华南地区煤炭需求
进出口通道	由沿海港口和沿边陆路口岸组成，适应煤炭进出口需要

以锦州、秦皇岛、天津、唐山、黄骅、青岛、日照、连云港等北方下水港，江苏、上海、浙江、福建、广东、广西、海南等南方接卸港，以及沿长江、京杭大运河的煤炭下水港为主体，组成北煤南运水上运输系统。预计 2020 年，北方港口海运一次下水量 800 Mt。考虑铁路、港口及生产、消费等环节的不均衡性，需下水能力 850 Mt。北方八港下水能力 870～930 Mt，可适应煤炭下水需要。

4.1.1 2016 年煤炭物流总体分析

近两年，铁路大宗货物运量一直下跌，铁路系统为了降低闲置车皮日常损耗，一方面将大量车皮按进度报废和封存；另一方面连续 3 年没有新造敞车（敞车是铁路煤炭主力运输车）。同时，在大宗货物运量下降情况下，集装箱运输业务却保持着每年近 40%的增长，中国铁路总公司因此将约六成集装箱改用敞车装运，因此占用了大量煤炭运力资源。

2016 年 9 月，《整治公路货车违法超限超载行为专项行动方案》和《超限运输车辆行驶公路管理规定》正式实施。新规定要求：2 轴货车车货总重不得超过 18 t；3 轴货车不得超过 25 t，3 轴汽车列车不得超过 27 t；4 轴货车不得超过 31 t，4 轴汽车列车不得超过 36 t；5 轴汽车列车不得超过 43 t；6 轴及 6 轴以上汽车列车不得超过 49 t，其中牵引车驱动轴为单轴的，其车货总质量不得超过 46 t。同时，还对车货长宽高进行了明确：总高度从地面算起不得超过 4 m，车货总宽度不得超过 2.55 m，车货总长度不得超过 18.1 m。新规定实行后，吨煤运输成本至少增加 20～30 元/t，煤炭铁路运输的价格极具优势，因此大量汽运煤炭转向铁路运输。

虽然2016年煤炭出现运力紧张的局面主要是因为火车车皮不足和汽运煤炭量涌入铁运导致的，但从长远看，中国国内的铁路运输和水路运输均能满足煤炭运输需求，以往煤炭运力紧张的局面将得到有效缓解。同时随着煤炭供需的逐渐均衡，煤炭运输的价格也将趋于平稳。

4.1.2 2016年铁路运输分析

1. 煤炭铁路运量变化

从2016年4月份开始，中国各地落实严格的限产政策导致煤炭供应端收缩，煤炭生产和销售数量大幅减少。从图4-1可以看出，2016年1—8月份铁路日均煤炭运量同比2015年降低0.5～1 Mt，进入8月份后铁路日均煤炭运量开始迅速增长，2016年9月份铁路日均煤炭运量同比2015年增长，并继续快速增长，10、11月的铁路日均煤炭运量较2015年的均有不同程度的增长，12月份的铁路日均煤炭运量与2015年同期基本一致。

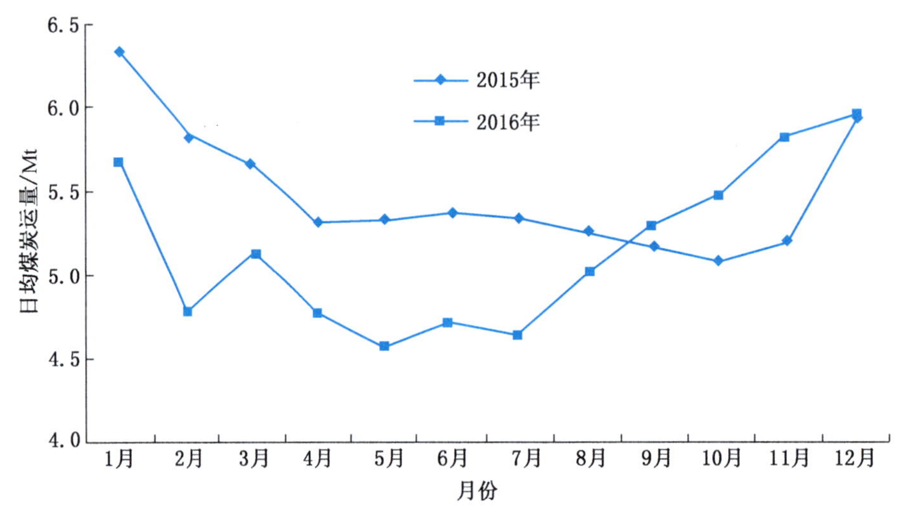

图4-1 2015年和2016年煤炭铁路日均运量对比

准池铁路于2015年下半年实现电气化运营，运输能力200 Mt，同时具有运费低等优势，内蒙古西部煤炭企业可以选择从准池铁路接朔黄铁路经黄骅港进行海运；同时蒙冀铁路已建成通车，年运输能力也为200 Mt，煤炭可从蒙冀铁路运输经曹妃甸港进行海运；环渤海铁路运输将形成“大秦、朔黄、蒙冀”三足鼎立的局面，2016年大秦铁路煤炭运量350 Mt，较2015年的396 Mt下降11.6%。

2. 煤炭运价的变化

2016年初中国铁路总公司将煤炭铁路运费每吨每千米下调了0.01元，此后又下发了《关于推进铁路供给侧改革深化现代物流建议若干措施的通知》，扩大了各路局对煤炭、冶炼物资的运价调整自主权，规定煤炭运价下浮不超过20%，由铁路局自主确定（包括管内和直通），已经实行管内下浮的铁路局仍执行原管内政策。

各地也积极降低煤炭铁路运输成本，大秦铁路运费下调20%，跨局运费下调30元，2016年3月19日18时即执行；呼和浩特铁路局开始试运行铁路运费下调方案，但目前该方案只针对大客户实施，且只在内蒙古呼和浩特铁路局境内施行，其中从内蒙古到张家口运费施行下调，幅度分别为10%、20%、30%三个档次；西安局运价2016年3月30日调整，当日按新运价执行，电化区段煤实行0.1571元/(t·km)，非电化区段煤实行0.1451元/(t·km)，包西线运价调整为0.1571元/(t·km)，牛家梁站到张桥站由原来的115元/t下调为87元/t，降幅28元/t；迁曹线由原来的0.1650元/(t·km)降至0.1571元/(t·km)，下降0.0079元/(t·km)，降幅4.79%；太原铁路局2016年5月2日发文下调管内煤炭运输增量运价，最高下浮20%，实施后太原局管内运价最低可达0.128元/(t·km)。

但此后，随着煤价的快速上涨和铁路运力的相对不足，煤炭铁路运价也随之增长。10月太原铁路局、郑州铁路局都发文表示在实行统一运价的营业线，整车煤运输运价水平恢复国家规定的基准运价；乌鲁木齐铁路局将煤炭整车运价在基准运价基础上上浮5%；西安铁路局取消整车煤运输每吨每千米下调0.01元的优惠；11月太原铁路局、兰州铁路局再发布通知，整车煤炭运费基准运价上浮10%。

3. 2016年新增运煤铁路线

1）石长铁路复线

2016年1月石长铁路复线双线电气化全线开通。2010年5月，石长铁路增建二线工程开工建设，对石长铁路全线进行电气化改造，并增建石长铁路复线。复线全长262.8 km，全线共设石门县北站、常德站、益阳站等14个车站。

石长铁路是洛湛铁路干线的重要组成部分和湖南省北煤南运的重要通道。进一步强化了洛湛铁路运输能力，对完善区域交通网络、促进湖南省“3+5”城市群建设将发挥重要作用。

石长铁路复线技术标准：时速160 km；年货运能力从之前的20 Mt提高到88 Mt。

2）宝麟铁路

2016年5月宝麟铁路建成通车。由陕西省铁路投资集团控股投资，2010年底开始建设，全长87.1 km，起于宝中铁路凤翔站Ⅱ场，地跨凤翔、岐山、麟游三县，终点至麟游矿区郭家河装车站，设5个车站。

宝麟铁路将进一步加快麟游矿区煤炭资源综合开发利用，完善陕西铁路网络布局，对促进陕西省地方铁路发展和经济社会发展具有十分重要的意义。

宝麟铁路技术标准：地方铁路Ⅰ级；货运线路；单线；远期输送能力为30 Mt。

3）孟（庙）平（顶山西）铁路增建二线

2016年9月孟（庙）平（顶山西）铁路增建二线工程全线开通，至此郑州铁路局管内干线铁路全部实现复线运营。增建二线工程位于河南省中南部，东起漯河市，自京广铁路孟庙站引出，向西经许昌市襄城县后进入平顶山市，至宝丰县接焦柳线平顶山西站，既有铁路全长 99.325 km，其中 K0＋000～K98＋040 属武汉铁路局管辖，K98＋040～K99＋325.1 属郑州铁路局管辖。工程自 2015 年初动工建设。

孟（庙）平（顶山西）铁路增建二线是京广线与焦柳线的重要连接通道，也是河南省中南部地区重要的煤运通道，可提升当地运能 3 倍以上，对盘活路网、解决沿线煤炭运输、增强京广和焦柳两大铁路干线联络、提高铁路迂回调度能力具有重要作用。

孟（庙）平（顶山西）铁路增建二线技术标准：时速 120 km；Ⅰ级；双线；电力牵引；机车类型为货机 HXD3，客机 SS9；牵引质量为 5000 t。

4）三南铁路

2016 年 12 月三南铁路正式通车运营。三南铁路位于重庆市东南部，线路起于既有的渝黔铁路綦江三江站，经万盛止于南（川）涪（陵）铁路南川站，是渝黔铁路支线的一段，全长约 70.15 km。

三南铁路实现了渝黔、渝怀铁路的互联互通，是重庆外环铁路网络东南环线的重要组成部分，是沟通渝黔和渝怀铁路的重要连接线路，主要承担渝东南、黔北地区的货物及长江沿线地区的客货运输任务。开通运营初期以开行货运列车为主，以后逐步开通客运业务，将为开发渝东南地区旅游、矿产资源，促进重庆煤化工产业发展发挥重要作用。

三南铁路技术标准：时速 120 km；国铁Ⅱ级；单线；电力牵引；机车类型为客机 SS9，货机 SS3B；牵引质量为 3500 t（双机）。

5）多丰铁路多伦至丰宁北段

2016 年 12 月多丰铁路多伦至丰宁北段正式开通运营，全长 166.346 km，北起锡（林浩特）多铁路多伦站，终至河北省丰宁县天桥站，与虎丰（一期）铁路（虎什哈站至天桥站）接轨，其中包括多丰线内蒙古段 20.732 km，河北段 97.41 km 和虎丰（二期）铁路 48.204 km。多丰铁路先期开通多伦至丰宁北段，沿途设大骡子沟、丰宁北站，正线全长 92.643 km。

该线是内蒙古腹地第一条纵贯南北跨省进京的铁路。2017 年 5 月多（伦）丰（宁）铁路全线贯通，与虎丰（二期）铁路与锡（林浩特）至丰（宁）铁路构成内蒙古中部通往京津冀及沿海地区的快捷通道，也是集通铁路路网规划“两横、三纵、七支线”中重要的纵向干线。

该线建成通车后，将加强京通、集通、张唐 3 条干线铁路间的联系，进一步扩大路网吸引范围，对于增加铁路运量，提高经济效益和促进干线铁路的发展起到至关重要的作用。同时，该线可与承（德）秦（皇岛）铁路、张（家口）唐（山）铁路共同构成内蒙古中、东部路网的下海大通道。它的建成通车是贯通锡林浩特、多伦、丰宁、曹妃甸港出区达海大通道的黄金线路，也是辐射东北、连通西北、北接口岸的重要交通要道。

6）伊春至翠峦铁路改线工程

2016 年 12 月伊春至翠峦铁路改线工程开通。伊翠铁路始建于 20 世纪 40 年代初，2014 年，为完善城市功能、促进企业长远发展，从 2014 年 6 月开始施工。新起点为双子河站，终点为乌锦站，设计时速 45 km，全长 20 km，其中正线 18.94 km，华能热电厂专用线全长 1.06 km，主要承担华能电厂煤炭运输任务。

4. 2016 年开工建设运煤铁路线

受多年来煤炭市场不振、煤炭运输疲软的影响，以及当前煤炭运输能力基本满足煤炭市场的需求，2016 年开工建设的运煤铁路线较少。2016 年，长西铁路开工建设，新建长春（开安）至西巴彦花铁路项目工程正线全长 393.410 km，共设特大、大、中桥 44 座，框架中小桥 72 座，新建及改建、接长涵洞 904 座，全线共设 13 处车站，设计最高行车速度 120 km/h，平面预留 160 km/h，计划工期为 32 个月。

新建长西铁路工程作为国家向社会资源开放的 80 个示范项目之一，是吉林省加快融入“一带一路”国家战略，打造蒙东煤炭运输便捷通道的重要举措，对于拉动沿线地区经济发展，促进蒙东地区、吉林西部地区与朝鲜、日本、俄罗斯等国家贸易交流具有重要意义。

4.1.3 2016 年水路运输分析

主要港口发运煤炭 644 Mt，与 2015 年基本持平。北方七港全年运量 590 Mt，同比也基本持平。2016 年南方沿海、沿江煤炭需求保持稳定，从图 4－2 可以看出各月的全国主要港口日均运煤量与 2015 年基本保持一致 ，从图 4－3 可以看出各月的全国主要港口运煤量差别不大，不存在铁路运输的巨大变化。

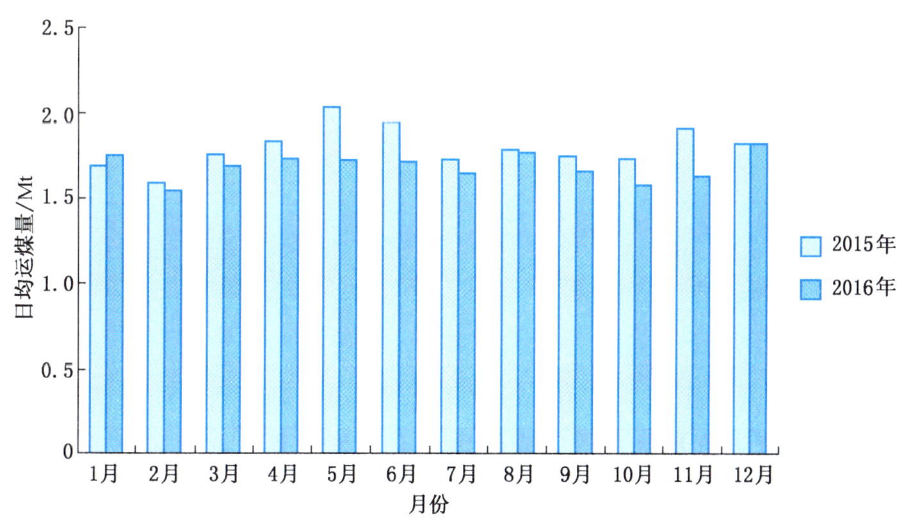

图 4－2 2015 年和 2016 年全国主要港口日均运煤量

环渤海港口的竞争加剧，主要表现为黄骅港、天津港货运量显著升高，秦皇岛港货运量有所下降，如图 4－4 所示。秦皇岛主要承担山西北部煤炭发运任务，全年运量 158 Mt，比 2015 年的 220 Mt 下降 28%；黄骅港、天津港主要承担神府、东胜地区煤

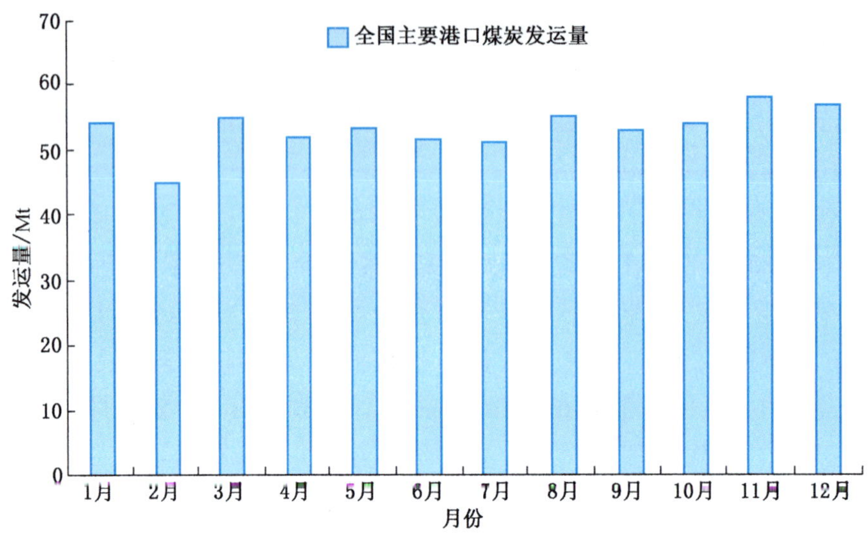

图 4－3　2016 年全国主要港口煤炭发运量

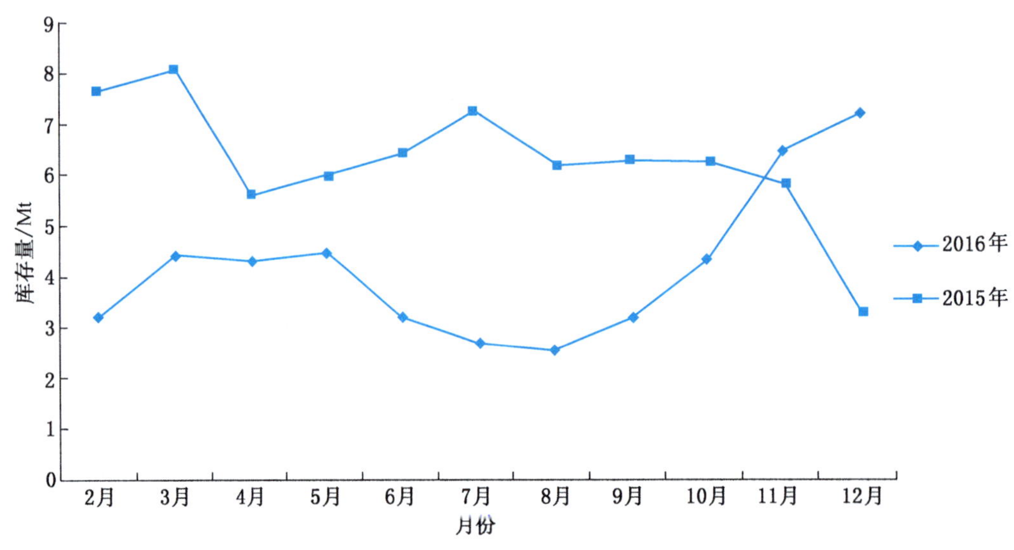

图 4－4　2015 年和 2016 年秦皇岛港库存情况

炭的外运任务，黄骅港全年煤炭运量 173 Mt，比 2015 年的 117 Mt 增长了 47.9%；天津港全年运量 104 Mt，比 2015 年的 94.6 Mt 增长了 10.9%。曹妃甸港主要承担鄂尔多斯地区的煤炭外运任务，曹妃甸港受需求低迷、运距偏远、中小煤企发运不积极等因素影响，2016 年国投曹妃甸港完成煤炭吞吐量约为 38.4 Mt，同比减少 10 Mt。2015 年下半年投产的设计能力为 50 Mt 的曹妃甸港煤二期码头因为铁路运输不畅，被迫开发汽运煤来补充货源，2016 年曹妃甸港煤二期完成吞吐量 12 Mt。货源不足成为国投曹妃甸港和曹妃甸港煤二期两个码头共同面临的主要问题。

2016 年前三个季度，秦皇岛港库存量均低于 2015 年同期。10 月份，为应对出现的煤炭供应紧张局面，中国铁路总公司采取积极措施，太原路局提出在秦皇岛港流向进一步增加煤炭运量计划；由原计划的日均 77 列增至 89 列。11 月份，大秦线检修完毕，恢复正常运输，铁路运力有保障，山西、内蒙古等地煤炭企业发运积极性明显提高。大秦线由前期的日运量 0.89 Mt，增至 1.25 Mt 的高位水平，港口货源供应量进一步增大。截至 11 月底，秦皇岛港库存煤升至 6.51 Mt，较 11 月初增加了 2.04 Mt。进入 12 月份，秦皇岛港日均进车保持在 7800 车左右，截至 12 月末，秦皇岛港库存煤增至 7.21 Mt。

4.2 煤炭贸易

2016 年全国共进口煤炭 256 Mt，同比增长 25.2%；出口 8.78 Mt，同比增长 64.5%；全年净进口煤炭 247.22 Mt，同比增加 48 Mt，增长 24.2%。受国内供应形势和价格回升影响，自 6 月份起，煤炭进口持续处于高位，月均进口量均在 20 Mt 以上，11 月份当月达到 27 Mt。

4.2.1 2016 年煤炭进口分析

2016 年全年累计进口煤炭 256 Mt，同比增加 51.45 Mt，增长 25.2%。从图 4-5 可知，自 2016 年 5 月开始，各月的煤炭进口量基本都高于 2015 年，特别是 8—12 月煤炭进口量同比大幅增加，其中 10 月份煤炭进口量同比增加达到 66.6%为全年之最。

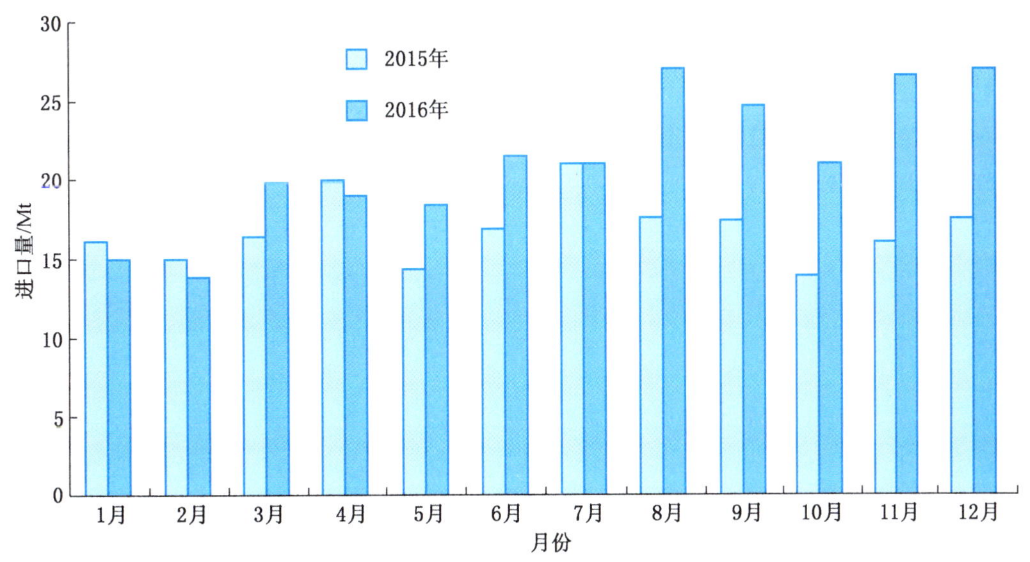

图 4-5 2015 年和 2016 年煤炭进口量对比

导致 2016 年煤炭进口量显著增长的原因主要包括以下几点：一是国内煤矿限产强度较大，部分煤种供应紧缺，需要国际市场进行供给；二是随着钢铁产业的复苏，炼焦煤价格大幅上涨，部分钢铁企业开始采用进口炼焦煤；三是中国国内遭遇暴雨天气，部分煤矿因为天气原因不得不停产，天气因素同时影响煤炭铁路和公路运输，港口和电厂的煤炭库存显著下降，为进口煤炭创造了市场。

2016 年，中国进口无烟煤 26 Mt，同比增长 6.6%；进口炼焦煤 59 Mt，同比增长 23.6%；进口其他烟煤 72 Mt，同比增长 9.8%；进口褐煤 72 Mt，同比增长 49.5%。从数据可以看出，褐煤和炼焦煤进口量增长较快，如图 4－6 所示。

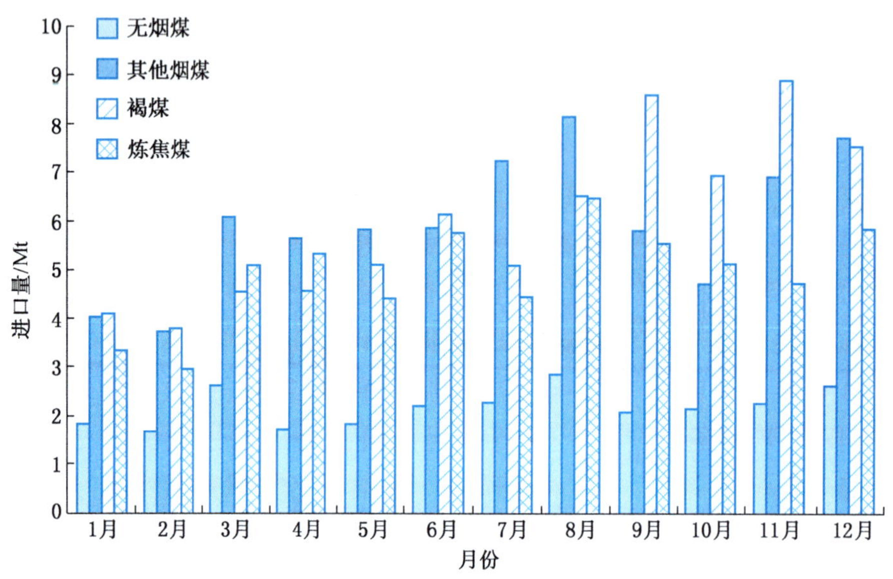

图 4－6　2016 年分煤种煤炭进口量对比

4.2.2　2016 年煤炭出口分析

2016 年全年累计出口 8.78 Mt，同比增加 3.44 Mt，增长 64.5%。从图 4－7 可知，2016 年除 7 月和 9 月外，其他各月的煤炭储量均较 2015 年各月显著提升，其中 3 月份煤炭出口量达到 1.27 Mt，同比增长 302.5%。

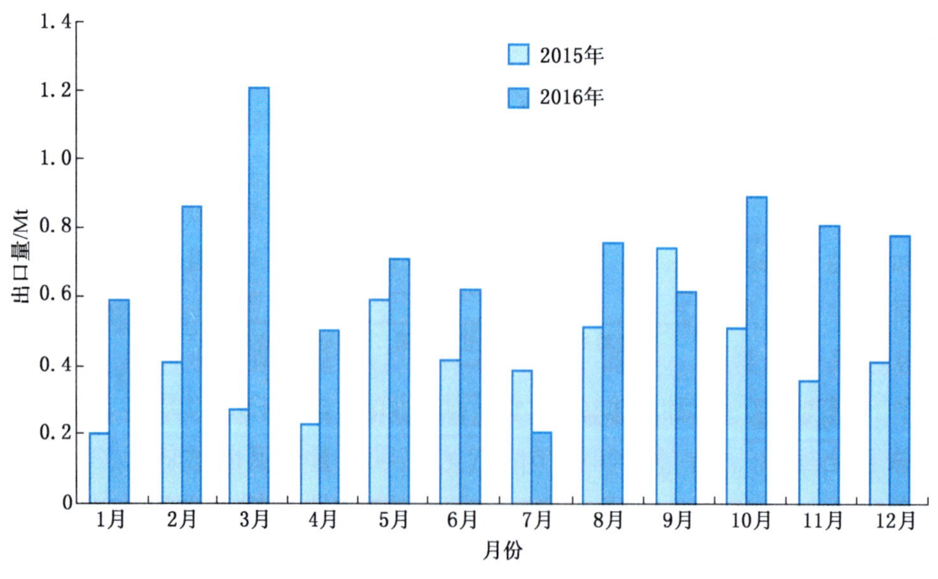

图 4－7　2015 年和 2016 年煤炭出口量对比

4.2.3 煤炭贸易趋势分析

2016 年全年累计净进口 247 Mt，环比增加 26 Mt，增长 11.8%；同比增加 47 Mt，增长 23.5%。2016 年大型煤矿与大型用煤企业签订了具有约束力的中长期供货合同，而政府部门也将加大对履约的监管。随着增产措施逐渐显效，国内煤炭价格高位趋稳并有所回落，进口煤炭的价格优势将逐渐减弱，预计 2017 年煤炭进口量相比 2016 年将有所下降。

4.3 煤炭价格

2016 年末中国煤炭价格指数达到 160 点，比年初上升 44.2 点，增幅 38.1%。2016 年 1—4 月份，中国煤炭价格指数基本保持平稳，维持在 120 点左右。2016 年 5—10 月份，中国煤炭价格指数开始增长，从 5 月初的 124.9 点增长至 10 月末的 145.7 点。进入 11 月中国煤炭价格指数继续快速上涨，达到 162.4 点，此后基本保持稳定在 160 点左右，如图 4-8 所示。

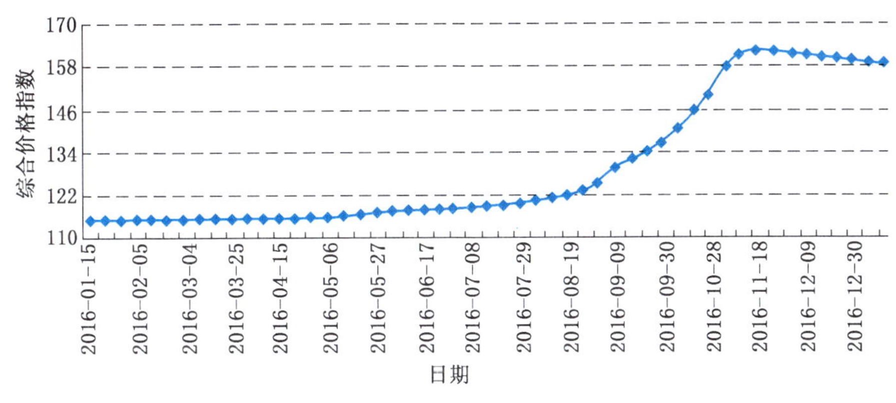

图 4-8 2016 年中国煤炭价格指数（全国综合指数）

2016 年夏季持续高温，全社会用电量大幅增加，拉动电煤消耗明显增长，局部地区洪涝灾害，影响煤炭生产和运输；同时，公路治理超载与铁路运价调整，煤炭运输成本上升；国际煤炭市场发生变化，煤价大幅上涨。以上因素综合作用使得市场供应偏紧、价格上升的预期不断增加，推动煤炭价格在 7 月份之后出现阶段性的快速回升。

9 月开始，国家相关部委多次召开煤炭供需的会议，出台了释放产量、增加运量等措施抑制价格过快上涨。尤其增加先进安全高效产能的释放，先后有 1503 处煤矿加入先进产能释放行列，并要求具备安全生产条件的合法合规煤矿在采暖季结束前都可按 330 个工作日组织生产，为市场增加了资源。进入 12 月，煤炭价格基本保持稳定，并有回落趋势。

4.3.1 煤炭价格变化特点

1. 国内动力煤价格特点

2016年煤炭价格呈现上半年平稳低位运行、下半年急剧上涨的特点，如图4－9所示。2016年12月秦皇岛港5500、5000大卡的煤炭均价分别为595、550元/t，比2016年1月秦皇岛港5500、5000大卡的煤炭均价分别上涨220、225元/t。

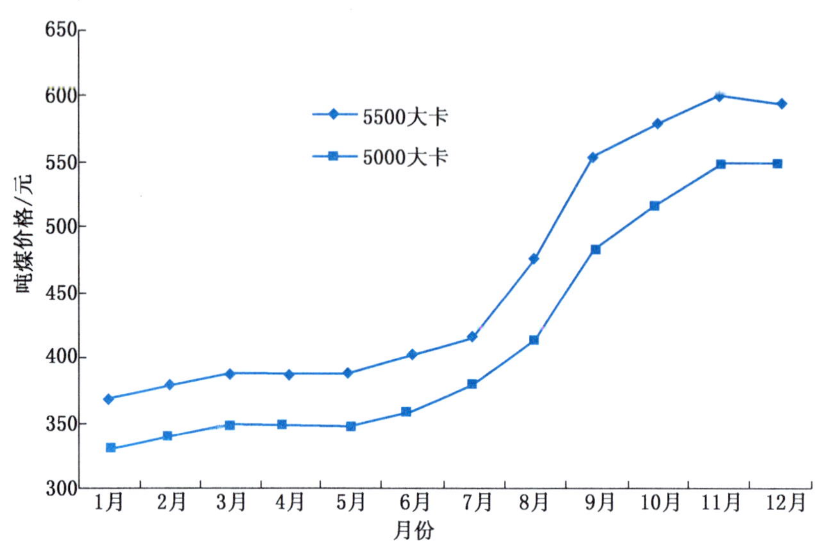

图4－9　2016年秦皇岛动力煤吨煤价格

2016年，煤炭价格快速上涨，很大原因是受到“276个工作日限产政策”等供给侧结构改革措施的影响，同时煤炭运输能力偏紧也是造成2016年下半年煤价快速上涨的重要原因。

为稳定煤炭市场，国家发展和改革委员会下发了《关于加强市场监管和公共服务保障煤炭中长期合同履行的意见》的通知，对签订中长期合同的双方应怎么做、有关部门要怎么做以及守信和失信的行为如何处理等方面都作了规定。神华、中煤、华电和国家电投4家大型煤电企业签订煤炭中长期合同，山西焦煤集团也与宝钢、鞍钢、河钢、首钢、华菱钢、马钢6家大型钢铁企业签订了炼焦煤购销中长期合同；12月，兖矿、陕煤化、龙煤、伊泰、开滦等12家煤炭企业又签订了煤炭供需中长期合同。

2. 国际动力煤价格特点

进入2016年下半年，受印度尼西亚生产商减产和澳大利亚主要煤炭出口港口铁路工人罢工影响，国际动力煤供给一度偏紧，促使国际煤炭价格上涨，同时美元汇率下降，也促进了以美元计划的动力煤价格上涨。随着中国进入供热季，中国电厂库存较低，而国内动力煤受运输影响供应偏紧，所以澳大利亚动力煤热销，价格一路上涨，2016年11月份澳大利亚纽卡斯尔港价格指数达到106.45美元/t，是年初价格指数的200％以上。

3. 炼焦煤价格特点

2016年，《国务院关于钢铁行业化解过剩产能实现脱困发展的意见》(国发〔2016〕

6 号）颁布实施，中国国内基础建设项目密集落地，国内钢材价格上涨，进而带动焦炭和炼焦煤价格的持续上涨。同时，国内执行 276 个工作日限产政策，炼焦煤产量进一步压缩。在需求旺盛、供给不足的情况下，贸易商加大了炼焦煤的进口量，从而带动了国际炼焦煤价格上涨，如图 4－10 所示。

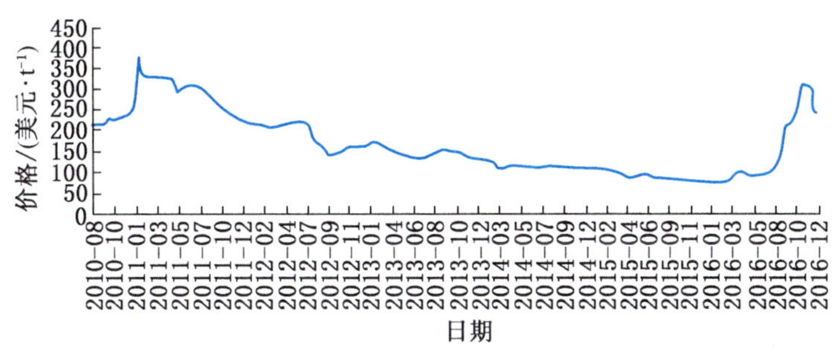

图 4－10 澳大利亚风景煤矿炼焦煤平仓价走势

12 月，由于前期国际炼焦煤价格大涨，澳大利亚、美国、乌克兰等国纷纷增加炼焦煤的出口。而国内企业的炼焦煤库存较高，因此炼焦煤的消费量大幅减少，国内炼焦煤价格进入下行通道。

4.3.2 环渤海动力煤价格

2016 年 1—6 月份，环渤海动力煤价格指数徘徊在 370～390 元/t，2016 年上半年环渤海动力煤价格指数比较稳定，随着煤炭生产企业 276 个工作日的坚决落实，对国内原煤产量产生实质性影响，促使晋陕蒙等主要产地煤炭供大于求程度减轻；宏观经济低速运行，当时正值社会用电需求淡季，加之 4 月份以后水电产量的快速增加等因素，抑制了火电生产及煤炭消费的恢复，沿海地区火电企业的电煤日耗继续低于去年同期水平。煤炭消费和生产同时下降，导致了煤炭价格水平在低位保持稳定，如图 4－11 所示。

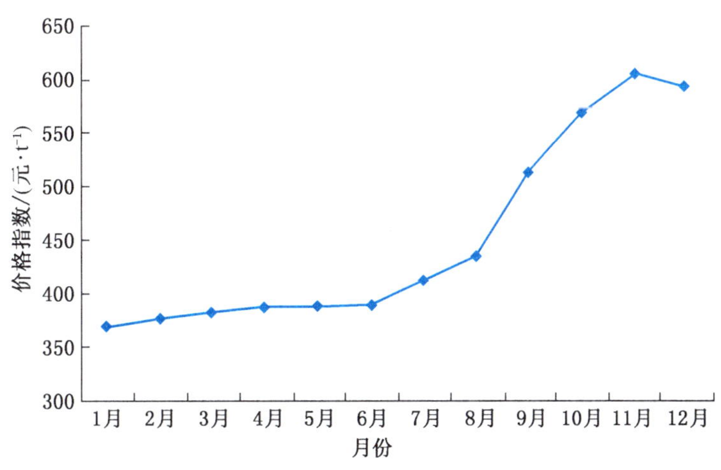

图 4－11 2016 年环渤海动力煤价格指数

进入2016年7月，环渤海动力煤价格指数呈现增长态势，主要是因为产地煤炭资源偏紧，4月份以后全国原煤产量呈现持续、加速下降局面，产地煤炭资源偏紧，煤炭生产和销售企业以高于大型煤炭企业挂牌价格进行销售的现象，刺激煤价进一步上行；随着高温天气在全国范围内的增多和蔓延，降温用电负荷不断攀升，社会用电需求对火电出力的依赖程度增加，也带动了电煤消费的增长等多方面有利因素共同作用的结果。

2016年11月初，环渤海动力煤价格指数开始回调，主要是因为2016下半年煤炭价格持续上涨，涨速快、累计涨幅大，但价格缺乏基本面的支持，也存在一些非理性因素和行为发挥一定作用，随着政府部门抑制煤价上涨政策的出台，炒作行为和价格虚高开始降温；同时11月初神华集团、中煤集团与华电集团和国家电投集团在京签订了电煤中长期合同，合同不仅锁定了资源数量，也确定了以基础价格为基准的随市场变化的调整机制。

2016年12月以来，环渤海动力煤价格指数持续下降，主要是因为2016年预期的“寒冬”未至舒缓了消费企业对动力煤的采购压力；国内主要煤炭产地煤价呈现下行趋势，削弱了对环渤海地区动力煤价格的支撑；进入12月以来，国内海上煤炭运价持续走低也导致了环渤海动力煤价格指数回落。

4.3.3 太原煤炭交易价格

从图4-12可以看出，2016年1—4月份太原煤炭综合交易价格指数基本维持在70点左右，从5月初指数开始小幅增长，在8月份升至80点左右，8月至11月指数开始飞速增长至140点。进入12月后太原煤炭综合交易价格指数开始平稳。

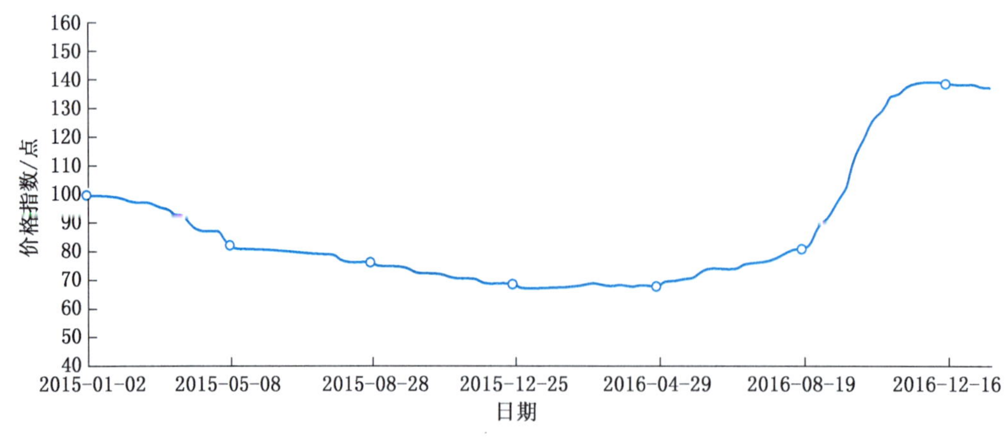

图4-12 2015—2016年中国太原煤炭综合交易价格指数

2016年中国太原动力煤交易价格指数与中国太原煤炭综合交易价格指数的走势基本一致。经过1—4月份的平稳期后，在5月份开始增长，在9月份恢复到2015年处的100点，此后继续上涨至2016年11月份的130点，如图4-13所示。

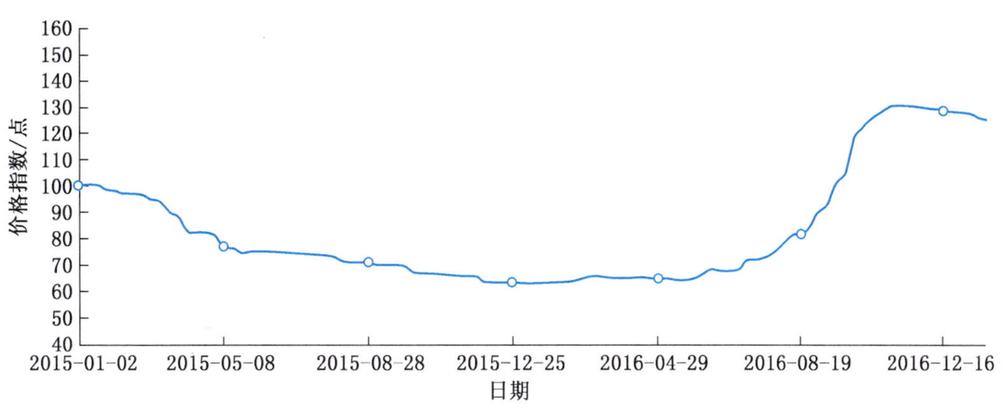

图 4－13　2015—2016 年中国太原动力煤交易价格指数

2016 年中国太原炼焦用精煤交易价格指数与中国太原煤炭综合交易价格指数的走势有所区别，太原炼焦用精煤交易价格指数在 4—8 月份只保持小幅度增长，进入 8 月下旬才开始迅速增长，到 12 月末增长接近 170 点。2016 年，国务院发布《关于钢铁行业化解过剩产能实现脱困发展的意见》，明确 5 年时间化解钢铁过剩产能 1×10^8～1.5×10^8 t。同时财政部 5 月发布《工业企业结构调整专项奖补资金管理办法》，有关钢铁、煤炭化解过剩产能方面的奖补资金、财税支持、金融支持、职工安置、国土、环保、质量、安全在内的八项配套政策以及整体实施方案全部出台，钢铁行业去产能进入全面执行期。2016 年钢铁主业经营效益逐步好转，并明显好于 2015 年第四季度，大部分企业实现扭亏为盈或同比减亏，钢材价格涨幅明显，钢铁行业盈利大幅上升。因而，钢铁行业的扭亏为盈也带动了炼焦煤和喷吹煤的价格增长，如图 4－14 所示。

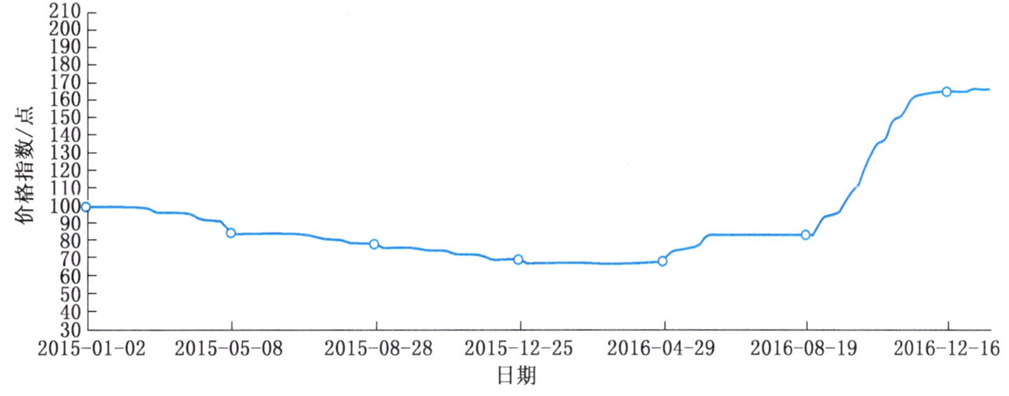

图 4－14　2015—2016 年中国太原炼焦用精煤交易价格指数

2016 年喷吹用精煤交易价格指数与太原炼焦用精煤交易价格指数表现基本一致，如图 4－15 所示。

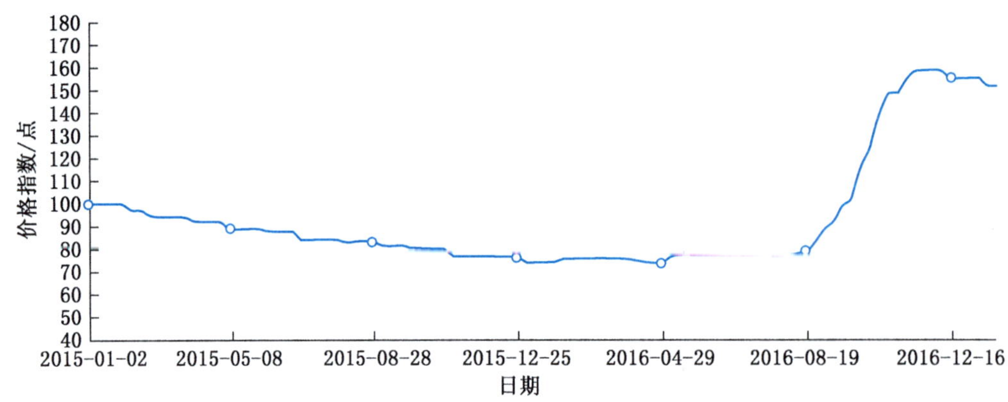

图 4-15 2015—2016 年中国太原喷吹用精煤交易价格指数

2016 年太原化工用煤交易价格指数自 1 月初至 9 月份一直保持下降趋势，进入 9 月份后开始持续上升，在 10 月份化工用煤交易价格指数保持较为稳定的水平（约为 96 点），如图 4-16 所示。

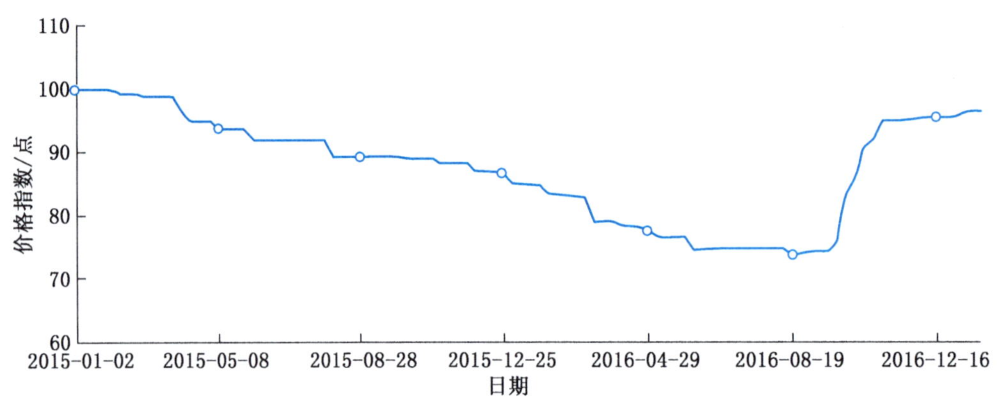

图 4-16 2015—2016 年中国太原化工用煤交易价格指数

4.3.4 国际三大港动力煤价格

2016 年上半年美国经济复苏缓慢，英国退欧公投致使欧洲经济复苏乏力，中国国内经济机构调整，全球的煤炭需求不振，难以对国际煤炭价格形成有力的支撑。2016 年 1—6 月份，澳大利亚纽卡斯尔港价格指数在 49.73～52.72 美元/t 波动，南非理查兹港价格指数在 49.78～53.73 美元/t 波动，欧洲三港价格指数在 45.76～52.16 美元/t 波动，如图 4-17 所示。

2016 年下半年，中国去产能政策得以积极落实，煤炭供给收缩，导致中国国内对进口煤炭需求的增加，对国际煤炭价格形成强有力的支撑作用。2016 年 7 月开始国际各煤炭价格指数开始迅速增长，7 月澳大利亚纽卡斯尔港价格指数达到 61.46 美元/t，

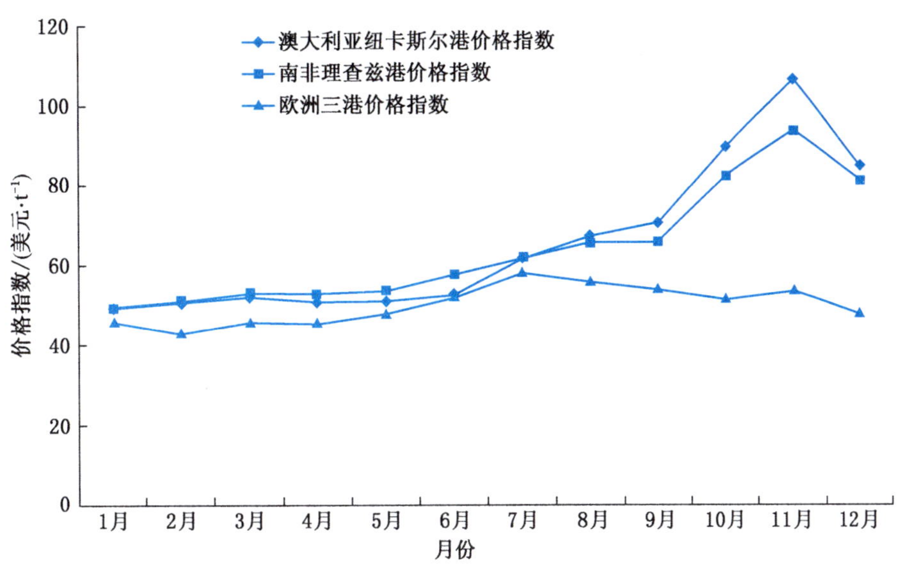

图 4-17 2016 年 3 种国际煤炭价格指数

比 6 月增长 8.74 美元/t，涨幅为 16.58%；南非理查兹港价格指数达 61.70 美元/t，比 6 月增长 7.97 美元/t，涨幅为 14.83%；欧洲三港价格指数达 58.33 美元/t，比 6 月增长 6.17 美元/t，涨幅为 11.84%。此后，这三大国际煤炭价格指数一直保持上涨，11 月份澳大利亚纽卡斯尔港价格指数达到 106.45 美元/t，比 2015 年 11 月增长 54.37 美元/t，涨幅 104.39%；南非理查兹港价格指数达 93.91 美元/t，同比增长 52.83 美元/t，涨幅 128.60%；欧洲三港价格指数达 87.77 美元/t，同比增长 34.29 美元/t，涨幅 64.12%。进入 12 月份，中国国内电厂存煤积极性明显减弱。随着先进产能得到释放，国内动力煤供应情况得到好转，动力煤供应紧张的情况得到明显缓解。同时，人民币持续贬值导致动力煤进口成本上升，贸易商面临的风险加大，导致国际煤炭价格承压下行，特别是主要运往亚太地区的澳大利亚动力煤下降幅度最大。2016 年 12 月，澳大利亚纽卡斯尔港价格指数 84.93 美元/t，环比下降 21.52 美元/t，降幅为 20.22%；南非理查兹港价格指数 81.28 美元/t，环比下降 12.63 美元/t，降幅为 13.45%；欧洲三港价格指数 86.54 美元/t，环比下降 1.23 美元/t，降幅为 1.40%。

4.3.5 煤价走势预判

2016 年是煤炭供给侧的改革元年，这一年煤炭行业的变化可谓远超出市场预期。煤炭价格从最低谷逐步攀升甚至大幅飙升，煤炭企业从几乎全行业亏损转变为大部分扭亏为盈。

国家发展和改革委员会、国家能源局正式发布《能源发展“十三五”规划》，明确提出“十三五”时期，煤炭消费比重要降到 58%以下。这意味着在清洁低碳能源成为“十三五”期间能源供应增量主体的同时，煤炭的增长空间基本维持当前的消费水平。根据《煤炭“十三五”规划》，2015年中国煤炭消费量3960 Mt，预计2020年煤炭消费将达到4100 Mt。煤电企业落实《关于加强市场监管和公共服务保障煤炭中长期合同履行的意见》，推动煤炭供需双方签订中长期合同，保障煤炭长期稳定供应。

1. 从政策层面看

2016年，国务院印发了《关于煤炭行业化解过剩产能实现脱困发展的意见》(国发〔2016〕7号）指出，自2016年起，3～5年内，煤炭行业将退出产能500 Mt左右、减量重组500 Mt左右，此政策的出台也标志着煤炭供给侧改革从研究阶段向政策发布阶段进行过渡。受276个工作日制度限产影响，国内原煤产量出现了大幅明显下降。

276个工作日制度实施对于调整和改善煤炭供求关系、保证职工正常休息时间、提高煤矿安全生产水平和劳动效率发挥了积极作用，预计会继续执行，中国国内去产能的政策不会动摇。

2. 从消费层面看

根据中电联发布《2016—2017年度全国电力供需形势分析预测报告》，2016年全国用电形势呈现增速同比提高、动力持续转换、消费结构继续调整的特征。全社会用电量同比增长5.0%，增速同比提高4.0个百分点。在实体经济运行显现出稳中趋好迹象、夏季高温天气、上年同期低基数等因素影响下，三、四季度全社会用电量增长较快。年底全国全口径发电装机容量1650 GW，同比增长8.2%，局部地区电力供应能力过剩问题进一步加剧；非化石能源发电量持续快速增长，火电设备利用小时进一步降至4165 h，为1964年以来年度最低。电煤供需形势从上半年的宽松转为下半年的偏紧，全国电力供需总体宽松、部分地区相对过剩。展望2017年，预计电力消费需求增长将比2016年有所放缓；预计全年新增装机略超100 GW，年底发电装机容量达到1750 GW左右，其中非化石能源发电装机比重进一步提高至38%左右；全国电力供应能力总体富余、部分地区相对过剩。火电设备利用小时进一步降至4000 h左右，电煤价格继续高位运行，部分省份电力用户直接交易降价幅度较大且交易规模继续扩大，发电成本难以及时有效向外疏导，煤电企业效益将进一步被压缩，企业生产经营继续面临严峻困难与挑战。

2016年末，中央经济会议强调推进“三去一降一补”，防止已经化解的过剩产能死灰复燃，同时用市场、法治的办法做好其他产能严重过剩行业去产能工作；促进房地产市场平稳健康发展。要坚持“房子是用来住的、不是用来炒的”的定位，既抑制房地产泡沫，又防止出现大起大落。2017年初，央行上调MLF（中期借贷便利）半年期及一年期利率，此后又对SLF（常备借贷便利）和逆回购利率进行了上调，进行200亿7天、100亿14天和200亿28天期逆回购，中标利率分别为2.35%、2.5%和2.65%，较上期上调10个基点，释放出货币紧缩的信号，可能带动房地产市场迎来拐点。房地产的建筑材料水泥、钢铁、玻璃等，其生产活动最重要的能源供应就是来自于煤炭和电力。一旦房地产市场面临较大规模调整，对煤炭行业的影响十分巨大。

2017 年，钢铁行业去产能进入攻坚时期，钢铁行业对动力煤和炼焦煤的需求难以上涨，不能为煤炭价格形成有力的支撑。

从 2016 年下半年煤炭价格大幅快速上涨可以看出，并不完全是煤炭供需出现根本性转变导致。同时，参考国家去产能相关政策以及对 2017 年煤炭下游行业消费的预期，可知煤炭需求在 2017 年难有较大程度的提高，而随着近期的煤炭价格高涨，不少地区原本停产的矿井纷纷复工生产，所以预计煤炭供大于求或供需基本平衡的局面仍将是 2017 年的供需基本局面。

所以，预测 2017 年煤炭价格在年初可能会有所回落，随着夏季临近再回升，价格水平应维持在大多数煤炭企业具有利润的情况下。

5 煤矿安全生产

2016年是“十三五”的开局之年，也是煤炭行业极不平凡的一年，煤炭行业总体需求不足，煤炭市场持续波动下行，产能过剩、企业利润下降、亏损面扩大、经营愈加困难，煤矿安全生产和矿区稳定的压力越来越大。针对煤炭行业的严峻形势，国家及时实施宏观调控和供给侧结构性改革，去产能力度不断加大。在各方共同努力下，煤炭行业形势在下半年处于快速回升态势，煤炭企业在加大生产的同时，煤矿安全生产又面临新情况和新问题。在党中央、国务院的坚定领导下，在总局党组统一部署下，经过地方各级党委政府、各级煤矿安全监管监察部门、煤炭行业管理部门和煤矿企业的共同努力，2016年全国煤矿安全生产形势持续稳定好转。

5.1 2016年煤矿安全生产概况

据统计，2016年全国煤矿共发生事故249起、死亡532人，同比减少103起、66人，分别下降29.3%、11.4%；较大事故起数及死亡人数同比下降35%以上；百万吨死亡率0.156，同比下降3.7%。福建、湖南、河北三省煤矿事故下降幅度均在50%以上；北京、河北、江苏、安徽、福建、山东、广西、甘肃、青海、新疆生产建设兵团10个省（区、市）没有发生较大以上事故。一年来，主要做了以下7个方面工作：

1. 认真贯彻落实党中央、国务院关于煤矿安全生产决策部署

认真贯彻学习习近平、李克强等中央领导同志关于安全生产的重要指示批示和全国安全生产电视电话会议精神，结合煤矿实际，确定工作要点，明确责任分工，推动重点工作任务落实；按照国务院安委会安排部署，做好春节、汛期、岁末年初等不同时段安全大检查，对16个重点省份和60家重点煤矿企业进行联系指导、监控防范；贯彻落实国务院国发〔2016〕7号文件精神，出台《关于支持钢铁煤炭行业化解过剩产能实现脱困发展的意见》，会同有关部门制定

加强煤矿产能释放期间安全措施，开展产能重核、查处违法违规建设项目和超能力生产等工作，参加国务院产能专项督查和验收，推动煤炭行业淘汰落后产能；以新发展理念为指导，完善法规标准体系，出台系列制度措施，创新监管监察方式，进一步提高煤矿安全生产工作水平。

2. 扎实开展重大灾害综合防治

制定实施标本兼治遏制煤矿重特大事故工作方案。组织开展瓦斯、水、火、冲击地压等重大灾害和提升运输专项治理，召开重大灾害防治现场会和座谈会，交流推广山东兖矿集团、安徽淮南矿业集团等灾害和治理经验，推广55项安全先进适用技术，推动重点产煤市开展遏制重特大事故试点工作。利用中央财政资金累计37.27亿元，带动地方和煤矿企业投入资金103亿元，推进227个安全改造项目、17个重大灾害治理示范工程和59个隐患排查治理项目建设。完成煤矿瓦斯、水、火等重大灾害防治科技攻关项目研究。山西提高煤矿瓦斯开发利用省级财政补贴标准（由每立方米0.05元提至0.1元），更新改造瓦斯抽采管道100万米以上。河北制定煤矿防治水管理办法和5项技术企业标准，国家煤监局在冀中能源集团举办两期防治水业务培训班，培训300多人。

3. 深化煤矿安全生产大检查

针对第四季度重特大事故频发的情况，开展以“八查”为重点的大检查，各地采取暗查暗访、突击检查等方式，逐矿落实盯守责任，强化分级管控，对严重违法违规行为，公开曝光，下发督办函，形成打击违法违规高压态势。贵州公开招录2000多名驻矿安监员，对正常生产建设煤矿驻矿盯守全覆盖，对停产停工矿定期巡查；河北、山西、云南等省级煤监局局长多次带队暗查夜查；山西长治市、县两级政府领导班子成员每月带队开展煤矿夜查突查行动；内蒙古、安徽等煤监分局领导分组驻矿监察；四川煤监局坚持严管重罚，对大检查问题较多的地区约谈党委政府负责人，将矿井安全监控系统弄虚作假、违法生产、重大隐患等比照事故查处，依法追究相关责任人刑事责任。去年12月份，国家煤监局组织31个暗查暗访组，对23个产煤省、40个产煤市进行督查，针对发现问题公开曝光20次，其中央视曝光3次；各省级煤监局、分局负责人带队暗查暗访1000多人次。

4. 持续推进煤矿基础建设

一是制定《关于减少井下作业人数提升煤矿安全保障能力的指导意见》，召开全国煤矿安全基础建设现场会，推进“一优三减”（优化系统和减水平、减头面、减人员），已建成综采自动化无人工作面43个，单班下井超千人矿井已由47处减至21处。安徽对灾害难以治理的区域划设“停采区”“缓采区”，51处煤矿共减少采区30个、采掘工作面208个、减员2.6万人。二是推进煤矿安全质量标准化建设，三级及以上煤矿达3888处，其中达到一级标准的789处。山西生产矿井已全部达到二级及以上标准。三是强化新颁发《煤矿安全规程》的宣贯培训，开展“学规程、抓整改、促落实、保安全”活动，国家煤监局组织宣讲30多次、听讲达2万多人次。开展煤矿企业主要负责人、安全管理人员分级分类能力考核，全国累计培训“三项岗位人员”44.6万人次。四是推进职业安全健康工作，修订煤矿井下粉尘综合防治规范，推广河南煤矿职业卫生示范矿井建设经验等。

5. 大力推进煤矿关闭退出

会同有关部门制定《煤炭行业落后产能认定标准》，推动落实下达淘汰退出煤矿专项奖补资金。2016年共关闭退出煤矿1900多处，其中重庆346处（计划关闭163处，“10·31”事故再关闭183处）、湖南315处、江西229处、四川169处、云南125处、湖北124处、贵州121处、河南100处，江苏关闭所有高瓦斯、突出矿井。同时，严格安全许可，修订颁布《煤矿安全生产许可证实施办法》，注销837处长期停产、到期未申请延期煤矿安全生产许可证，撤销64处一年内未开工的、逾期未竣工的建设项目安全设施设计批复，责令38处拒不停建的违法项目停建。内蒙古煤监局建立安全许可有效期限预警公告制度，四川等地严格复产复工，要求县委书记、县长同时签字，严把验收关。

6. 严格规范监管监察执法

制定《煤矿安全监察执法手册》，修订行政处罚自由裁量权实施标准，公布权力清单，颁发新版执法文书，开展瓦斯、水害等7项专项监察，河北、山东、安徽监察人员到黑龙江开展为期3个月的集中执法活动。山东等煤监局利用信息化手段，与煤矿安全监控、人员定位等系统联网，开展远程监察执法，推进安全许可、执法结果、事故查处等信息公开；安徽淮北监察分局施行精准监察，逐矿编制矿井重点环节、时间节点预计表和监察流程图，下达监察预警告知书。2016年，全国煤监机构共监察煤矿14867矿次、完成计划的137%，查处隐患8.9万条，行政处罚4.4亿元，其中监察执法（事前）罚款2.77亿元、同比上升43.3%。山西、陕西、内蒙古、河北、云南、河南、黑龙江、新疆、山东、四川10个省（自治区），监察执法罚款均超过1000万元以上，其中山西监察执法罚款最多，达6236万元。

7. 加大警示教育和事故查处力度

召开全国事故警示教育视频会3次，约谈陕西、山西、宁夏、甘肃、河南等省有关部门和铜川、榆林、石嘴山、郑州等市人民政府，以及华能、大唐、同煤等大型煤矿企业，下发重大以上事故和部分典型较大事故通报，及时向全国监管监察部门和煤矿负责人发送较大以上事故、强降雨等极端天气的警示信息。山东煤监局从严查处6起一般事故，5名矿长被撤职，2人被移送司法机关。山西、黑龙江、河南、江西等省监管监察部门精心制作下发事故案例动画片，召开视频会或现场会，深化警示教育。2016年，较大以上事故结案18起、按期结案率75%，7起重大事故追究责任人182人，其中移送司法机关52人；2起特别重大事故已移送司法机关48人；公布一批发生特大事故的煤矿企业“黑名单”，已公告37人终身不得担任煤矿企业的矿长（董事长、总经理）名单。

5.2 2016年煤矿事故分析

2016 年全国煤矿安全生产形势继续持续稳定好转，但是，重特大事故出现明显反弹，共发生重特大事故 11 起、死亡 194 人，同比上升 120%、128%，特别是四季度发生 2 起特别重大事故，教训极其深刻。

5.2.1 按省（区、市）分析

有 14 个省实现事故总体下降，死亡人数减少超过 30 人的包括黑龙江、山西、湖南、安徽、河南；有 10 个省死亡人数同比上升。内蒙古、重庆、山西、四川、陕西、黑龙江死亡人数超过 40 人，以上 6 个省（区、市）煤矿事故死亡总人数 274 人，占全国煤矿事故死亡人数的 51.5%。2016 年各省（区、市）煤矿事故起数和死亡人数如图 5-1、图 5-2 所示。

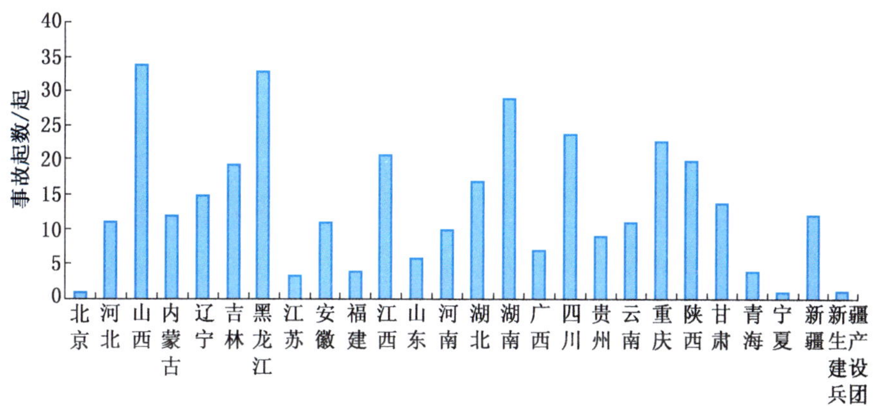

图 5-1 2016 年各省（区、市）煤矿事故起数

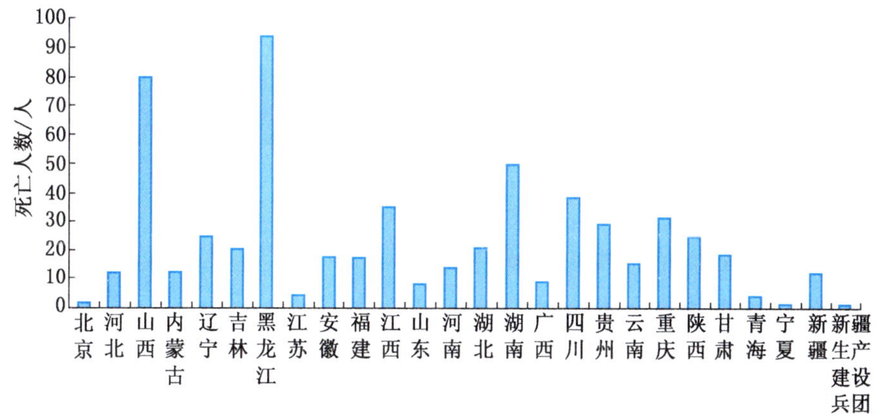

图 5-2 2016 年各省（区、市）煤矿死亡人数

有 14 个省（区、市）未发生较大事故；有 10 个省（区、市）较大事故同比减少；有 4 个省（区、市）较大事故起数上升；四川、贵州、云南、山西、黑龙江、湖南 6 个省较大事故集中，占全国较大事故总起数的 70%以上。

2016年各省（区、市）煤矿较大事故起数和死亡人数如图5-3所示。

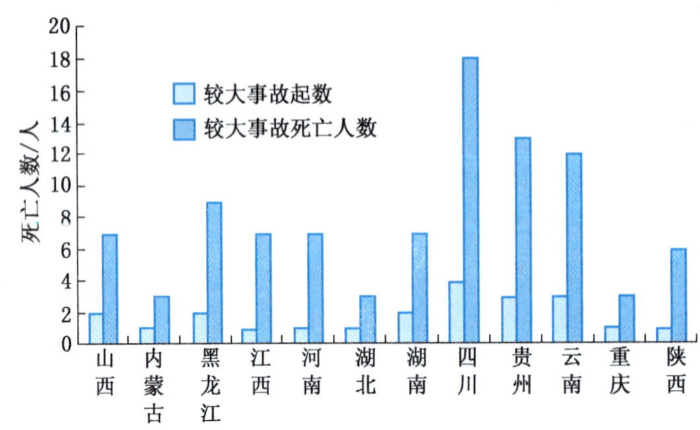

图5-3　2016年各省（区、市）煤矿较大事故起数和死亡人数

有10个省（区、市）发生重大以上事故，分别是陕西（2起，22人）、山西（1起，20人）、内蒙古（1起，32人）、吉林（1起，12人）、辽宁（1起，12人）、黑龙江（1起，22人）、湖北（1起，11人）、重庆（1起，33人）、宁夏（1起，20人）、新疆（1起，10人），其中内蒙古、重庆各发生1起特别重大事故。

5.2.2　按事故类别分析

从较大以上事故总量看，在2016年发生的各类事故中，瓦斯事故起数、死亡人数最多，其次是顶板事故和水害事故。各类事故总量情况如下：

（1）瓦斯较大以上事故同比减少3起、多死亡79人，事故起数下降13.0%，死亡人数上升58.1%，分别占全国煤矿较大以上事故起数和死亡人数的60.6%和74.4%。

（2）顶板较大以上事故同比事故起数持平、多死亡9人，死亡人数上升47.4%，分别占全国煤矿较大以上事故起数和死亡人数的15.2%和9.7%。

（3）水害较大以上事故同比减少4起、少死亡31人，分别下降44.4%和52.5%，分别占全国煤矿较大以上事故起数和死亡人数的15.2%和9.7%。

（4）未发生机电较大以上事故，同比持平。

（5）运输较大以上事故同比增加2起、多死亡6人，分别占全国煤矿较大以上事故起数和死亡人数的6.1%和2.1%。

（6）未发生爆破较大以上事故，同比持平。

（7）火灾较大以上事故同比事故起数持平、少死亡10人，死亡人数下降45.5%，分别占全国煤矿较大以上事故起数和死亡人数的3.0%和4.2%。

（8）未发生其他较大以上事故，同比持平。

5.2.3　按事故时间分析

1. 较大事故

除 2 月份外，各月均有较大事故发生。11 月较大事故总量最多，发生 5 起，死亡 21 人，同比增加 1 起、多死亡 4 人，分别上升 25.0%和 23.5%。

其次是 7 月，发生较大事故 4 起，死亡 18 人，同比增加 1 起、多死亡 2 人，分别上升 33.3%和 12.5%。3 月、4 月、6 月、10 月各发生较大事故 2 起；1 月、5 月、8 月、9 月较大事故总量最少，各发生较大事故 1 起。6 月、2 月、3 月较大事故起数减少最多，同比分别减少 5 起、4 起、3 起，分别少死亡 27 人、13 人、15 人。8 月份较大事故起数与死亡人数同比持平，3 月、7 月、11 月较大事故起数与死亡人数均同比上升，9 月、10 月、12 月较大事故起数持平，死亡人数均同比上升。

2. 重大以上事故

除 2 月、5 月、6 月、8 月份外，其余各月份均有重大以上事故发生。2 月、5 月、6 月、10 月、11 月事故起数同比持平，8 月份同比事故起数下降，其余各月份均同比上升。10 月、12 月各发生 1 起特别重大事故，分别死亡 33 人和 32 人，同比死亡人数分别上升 230%和 126.3%，其余各月死亡人数均同比下降。

5.2.4 按煤矿所有制形式分析

2016 年，乡镇煤矿仍然是煤矿事故的重灾区，乡镇煤矿较大以上事故起数和死亡人数分别占全国煤矿较大以上事故起数和死亡人数的 78.8%和 81.0%；2 起特别重大事故均发生在乡镇煤矿。国有地方煤矿发生较大事故 2 起，死亡 11 人，同期未发生较大以上事故。国有重点煤矿较大以上事故起数与死亡人数分别下降 64.3%和 50.6%。全国不同所有制煤矿事故起数和死亡人数比例如图5－4 和图 5－5 所示。全国不同所有制煤矿较大事故起数和死亡人数比例如图 5－6 所示。全国不同所有制煤矿重大以上事故起数和死亡人数比例如图 5－7 所示。

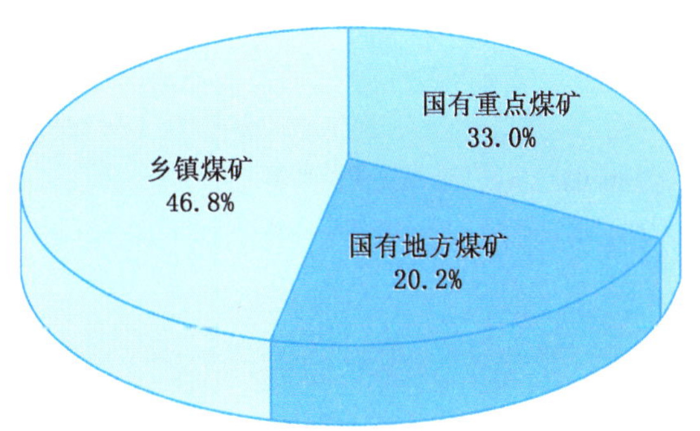

图 5－4 全国不同所有制煤矿事故起数比例

2016 年，生产矿井事故相对多发，发生较大事故 17 起、死亡 73 人，分别占较大事故总起数和死亡人数的 77.3%和 76.8%，9 起重大事故（死亡 129 人）、2 起特别重大事故（死亡 65 人）均发生在生产矿井。非法违法生产是引发较大以上事故的重要原因，发生较大事故 8 起、死亡 41 人，分别占较大事故总起数和死亡人数 36.4%和 43.2%；发生重大事故 6 起、死亡 94 人，分别占重大事故总起数和死亡人数的

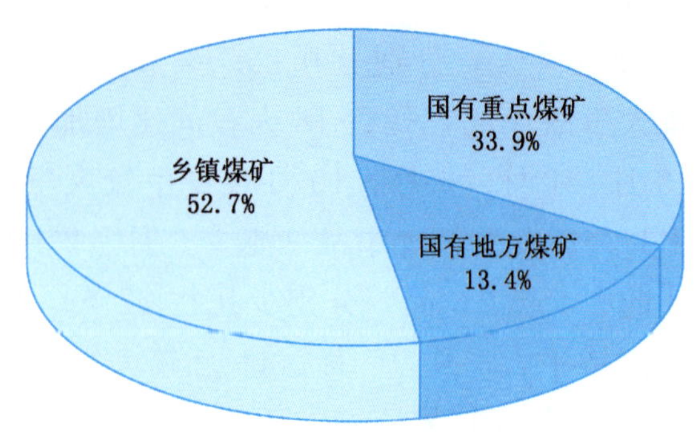

图 5-5 全国不同所有制煤矿事故死亡人数比例

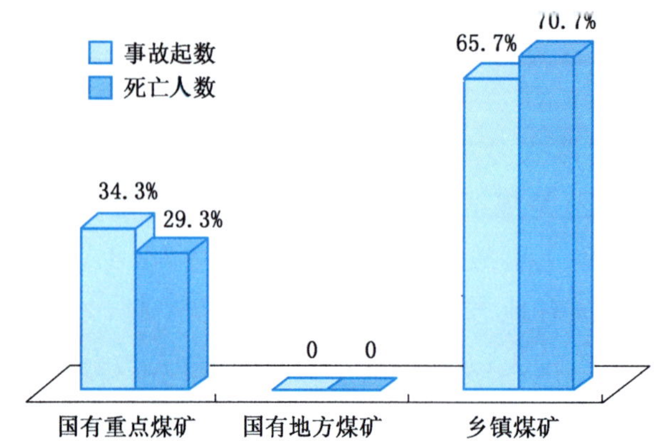

图 5-6 全国不同所有制煤矿较大事故起数和死亡人数比例

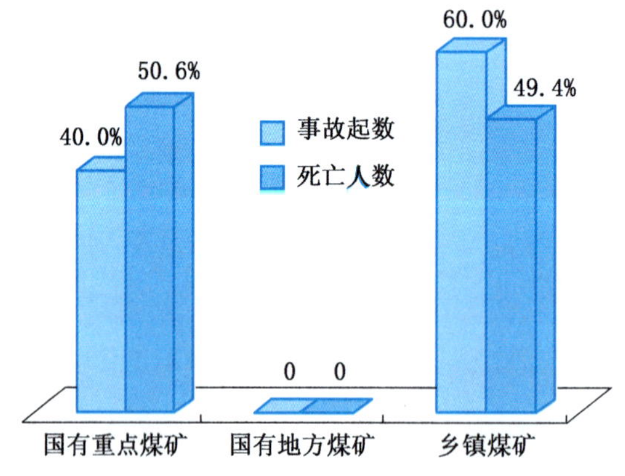

图 5-7 全国不同所有制煤矿重大以上事故起数和死亡人数比例

66.7%和 72.9%；发生特别重大事故 2 起、死亡 65 人。

从以上分析可以看出，非法违法生产引发的事故是较大以上事故的重要原因。应持续强化“打非治违”专项行动，特别是进一步加强对证照过期、证照不全、安全设施设计未经审查矿井的安全监管力度，进一步加大对拒不执行安全监管指令、擅自启封密闭、提供虚假情况、提供虚假图纸资料、蓄意逃避监管等违法矿井的处罚力度，切实提高安全执法效力和效能，有效杜绝和遏制非法违法事故的发生。

5.3 2016年煤矿安全生产有关政策法规和重要活动

5.3.1 煤矿安全生产重要法规标准

1.《中华人民共和国职业病防治法》

2016 年 7 月 2 日，习近平主席签署第四十八号主席令，其中对于《中华人民共和国职业病防治法》所做的修改于即日起施行。

《中华人民共和国职业病防治法》是国家专门为保护劳动者健康权益而制订的一部法律，因此与企业及职工息息相关，此次修改对企业而言有如下特点。

一是停止审批、注重事后监管。目前，各省市相继出台了停止受理“三同时”审批的文件，以后建设项目不需要再走职业卫生“三同时”行政审批流程了，但是需要注意的是，该做的还是得做，取消审批并不是取消“三同时”制度，后续监管部门更会注重事后监管，如果查到没有做，那企业还是得承担法律责任。

二是主体责任直接转到企业。这次修订职业病防治法，把职业病防治预防的责任主体直接转到企业本身，这对企业来说将是更大的挑战。就现状而言，企业本身的职业病防治意识也才刚开始建立，而职业病防护技术是多学科、多领域的交叉技术，让企业自身开展职业病防治工作，确实带来了较大的挑战，而这时，选择咨询有实力、真正能为企业排忧解难的第三方技术服务机构就显得尤为重要。

三是服务机构资质认可将进一步规范。职业卫生技术服务机构资质认可制度没有改变。职业病防治法修订后，除了把审批的事宜剔除，还把具有“职业卫生技术服务机构的资质”的字眼删除，这一改变，使行内很多人都在思考是不是要取消资质认可和限制。但根据新职业病防治法的第二十七条，职业病危害因素检测、评价由具备资质的职业卫生技术服务机构进行的要求并没有修改，第八十条并未删除，对未取得资质认可的职业卫生技术服务机构擅自从事职业卫生技术服务行为的罚则没有改变。也就是说，检测与评价的资质认可依然存在，而且将来会进一步规范完善。

新版《职业病防治法》给企业带来最大的一个变化就是简化了建设项目审批流程，将前置审批改为后置监督。但并不是说预评价、控制效果评价以后就不用做了，还是要做的，不按规定做还是要承担法律责任的。职业病防治工作对企业而言仍然是重中之重。

2.《煤矿安全规程》

随着中国特色社会主义市场经济的推进，煤炭科技的进步，特别是随着煤矿安全生产保障能力、现代企业管理水平、管理模式的提升和完善，以及国民经济社会发展的要求，亟须对《煤矿安全规程》进行全面系统修订。修订后的《煤矿安全规程》，自 2016 年 10 月 1 日起施行。修订后的《煤矿安全规程》突出了以下特点：

一是强化红线意识、体现安全发展理念。这十几年间，中国经济总量已经跃居世界第二位，科技创新能力增强，技术进步速度加快，管理水平大幅度提升，特别是科学发展观和安全发展理念的确立，“以人为本”“生命至上”的意识得到坚决贯彻和践行。习近平总书记强调，人命关天，发展决不能以牺牲人的生命为代价，这必须作为一条不可逾越的红线。2020 年，中国全面建成小康社会，安全生产形势也必须实现根本好转。煤矿死亡人数大幅度下降，重特大事故得到有效遏制，职业危害得到控制，百万吨死亡率达到中等发达国家水平是煤矿安全生产根本好转的重要标志。

二是贯彻落实依法治安、强化企业主体责任。国家煤矿安全生产法律法规体系建设逐步完善，1992 年颁布《中华人民共和国矿山安全法》，2000 年国务院颁布《煤矿安全监察条例》；2002 年颁布实施了《中华人民共和国安全生产法》并于 2014 年进行了重新修订；2002 年颁布实施了《中华人民共和国职业病防治法》并于 2011 年、2016 年进行了修订。这些法律法规在煤矿安全生产中的执行和落实，都是通过《煤矿安全规程》加以体现。与此同时，随着煤炭行业管理体制、机制的改革，顺应行政许可简化的要求，政府和企业的相关职能产生了新的变化，《煤矿安全规程》需要适时做以调整。

三是做好与专业规章、标准的衔接。2009 年，国家安全生产监督管理总局颁布了《防治煤与瓦斯突出规定》和《煤矿防治水规定》，都属于专业规章。随着煤炭工业的发展和安全管理水平的提高，还新制定和修订了 200 多部煤炭行业标准，这些规章、标准有的与《煤矿安全规程》不尽一致，甚至出现一些矛盾、“打架”现象，导致企业和执法人员无所适从。

四是推进新工艺、新技术、新装备、新材料的应用。一方面，随着煤炭工业的高速发展，生产工艺进步、科技装备创新提高、安全管理水平提升、“四新”的大量采用，很多高效的、成熟的且被实践证明行之有效和业内广泛认可的工艺和技术极大地提升了煤矿的生产能力和安全保障能力，解放了煤矿生产力（如井下无人值守、矿井辅助运输技术、露天矿抛掷爆破等），这些都需要《煤矿安全规程》修订加以规范，体现科技进步。另一方面，一批不符合煤矿安全生产要求的技术、工艺、装备需要借《煤矿安全规程》修订的时机加以严格限制、逐步淘汰。

五是总结事故教训、体现预防为主。修改《煤矿安全规程》是在吸取事故教训、总结一个时期以来工作经验的基础上完成的。一些煤矿事故尤其是重特大事故调查处理过程中暴露出在安全生产和技术管理方面的漏洞和不合理因素，如瓦斯防治措施不落实、致灾因素普查治理不到位、非正规开采、多井筒出煤等。查找影响煤矿安全生产的危险因素和事故隐患，应做出相应的修改和规定。

六是突出了职业健康与安全生产同等重要的理念。《煤矿安全规程》涉及职业病危害防治的条款共 44 条，归纳为 6 个方面。一是健全制度、设置机构方面，二是职业病危害防治现场管理方面，三是职业病危害因素检测方面，四是群众监督方面，五是职业健康监护方面，六是劳动保护方面。新规程要求煤炭企业完善职业病危害防治，做好防降尘和职业病危害防护工作，增加职业健康监护和管理内容；必须设置专门机构负责煤矿安全生产与职业病危害防治管理工作，配备满足工作需要的人员及装备。

伴随煤炭产业结构调整，新修订的《煤矿安全规程》以更加全面、科学、实用的面貌颁布实施，从而更好地反映煤矿安全生产的客观规律，体现煤炭行业科技的进步，更加有利于促进煤炭工业持续健康发展。

5.3.2 煤矿安全生产政策措施

1.《中共中央国务院关于推进安全生产领域改革发展的意见》

《中共中央国务院关于推进安全生产领域改革发展的意见》(以下简称《意见》）是新中国成立以来第一个以党中央、国务院名义出台的安全生产工作的纲领性文件，对推动中国安全生产工作具有里程碑式的重大意义。

当前一些地区和行业领域安全生产事故多发，根源是思想意识问题，抓安全生产态度不坚决、措施不得力。党中央、国务院的意见指出，要坚守“发展决不能以牺牲安全为代价”这条不可逾越的红线，构建“党政同责、一岗双责、齐抓共管、失职追责”的安全生产责任体系，推进安全监管体制改革，坚持管安全生产必须管职业健康，建立安全生产和职业健康一体化监管执法体制，充实执法力量，堵塞监管漏洞，切实消除盲区。

《意见》提出，建立安全生产监管执法人员依法履行法定职责制度，对监管执法责任边界、履职内容、追责条件等作出明确规定，激励监管执法人员忠于职守、履职尽责、敢于担当、严格执法。

统计表明，90％以上的事故都是企业违法违规生产经营建设所致。但在日常安全生产监管工作中，对未引发事故的安全生产重大违法行为只能施以行政处罚。借鉴“醉驾入刑”的立法思路，意见提出研究修改刑法有关条款，将无证生产经营建设、拒不整改重大隐患、强令违章冒险作业、拒不执行安全监察执法指令等具有明显的主观故意、极易导致重大生产安全事故的违法行为纳入刑法调整范围，同时要求企业对本单位安全生产和职业健康工作负全面责任。

为落实企业安全生产责任，自2006年起中国实行安全生产风险抵押金制度。但在实施过程中，由于缴存标准不合理、事故赔偿能力不足，加之长期占压企业资金，实际缴存率、利用率偏低。安全生产责任保险制度具有风险转嫁能力强、事故预防能力突出、注重应急救援和第三者伤害补偿等特点，近年来一些地区积极推进并积累了成功经验。《意见》取消了安全生产风险抵押金制度，建立安全生产责任保险制度，调动各方积极性，共同化解安全风险。

一些重特大事故教训暴露出，项目建设初期把关不严，必然为后期安全生产埋下隐患。《意见》提出实行重大安全风险“一票否决”，明确要求高危项目必须进行安全风险评审，方可审批，城乡规划布局、设计、建设、管理等各项工作必须严把安全关，坚决做到不安全的规划不批、不安全的项目不建、不安全的企业不生产。同时将此规定落实情况纳入对省级政府的安全生产考核内容。

一些地区在事故调查结案后，对提出的整改措施跟踪不及时、落实不到位，致使同一地区、同一行业领域甚至同一企业类似事故反复发生。今后，中国将建立事故暴露问题整改督办制度，事故结案后一年内，负责事故调查的地方政府和国务院有关部门及时组织开展评估，对事故问题整改、防范措施落实、相关责任人处理等情况进行专项检查，结果向社会公开，对于履职不力、整改措施不落实、责任人追究不到位的，要依法依规严肃追究有关单位和人员责任，确保血的教训决不能再用鲜血去验证。

《意见》还提出，加强安全发展示范城市建设，加强对矿山、危险化学品、道路交通等重点行业领域工程治理，加强安全生产信息化建设。改革生产经营单位职业危害预防治理和安全生产国家标准制定发布机制，明确规定由国务院安全生产监督管理部门负责制定有关工作。

2.《国务院安委会办公室关于实施遏制重特大事故工作指南构建双重预防机制的意见》(安委办〔2016〕11号)

国务院安委会办公室2016年4月印发《标本兼治遏制重特大事故工作指南》(安委办〔2016〕3号）以来，各地区、各有关单位迅速贯彻、积极行动，结合实际大胆探索、扎实推进，初见成效。构建安全风险分级管控和隐患排查治理双重预防机制（以下简称双重预防机制)，是遏制重特大事故的重要举措。根据《标本兼治遏制重特大事故工作指南》要求，2016年10月国务院安委会办公室就构建双重预防机制印发《国务院安委会办公室关于实施遏制重特大事故工作指南构建双重预防机制的意见》,《意见》准确把握安全生产的特点和规律，坚持风险预控、关口前移，全面推行安全风险分级管控，进一步强化隐患排查治理，推进事故预防工作科学化、信息化、标准化，实现把风险控制在隐患形成之前、把隐患消灭在事故前面。尽快建立健全安全风险分级管控和隐患排查治理的工作制度和规范，完善技术工程支撑、智能化管控、第三方专业化服务的保障措施，实现企业安全风险自辨自控、隐患自查自治，形成政府领导有力、部门监管有效、企业责任落实、社会参与有序的工作格局，提升安全生产整体预控能力，夯实遏制重特大事故的坚强基础。

3.《省级政府安全生产工作考核办法》

国务院办公厅2016年8月印发《省级政府安全生产工作考核办法》，从2016年起对省级政府的安全生产工作进行考核，这是推动地方政府落实安全生产责任的重大举措。

《省级政府安全生产工作考核办法》强调，发展决不能以牺牲安全为代价，要以防范遏制重特大安全生产事故为重点，严格落实安全生产责任制，强化激励约束，充分调动地方各级政府安全生产工作的积极性和主动性，不断加强和改进安全生产工作。

《省级政府安全生产工作考核办法》共16条，明确了考核的目的、范围、原则、程序、结果等事项，规定了责任落实、依法治理、体制机制、安全预防、基础建设等考核内容。考核评分实行百分制，结果分为优秀、良好、合格、不合格4个等级。考核结果报国务院同意后通报各省级政府，并向社会公开。对考核结果为优秀的省级政府予以表彰；对考核结果为不合格的省级政府，责令其在考核结果通报后一个月内制定整改措施，并向国务院安委会作书面报告。对在考核工作中弄虚作假、瞒报谎报的单位，视情节轻重给予责令整改、通报批评、降低考核等次等惩处，造成不良影响的依法依规追究有关人员责任。

《省级政府安全生产工作考核办法》要求明确和落实党委政府领导责任、部门监管责任、企业主体责任，强化属地管理，切实做到“管行业必须管安全、管业务必须管安全、管生产经营必须管安全”和“党政同责、一岗双责、失职追责”。强化重特大事故防控情况的考核，严格落实安全生产一票否决制度，发生特别重大事故的按不合格评定。

《省级政府安全生产工作考核办法》坚持过程考核与结果考核相结合，由单一指标考核变为对安全生产工作的全面评价，注重预防治本，推进建立和落实风险分级管控与企业隐患排查治理预防工作机制，构建全面科学、及时有效的安全生产工作考评体系。

4.《国家安全监管总局关于印发安全生产信息化总体建设方案及相关技术文件的通知》(安监总科技〔2016〕143号)

为加快推进全国安全生产信息化，提高信息化建设和应用水平，加强信息系统互联互通，促进跨地区、跨部门的信息共享和业务协同，国家安全生产监督管理总局2016年12月发布《国家安全监管总局关于印发安全生产信息化总体建设方案及相关技术文件的通知》，《通知》要求：

(1) 加强组织领导。各级安全监管监察机构要充分认识加强安全生产信息化工作的重要意义，紧密围绕安全生产中心工作，建立健全安全生产信息化领导机构和工作机构，明确职责分工，确保责任到具体部门和人员。建立安全生产信息化工作制度，大力开展信息化应用知识和技能培训，提高安全监管监察人员的信息化能力和水平。

(2) 细化实施方案。各地要按照总体建设方案，结合本地区实际，抓紧制定本地区安全生产信息化实施方案，落实各项建设任务，确保全国安全生产信息化一盘棋建设。充分利用国家安全监管总局的通用信息基础设施开展信息化建设，强化互联互通和信息共享，避免重复建设。各级安全监管监察机构要加快整合分散的应用系统，推动平台化和一站式服务，消除信息孤岛。

(3) 提高应用效能。信息系统设计要注重与其他部门的衔接，为系统集成和信息交换预留接口。加强安全生产和职业健康监管执法业务系统建设，开展安全生产规律性、关联性特征分析，提高信息化应用水平。国家安全监管总局将进一步加强信息化工作的统筹协调和评价考核，组织开展督导检查，提升安全生产信息化应用成效。

(4) 严格项目管理。严格执行国家有关基本建设项目管理规定，建立健全项目管理制度，完善档案管理，加强项目管理各环节的风险评估和管控，规范政府采购招投标行为，严格财经纪律，加强资金监管，确保工程建设质量和廉政建设。

5.《煤矿企业安全生产许可证实施办法》(国家安全生产监督管理总局令第 86 号)

新修订的《中华人民共和国安全生产法》实施后，《煤矿企业安全生产许可证实施办法》修订十分紧迫和必要，修订后的《煤矿企业安全生产许可证实施办法》已由国家安全生产监督管理总局于 2016 年 2 月公布，2016 年 4 月 1 日起执行。

相较于原《煤矿企业安全生产许可证实施办法》，新《煤矿企业安全生产许可证实施办法》进一步严格了煤矿依法许可的安全条件。例如，将建立矿领导带班下井制度、井下劳动组织定员制度、事故隐患排查治理制度、隐蔽致灾因素普查制度，设置防治煤与瓦斯突出、防治水管理机构，装备井下安全避险系统等新要求，纳入煤矿安全生产许可证发证条件。

新《煤矿企业安全生产许可证实施办法》重点解决了近几年基层反映较为集中的突出问题。例如，结合近年来监察执法，明确规定除吊销安全生产许可证外，省级煤矿安全监察局可以委托其所属煤矿安全监察分局实施行政处罚。

新《煤矿企业安全生产许可证实施办法》对取证和审查流程进行了简化。将许可证申请书一式三份改为一份；主要负责人以外的其他人员只需提供责任制目录清单，不再提交责任制文件；删去了“征得煤矿企业所在地人民政府安全生产监督管理部门或者有关部门同意”的发证条件；将未被纳入“黑名单”管理、安全质量标准化达到二级以上，作为直接延期的条件。

6.《国家安全监管总局　国家煤矿安监局关于进一步加强煤矿重大灾害防治有效防范重特大事故的通知》(安监总煤装〔2016〕10 号)

2016 年 1 月，国家安全生产监督管理总局、国家煤监局联合下发了《国家安全监管总局　国家煤矿安监局关于进一步加强煤矿重大灾害防治有效防范重特大事故的通知》，《通知》强调加强瓦斯、水害、防灭火、冲击地压、提升运输方面的防治，要求各产煤省（区、市）要结合辖区内煤矿灾害的实际，进一步确定和细化灾害防治的重点内容。

在组织实施方面，要求由省级煤矿安全监管部门牵头组织，煤炭行业管理部门和煤矿安全监察机构配合，成立工作机构，制定工作方案，明确专门负责人，确定重大灾害防治矿井范围及防治目标和具体任务；指导辖区内各市（县、区）、各煤矿企业（煤矿）开展防治工作；要及时总结分析辖区重大灾害防治进展情况，有力促进防治工作取得实效，并将本省（区、市）进展情况每季度末报送国家煤矿安监局。

《通知》要求落实企业主体责任、强化科技支撑、加大政策支持力度、依法严格监管监察。要求各级煤矿安全监管监察部门要把煤矿重大灾害防治工作纳入执法计划，与专项监察相结合，采取双随机监管监察方式，强化督促检查。对存在《煤矿重大生产安全事故隐患判定标准》中 15 类重大隐患的矿井，要依法停产整顿；对存在重大灾害隐患不整改、导致发生重特大事故的，依法从严追究责任。

国家煤矿安监局组织开展抽查督导，督促各地区各单位推进煤矿重大灾害防治工作，并将抽查督导结果向煤矿所在地党委政府及有关部门通报。

5.3.3 2016年煤矿安全生产重要会议

1. 全国安全生产工作会议

2016年1月15日，全国安全生产工作会议在北京召开。会议要求认真贯彻落实党的十八届五中全会和中央经济工作会议、中央城市工作会议和全国安全生产电视电话会议精神，以改革创新为动力，以完善落实安全生产责任和管理制度为抓手，以严格监管执法、强化风险防控、深化隐患排查治理、加强基础建设和全社会安全宣传教育为保障，振奋精神、改进作风、奋力拼搏，推动事故总量和死亡人数继续下降，有效遏制重特大事故频发势头，着力提升全社会整体本质安全水平，确保“十三五”安全生产开好局、起好步。

2. 全国煤矿重大灾害防治现场会

2016年7月28日，国家安全生产监督管理总局、国家煤矿安全监察局在山东兖矿集团召开全国煤矿重大灾害防治现场会。会议要求深刻汲取煤矿重大事故教训，加大煤矿灾害防治防范措施，全力遏制煤矿重特大事故。会议指出，近年来煤矿重大灾害防治工作取得了积极进展，但形势依然严峻复杂，制约因素和问题仍然比较突出。一些地区和煤矿企业对灾害防治工作重视不够，煤矿致灾因素普查不清，防灾制度措施不落实等。会议强调，煤矿安全生产存在自身结构和外部环境变化影响等深层次问题，加剧了重大灾害防治的艰巨性和不确定性。要继续扭住遏制重特大事故这个“牛鼻子”不放松，努力实现重大灾害防治“五个转变”。在煤矿安全生产方面，要紧抓重点企业、重点灾害、重点工程，做好新规程对标整改，不断提高重大灾害防治工作成效；要加强管控，淘汰关闭灾害难以有效防治的矿井，严格煤矿安全生产许可证管理，加强停产复产煤矿安全监管，减少重大灾害风险；要夯实基础，确保安全投入，推进“一优三减”，强化灾害防治培训，加快煤矿安全诚信体系建设，提高重大灾害防治保障能力；要严格监管监察执法，强化安全责任追究，推动重大灾害防治再上新水平。

3. 全国煤矿推进安全基础建设现场会

2016年5月6日，全国煤矿推进安全基础建设现场会在安徽皖北煤电集团召开。会议提出，抓基础、强管理是煤矿安全生产的永恒主题。各地区、各有关部门和广大煤矿企业紧密结合实际，创新安全理念，推动责任落实、优化系统布局、推进安全质量标准化、加强管理革新、提升队伍素质、推进科技进步，不断强化煤矿安全基础建设，创造出了许多好经验、好做法，探索把握了煤矿安全基础建设规律，为煤矿安全生产提供了保障。但全国煤矿安全基础整体水平还不够高，特别是当前煤矿安全生产投入、技术管理、安全质量标准化、队伍建设有明显滑坡，为煤矿安全生产带来了巨大挑战。

会议强调，各地区、各部门和广大煤矿企业要以防范和遏制煤矿重特大事故为首要任务，不断强化煤矿安全基础建设，为煤矿安全生产提供可靠保障。坚持突出企业主体责任落实，完善安全生产责任制；着力推进系统优化，推广“一井一面”等集约化生产模式；着力推进管理创新，强化煤矿安全生产风险分级管控、隐患排查治理、安全质量标准化；着力推进队伍素质提升，严格安全管理人员准入，加强专业技能和实操培训，加强班组安全建设和安全文化建设；着力推进科技进步，加大机械化、自动化、信息化和智能化建设力度，加大安全监控系统等安全改造力度；强化安全监管监察，依法淘汰退出落后产能和不安全产能。

4. 煤矿安全监管监察执法工作座谈会

2016 年 9 月 21—22 日，国家煤矿安全监察局在辽宁省大连市召开煤矿安全监管监察执法工作座谈会。近年来，煤矿安全法制不断完善，监管监察执法方式不断创新，执法能力不断增强，执法力度不断加大，执法质量不断提高，煤矿安全监管监察执法工作取得新成效。辽宁省煤矿安监局等 11 个煤矿安全监管监察部门介绍了执法工作经验，山东省煤矿安监局演示了信息化监察执法情况，有关人员讲解了《煤矿安全监察执法手册》，征求了《煤矿安全监察责任清单》修改意见，与会人员进行了深入座谈交流。

会议强调，要清醒认识和把握煤矿安全监管监察执法工作面临的形势，正视执法自身、执法对象以及执法环境方面存在的问题，坚持问题导向，更加注重运用法治手段、更加注重推动企业落实主体责任、更加注重执法队伍能力建设、更加注重执法信息化建设、更加注重执法联动机制建设，主动作为、勇于担当，进一步加强和改进煤矿安全监管监察执法工作。会议要求，全国煤矿安全监管监察系统要紧紧扭住遏制煤矿重特大事故这个“牛鼻子”，全面推进依法治安。要强化规范执法，提高监管监察工作质量；强化严格执法，加大违法责任追究力度；强化执法联动，推动落后产能淘汰退出；强化依法治矿，推动企业主体责任落实；强化执法保障，提升监管监察履职能力。

5.3.4 2016 年专项监察和检查活动

1. 国务院安委会部署对省级政府安全生产巡查

经国务院同意，国务院安委会建立安全生产巡查工作制度，是加强安全生产工作的一项重大制度性安排，对于推动党中央、国务院安全生产各项决策部署贯彻落实，强化地方党委政府安全生产责任，及时发现突出问题、完善政策措施、开拓工作思路，都有重要的意义。

当前安全生产形势依然严峻复杂，特别是重特大事故频发，危害大、影响大，对人民群众安全感带来很大冲击。同时，随着城市规模、生产能力的扩大和新产业、新业态的出现，一些“想不到”引起的安全生产问题不断暴露，安全风险加大、挑战增多。巡查要聚焦遏制重特大事故频发势头、科学编制安全生产“十三五”规划、推进安全生产领域改革创新等重点工作，在发现问题和原因、总结做法和经验、收集意见和建议上下功夫。2016 年，国务院安委会派出巡查组已对 16 省（区、市）开展两批安全生产巡查。

2. 国家安全监管总局部署深化煤矿安全生产大检查

国家安全生产监督管理总局、国家煤矿安全监察局下发《国家安全监管总局　国家煤矿安监局关于深化煤矿安全生产大检查的通知》(安监总煤监〔2016〕115 号)，要求各地区、各有关部门和单位深刻吸取重庆市永川区金山沟煤矿“10·31”特别重大瓦斯爆炸事故教训，清醒认识当前煤矿安全生产面临的严峻形势，结合辖区煤矿实际状况，深入开展煤矿安全生产大检查。重点开展“八查”：一查超层越界；二查复产复工验收；三查淘汰退出；四查“六大系统”；五查采煤工艺和方法；六查超能力生产；七查通风系统；八查安全投入。

(1) 要依法从严从快查处违法违规煤矿。凡是煤矿存在超层越界违法开采的，要立即停产整顿，并依法移送国土资源部门处理；凡被责令停产整顿的煤矿，未经批准擅自恢复生产建设的，必须依法予以关闭；已列入煤炭行业化解过剩产能方案应淘汰退出煤矿仍在生产的，违规设立“过渡期”“回撤期”的，要立即停止生产、淘汰退出，并及时公告；安全监控系统、人员位置监测系统不能正常运行的，要立即停产整顿；采用以掘代采等国家明令禁止使用的采煤方法、工艺的，要立即停产整顿；未按照公告、公示生产能力组织生产的，月产量超产 10%的，“四量”不平衡、采掘接续紧张的，“剃头下山”开采的，抽采瓦斯不达标的，要立即停产整顿；矿井通风系统不完善、不合理，用风地点风量不满足要求的，要立即停产整顿；存在通知里明确的 9 种情形的，要立即停产整顿。

(2) 对被责令停产整顿或者发现不具备安全生产许可证持证条件的煤矿，要暂扣其安全生产许可证；对被暂扣安全生产许可证经整改仍达不到持证条件的煤矿，要依法吊销其安全生产许可证；对安全生产许可证期满未申请延期的煤矿，要依法注销其安全生产许可证。要将责令停产整顿和暂扣、吊销、注销安全生产许可证煤矿的情况同时告知国土资源、工商管理、公安、供电等有关部门和煤矿所在地人民政府，落实停供爆炸物品、限量供电等措施。

(3) 被责令停产整顿擅自从事生产的、经停产整顿仍不具备安全生产条件的、3 个月内 2 次或者 2 次以上发现有重大安全生产隐患仍然进行生产的三类煤矿，依法提请地方人民政府予以关闭。对违法违规生产建设涉嫌犯罪的，要依法移交司法机关，不得“以罚代刑”。

(4) 各地区、各部门要结合辖区煤矿实际，精心组织，统筹安排，调动各级煤矿安全监管监察部门和煤炭行业管理部门以及其他力量，对辖区内所有煤矿（包括已经停产停工煤矿）进行全面排查，除了正常检查外，还要采取突击检查、随机抽查、暗查暗访等方式，确保大检查取得实效。

3. 煤矿瓦斯防治专项监察

自《国家煤矿安全监察局关于印发 2016 年 7 项专项监察方案的通知》下发以来，煤矿瓦斯防治专项监察已取得阶段性成效。各省级煤矿安监局在煤矿瓦斯防治专项监察中共抽查煤矿 1291 个，查处安全隐患 6139 条，下达执法文书 3405 份，罚款 2166.08 万元，责令停产或停工矿井 164 个，责令停止生产工作面 237 个，提请关闭矿井 1 个。国家煤矿安监局组织对 12 个省（直辖市）煤矿瓦斯防治进行了异地监察，共抽查煤矿 49 个，查处安全隐患 581 条，下达执法文书 201 份，罚款 334.8 万元，责令停产矿井 1 个，责令停止生产工作面 22 个。

煤矿瓦斯防治还存在诸多问题，必须引起高度重视。一是瓦斯防治基础依然薄弱、管理滑坡严重。二是防突工作落实不到位、瓦斯抽采不达标。三是安全监控系统管理不到位，可靠性、准确性差。四是瓦斯事故隐患排查存在盲区、责任不落实。五是采空区密闭管理薄弱环节多。

国家煤矿安全监察局要求，高度重视老空区透水、顶板大面积垮落、冲击地压等灾害耦合叠加引发老空区瓦斯突然涌出造成瓦斯事故；督促煤矿企业使用好、维护好安全监测监控系统，建立完善、严格落实瓦斯零超限目标管理制度，倒逼瓦斯综合防治工程措施落实到位；严格监督检查煤矿安全投入和瓦斯防治工程进展情况，对安全投入不足、采掘接续紧张、瓦斯防治工程措施落实不到位的煤矿，必须依法停产整顿或核减产量；加大对停产整顿矿井违规生产、超层界开采、关闭矿井死灰复燃、私挖乱采盗采等违法行为的打击力度，坚决打击以隐患排查、治理整顿、撤出设备等为名进行生产，严防违法生产引发重特大瓦斯事故；针对新《煤矿安全规程》中的要求认真排查、督促煤矿企业抓紧研究方案、制定措施、推进整改。

4. 煤矿安全生产投入监管监察

按照《国家煤矿安监局关于印发 2016 年 7 项专项监察方案的通知》(煤安监监察〔2016〕7 号）要求，各省级煤矿安监局及所属监察分局深入开展煤矿安全投入专项监察，共抽查 722 处煤矿企业及煤矿，查处各类安全隐患和问题 2209 条，责令局部停止作业 36 处，责令停产整顿煤矿 1 处，行政罚款 150.4 万元。通过此次专项监察，发现煤矿企业在安全投入方面存在安全投入力度降低、安全生产费用管理制度不完善和安全生产费用使用不规范等诸多问题，必须引起高度重视。

针对上述问题，各级煤矿安监机构要紧紧聚焦防范遏制煤矿重特大事故，加强对煤矿企业安全投入的监督检查，督促煤矿企业落实安全生产主体责任，保证安全投入，提升煤矿安全生产保障能力。一要督促煤矿企业整改隐患和问题；二要强化煤矿企业主体责任落实；三要加大煤矿安全投入落实的监察力度。

5.3.5 2016 年煤矿安全生产国际交流

1. 第八届中国国际安全生产论坛暨安全生产及职业健康展览会

2016 年 9 月 27 日，主题为“预防为主，标本兼治”的第八届中国国际安全生产论坛暨安全生产及职业健康展览会在京开幕。国家安全生产监督管理总局党组成员和国家煤矿安全监察局领导班子成员，国务院安委会有关成员单位和部分中央企业负责人出席开幕式。来自国内外的政府官员、国际组织代表、专家学者和企业界人士近 500 人参加开幕式。论坛期间，中外嘉宾围绕建立安全生产隐患排查治理、风险分级防控的安防工程，城市安全风险防控与安全监管，科技创新支撑安全发展，以及提升矿山和危险化学品领域职业安全健康水平进行深入研讨和广泛交流。

中国政府坚持通过改革创新解决发展中问题的基本思路，深入贯彻科学发展、安全发展理念，大力加强安全生产各项工作，事故总量和死亡人数连续14年“双下降”。“预防为主，标本兼治”是中国多年来安全生产实践的基本思路和基本经验，必须继续坚持和完善。要树立事故可防可控的观念，坚定扭转被动局面的信心，不断认识、正确把握安全生产规律特点，正确处理好人与自然、人与技术设备设施、人与社会的关系，提高工作针对性、预见性和有效性。要树立预防事故的价值取向和工作导向，以此带动安全准入、日常防范、监管执法等工作，建立健全安全生产工作体系。要把安全生产置于经济社会发展大局来谋划和推动，着眼于全面建成小康社会目标要求，从根本上强化安全基础，推动安全生产事业发展。要把标本兼治作为治理安全生产问题的有效方法，充分发挥中国特色社会主义制度优势，积极调动政府、企业、社会等各方面力量，形成齐抓共管、系统治理的格局。要坚持改革创新，积极吸收借鉴国际先进经验，解决已有的问题和新遇到的问题，提升全社会整体本质安全水平。

国际劳工组织认为，职业安全健康涉及家庭幸福、社区和谐和生产力发展。中国是世界第二大经济体，就业人数占全世界1/4，在职业安全健康领域的领导地位至关重要。近年来，中国在完善职业安全健康体系上采取了一系列措施，工作场所事故发生率连续下降。但是，随着中国“一带一路”倡议，基础设施建设企业走向世界，对职业安全健康工作提出了更高要求，带来了更大挑战。实践证明，职业安全与健康预防文化需要所有人参与，需要政府、雇主和员工的共同努力、经验和知识分享。国际劳工组织将继续支持中国政府，鼓励相关方制定工作场所风险评估和管理体系，为提高职业安全健康水平，实现体面劳动作出重要贡献。

2. 第四届中俄安全生产高层对话在京举行

2016年9月26日，主题为“能源冶金危化品工业事故预防”的第四届中俄安全生产高层对话在京举行。国家安全监管总局领导，俄罗斯联邦环境、技术与原子能监察署领导等出席对话活动并分别致辞。中俄有关政府官员和专家学者围绕完善煤炭工业采矿安全监察体系、强化冶金企业安全风险管控、加强化工企业安全法规监控等开展了深入探讨交流。

3. 第十六届国际煤层气暨页岩气研讨会

2016年9月12日，第十六届国际煤层气暨页岩气研讨会在山西省晋城市举行，会议旨在加强煤矿安全生产、推动瓦斯（煤层气）科学化利用，促进全球生态环境的改善。此次会议是由国家煤监局科技装备司、美国环保局煤层气办公室主办，安监总局信息研究院（煤炭信息研究院）等共同承办。来自国际、国内300余名行业专家、有关机构及相关产业公司负责人参加了会议。

5.4 各地煤矿安全生产工作典型经验

5.4.1 煤矿安全监察

1. 河南省煤监局着力推进安全生产监察工作与职业卫生示范矿井建设

2016年，河南省煤矿安全监察局认真贯彻落实全国安全生产电视电话会议和全国安全生产工作会议决策部署，深入践行“1223”工作理念，以有效防范和坚决遏制煤矿重特大事故为目标，以推进企业落实安全生产主体责任为重点，内强素质、外树形象、改革创新、求真务实，努力推进全省煤矿安全生产形势持续稳定好转。会议明确提出要着力抓好6方面的工作，全面推进河南煤矿安全监察工作再上新台阶。一是着力履行国家监察职责；二是着力防范煤矿重特大事故；三是着力推进煤矿安全责任落实；四是着力提升服务煤矿安全生产工作水平，要在行政许可办理、安全宣传教育培训、事故警示教育、加强高层沟通对话、安全科技和典型经验推广、行政指导6个方面为煤矿企业提供热情优质服务，凝心聚力做好安全生产工作；五是着力加强班子和队伍建设；六是着力提升服务保障中心工作能力。要加强制度建设、规范内部管理，加强和谐机关建设、营造干事创业氛围，加强基础建设、深化业绩考核，发挥对监察工作的服务保障作用。

河南省树立“以人为本”思想，坚持“防伤亡事故和防职业病危害并重”和“一切为了职工生命安全和健康”的工作思路，根据《中华人民共和国职业病防治法》《工作场所职业卫生监督管理规定》（国家安全监管总局令第47号）等法律法规，以及《煤矿作业场所职业病危害防治规定》（国家安全监管总局令第73号）等部门规章，为落实职业危害防治主体责任，促进煤矿职业危害防治水平不断提升，制定了煤矿职业卫生示范矿井建设方案，通过典型引路，重点突破，强力推动职业卫生示范矿井建设，为提升煤矿职业健康工作水平和能力探索出一条新途径，具有重要的示范意义。

2. 山东省煤监局推行煤矿安全与职业健康监察一体化

为进一步提高煤矿安全监察效能，保障煤矿职工生命健康权益。山东煤监局出台实施意见，推行煤矿安全与职业健康监察一体化。意见要求，各处室、监察分局今后在编制年、月度监察执法计划时，须将职业卫生内容一并纳入其中，同部署、同执行、同落实，并把职业健康的监察执法分析结果按每月、季、年汇总上报。

实施意见的出台是山东煤监局在安全监察工作中的又一创新，将在督促煤矿企业进一步落实职业卫生防治主体责任，以及推动全省煤矿职业危害防治工作再上新水平发挥重要作用，为更好地维护劳动者健康权益，实现安全生产打下坚实基础。

3. 河北省煤矿安全监察局从严执法坚决防范遏制煤矿重特大事故

河北省煤矿安全监察局以防范煤矿重特大事故为“牛鼻子”，立足查大系统、查大隐患、防大事故，不断探索监察方式，严格执法，创新实践了“十步十字”监察工作法（表5-1），取得了明显成效。

表 5-1 河北省煤矿安全监察局“十步十字”工作法

第一步	监察定位“高”	第六步	文书制作“准”
第二步	监察方案“细”	第七步	立案查处“快”
第三步	问题剖析“透”	第八步	行政处罚“狠”
第四步	人员分工“专”	第九步	警示约谈“广”
第五步	现场检查“全”	第十步	责任落实“严”

通过创新开展“十步十字”监察工作法，严厉查处了一批重大隐患，有力促进了河北省煤矿安全生产持续稳定好转。2016 年，河北省煤矿发生生产安全事故 6 起、死亡 6 人，百万吨死亡率为 0.095，同比分别下降 40%、45.5%、37.1%，未发生较大以上事故，安全生产创历史最高水平。

5.4.2 煤矿安全监管

1. 河南省狠抓“五优”矿井创建全面提升煤矿基层基础建设新水平

河南是全国的重要产煤省份和国家规划的 14 个大型煤炭基地之一，煤矿开发时间长，地质条件复杂，安全生产基础相对薄弱。近年来，为确保煤矿安全生产和职工生活质量提高，在质量达标和安全高效建设的基础上，河南省积极探索全面提升煤矿安全基础管理的新思路、新做法，在全省重点煤矿中开展以“安全零死亡、工效翻一番、一级标准化、科技有创新、矿区文明化”为内容的“五优”矿井创建工作，着力筑牢安全生产基础，提升安全管理水平，建设一批安全状况好、生产工效高、职工生活有保障的现代化矿井。目前，55 处煤矿建成“五优”矿井，“五优”的主要内涵包括：

（1）安全生产方面。煤矿必须实现零死亡。

（2）高效建设方面。原煤生产工效翻一番，取得安全高效矿井称号；采煤机械化程度达到 85%以上，掘进装载机械化程度达到 95%以上；资源采出率符合国家规定。

（3）质量达标方面。必须达到一级标准化矿井标准。

（4）科技创新方面。煤矿每年至少有 1 项获得市（厅、局）级以上的科技成果奖。

（5）矿区文明方面。矿区和谐稳定，班子团结，企业文化建设主题鲜明，获得市级及以上文明单位称号。

“五优”矿井的 5 个方面相辅相成，互为补充，既突出井下安全生产，又强调地面文明生活。我们以“五强化、五创新”为抓手，全面推进“五优”矿井创建实施。主要做法包括：①强化组织领导，创新“五优”建设新机制；②强化理念引领，创新双基建设新内涵；③强化精品引路，创新达标工程新形象；④强化班组为根，创新班组建设新模式；⑤强化文化为魂，创新企业文化新风尚。

2. 四川省大力推进煤矿安全生产标准化建设

四川省高度重视煤矿安全生产标准化工作，强调煤矿安全是安全生产工作的重中之重，必须强化煤矿安全基础，建立健全长效机制，大力推进煤矿安全生产标准化建设，把煤矿安全生产标准化作为解决小煤矿安全发展问题的重要抓手，克服困难，加大投入，示范带动。

在省财政十分困难的情况下，省政府加大财政支持力度，省人大批准省政府专项预算，从 2016 年开始安排财政专项资金 600 万元，之后两年每年不少于 600 万元，并要求地方逐级配套相应资金，连续 3 年可带动投入标准化建设资金 2 亿元以上，积极推动煤矿安全生产标准化建设工作。同时规定，财政资金专项用于煤矿标准化示范矿井建设，标准化达一级的企业每矿奖励 20 万元，达二级的企业每矿奖励 10 万元，达三级的企业（其中通风和地测防治水系统达二级）每矿奖励 5 万元，积极引导激励煤矿企业安全生产标准化建设。省政府安委会组织涉煤地方政府安委会专题会商，统一认识，组织 7 个工作推进组对涉煤市州分片包干现场督促。

狠抓示范建设，连续推进 3 年，建成 15 个煤矿标准化建设示范县；建成 25 处一级标准化示范矿井和 100 处二级标准化示范矿井，全面提升煤矿安全基础管理水平。一是印发《四川省推进煤矿安全质量标准化建设工作方案》，对煤矿标准化建设明确了指导思想、总体要求、工作目标、建设任务和主要措施；还对一、二级标准化示范矿井和标准化示范建设县、产煤市标准化建设任务提出了具体要求。二是编制和审定示范建设方案。截至目前，示范建设井、示范建设县和产煤市（州）均完成示范建设方案编制工作。三是落实责任。成立领导小组，明细工作责任，建立和完善工作体系，要求由被动抓向主动抓转变，由零星抓向系统抓转变，由静态抓向动态抓转变。四是组织标准化专题培训。2016 年初，对产煤市、县煤矿监管部门标准化负责人、业务人员和煤矿企业负责人等 800 余人进行培训，各产煤市、县煤矿监管部门采取多种方式对煤矿企业部门有关人员进行培训，煤矿企业对本企业的区队长、班组长和职工进行培训，全省煤矿标准化培训实现了全员覆盖。

5.4.3 煤矿企业安全生产管理

1. 兖矿集团多措并举做好安全生产工作

兖矿集团牢固树立“越是经济困难越要抓好安全、抓不好安全就更困难”的紧迫意识，把安全生产作为应对严峻经济形势的首要前提和根本保障，创新实施一系列安全工作举措。一是强化安全分级分类管理。适应改建国有资本投资公司要求，强化各级安全主体责任。集团公司成立安全生产委员会和 9 个专业委员会，形成纵向到底、横向到边、全面覆盖的安全责任体系。二是创新实施安全综合评价。制定评价大纲和评价模板，实施驻点办公和工作写实制度，系统查找整改安全薄弱环节。完成 19 家生产矿井及 14 家非煤重点单位安全评价，实现安全管理优化升级。三是集中开展隐患排查整治。认真贯彻上级关于开展安全生产隐患大排查、快整治、严执法集中行动的要求，制定行动方案，有针对性地安排部署煤矿、危险化学品、建筑施工、消防等 6 个行业领域安全隐患排查治理工作，对查出的问题和隐患立行立改。四是狠抓安全基层基础建设。突出安全质量标准化、安全培训、应急管理等安全重点工作，有力夯实安全工作基础，促进安全形势总体平稳发展，确保实现安全年。

2. 龙煤集团严格落实安全包保制度

针对企业当前实际，龙煤集团紧紧抓住安全生产突出矛盾，不断强化责任落实，强化作风建设，强化安全思想，全力抓好安全保障，为企业改革脱困营造安全生产环境。

龙煤集团对安全生产工作做出严密部署，成立了安全生产总督导组和 4 个安全生产检查组，深入鸡西、鹤岗、双鸭山、七台河矿业公司及矿建公司开展安全生产督导检查，要求各公司、煤矿成立以党政主要领导为首的安全生产领导小组，严格落实“四级”安全包保制度，推进安全生产措施落实到位。进一步明确流程责任，抓住关键环节。按照煤矿安全生产管理流程，分层级建立《煤矿安全生产责任制（责任清单）范本》，明确每个人的安全职责和责任轻重。进一步强化作风建设，增强基层战斗力。发扬党员干部深入基层、深入一线工作作风，及时发现和解决安全生产问题，带领职工共筑安全生产基础。进一步做好思想引导，防范思想隐患。针对当前企业困难和员工思想实际，将安全思想教育与形势任务教育相结合，做好形势宣讲、答疑解惑、正面引导等工作，引导职工树立“越是困难时期、越要坚守安全”的思想观念。在此基础上，紧紧抓住安全生产突出矛盾，推进灾害治理等重点工作落实。

3. 开滦集团突出“六字”工作法，严守安全底线

2016 年，面对煤炭市场持续下行、企业生产经营压力不断增大给企业安全生产带来的不利影响，开滦集团严守安全底线，狠抓安全责任落实，全面实施“六字”工作法。一是突出一个“细”字，明晰安全主体责任；二是突出一个“严”字，严肃安全责任追究；三是突出一个“实”字，切实转变工作作风；四是突出一个“法”字，对号落实规程措施；五是突出一个“情”字，践行以人为本理念；六是突出一个“恒”字，夯实安全工作基础。夯实安全基础工作，提升安全管理水平，全力做好困难形势下的安全管理工作，为企业扭亏脱困、转型升级创造了安全稳定的发展环境。

6 煤炭与环境

煤炭是中国主体能源和重要的工业原料，有力地支撑了国民经济和社会长期平稳较快发展。虽然煤炭工业发展“十三五”规划提出，煤炭在一次能源消费中的比重将逐步降低，到2020年能源消费总量控制在5000 Mt标准煤以内，煤炭消费总量控制在4100 Mt以内，煤炭消费比重降低到58%以下，但在相当长时期内，煤炭的主体能源地位不会变化。长期以来，煤炭高强度开采引发土地沉陷、水资源破坏、瓦斯排放、煤矸石堆存等一系列问题，破坏了矿区生态环境，恢复治理滞后。近年来中国大气污染防治形势十分严峻，在传统煤烟型污染尚未得到控制的情况下，以O_3、PM2.5和酸雨为特征的区域性复合型大气污染日益严峻，污染物减排压力持续增大，城市空气质量达标难度大。中国资源约束趋紧、环境质量差、生态受损严重，生态环境已经成为全面建成小康社会的短板，随着经济社会发展水平的提高，人民群众对清洁空气、清澈水质、清洁环境等生态产品的需求日益迫切。突出的生态环境问题和不断增加的应对气候变化压力，要求煤炭工业发展必须更加注重生态环境保护，走绿色开发与清洁高效利用的道路。

6.1 煤炭生产与消费对环境的影响

煤炭对环境的影响主要出现在煤炭开采、运输与利用过程中，其中煤炭利用对环境的污染最大。煤炭开采对环境的影响主要表现为对土地资源、水资源的破坏以及对大气环境的污染，同时煤炭洗选对水资源也造成了破坏和污染。此外，在煤炭开采过程中，矿井瓦斯以及矸石自燃释放的气体都会产生污染。据统计，中国煤矿开采排放的瓦斯量每年高达$7\times10^9\sim9\times10^9$ m^3，约占全球总量的1/3，对环境污染十分严重。而在洗选过程中，筛除的矸石自燃排放出大量的二氧化硫、一氧化碳等有毒气体。据不完全统计，中国煤矸石的排放量约占原煤产量的15%～20%。

中国煤炭资源分布不平衡决定了煤炭北煤南运、西煤东运的运输格局，在煤炭储、装、运过程产生的环境污染主要表现为煤尘飞扬。数据显示，近年来中国在贮煤和输煤过程中产生的扬尘量每年约 20 Mt，对于环境存在较大的影响。

与煤炭生产、运输相比，煤炭利用对环境的影响更大。中国约有近一半的煤炭用于燃煤发电，而除集中发电用煤之外，还有一部分小发电机组和居民供热等使用的散烧煤炭，由于集中程度低、劣质煤炭占比大，导致排放系数远高于燃煤电厂。中国每年消耗 $7\times10^{8}\sim8\times10^{8}$ t 是散烧煤，这是中国能源利用中最低效且污染最重的部分，对于空气污染物排放量的“贡献率”高达 50%。

6.2 环保政策对煤炭消费的影响

中国政府高度重视大气污染防治工作，2013 年 9 月，国务院印发《大气污染防治行动计划》(简称为“大气十条”)。“大气十条”已经成为当前和今后一个时期全国大气污染防治工作的行动指南，其中的部分重要条款对国家能源消费结构与布局产生深远的影响。2014 年 11 月，国家发展和改革委员会印发《国家应对气候变化规划(2014—2020)》，调整能源结构与控制能源消费是该规划提出的主要任务之一，与“大气十条”密切相关的措施包括：调整化石能源结构，控制煤炭消费总量，加强煤炭清洁利用，优化煤炭利用方式，制定煤炭消费区域差别化政策等。2016 年，《巴黎协定》《“十三五”控制温室气体排放工作方案》《“十三五”生态环境保护规划》和《“十三五”节能减排综合工作方案》等一系列环保政策的出台，对煤炭消费也产生了一定的影响。

6.2.1 “大气十条”

1. “大气十条”对煤炭消费结构的影响

降低煤炭在能源消费结构中的比重。“大气十条”中提出了 10 项具体措施，能源利用的相关要求占据了前 5 项。控制煤炭消费总量、加快清洁能源替代利用、推进煤炭清洁利用、提高能源使用效率等综合能源改革举措，对中国的能源消费结构产生的影响正在显现，煤炭在能源消费结构中的比重从 2014 年的 65.6%下降到 2016 年的 62.0%。

“大气十条”制定了国家煤炭消费总量中长期控制目标，实行目标责任管理，有效控制煤炭消费总量，降低煤炭在能源消费结构中的比重。在“大气十条”以及相配套的煤炭消费控制政策的共同作用下，煤炭消费不仅能够实现在结构上逐步下降，而且能够尽快实现煤炭消费峰值目标，达到减少煤炭消费绝对量以及保护大气环境的目的。

2. “大气十条”对煤炭消费布局的影响

减少重点区域的煤炭消费量。从全国煤炭消费与环境质量的分布来看，经济发达地区是煤炭消费总量较大的重点区域，同时也是大气污染较为严重的地区。控制东部京津冀、长三角、珠三角等重点城市群的煤炭消费，将是煤炭消费总量控制目标能否实现的关键。以京津冀为例，在“大气十条”出台后，又出台了《京津冀及周边地区落实大气污染防治行动计划实施细则》，明确提出了到2017年北京、天津、河北和山东压减煤炭消费总量的目标，将为中国实现煤炭消费总量控制目标提供保障，也为在全国范围内实施分区域的煤炭消费总控制政策提供借鉴。

6.2.2 《巴黎协定》

2016年11月4日，《巴黎协定》正式生效，迈出了全球应对气候变化“从承诺走向行动”的坚实一步。《巴黎协定》是继《京都议定书》之后，《联合国气候变化框架公约》下的第二份具有法律约束力的文件。《巴黎协定》的签订和生效是中国能源结构转型进程加快的信号，同时也给能源结构转型设定了一系列的基本目标。中国政府在“国家自主贡献（INDC）”中提到，碳排放在2030年达到峰值，碳强度与2005年相比下降60%～65%。结合全球2050年温升控制在2℃以下等一系列目标分析后，2050年中国碳排放份额为3500 Mt左右。然而，如果按照中国目前的化石能源消费结构，是很难实现上述目标的。

《巴黎协定》显示出21世纪全球绿色低碳转型发展已经是大势所趋，以化石燃料特别是煤炭为主的能源结构很难长期不变，清洁低碳能源将逐渐成为主流。落实《巴黎协定》的限排规定，有利于推动中国能源生产与消费的低碳转型发展；可再生能源、核能、智能电网技术、高级输电系统以及化石能源碳排放回收利用等低碳能源技术及相关产业将迎来重大发展机遇。

在《巴黎协定》生效的当天，中国提出建立全国统一的碳排放权交易市场。将于2017年在北京、天津、上海、广东、湖北、重庆、深圳共7个试点城市铺开，届时交易规模将由目前的32亿元上升到2017年的4000亿元。这不仅将促进中国二氧化碳减排，同时对于整个绿色能源发展起到保护作用。为确保2017年启动全国碳排放权交易，实施碳排放权交易制度，2016年1月22日国家发展和改革委员会发布《关于切实做好全国碳排放权交易市场启动重点工作的通知》，明确了全国碳排放权交易市场启动前的工作任务。

6.2.3 《“十三五”控制温室气体排放工作方案》

为积极应对气候变化、有效落实《巴黎协定》，2016年11月4日国务院正式印发《“十三五”控制温室气体排放工作方案》(简称“工作方案”)，全面部署2020年之前中国控制温室气体排放的各项工作任务。工作方案明确规定，到2020年单位国内生产总值二氧化碳排放比2015年下降18%；能源消费总量控制在5000 Mt标准煤以内；非化石能源比重达到15%；天然气占能源消费总量比重提高到10%左右；煤炭消费总量控制在4200 Mt左右；推动雾霾严重地区和城市在2017年后实现煤炭消费负增长；加强煤炭清洁高效利用，大幅削减散煤利用。工作方案是推动发展方式转型、构建可持续生产和消费体系的客观需求，受到国内外广泛关注和高度评价。

6.2.4 《“十三五”生态环境保护规划》

为深化区域大气污染联防联控，2016年12月5日国务院印发的《“十三五”生态环境保护规划》指出，重点区域严格控制煤炭消费总量，京津冀及山东、长三角、珠三角等区域以及空气质量排名较差的前10位城市中受燃煤影响较大的城市要实现煤炭消费负增长。为显著削减京津冀及周边地区颗粒物浓度，重点城市实施天然气替代煤炭工程，推进电力替代煤炭，大幅减少冬季散煤使用量，“十三五”期间北京、天津、河北、山东、河南5省（市）煤炭消费总量下降10%左右。为明显降低长三角区域细颗粒物浓度和大力推动珠三角区域率先实现大气环境质量基本达标，“十三五”期间上海、江苏、浙江、安徽4省（市）煤炭消费总量下降5%左右，地级及以上城市建成区基本淘汰35蒸吨（一般用T/h来表示，1 T/h＝0.7 MW）以下燃煤锅炉。珠三角区域煤炭消费总量下降10%左右。到2020年，实现珠三角区域大气环境质量基本达标，基本消除重度及以上污染天气。

6.2.5 《“十三五”节能减排综合工作方案》

为确保完成“十三五”节能减排约束性目标，保障人民群众健康和经济社会可持续发展，促进经济转型升级，实现经济发展与环境改善双赢，2016年12月20日国务院关于印发了《“十三五”节能减排综合工作方案》，提出要推动能源结构优化，加强煤炭安全绿色开发和清洁高效利用，推广使用优质煤、洁净型煤，推进煤改气、煤改电，鼓励利用可再生能源、天然气、电力等优质能源替代燃煤使用。到2020年，煤炭占能源消费总量比重下降到58%以下，电煤占煤炭消费量比重提高到55%以上，非化石能源占能源消费总量比重达到15%，天然气消费比重提高到10%左右。

6.3 绿色开发

绿色发展相对于传统“黑色”发展而言，是有利于资源节约、经济增长和环境友好的新型发展模式，是任何经济体系发展到一定阶段后的重要特征。大型煤炭矿区绿色发展水平的高低，对于中国能源安全、经济增长以及节能环保都具有重要影响。大型煤炭矿区绿色发展是煤炭工业发展的重要趋势，神华准格尔能源有限责任公司黑岱沟煤矿和中煤平朔集团有限公司安太堡露天煤矿的绿色矿山建设实践具有一定的代表性，研究分析这两个煤矿的绿色发展做法对于推动中国大型煤炭矿区绿色发展的进程具有一定指导意义。

6.3.1 绿色矿山建设

1. 绿色矿山的提出

2007年，中国国际矿业大会以“坚持科学发展，推进绿色矿业”为主题，明确发展绿色矿业的基本任务是“促进资源合理利用、落实节能减排、保护生态环境和实现矿地和谐”。2008年，国务院批准实施《全国矿产资源规划（2008—2015年）》，在国家层面上首次提出建设绿色矿山、发展绿色矿业的总体要求，制定了“大力推进绿色矿山建设，到2020年绿色矿山格局基本建立”的总体目标。《全国矿产资源规划（2016—2020年）》再次提出，要全面推进绿色矿山和绿色矿业发展示范区建设。

2. 绿色矿山试点建设

从绿色矿山概念提出，为深入推进绿色矿山建设，大力发展绿色矿业，2010 年，中国国土资源部印发《关于贯彻落实全国矿产资源规划发展绿色矿业建设绿色矿山工作的指导意见》(国土资发〔2010〕119 号)，进一步明确了绿色矿山建设的总体思路和主要目标任务，提出国家级绿色矿山建设的 9 个基本条件。到 2013 年，国土资源部先后分 4 批组织推进国家级绿色矿山试点单位的建设工作，矿山企业积极响应，通过企业申报，专家评选，4 批共确定了 668 家国家级绿色矿山试点单位，其中煤炭企业矿山累计超过 200 家，实现了“十二五”末国家级试点矿山 600 家以上的目标。这些矿山企业分布在全国 29 个省（区、市)，涉及能源、冶金、有色、黄金、化工、非金属及建材等行业。

3. 绿色矿山试点评估

根据《国土资源部关于贯彻落实全国矿产资源规划发展绿色矿业建设绿色矿山工作的指导意见》，2014 年和 2015 年国家对第一批、第二批国家级绿色矿山试点单位建设进展情况进行了评估。根据 2016 年国土资源部发布的《关于国家级绿色矿山试点评估结果的公告》(2016 年第 21 号)，187 家试点单位完成绿色矿山建设规划确定的目标任务，达到国家级绿色矿山基本条件。其中，59 座煤矿通过试点评估，第一批 11 家煤炭企业绿色矿山试点中有 10 家通过试点评估，第二批 62 家煤炭企业绿色矿山试点中有 49 家通过试点评估，通过评估的国家级绿色矿山试点煤矿名单见表 6-1。

表 6-1　通过国家级绿色矿山试点评估煤矿一览表

批次	煤矿名称
第一批	**山西省：**同煤大唐塔山煤矿；**内蒙古自治区：**中国神华能源股份有限公司上湾煤矿、神华准格尔能源有限责任公司黑岱沟露天矿；**山东省：**新汶矿业集团有限责任公司华丰煤矿、兖州煤业股份有限公司济宁三号煤矿、兖州煤业股份有限公司兴隆庄煤矿、山东泰山能源有限责任公司协庄煤矿、山东泰山能源有限责任公司翟镇煤矿；**吉林省：**白山市振东煤业有限责任公司东晋煤矿；**河南省：**郑州磴槽企业集团金岭煤业有限公司
第二批	**北京市：**北京昊华能源股份有限公司大安山煤矿、北京昊华能源股份有限公司木城涧煤矿；**河北省：**冀中能源股份有限公司（云驾岭矿)、冀中能源股份有限公司（东庞矿)、冀中能源股份有限公司（邢东矿)、开滦（集团）有限责任公司（唐山矿业分公司)；**山西省：**山西潞安集团余吾煤业公司（屯留煤矿)、大同煤矿集团大同地煤青磁窑煤矿、大同煤矿集团公司晋华宫矿、大同煤矿集团朔州朔煤王坪煤电有限责任公司（王坪煤矿)、山西长平煤业有限责任公司（长平煤矿)、山西汾西矿业集团南关煤业有限责任公司（南关煤矿)；**内蒙古自治区：**内蒙古伊泰京粤酸刺沟矿业有限责任公司酸刺沟煤矿、华能伊敏煤电有限责任公司露天矿、内蒙古伊泰煤炭股份有限公司大地精煤矿、神东天隆集团有限责任公司武家塔露天煤矿；**辽宁省：**抚顺矿业集团有限责任公司东露天矿；**吉林省：**吉林长春羊草煤业股份有限公司羊草沟煤矿一矿、吉林长春羊草煤业股份有限公司羊草沟煤矿二矿、吉林通化矿业集团公司道清煤矿；**黑龙江省：**黑龙江龙煤鹤岗矿业有限责任公司新岭煤矿、黑龙江龙煤七台河矿业有限责任公司龙湖煤矿、黑龙江龙煤鹤岗矿业有限责任公司峻德煤矿、黑龙江龙煤双鸭山矿业有限责任公司新安煤矿、黑龙江龙煤双鸭山矿业有限责任

表 6－1（续）

批次	煤矿名称
第二批	公司东荣二矿；**安徽省：**安徽五沟煤矿有限责任公司五沟煤矿；**江西省：**江西煤业集团有限责任公司（安源煤矿）；**山东省：**山东新巨龙能源有限责任公司（龙固煤矿）、山东龙口煤电有限公司北皂煤矿、山东泰丰控股集团有限公司王家寨煤矿、山东聚源矿业集团有限公司聚源煤矿；**河南省：**河南神火煤电股份有限公司新庄煤矿、河南大有能源股份有限公司常村煤矿、平顶山天安煤业股份有限公司一矿、河南省正龙煤业有限公司城郊煤矿；**湖北省：**湖北宝源广得资源有限公司马河煤矿；**湖南省：**湖南天泰煤业有限公司（腊树垭煤矿）；**广西壮族自治区：**广西东怀矿业有限责任公司东怀煤矿一号井；**重庆市：**重庆中梁山煤电气有限公司矿业分公司南井煤矿、重庆南桐矿业有限责任公司南桐煤矿、重庆永荣矿业有限公司韦家沟煤矿、重庆松藻煤电气有限责任公司打通一煤矿；**四川省：**四川嘉阳集团公司（嘉阳煤矿）；**云南省：**云南省东源煤电股份有限公司后所煤矿；**甘肃省：**甘肃窑街煤电集团天祝煤矿有限责任公司（天祝煤矿）、甘肃窑街煤电集团有限公司三矿；**青海省：**义煤集团青海义海能源有限责任公司大煤沟煤矿；**宁夏回族自治区：**神华宁夏煤业集团有限责任公司枣泉煤矿、神华宁夏煤业集团有限责任公司任家庄煤矿

注：目前，国家只对第一批试点、第二批试点进行了评估，第三批、第四批还未评估。

6.3.2 绿色矿山建设实践

神华准格尔能源有限责任公司黑岱沟煤矿是首批国家级绿色矿山 11 个煤炭企业试点矿山之一，并通过国家级绿色矿山试点评估。中煤平朔集团有限公司安太堡露天矿是第三批国家级绿色矿山试点矿山之一，他们在绿色矿山建设试点建设方面发挥了示范引导和带动作用，树立了煤炭行业的典型。

1. 神华准格尔能源有限责任公司黑岱沟煤矿

黑岱沟露天煤矿矿区位于内蒙古鄂尔多斯市准格尔旗东部，是中国水土流失最严重的地区之一。露天煤矿的建设不仅占用大面积的土地，改变原地貌自然景观，而且也形成了大量的无植被覆盖的废弃土地和由松散剥离土岩组成的大型排土场、人工采挖的采掘场等全新的人工地貌，彻底改变了原地貌的性质。排土场新造地貌水土流失形式出现频率和发生程度都明显强于原地貌，排土场是露天矿区水土流失最为严重的区域，有效控制排土场水土流失是半干旱黄土区大型排土场土地复垦和植被恢复的基础。

黑岱沟露天煤矿经过 10 余年有计划的土地复垦和生态重建，水土流失治理面积达 20 km^2，矿区绿化率达到 30%，复垦率达到 53%（为全国露天煤矿平均复垦率的 3 倍），植被覆盖度比自然地貌提高 2～3 倍，水土侵蚀量比原来减少 80%以上，在农作物的试种中比原有农田增加 3 倍以上的产量，牧草产量增长 3～5 倍。经过人工复垦的矿山征用土地土壤熟化后，表层土壤结构得到很好的改善，与矿区周边的自然生态系统比较，土壤有机质、氮、磷有显著的提高。土地复垦及生态恢复工作确实实现了煤炭生产与生态环境效益同步增长的目标，为黄土高原区生态重建摸索出一条科学合理的途径。其具体成果如下：

（1）截止到 2015 年底，该矿累计完成复垦面积 14.2 km^2，北排土场、东排土场、东沿帮排土场和西排土场已全部封场，土地复垦率为 100%，准能黑岱沟露天煤矿北、东排土场复垦实景图见封底。内排土场完成复垦面积 1.09 km^2，工业广场绿化面积 2.12 km^2，绿化率 89.5%，植被平均覆盖率达 75%以上，植被覆盖度比自然地貌提高 2～3 倍。通过植被重建，矿区的区域小气候得到明显改善，其防风固沙、保持水土和净化空气等环境效益已明显发挥出来；矿区内植被覆盖度明显提高，林地及人工草地面积增加到 68%；生态重建区内水分蒸发量减少 17%～38%，空气相对湿度提高 10%～30%。

(2) 准格尔矿区原始地貌土壤侵蚀模数为 13000 t/(km^2 · a)，属极度侵蚀，经过治理后侵蚀模数为 1500 t/(km^2 · a)，大大减少了进入黄河的泥沙量。

(3) 排土场地貌重塑，实现了采掘—排弃—造地—复垦一体化，准能黑岱沟露天煤矿复垦绿化鸟瞰图见封面。

(4) 随着复垦区域林果业、畜牧业、种植业的进一步发展，原占用土地转化为农田、草地、经济林地，实现了土地增值。

(5) 矿区复垦与生态建设产生的景观生态效应、小气候调节效应、生物多样性效应、土壤改良效应、水土保持效应，对矿区生态建设产生了极大的经济效益。

2. 中煤平朔集团有限公司安太堡露天煤矿

安太堡露天煤矿是平朔矿区三大露天煤矿之一，位于朔州市区与平鲁区交界处，总面积 35.7 km^2，地质储量约为 1.18 Gt，1987 年 9 月建成投产，是迄今为止中国煤炭行业引进外资、技术、设备和管理的最大项目。

安太堡露天煤矿积极推进土地复垦工作，建矿伊始就开始着手工程治理与生物治理，研究试验适合土地复垦区生长的牧草及植被，逐步改善土壤结构，实现植被恢复，到 2015 年该矿累计复垦土地 18 km^2，累计投入资金达 5 亿多元，其中林地 13.3 km^2。矿区植物共 210 多种，分属 30 个科，其中人工种植占 10%、野生入侵种占 90%。矿区野生动物有蛇类、野鸡、刺猬、狗獾、狍子、狐狸等 30 余种。矿区复垦区已成为野生动物的乐园。据专家现场调研认为，平朔矿区复垦区生态系统的生产力水平已远超原生态系统。在做好生态环境治理工作的同时，该矿积极探索复垦土地的循环利用，近年来先后开展了牛、羊、鸡、猪养殖，土豆、日光温室种植、食用菌栽培、中药材种植等试验，已投入上亿元发展现代农业，现已建成日光温室 300 座、16000 m^2 智能温室，还配套建设了人工湖、博物馆等设施，目前矿区以复垦土地为核心的生态产业链已初具规模，积极探索“以工哺农”、资源型企业转型发展、建设绿色矿山，促进企业可持续发展的新型道路。

经过 30 年的持续实践，中煤平朔集团走出了一条资源回收率高、消耗少、扰动少、排放少、可修复的绿色开采之路，建立资源开采与生态环境和谐发展的开采模式，形成了较为成熟的绿色开采体系，对中国黄土高原区的生态保护、可持续发展起到了积极的示范作用。

根据多年的实地观察试验，复垦后的土地质量和土地利用结构得到了明显改善。

(1) 复垦后土壤侵蚀模数为 3478 t/(km^2 · a)，比原地貌减少了 194%。

(2) 建立了完善的排洪渠系，坡面基本无切沟侵蚀。

(3) 通过复垦措施改善了排土场平台容重，表层由 1.8 g/cm^3 降为 1.4 g/cm^3 左右，表面疏松后比表层压实的平台减少径流 56%。

(4) 草灌乔覆盖度达 80%～90%，减少径流 66%，减少侵蚀 70%。

(5) 复垦种植后降风速 38%，明显减少了风蚀。

(6) 防风林带的建立和草灌乔对土壤的熟化，为排土场平台建立农田带来可能，现已开发农地和苗圃地 1 km^2，达到了当地耕地水平。

(7) 合理的“采、运、排、复垦”一条龙作业法，改善了地貌特征，填埋了沟壑，利于形成农田，控制了排土场的水土流失。彻底改善了矿区的环境形象，使荒凉寂静的生态变成了有生气的绿色生态园区。

6.4 清洁高效利用

目前，煤炭在中国能源结构中所占的比重在 60%以上，加强对煤炭的清洁高效利用，综合控制污染物排放对于改善环境、抑制雾霾产生至关重要。发展清洁煤电与现代煤化工是实现煤炭清洁高效利用的两条可行路径。2016 年科技部公布 10 项国家重点研发计划，煤炭清洁高效利用位于其列。煤炭工业“十三五”发展规划提出促进煤炭清洁高效利用，推进煤炭深加工产业示范和加强散煤综合治理。

6.4.1 燃煤清洁发电

1. 总体情况

“十二五”期间火电机组结构持续优化。超临界、超超临界机组比例明显提高，单机 300 MW 及以上机组比重上升到 78.6%；单机 600 MW 及以上机组比重明显提升，达到 41%。节能减排达到新水平，煤电机组二氧化碳排放强度下降到约 890 g/(kW·h)，减排二氧化碳约 200 Mt。实施严格的燃煤机组大气污染物排放标准，完善脱硫脱硝、除尘、超低排放等环保电价政策，推动现役机组全面实现脱硫，脱硝比例达到 92%。2015 年电力行业二氧化硫、氮氧化物等主要大气污染物排放总量较 2010 年分别减少 4.25 Mt、5.01 Mt，二氧化硫、氮氧化物减排量超额完成了“十二五”规划目标。

截止到 2016 年底，燃煤发电机组装机规模 940 GW，发电量 3905.8 TW·h，其中煤炭企业参股、控股电厂权益装机容量 180 GW，占燃煤发电总装机量的比重达 19%，年消耗原煤量近 400 Mt。截止到 2016 年底，全国火电装机十大省份分别是：内蒙古 110.44 GW、山东 109.42 GW、广东 104.52 GW、江苏 101.60 GW、四川 91.08 GW、云南 84.42 GW、浙江 83.31 GW、新疆 77.51 GW、山西 76.40 GW、河南 72.18 GW。

2. 政策解读

针对传统的热电，国家制定了一系列燃煤电厂“超低排放”行动计划。

2014 年 9 月，国家发展和改革委员会等印发了《煤电节能减排升级与改造行动计划（2014—2020 年）》，旨在加快燃煤发电升级与改造。2015 年，环境保护部等三部委印发了《全面实施燃煤电厂超低排放和节能改造工作方案》，提出到 2020 年全国所有具备改造条件的燃煤电厂力争实现超低排放，全国有条件的新建燃煤发电机组达到超低排放水平。全面实施燃煤电厂超低排放和节能改造，是推进煤炭清洁化利用、改善大气环境质量、缓解资源约束的重要举措。

2016 年 4 月以来，国家发展和改革委员会、国家能源局连发多份文件，严控煤电规模，具体见表 6－2。

表 6－2　2016 年严控煤电规模政策文件一览表

时　间	重要政策文件	涉及部门或机构	目　　标
2016 年 3 月	《关于促进我国煤电有序发展的通知》	国家发展和改革委员会、国家能源局	严控煤电总量规模
2016 年 3 月	《关于建立煤电规划建设风险预警机制暨发布 2019 年煤电规划建设风险预警的通知》	国家能源局	促进煤电有序发展
2016 年 4 月	《关于进一步做好煤电行业淘汰落后产能工作的通知》	国家发展和改革委员会、国家能源局	加快淘汰煤电行业落后产能
2016 年 10 月	《关于进一步调控煤电规划建设的通知》	国家能源局	严控自用煤电规划建设

2016 年发布的《电力发展“十三五”规划》提出，到 2020 年煤电装机力争控制在 1.1 TW 以内，加快煤电转型升级，促进清洁有序发展。加快新技术研发和推广应用，提高煤电发电效率及节能环保水平。全面实施燃煤电厂超低排放和节能改造“提速扩围”工程，加大能耗高、污染重煤电机组改造和淘汰力度。“十三五”期间，全国实施煤电超低排放改造约 420 GW，实施节能改造约 340 GW，力争淘汰落后煤电机组约 20 GW。

中国发电用煤占煤炭消费总量的一半，通过超低排放燃煤发电，可以使中国 50％的煤炭消费实现清洁高效转化。随着发电用煤占比的不断提高，煤炭清洁化利用比例也将随之提高。根据未来能源品种消费的发展需求，电能将是最主要的能源品种，并将大量替代煤炭直接散烧，如果未来中国电煤消费占比能达到 75％～80％，通过集中清洁高效转化，中国煤炭清洁化利用程度将大大提高。电煤占煤炭消费量比重是衡量煤炭清洁化利用的重要标准。所以，“十三五”时期亟须继续推进煤电节能减排工作，及时总结煤电节能减排示范项目经验，加大淘汰落后火电机组力度，促进火电进一步优化发展，同步推进燃煤锅炉治理，因地制宜实施燃煤锅炉和落后的热电机组替代关停。

6.4.2　煤炭深加工和转化

在煤电产能已然过剩的背景下，现代煤化工有望在煤炭未来发展进程中扮演更为重要的角色。积极探索和发展现代煤化工技术，煤制油、煤制气、煤制烯烃、煤制乙二醇、煤制甲醇二甲醚等清洁燃料和化工品，为煤炭清洁高效利用和集中转化找到了新的发展道路，开拓了新的发展空间。“十二五”期间，中国现代煤化工技术创新和产业化均走在了世界前列，煤制烯烃、煤制油、煤制天然气等示范工程取得重大成效，产业初具规模，基地化格局基本形成。截止到2015年底，中国煤制油产能达到2.54 Mt，当年产量1.15 Mt；煤（甲醇）制烯烃产能达到8.62 Mt，当年产量6.48 Mt；煤制天然气产能达到$3.1\times10^9\ m^3$，当年产量$1.88\times10^9\ m^3$。但是，煤化工的生产伴随着废水、废气、固体废弃物的产生，对环境的影响较大。对环保指标的要求贯穿煤化工项目的全流程，包括设计、建设、试车、运行等环节。2014年11月，国务院发布《能源发展战略行动计划（2014—2020）》，政策明确指出要按照清洁高效、量水而行、科学布局、突出示范、自主创新的原则，稳妥推进煤制油、煤制气技术研发和产业化升级示范工程，掌握核心技术、严格控制能耗、水耗和污染物排放。受污染问题影响，环评成为阻碍煤化工项目开工的最大障碍。2016年，煤化工项目环评大门重新放开，为煤炭深加工和转化创造了机遇。近期国家密集出台的一系列政策性文件和“十三五”规划中，均涉及煤化工产业发展的政策导向，为煤炭深加工利用指明了方向。

1. 煤化工项目相关环保政策

十八大以来，中国政府将环境保护提升到一个新的高度，从国家层面相继出台了一系列环保政策。2013年6月，《大气污染防治行动计划》出台，2014年4月全国人大常委会审议通过的《环保法修订案》，2015年4月的《水污染防治行动计划》出台，2016年12月《环境保护税法》出台。此外，项目环评的审批流程同样趋于严格、正规化。其流程规定：环评申请需首先聘请第三方环评机构出具环境影响评估报告，提交环境保护部；环境保护部受理环评报告后，抽调专家到现场召开专家环评会；专家出具专家意见，提交到环境工程评估中心，评估中心出具评估意见提交环境影响评价司，由环评司及环境保护部等决策层最终确定是否给予通过。

2014年开始，一系列政策出台及审批趋于严格促进煤化工项目环评收紧，煤化工相关的环保政策见表6-3。

表6-3　2014—2016年煤化工项目相关的环保政策

单位	时间	文件名	主要内容
全国人大	2016-12-25	《环境保护税法》	大气污染物将按照污染当量征收环境保护税
国务院	2015-04	《水污染防治行动计划》	指导煤化工在内的各行业水处理工作
环境保护部	2015-03	《环境保护部审批环境影响评价问卷的建设项目目录(2015年本)》	明确煤化工等项目环评审批权限
国务院	2015-03	《关于取消和调整一批行政审批项目等事项的决定》	取消和下放90项行政审批项目
国家发展和改革委员会	2014-12	《关于一律不得将企业经营自主权事项作为企业投资项目核准前置条件的通知》	取消科研报告审查意见等18项作为企业投资项目核准的前置条件

受环评难度加大影响，2014 年仅有一个煤化工项目通过环评审核，2015 年未有煤化工项目通过环评。环评成为阻碍煤化工项目开工的最大障碍。2016 年，随着煤化工项目工艺技术的不断成熟，之前环评不合格的也都已进行了相关改进，达到了环评的要求。2016 年度已获得国家环境保护部环评批复的新建煤化工项目有 7 个，见表 6 - 4。

表 6 - 4　2016 年已获得国家环境保护部环评批复的新建煤化工项目一览表

时　间	项　目　名　称
3 月 4 日	山西潞安矿业（集团）有限责任公司高硫煤清洁利用油化电热一体化示范项目
3 月 4 日	中国海洋石油总公司山西大同低变质烟煤清洁利用示范项目
4 月 25 日	苏新能源和丰有限公司 4.0×10^9 m^3/a 煤制天然气项目
4 月 25 日	内蒙古北控京泰能源发展有限公司 4.0×10^9 m^3/a 煤制天然气项目
7 月 8 日	中电投与道达尔合资年产 0.8 Mt 煤制聚烯烃项目
7 月 8 日	内蒙古伊泰煤制油有限责任公司 2 Mt/a 煤炭间接液化示范项目
12 月 6 日	伊犁新天煤化工有限责任攻速 2.0×10^9 m^3/a 煤制天然气项目

2. 煤化工各产业概述

1）煤制天然气

在政策、经济的双重驱动下，中国目前在建、拟建的煤制气项目已经超过 80 个，绝大部分位于中西部地区。

2013 年至今，国家多部门联合出台多项措施，分别从天然气价格、天然气存量、非居民用量（存量）、保证民生用气责任、规范煤制天然气产业科学有序发展等多面考虑，全局考量科学规划为天然气产业健康向前发展打好基础。同时明确了煤制气产业要因地制宜、适度开发、不走极端，遵循客观规律有序前进的指导方针，及“坚持节水、坚持创新”的原则；严格按照低碳经济标准规范项目审批事项，2.0×10^9 m^3/a 及以下规模的煤制天然气项目全部禁止开发建设。

2014 年 5 月，《关于印发能源行业加强大气污染防治工作方案的通知》文件明确提出：在完全执行国家环保标准和考虑水资源供应安全的前提下，推进煤制气示范项目建设。到 2017 年，煤制气产量达到 3.2×10^{10} m^3/a，同时指出坚持示范推广，重点打造新疆煤制气基地。

2016 年 10 月 12 日，国家发改委公布《天然气管道运输价格管理办法（试行）》和《天然气管道运输定价成本监审办法（试行）》。伴随着天然气管道定价机制的改革，向第三方开放程度将会加大，可以吸引更多的管道投资，中石油、中石化两大集团会为了提高管道负荷率而减少对煤制气企业的限制。

2016 年 10 月 19 日，国家发改委印发《国家发展改革委关于明确储气设施相关价格政策的通知》，进一步明确了储气服务价格、储气设施天然气购销价格的市场化改革举措。储气价格等天然气市场化改革的推动，有利于中国煤制天然气的发展。

《天然气发展“十三五”规划》明确提出：推进煤制气产业示范。推动已建成的煤制天然气示范工程系统优化完善，在高负荷条件下实现连续、稳定和清洁生产。新建示范项目至少承担单系列生产规模的自主甲烷化技术工业化示范任务。根据《现代煤化工“十三五”发展指南》提出的规模目标，预计到2020年，我国将形成煤制天然气产能 2.0×10^{11} m^3/a。

2）煤制油

发展煤制油有利于保障国家能源安全，也能解决中国高端油品短缺问题。从能源革命角度看，不直接燃烧煤炭，将其作为原材料转化为油，可以实现煤炭的清洁利用。

2016年12月，神华宁夏煤业集团4 Mt/a煤炭间接液化示范项目建成投产，12月28日首批产品装车发运，标志着煤制油项目取得阶段性成果。神华宁夏煤业集团煤间接液化项目生产的合成油品，具有超低硫、低芳烃、高十六烷值、低灰分的特点。这些指标均优于国Ⅴ和欧Ⅴ标准，有利于降低二氧化硫、氮氧化物、碳氢化合物和颗粒物等污染物的排放，可有效降低城市空气污染。

2016年12月，陕西东鑫垣化工有限公司0.5 Mt/a煤焦油轻质化项目开车成功，并产出合格的油品，标志着该项目工艺流程全面打开，也标志着“陕煤—榆林版煤制油”再获突破。

2016年，潞安集团实现了煤制油技术由1.0向2.0的迈进，煤制油技术创新和产业发展取得了重大突破。潞安高硫煤清洁利用油化电热一体化示范项目（简称180项目）通过全球日投煤量最大的粉煤气化炉，将高硫、高灰熔点的劣质煤转化成粗合成气，再通过净化装置脱除含硫气体和二氧化碳，净合成气在费托合成反应器中与催化剂反应生成中间油品，中间油品通过潞安自主技术集成的油品加工装置，进行分子结构稳定与各种形式的化学合成，生产出多样性的精细化学产品。潞安集团产出了全球第一种以煤为基础通过专有技术合成的特种润滑油基础油——Ⅳ高黏度润滑油基础油（PAO）。

3）煤制烯烃

近年来，中国煤（经甲醇）制烯烃产业整体呈快速、稳健的发展态势。2010年10月神华宁煤第一套年产0.5 Mt甲醇制丙烯项目投产，掀开了中国甲醇新型下游发展的新篇章。就发展历程来看，2011年甲醇下游总产能突破1 Mt。2013年接近3 Mt，2015年该数据增至7.5 Mt以上；2016年总体产能突破10 Mt。

4）煤制乙二醇

2015年，中国乙二醇进口量8.75 Mt，国内产量4 Mt，对外依存度达到69%。乙二醇的技术来源主要包括进口天然气法乙二醇、国内石油法乙二醇、国内煤制乙二醇。中国国内生产的乙二醇制备以石油法为主，随着国内煤制乙二醇工艺的逐步成熟，煤制乙二醇的产能在国内总产能中的占比越来越高。2016年开始，随着煤制乙二醇工艺的逐步改善，项目运行的稳定性得到了极大提升。

2016 年 9 月，永金化工安阳 0.2 Mt 煤制乙二醇项目生产负荷达到 95%，日产乙二醇项目 580 t，基本完全达产，并于 2016 年 11 月开始盈利；2016 年 11 月，阳煤化工 0.4 Mt 煤制乙二醇项目一期同样成功投产，稳定产出优等乙二醇。

以上项目的成功运行预示着国内煤制乙二醇工艺正式进入成熟阶段，未来随着技术的进步和经验的积累，煤制乙二醇成本有望进一步下降。

3. 展望

2016 年底，中国发布《能源发展“十三五”规划》，规划指出：按照国家能源战略技术储备和产能储备示范工程的定位，合理控制发展节奏，强化技术创新和市场风险评估，严格落实环保准入条件，有序发展煤炭深加工，稳妥推进煤制燃料、煤制烯烃等升级示范，增强项目竞争力和抗风险能力。严格执行能效、环保、节水和装备自主化等标准，积极探索煤炭深加工与炼油、石化、电力等产业有机融合的创新发展模式，力争实现长期稳定高水平运行。

近期国家出台的一系列政策性文件为煤炭深加工利用指明了方向。

2017 年 2 月 8 日，国家能源局正式印发《煤炭深加工产业示范“十三五”规划》。该规划为《国家“十三五”能源规划》下设的十四个专项规划之一，是首个国家层面的煤炭深加工产业规划，对于中国现代煤化工产业发展具有重要指导意义。该规划提出了预期性规模目标：到 2020 年，煤制油产能为 13 Mt/a，煤制天然气产能为 1.7×10^{10} m^3/a；明确了煤制油、煤制天然气等具体新建项目、示范任务和储备项目。其中，煤制油示范项目和示范任务见表 6－5，储备项目有 3 个：陕西未来榆林煤间接液化一期后续项目、伊泰甘泉堡、宁夏神煤二期等。煤制天然气新建项目及示范任务见表 6－6，储备项目包括：新建准东、内蒙古西部（含天津渤化，国储能源）、内蒙古东部（兴安盟、伊敏）、陕西榆林、武安新峰、湖北能源、安徽京皖安庆等煤制天然气项目。

表 6－5 “十三五”煤制油新建项目及示范任务

序号	项 目 名 称	示 范 任 务
1	潞安长治 1.8 Mt/a 高硫煤清洁利用油化电热一体化示范项目	适用于当地高硫煤的 3000 t 级干粉煤气化技术工业化示范、费托合成及高端油品和化学品生产技术示范、煤制油带动甲醇等传统煤化工改造升级示范
2	伊泰伊犁 1 Mt/a 煤炭间接液化示范项目	3000 t 级多喷嘴对置式水煤浆气化技术工业化示范、改进型费托合成反应器及新一代催化剂示范、机械蒸发加结晶处理浓盐水示范
3	伊泰鄂尔多斯 2 Mt/a 煤炭间接液化示范项目	改进型费托合成反应器和第二代费托合成催化剂示范、日投煤量 4000 t 自主大型粉煤气化炉工业化示范、百万吨级费托合成及油品加工成套技术和关键装备工业化应用、煤炭间接液化工艺流程优化示范
4	贵州渝富毕节（纳雍）2 Mt/a 煤炭间接液化示范项目	高硫煤炭清洁高效综合利用示范、煤炭间接液化制汽油示范

表 6-6 “十三五”煤制天然气新建项目及示范任务

序号	项目名称	示范任务
1	苏新能源和丰 4.0×10^9 m^3/a 煤制天然气项目	大连化物所自主甲烷化技术工业化示范、重大装备自主化示范
2	北控鄂尔多斯 4.0×10^9 m^3/a 煤制天然气项目	新型高压固定床气化工业化示范、自主甲烷化技术工业化示范、高含盐废水资源化利用示范
3	山西大同 4.0×10^9 m^3/a 煤制天然气项目	固定床与气流床组合气化工艺示范、自主甲烷化技术工业化示范、高浓盐水杂盐纯化和结晶盐分高技术应用示范
4	新疆伊犁 4.0×10^9 m^3/a 煤制天然气项目	固定床碎煤加压气化废水高效处理示范、自主甲烷化技术工业化示范、重大装备自主化示范、大型煤化电热一体化示范
5	安徽能源淮南 2.2×10^9 m^3/a 煤制天然气项目	适用于淮南高灰熔点煤的东方炉煤气化技术示范、大连化物所自主甲烷化技术工业化示范

2017 年 2 月 17 日，国家能源局发布了《2017 年能源工作指导意见》，制定了 2017 年煤炭深加工工程计划。要扎实推进已开工示范项目建设，年内计划全面建成神华宁煤煤炭间接液化（4 Mt/a）、潞安矿业高硫煤一体化清洁利用一期工程（1 Mt/a）等示范项目；有序推进具备条件项目的核准建设，年内计划开工建设苏新能源和丰煤制天然气、内蒙古伊泰煤炭间接液化等示范项目；做好伊泰伊犁煤炭间接液化、贵州渝富毕节（纳雍）煤炭间接液化等项目前期工作。

随着新环保法以及大气污染、水污染、土壤污染等专项行动计划的实施，煤炭深加工产业的污染控制要求将更加严格，煤炭深加工项目获得用水、用环境指标的难度加大。《煤炭深加工产业示范“十三五”规划》将资源和环境承载力作为产业发展的前提，坚守水资源管理“三条红线”，坚持规划环评和建设环评并重，执行最严格的环境保护标准，提出煤制油、煤制天然气单位产品的综合能耗及原料煤耗、新鲜水耗至少达到的基准值，力争达到先进值。

“十三五”期间，随着中国雾霾治理的深入，大气环境的质量标准将会不断提高，煤炭深加工领域将面临更加严格的环境约束和更高的环境治理要求。国家《环境保护税法》即将于 2018 年 1 月 1 日起正式实施，届时 44 种大气污染物将按照污染当量征收环境保护税，而且其税额下限将不同幅度地高于现行排污费标准。在此形势下，中国煤炭深加工企业必须加大力度，采取更加高效、可靠的污染物治理措施，从排放总量和排放浓度两个方面大幅降低大气污染物排放。

6.4.3 散煤的综合利用

1. 散煤利用方式

中国每年散煤消费量约 7×10^8～8×10^8 t，主要用于采暖小锅炉、农业生产、北方地区农村采暖等，其中城中村、城乡结合部、广大农村居民户均用煤量约 1×10^8～

4×10^8 t/a；居民原煤散烧量 2×10^8 t 左右，其中京津冀地区占 20%以上。散烧煤造成的环境污染不容忽视。特别是，不少地区燃烧的散煤是未经洗选加工的原煤，原煤直接燃烧污染物排放是火电的 5～10 倍，对生态环境造成很大影响。因此，散煤清洁高效利用是治污关键。

对这部分燃煤污染的控制，已经开发出各种消烟型清洁燃料，如干馏半焦块、焦末成型燃料、无烟煤以及秸秆成型燃料等低污染物排放的替代燃料。在有条件的城乡结合部、乡镇，大力推广煤改电、煤改气，集中供热等，通过多策并举，大幅度消减散烧污染。

2015 年，北京市共推广洁净型煤 0.82 Mt，天津市推广洁净型煤 1.4 Mt，河北省已建成 105 家型煤生产配送中心，洁净型煤推广量为 2.06 Mt。2015 年底，北京市通过煤改电，实现城市核心区 30.8 万户居民的采暖清洁化；通过煤改气，实现 6 万余蒸吨燃煤锅炉清洁化；通过减煤换煤，实现农村地区清洁燃料使用率达到 90%以上。

集中供热作为未来城镇化发展方向之一，在工业园区、城乡结合部以及较好的城镇也得到了迅速发展，高效煤粉锅炉、煤粉气化等煤炭清洁利用方式得到地方政府和居民的认可，尤其是煤粉高效锅炉在部分地区的推广实现了 NO_x 排放小于 50 mg/m^3、SO_2 排放小于 30 mg/m^3、颗粒物浓度小于 20 mg/m^3 的良好效果。

2. 散煤利用环保政策

国家环保部、各省市的环保部门出台了关于治污降霾的各项措施，针对居民散煤治理工作也出台了不少政策，并为散煤治理提供了政策支持。

2013 年，天津市印发了《天津市人民政府关于印发天津市清新空气行动方案的通知》(津政发〔2013〕35 号）及“美丽天津一号工程”指挥部工作要求，坚持清洁能源与洁净煤（无烟型煤）替代并举、疏堵结合，最终实现天津市散煤清洁化治理工作全覆盖、全替代。京津冀地区也出台了相应的惠民政策，对采用先进炉具以及使用型煤等清洁燃料的居民给予了财政补贴。

2014 年，国家发展和改革委员会、国家能源局印发《京津冀地区散煤清洁化治理工作方案》，提出通过散煤减量替代与清洁化替代并举等措施，力争到 2017 年底解决京津冀地区民用散煤清洁化利用问题。除京津冀地区外，不少省市也先行先试，积极推进散煤治理工作。

2015 年，《关于加强商品煤质量管理有关意见的通知》提出在京津冀及周边地区、长三角、珠三角地区要加强散煤使用管理，制定相关措施和标准，鼓励使用优质散煤。此举旨在推动商品煤质量不断提升，促进煤炭清洁利用和大气环境的改善。

2016 年 3 月，环境保护部编制《民用散煤大气污染排放清单编制技术指南（试行)》和《农村散煤燃烧污染综合治理技术指南（试行)》，旨在指导各地开展科学合理的散煤燃烧污染综合治理工作，解决散煤污染问题。这两项技术指南正式实施后将进一步推动散煤污染理。

2016 年 6 月，环境保护部联合北京市、天津市和河北省人民政府印发《京津冀大气污染防治强化措施（2016—2017 年）》（环大气〔2016〕80 号），要求限时完成农村散煤清洁化替代。积极推进农村“电代煤”和“气代煤”工作，因地制宜利用浅层地能等方式替代散煤使用。北京市严格落实已明确的措施任务，2017 年 10 月底前实现平原地区基本“无煤化”；天津市加大武清区农村采暖散煤污染治理力度；保定市城区所有城中村实现“气代煤”；加快推进保定市北部地区和廊坊市行政区域内农村“电代煤”工作。另外，在京津冀地区，划定了一个禁煤区。在该区域内，仅允许煤电、集中供热和原料用煤企业使用煤炭，其他均禁止使用燃煤。除此之外，山东、京津冀地区均实施严格的煤炭流通环节管理，确保市场上的煤炭产品各项指标达标，同时通过推广高效的散煤专用设备来促进这些地方的散煤治理。

2016 年 12 月，《煤炭工业“十三五”规划》提出要加强散煤综合治理，在大气污染防治重点地区实施煤炭消费减量替代。加强散煤使用管理，积极推广优质无烟煤、型煤、兰炭等洁净煤，在民用煤炭消费集中地区建设洁净煤配送中心，完善洁净煤供应网络。完善民用炉具能效限定值及能效等级标准。全面整治无污染物治理设施和不能实现达标排放的燃煤锅炉，加快淘汰低效层燃锅炉，推广高效煤粉工业锅炉。鼓励发展集中供热，逐步替代分散燃煤锅炉。推广先进适用的工业炉窑余热、余能回收利用技术，实现余热、余能高效回收及梯级利用。

6.5 资源综合利用

目前，中国煤炭资源综合利用率相对较低，尤其对煤炭共伴生矿产资源的综合勘探、开发和利用水平低下。分析 2016 年煤矸石、粉煤灰和矿井水综合利用情况以及煤层气开发利用现状，推动煤炭资源的综合利用有利于保护资源和环境，有利于促进煤炭综合利用产业的健康发展。

6.5.1 煤矸石综合利用

煤矸石是煤矿在开拓掘进、采煤和煤炭洗选等生产过程中排出的含碳岩石，是煤矿生产过程中的废弃物。一般来讲，掘进、采煤和洗选过程中产生的煤矸石所占比例大致为 70%、20%和 10%。煤矸石的综合利用包括井下充填、发电、生产建筑材料、回收矿产品、制取化工产品、筑路、土地复垦等。

据不完全统计，2016 年中国煤矸石产生量约为 6.57×10^8 t，当年煤矸石利用量 4.37×10^8 t，综合利用率 66.5%，比 2015 年提高 2.5 个百分点。其中，煤矸石综合利用电厂及低热值煤电厂总规模达到 34 GW，年利用煤矸石量 1.4×10^8 t。煤矸石井下排矸示范工程、煤矸石井下充填绿色开采技术应用稳步推进。

6.5.2 粉煤灰综合利用

粉煤灰是燃煤电厂排出的经静电集尘器收集得到的物质，是中国当前排量较大的工业废渣之一，排放的大量粉煤灰若不加以处理，不仅占用土地，还会导致严重的环境污染。目前，中国粉煤灰的利用已得到一定发展，但并没有实现其高附加值应用。

中国粉煤灰中氧化铝的含量较高，平均含量高达30%以上（表6-7），部分地区氧化铝含量高达50%。准格尔煤田煤炭探明储量26.7 Gt，属“高铝、富镓”煤，其中神华准格尔矿区拥有储量4.59 Gt。煤炭燃烧后粉煤灰中 $Al_2O_3 \geqslant 50\%$，$Ga \geqslant 82.5$ g/t，达到中国铝土矿中氧化铝的边界品位，因此粉煤灰被认为是一种潜在的铝资源。从粉煤灰中提取氧化铝，不仅可以减少粉煤灰堆存造成的土地占用和环境污染问题，还可以缓解中国铝土矿资源不足的现状，对降低中国铝土矿对外依存度具有积极意义。目前中国粉煤灰提取氧化铝技术主要有一步酸溶法和预脱硅-碱石灰烧结法。

表6-7　部分煤田粉煤灰中氧化铝含量

序号	煤田名称	氧化铝含量/%	序号	煤田名称	氧化铝含量/%
1	准格尔煤田	50.00	4	淮南煤田	34.00
2	兖州煤田	32.00	5	开滦煤田	36.89
3	平朔煤田	40.00	6	白山煤田	37.50

1. 一步酸溶法提取氧化铝

为缓解中国铝土矿资源紧缺局面，解决粉煤灰污染环境问题，实现煤炭资源分质利用和粉煤灰高效综合利用，提升企业抗风险能力和经济效益，从2004年开始中国神华准能集团投入科研力量，开展粉煤灰提取氧化铝及镓的工艺技术研究工作。历经12年技术研发与攻关，中国神华准能集团开发出拥有完全自主知识产权的“一步酸溶法”工艺技术（图6-1），以及残渣用于生产地质聚合物、橡塑填料、超白玻璃等产品，实现全部高效利用，该技术减量化、流程短、成本低、环保，2016年氧化铝中试装置第七次试验取得了各项数据成果，为工艺包的编制和工业化设计提供技术支持，正在等待第七次试车的技术验收。

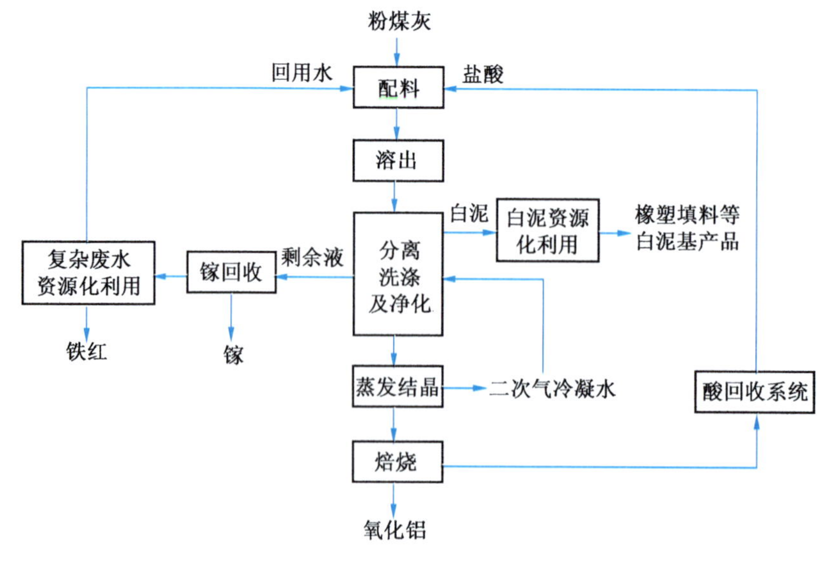

图6-1　“一步酸溶法”工艺流程图

2. 预脱硅-碱石灰烧结法

预脱硅-碱石灰烧结法是由大唐国际再生资源开发有限公司与清华大学合作，在碱石灰烧结工艺基础上提出的一种从粉煤灰中提取氧化铝的方法。该工艺是在传统碱石灰烧结工艺前，采用预脱硅技术，用碱液溶出粉煤灰中部分 SiO_2，实现铝硅初步分离，提高原料的铝硅比，减少成渣量，该工艺的流程如图 6-2 所示。

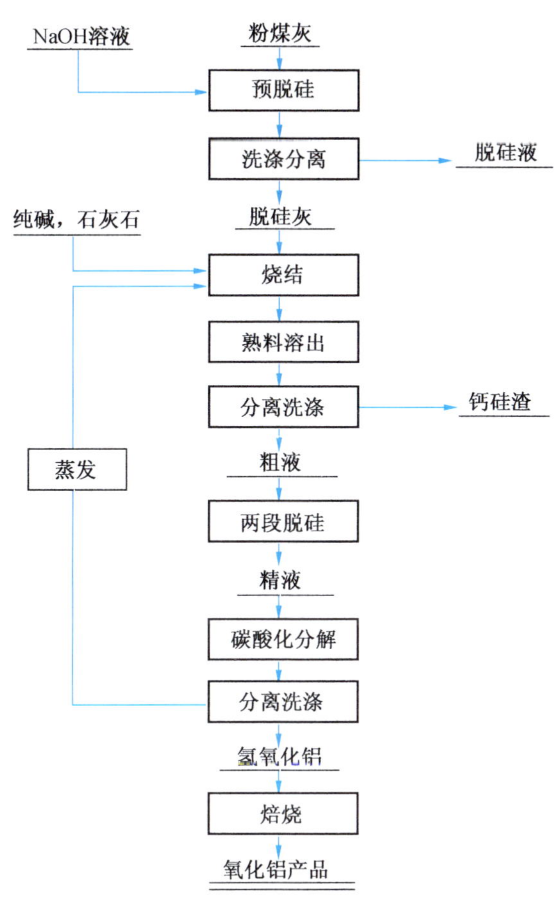

图 6-2　粉煤灰预脱硅-碱石灰烧结法提取氧化铝流程图

经过近 5 年的攻关，大唐国际采用预脱硅-碱石灰烧结工艺于 2012 年建成年产 0.2 Mt 的高铝粉煤灰提取氧化铝工业试验装置，该工艺提高了铝硅比，降低了烧成温度，强化了烧结效率，减少硅钙渣的产生，但依然存在着工艺能耗高、二次成渣量大、成本高等问题，还面临石灰石消耗量大、能耗高及大量的硅钙渣的处置等问题。

近几年一些企业都在尝试粉煤灰制备氧化铝，但大多夭折，其原因是成本、效益、环境 3 个方面。因此，研究开发低成本、高产出、产品市场前景广阔、经济效益可观、环境友好的粉煤灰综合利用新技术，对实现粉煤灰综合利用的产业化具有十分重要的意义。

6.5.3 矿井水综合利用

煤矿矿井水主要是指在煤矿矿井中集聚的废水，这些废水中含有大量的悬浮物和颗粒，一方面，煤炭矿井废水直接排放对于环境造成损害；另一方面，直接排放煤炭矿井废水也会造成大量的水资源浪费。在提倡建设生态文明的今天，开展矿井水资源节约和综合利用是实现绿色、可持续发展的重要途径之一。

2015年《水污染防治行动计划》（“水十条”）发布以来，各级煤炭企业加大了对矿井水这一非常规水资源的综合利用力度，矿井水广泛应用于煤炭生产、洗选和煤炭深加工等环节，富余的矿井水资源也作为矿区周边园区工业生产和生活用水来源，矿井水综合利用率逐年提高。据不完全统计，2016年中国矿井水涌水量约5.9×10^9 m^3，利用了4.16×10^9 m^3，矿井水利用率70.6%，比2015年提高3.1个百分点。

6.5.4 煤层气开发利用

“十二五”期间，国家加大煤层气开发利用支持力度，先后出台一系列政策规定，加大财政资金支持、税费政策扶持和科技创新力度，实施“大型油气田及煤层气开发”国家科技重大专项，煤矿区煤层气开发基础理论、技术装备和工程示范取得了重要进展。“十三五”期间，国家高度重视并大力推进煤层气产业发展，2016年全年煤层气（煤矿瓦斯）抽采量1.73×10^{10} m^3、利用量9.0×10^9 m^3，其中井下瓦斯抽采量1.28×10^{10} m^3、利用量4.8×10^9 m^3，地面煤层气产量4.5×10^9 m^3、利用量4.2×10^9 m^3。

国家能源局发布的《煤层气（煤矿瓦斯）开发利用“十三五”规划》明确“十三五”期间新增煤层气探明地质储量4.2×10^{11} m^3，建成2～3个煤层气产业化基地。2020年，煤层气（煤矿瓦斯）抽采量达到2.4×10^{10} m^3，其中地面煤层气产量1.0×10^{10} m^3，利用率90%以上；煤矿瓦斯抽采1.4×10^{10} m^3，利用率50%以上。

《煤层气（煤矿瓦斯）开发利用“十三五”规划》从勘探、开发、输送与利用、科技创新4个方面提出了主要任务。其具体包括：推进产业化基地增储，推动新区储量实现突破，强化两大产业化基地快速上产，新建产业化基地和开发试验区，推进煤矿区煤层气地面开发，实施煤矿瓦斯抽采示范工程，统筹布局煤层气管道，提升资源综合利用效果，设煤矿瓦斯利用示范工程，开展工程技术示范等。《煤层气（煤矿瓦斯）开发利用“十三五”规划》提出，建成沁水盆地和鄂尔多斯盆地东缘煤层气产业化基地，实现产量快速增长。到2020年，两大产业化基地煤层气产量达到8.3×10^9 m^3。新建贵州毕水兴、新疆准噶尔盆地南缘煤层气产业化基地。在内蒙古、四川等地区建设煤层气开发试验区，实施一批开发利用示范工程。另外，建设神木-安平煤层气输气管道，鼓励适时建设煤层气田与陕京线、榆济线、西气东输、鄂安沧管道等国家天然气输气干线的联络输气管道，连接相邻地区既有管道，形成互联互通的外输格局，保障煤层气安全、稳定、高效外输利用。鼓励煤层气就近接入管网，支持煤层气企业和天然气企业合资合作建设管道，节约管道路由和建设成本。

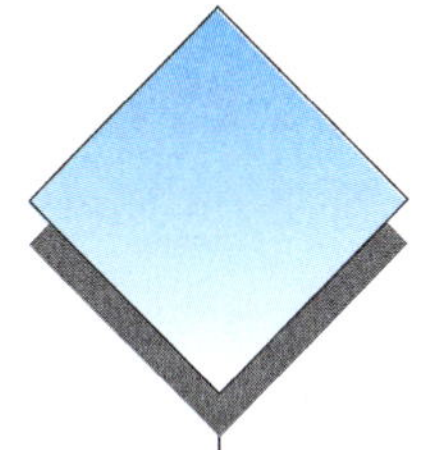

7 煤炭科技

科技创新是支撑行业发展和社会进步的不竭动力，新技术和新装备的应用促使中国和其他产煤国家的煤炭行业得以持续、稳定和健康发展，为世界经济的发展提供了丰富而廉价的煤炭资源。充分发挥市场对科技发展的导向作用，既是中国政府全面深化改革的重要内容，更是中国建设创新型国家的需要。着眼国家全局性和长远性发展需求，加快创新型国家建设，为中国经济社会发展提供有力保障。煤炭科技发展以促进煤炭产业整合升级，打造中国煤炭工业升级版为指导，重点开展煤炭资源无害化开采和清洁高效利用的关键技术攻关，加快提高煤机装备的自主创新能力和国产化水平，推进煤炭安全、高效、清洁开采利用，实现煤炭从燃料向原料和燃料并举的转变。

7.1 煤炭科技发展动态

美国和澳大利亚煤矿生产的技术水平基本处于稳步发展阶段。中国煤炭行业正处于提升科学化发展水平的攻坚期，行业科技创新体系的逐渐完善和企业自主创新能力的不断提高，智能矿山建设、开采关键技术装备的自主研发等在提升煤矿生产效率和煤炭资源利用方面发挥了重要作用。

7.1.1 世界煤炭科技发展的新进展

近年来，美国和澳大利亚一直是世界主要产煤国家，其产量约占世界煤炭总产量的20%，煤矿的生产水平基本处于稳步提高的阶段。

1. 美国煤矿生产水平

随着全球煤炭需求的剧烈变化，美国煤炭产量大幅下滑。在经过2014年小幅反弹至100 Mst之后（100 Mst=0.9072 Mt），2015年美国煤炭产量再次减少到100 Mst以内，为89.7 Mst，同比减少10.3%；煤炭生产进一步向密西西比河以西地区集中，西部地区煤炭产量占总产量的61.1%，同比上升2.1%。

美国煤炭生产以露天开采为主，2015 年露天煤矿产量占总产量的 65.6%，井工煤矿产量占总产量的 34.4%。如图 7－1 所示，近 10 年来，美国煤矿（年产量 10kst 以上的煤矿）个数从 1438 座减少到 853 座，煤矿的平均年产量由 0.81 Mst 增长到 1.05 Mst，增长量为 0.24 Mst；其中井工煤矿个数从 612 座减少到 305 座，平均年产量由 0.59 Mst 增长到 1.01 Mst，增长量为 0.42 Mst；露天煤矿个数从 812 座减少到 529 座，平均年产量由 0.99 Mst 增长到 1.11 Mst，增长量为 0.12 Mst。

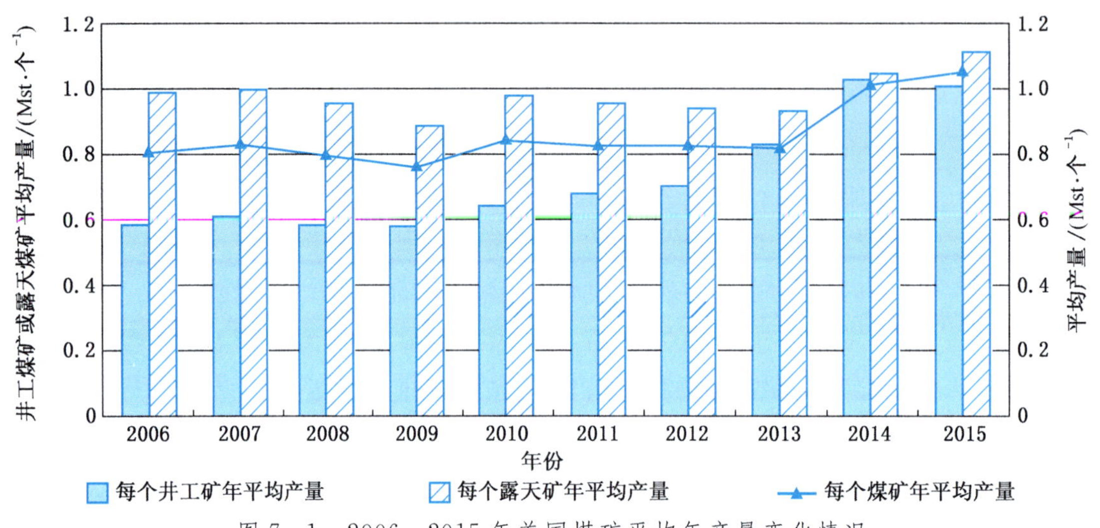

图 7－1　2006—2015 年美国煤矿平均年产量变化情况

2015 年，美国年生产煤炭 4 Mst 以上的煤矿共有 48 座，其中露天矿 25 座，井工矿 23 座；按年产量排序前十家的煤矿及产量如图 7－2 所示，均为露天煤矿，合计产量占美国煤炭总产量的 40.68%。

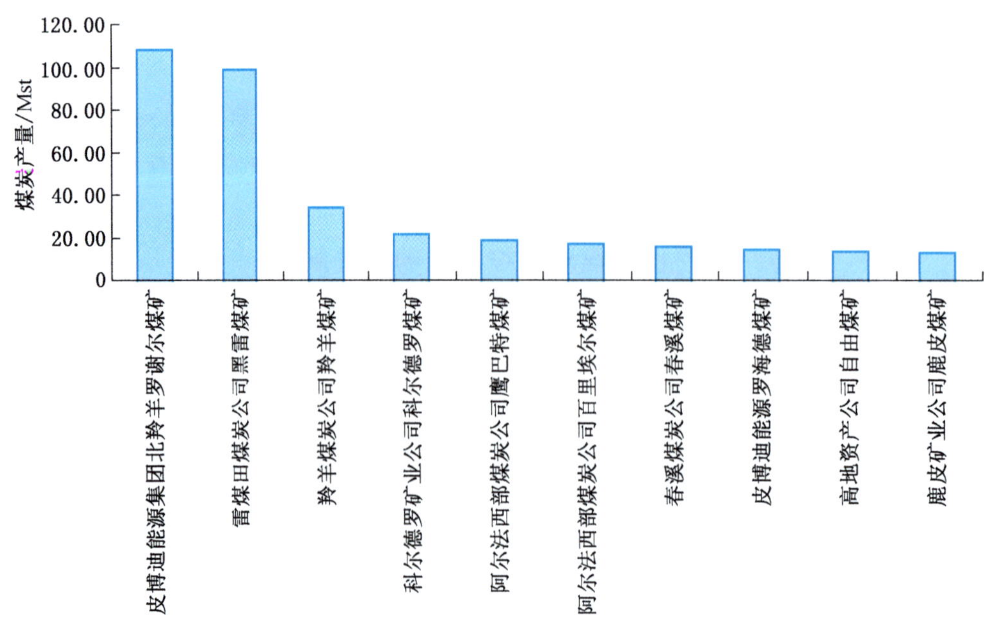

图 7－2　2015 年美国前十家煤矿年产量

2015 年美国煤矿平均生产效率是 6.28 st/(人·h)，井工矿的平均生产效率是 3.45 st/(人·h)，露天矿平均生产效率是 10.95 st/(人·h)。美国井工矿的煤炭开采方法主要是连续采煤机开采和长壁开采两种。如图 7-3 所示，长壁开采方法的生产效率是 4.65 st/(人·h)，连续采煤机开采方法的生产效率是 2.50 st/(人·h)。

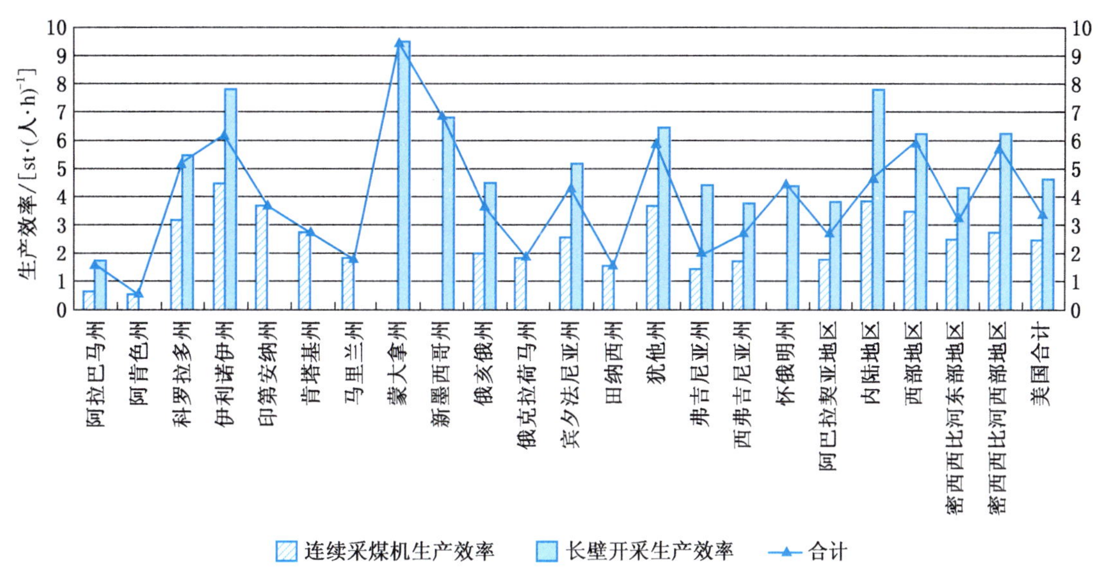

图 7-3　2015 年美国州和地区井工矿按煤炭开采方法划分的生产效率

2. 澳大利亚煤矿生产水平

澳大利亚煤炭生产主要集中在昆士兰州和新南威尔士州，这两个州的硬煤可销售量占澳大利亚硬煤可销售总量的 98%，煤炭出口量几乎全部来自这两个州。如图 7-4

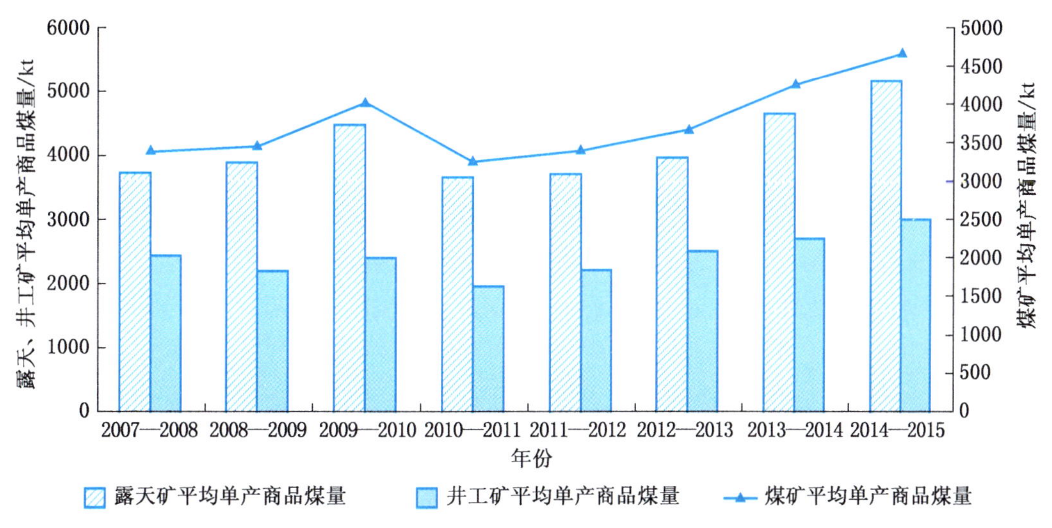

图 7-4　2007—2015 年澳大利亚昆士兰州煤矿平均年产商品煤量变化情况

所示是昆士兰州煤矿平均单产的变化情况，2007—2015年度该州煤矿平均单产商品煤量增长37.55%；昆士兰州露天煤矿产量占绝对优势，2014—2015年度露天煤矿的平均单产商品煤量亦比井工煤矿高出近3/4，2007—2015年度露天煤矿的平均单产商品煤量增长38.31%；2007—2015年度井工煤矿的平均单产商品煤量增长23.11%。

7.1.2 中国煤炭行业科技发展动态

《"十三五"国家科技创新规划》《能源技术革命创新行动计划（2016—2030）》《关于推进煤炭工业"十三五"科技发展的指导意见》等中、长期规划陆续出台，为中国煤炭行业科技发展确立了行动指南；以煤炭企业为主体的行业科技创新体系日益完善，企业自主创新能力持续提升；中国煤炭机械装备制造水平再上新台阶。

1. "煤炭清洁高效利用"被列入《"十三五"国家科技创新规划》重大工程

2016年7月28日，国务院印发《"十三五"国家科技创新规划》。作为首次以"科技创新"命名的规划，《"十三五"国家科技创新规划》提出了12项指标，是中国迈进创新型国家行列的行动指南。《"十三五"国家科技创新规划》指出，要在实施好已有国家科技重大专项基础上，面向2030年，再选择一批体现国家战略意图的重大科技项目和工程，力争有所突破。

"煤炭清洁高效利用"是《"十三五"国家科技创新规划》确定的9项重大工程之一，规划重点是加快煤炭绿色开发、煤炭高效发电、煤炭清洁转化、煤炭污染控制、碳捕集利用与封存等核心关键技术研发，示范推广一批先进适用技术，燃煤发电及超低排放技术实现整体领先，现代煤化工和多联产技术实现重大突破。

《"十三五"国家科技创新规划》指出，要围绕"安全、绿色、智能"目标，开展煤炭绿色资源勘探、大型矿井快速建井、安全绿色开采、煤机装备智能化、低品质煤提质、煤系伴生资源协同开发、矿区全物质循环规划与碳排放控制等理论与技术攻关，推动生态矿山、智慧矿山以及煤炭清洁加工与综合利用重大科技示范工程建设，促进煤炭集约化开发，为煤炭产业转变发展方式、提质增效提供强大的科技支撑。

2. 国家发展改革委、国家能源局联合印发《能源技术革命创新行动计划（2016—2030）》

2016年4月7日，国家发展改革委、国家能源局联合印发《能源技术革命创新行动计划（2016—2030）》，确定了煤炭无害化开采技术创新和煤炭清洁高效利用技术创新作为能源技术革命创新行动计划的重点任务，并制定了这两项重点任务的创新行动路线图。其中煤炭无害化开采技术创新确定的两大战略方向是煤炭资源安全高效智能开发、煤炭资源绿色开发与生态矿山建设，其创新行动包括地质保障与安全建井、隐蔽致灾因素智能探测及重大灾害监控预警、深部矿井煤岩、热动力灾害防治、矿山及地下工程重大事故应急救援技术及装备、煤炭高效开采及智能矿山建设、与煤系共伴生资源综合开发利用、煤炭绿色开采与生态环境保护、煤炭高效分选关键技术与装备、矿区地表修复与重构、煤炭地下气化开采共10项技术；煤炭清洁高效利用技术创新确定的5大战略方向是煤炭分级分质转化、重要能源化工产品生产、煤化工与重要能源系统耦合集成、煤化工废水安全高效处理、先进煤电技术，其创新行动包括先进煤气化技术、先进低阶煤热解技术、中低温煤焦油深加工技术、半焦综合利用技术、超清洁油品和特种油品技术、煤制清洁燃气关键技术、新一代煤制化学品技术、煤油共炼技术、煤化工耦合集成技术、高有机、高盐煤化工废水近零排放技术、700℃等级镍基合金耐热材料生产和关键高温部件制造技术以及主机和关键辅机制造技术、新型煤基发电技术、多污染物（SO_2、NO_x、Hg等）一体化脱除技术、煤电技术探索等共14项技术。

3. 中国煤炭工业协会发布《关于推进煤炭工业“十三五”科技发展的指导意见》

在2016年4月底召开的中国煤炭工业协会四届理事会第五次会议暨第八次全国煤炭工业科学技术大会上，中国煤炭工业协会首次发布了《关于推进煤炭工业“十三五”科技发展的指导意见》(以下简称《意见》)，并同时发布了《煤炭工业“十三五”推广应用先进技术目录》(见附录5)。

《意见》指出，“十二五”以来，煤炭科技创新体系日益完备，行业自主创新能力大幅增强，涌现出一批科技创新领军人才，培育了一批具有核心竞争力和高附加值的科技产业。原始创新能力明显增强，大型矿井建设、特厚煤层综放开采、燃煤超低排放、新型煤化工技术居于国际领先水平，科技进步对煤炭生产力总体水平的贡献率显著提升，行业科技贡献率从“十一五”末的39.2%大幅提高到“十二五”末的49.5%。但煤炭行业技术基础薄弱，支撑产业升级的原创性核心技术仍显不足。

《意见》指出，“十三五”是中国能源发展转型的重要战略机遇期。创新驱动是煤炭工业实现去产能、调结构、增效益的基础支撑和重要保障。全行业必须以科技创新为核心带动全面创新，以创新型科技体系支撑煤炭工业结构调整和转型升级，加速化解过剩产能和推进供给侧结构性改革，持续提升行业发展的质量和效益，形成煤炭工业绿色低碳的创新发展模式。

《意见》提出了煤炭工业“十三五”科技发展目标：到2020年，自主创新能力大幅提升，核心关键技术实现突破，绿色低碳发展格局基本形成，创新人才培养取得成效，建成中国特色的创新型煤炭行业科技体系，支撑引领产业升级发展。其中，行业科技贡献率达到60%，建立行业工程研究中心100家，安全绿色开采、清洁高效利用、煤炭高效转化的基础理论研究实现重大突破，培养院士级人才若干名、科技创新团队100个、创新创业优秀人才200名、科技创新领军人才300名、青年拔尖人才500名、卓越工程师1000名。

4. 以煤炭企业为主体的行业科技创新体系正在形成，企业自主创新能力迅速提升

随着煤炭科技进步加快，煤炭企业更加注重先进技术的推广和应用，一个以煤炭企业为主体，科研机构和大专院校为中坚力量，社会广泛参与、国内外合作的“产学研”一体化的行业科技创新体系正在逐步形成。一些大型煤炭企业与高等院校、煤炭

科研机构，建立了长期、稳定、广泛的技术合作关系。多数煤炭企业已经组建了自己的研究机构，自主创新能力迅速提升。

1）神华集团有限责任公司依托科技创新引领煤炭行业安全、绿色、高效发展

中国富煤少油的能源特点决定了未来较长时间内，煤炭将仍然是中国的主体能源。过去煤炭提供的一次能源长期占70%以上，到2030年，这个比例还会在50%以上。

2015年，在整个煤炭形势不好的情况下，神华集团有限责任公司利润达到了315亿元。总体而言，神华集团有限责任公司取得较好业绩的主要原因之一就是科技创新。

（1）引领煤炭行业发展。在煤炭开采安全和效率方面，神华集团有限责任公司一直走在前面。神华集团有限责任公司发展经历了两个阶段，第一个阶段是“高产高效”，神华神东煤炭集团有限责任公司是神华集团有限责任公司的主力煤炭公司，其年产量达200 Mt，是世界最大的煤炭矿区，其全员工效最高时曾达到126 t/(人·天)，当前神华神东煤炭集团有限责任公司全员工效超过80 t/(人·天)，美国全员工效约40 t/(人·天)，而中国煤矿全员工效平均约为8 t/(人·天)；第二个阶段是“安全高效”，神华集团有限责任公司百万吨死亡率指标一直保持在0.004左右，美国保持0.03左右，国内2014年的指标约为0.16。

在煤炭的开发、利用和转化方面，科技进步与科技创新促进了神华集团有限责任公司效益的提升。神华集团有限责任公司在煤制烯烃、间接煤制油等方面都走在了行业的前列，建成了世界第一条年产1.0 Mt煤直接液化的生产线，全球单套规模最大的煤制油项目——世界最大的神华宁夏煤业集团有限责任公司年产4.0 Mt煤炭间接液化示范项目也于2016年底正式投产。另外，神华集团有限责任公司还积极研究开发燃煤电厂大气污染物近零排放技术，努力使煤炭发电排放的主要污染物——粉尘、二氧化硫和氮氧化物的排放比燃气电厂的标准低。

（2）保水不外排，提高矿井水资源利用率。十八届五中全会提出了“创新、协调、绿色、开放、共享”的5大发展理念，神华集团有限责任公司把“绿色”作为一个大的研究方向和重点。特别是在水的保护和利用方面，把煤炭开发水资源保护利用作为一个重要的战略研究方向。我国西北缺水严重，但煤储量极其丰富，煤炭储量约占全国的2/3，产量占70%以上，但水资源量仅占3.9%。水资源短缺和我国煤炭的开发利用之间存在很大的矛盾。

为此，神东矿区通过开展一系列水资源保护和利用技术研究，掌握了矿区煤炭现代开采地下水的运移规律，相继研发了采空区储水设施、煤矿地下水库和煤矿分布式地下水库的水资源保护和利用技术，形成了以煤矿地下水库为核心的矿区水资源保护和利用技术，并通过技术提升，建成了大柳塔矿分布式地下水库示范工程，实现了矿井水井下循环利用。现场工程应用表明，神东矿区煤矿地下水库安全稳定运行，提供了矿区95%以上的用水，有效保障了矿区的可持续发展，为中国西部地区煤炭开采水

资源保护利用开辟了新的技术途径。就神东矿区使用该技术，每年直接经济效益超过10亿元，该技术目前已经在神华集团有限责任公司得到了全面的推广应用，并得到了世界煤炭协会的高度评价。

(3) 创新优化开采工艺，改善地表生态。西部地区的地表生态问题，其核心是水资源问题，因为缺水地表生态很脆弱。神华集团有限责任公司在矿区地表生态保护方面，主要有两个方面技术：一是煤炭开采过程中减少对地表生态的损伤，利用开采工艺的创新和开采参数的优化使地表生态减损；二是充分利用保护住的水资源，加强地表生态恢复。以神东矿区为例，通过创新优化开采工艺和加强生态恢复，当前神东矿区地表植被覆盖率已由开发前的3%～11%迅速提高到超过80%，地表生态大为改善。

2) 陕西煤业化工集团有限责任公司推出“创新驱动、资本催化，走错位转型之路”新战略

2016年，经过对自身资源和内外环境的全面审视，陕西煤业化工集团有限责任公司提出了“以科技和资本为驱动，去杂归核，错位创新，努力把陕煤转型成为一个煤炭优势明显，能源和材料主业突出的错位多元企业”的新发展战略，并且明确了“以煤为基，能材并进，技融双驱，蜕变转型”的转型模式。这一战略将引领陕西煤业化工集团有限责任公司“十三五”期间的发展，打造“错位多元企业”。

近年来，陕西煤业化工集团有限责任公司高度重视科技创新工作，积极实施创新驱动发展战略，把科技创新工作摆在了决定集团未来发展的战略位置，围绕和支撑企业的安全生产经营，瞄准前端，广泛布局，突出重点，抢抓机遇，进一步加大科技投入，建设科研平台，通过引进吸收再创新、集成创新、协同创新和自主创新等方式，推动科技产业化与产业科技化高度融合，引领企业转型升级。科技创新捷报频传，结出了丰硕成果。

目前，陕西煤业化工集团有限责任公司拥有省部级以上研究和技术中心22个，其中包括煤炭绿色安全高效开采国家地方联合共建工程研究中心、国家能源煤炭分质清洁转化重点实验室、甲醇制烯烃国家工程实验室等5个国家级科研机构，与中国科学院、中国工程院、中国煤炭科工集团有限公司、西安交通大学、西安建筑科技大学等积极开展科研项目合作。组建了以国家“千人计划”、“三秦学者”、“长江学者”、陕西省“三五人才”、陕西省“有突出贡献专家”等专家为核心的多支科研创新团队。在技术创新与攻关方面取得省部级以上奖项119个，申请获得专利1156件。陕西煤业化工集团有限责任公司所属黄陵矿业集团有限责任公司建成了全国首个智能化无人开采工作面，实现了煤炭开采的技术革命，被中国煤炭工业协会认定为国际领先水平；陕西煤业化工集团有限责任公司积极引进110－N00新一代采煤工法，并在神南柠条塔煤矿实施，被业内专家称为“中国第三次矿业技术变革的探索”。在黄陵、彬长、韩城布局的煤矸石发电、瓦斯利用以及粉煤灰和矿渣等废弃物综合利用已显成效。陕西煤业化工集团有限责任公司所属的彬长矿区瓦斯乏风发电、零排放矿区建设得到了国家能

源局高度评价。在煤制油方面，陕西煤业化工集团有限责任公司自主开发的“粉煤气固热载体快速热解工业化技术”“低阶粉煤回转热解制取无烟煤工艺技术”“低阶煤带式炉气化-热解一体化工业化成套技术”“中低温煤焦油全馏分加氢技术”等均达到国际领先或先进水平。同时，顺应新能源发展大趋势，在陕北及关中布局风、光发电项目，为陕西煤业化工集团有限责任公司转型升级开辟新路径。循环供给，拓展材料系。陕西煤业化工集团有限责任公司目前形成了煤-焦-钢，煤-电-铝，煤-盐-PVC等传统材料产业集群。其中，陕西北元化工集团有限公司PVC产量列全国前三，形成了“煤、焦、电、电石、聚氯乙烯、水泥”一体化循环生产模式。在新材料研究、新产业发展方面，陕西煤业化工集团有限责任公司已经取得新概念纳米流体能量吸收材料工业化制备技术；高性能三元动力电池及其正、负极材料制备技术；新型“碳酸二甲酯制苯甲醚”技术等8项成果，这些技术的突破和转化，引领陕西煤业化工集团有限责任公司转型的方向。

3）兖矿集团有限公司立足科技研发创新推动产业转型升级

2016年，兖矿集团有限公司坚持把科技创新的基点放在降本增效和转型升级上，建井施工、高效开采、煤炭清洁利用等核心技术继续保持行业领先水平。获得省部级以上科技奖励32项，其中，水煤浆气化技术获得国家科技进步二等奖。

兖矿集团有限公司坚持以重装备、高可靠性、自动化为方向，不断培植和发展煤炭生产核心技术。开展煤炭生产新技术、工艺与装备研究。在本部矿井应用厚煤层大采高综放与一次采全高工艺、岩巷（半煤岩巷）高效综掘成套装备与工艺、大断面沿空掘巷、动压巷道约束混凝土支护、缓冲层支护等技术，采掘效率明显提升。万福矿井克服表土层厚度大、冻结深度大等难题，研发应用国内领先、行业先进的建井施工技术，矿井建设创出两项世界纪录。其中，万福矿主井井筒、副井井筒、风井井筒掘砌均一次性穿过表土层，创出754.98 m的世界最深冲积层施工纪录；3个井筒套壁施工均一次性完成，创出一次性内壁套筑施工821.5 m的世界纪录。

兖矿集团有限公司以核心技术转化应用为重点，把握能源发展新趋势，通过技术转化、产业升级，改变煤炭企业“重污染、高耗能、低效率”的形象。积极研发应用综采放顶煤和一次采全高核心技术，研制世界首套8.2 m超大采高综采装备，8.2 m超大采高的智能刮板输送机和1.8 m带宽的自移折叠机身带式输送机，有效提高了工作效率。研制工作面智能化综合降尘系统，实现工作面清洁生产。推广应用无人值守工作面，实现了煤炭开采技术装备的升级换代。

兖矿集团有限公司密切关注产业和技术革命新趋势，重点培育支撑未来发展的新产业、新技术、新业态。把“蓝天工程”作为煤炭产业转型升级的重点工程，加快高效清洁型煤研发、生产、配送“三个中心”建设，构建技术研发、型煤生产、炉具安装、运维服务、金融支持一体化运营模式。引进国家“千人计划”人才，启动实施“蓝天工程”，实现高碳能源低碳化、有烟煤炭无烟化、高硫煤炭低硫化、黑色煤炭绿色化，开创了煤炭产业转型升级的新途径。改型型煤中试生产线运转成功，部分产品投放市场。研发适应市场需求的新型炉具，建成国际先进的智能炉具生产线。坚持以国际化视野超前储备战略性技术，自主研发超洁净煤技术（IGCC），煤炭燃烧率提高15%，温室气体排放量减少20%，转换效能提高50%～55%，达到工业化试验要求。

5. 中国煤炭机械装备制造水平再上新台阶

1）中煤张家口煤矿机械有限责任公司研发设计的8 m综采工作面成套三机设备达到国际领先水平

2016年底，中煤张家口煤矿机械有限责任公司设计生产的8 m工作面国产化成套三机设备通过用户验收及出厂评议。该成套设备研发定位于煤矿的安全、智能、高效运行和低碳环保绿色开采，采用自主研发的链轮链条啮合技术、中部槽创新技术、销轨牵引技术、卸载技术和耐磨技术。配套使用了目前国际最大规格的$\phi 60$高强度矿用圆环链，其中良好的软启动性能和智能化控制系统代表了国产设备的最高水准，为国内大型矿井高产高效生产提供了装备支撑。该成套设备适用于厚煤层一次采全高综采工作面，运输能力超过6000 t/h，能够满足工作面长度300 m以上、单一工作面产量20 Mt以上、服务寿命50 Mt以上智能工作面的配套使用要求，设备设计制造水平达到国际领先水平，充分展示了国产装备的设计和制造实力，为加速煤矿装备国产化进程奠定了坚实的基础。

该成套设备还应用了工作面智能集控系统，形成了包括智能驱动、关键控制、全局感知、数据分析挖掘、三维仿真、姿态与定位在内的开放性软硬件平台，实现了井下回采、运输、支护及安监、风、水、电、液等辅助系统的就地或远程集中控制、统一调度。同时，可以提供PDA应用，实现用户通信、定位、巡检、ERP和OA等多种功能集成，为煤矿智能工作面的安全生产和调度决策提供支撑。目前，中煤张家口煤矿机械有限责任公司已经成功为用户提供各种变频刮板输送机40余台（套）。

2）中国煤机制造实现美国高端市场零的突破

2016年6月7日，郑州煤矿机械集团股份有限公司向美国客户供应综合机械化成套液压支架项目成功签约，这标志着中国煤机制造实现了美国高端市场零的突破。

郑州煤矿机械集团股份有限公司是中国首台液压支架诞生地、世界首台放顶煤液压支架诞生地，拥有国家级企业技术中心、博士后科研工作站、院士工作站等科研机构，先后承担了国家多项煤矿综采装备重点项目的研制开发，液压支架研发实力和装备制造水平全球领先。此前，郑州煤矿机械集团股份有限公司产品已成功进入俄罗斯、印度、土耳其等海外市场，但整个中国煤机行业尚无进军美国高端市场的成熟经验可供借鉴。

此次中标美国成套液压支架项目，源自郑州煤矿机械集团股份有限公司积极调整发展思路，增强转型发展动力，在坚持以综采成套设备为主打产品的基础上，形成采掘装备的成套设计、制造、销售、服务一体化的能力，逐渐拉长产业链，向煤机设备“供应＋服务”商转型。美国客户评价说：“购买郑煤机的成套液压支架，节省采购时间、装备协调率高、售后服务方便。”

创新是引领发展的第一动力，也是最持久的动力。截至目前，郑州煤矿机械集团股份有限公司已实现拥有国际专利 57 项，已获受理的专利申请 35 项，是中国煤机行业当之无愧的创新“领头羊”。可以说，美国高端市场零的突破，是郑州煤矿机械集团股份有限公司“打造具有国际竞争力的煤机品牌”的关键一步，更是河南装备制造业响应《中国制造 2025 河南行动纲要》精神和加快建设先进制造业大省的具体行动，让世界见证了河南自主创新的力量。

据了解，面对煤炭行业下滑，公司业绩增长低于预期的状况，郑州煤矿机械集团股份有限公司不断加快攻坚转型的步伐，拟 22 亿元收购亚新系 6 家汽车零部件公司，分块搞活整体推进企业改革，通过进军汽车零部件产业，跨界寻找新的盈利点。

在煤炭、钢材市场持续低迷、行业竞争日益激烈的背景下，郑煤机为摆脱困境转型发展，通过“走出去”“跨界发展”摸索出一条深化企业改革新路子，对中国煤机行业发展有着重要的借鉴意义。

3）中国煤炭科工集团有限公司发力煤机智能制造

中国煤炭科工集团有限公司在 2014 年就积极着手推动转型升级，提出了“三大转型”和“三个转化”，其中“由传统的装备生产向全过程数字化和智能化生产转化”正是转型升级的重要方面。旗下天地科技股份有限公司积极响应国家智能制造战略和中国煤炭科工集团有限公司转型升级发展方向，针对煤矿用户对新技术、新产品、新工艺的新需求，提早布局、深刻研判，充分发挥自身科技研发与实践积累的优势，开发了一批具有行业前瞻性的新技术和新产品，在智能化煤机与煤机智能制造方面先行迈出了坚实步伐。

在智能产品方面，“十二五”期间，天地科技股份有限公司通过承担国家“863”项目“煤炭智能化掘采技术与装备”、国家智能制造装备发展专项“煤炭综采智能成套装备研发与应用”等项目，相继研发成功了综采工作面智能控制系统和智能掘支运三位一体快速掘进系统。综采工作面智能化是煤炭开采智能化的核心，也是煤矿设备最多、环境最恶劣、工作最复杂的系统，天地科技股份有限公司在大幅提升单机设备性能的基础上，首次研制的工作面系统级综采成套装备智能化系统在陕西煤业化工集团有限责任公司红柳林矿、黄陵一矿等地成功应用。天地科技股份有限公司率先实现了“工作面有人巡视，无人操作；顺槽可视化控制，地面远程割煤”；煤矿工人工作内容及状态完全改变，采煤成为名副其实的高科技行业；工作面生产作业人员由 11 人递减至 3 人，生产效率提高 25%。此项成果获得 2014 年中国煤炭工业协会科技进步特等奖和 2016 年国家科技进步二等奖。为解决掘进工作面自动掘支运联合高效作业问题，天地科技股份有限公司研制了国内外首套高效快速掘进系统，首创了掘支运三位一体快速掘进模式。该系统首次实现掘支运平行、连续作业；以三臂锚索机为控制平台，构建智能控制系统，设备可自主定向推进、调整姿态，实现掘、锚、运多个作业单元联动；采用防爆无线控制网络及视频通信网络系统，通过数据基站与地面控制中心进行数据交互，实现远程操控；采用统一的控制平台，实现了设备的集中控制，减少了操作人员；实现人员在安全、健康的环境下作业；最高月进尺 3088 m。

在智能生产方面，天地科技股份有限公司与机械科学研究院哈尔滨焊接研究所合作，建设了国内首个中部槽自动化/智能化预热焊接生产线，项目采用在线预热、智能自动组装定位、智能焊接和检测等技术，实现了中部槽组装焊接智能化、制造流程自动化、现场检测实时化和车间生产管理信息化，大幅提升了传统煤机制造业的生产技术水平；天地科技股份有限公司与山东能源重型装备制造集团有限责任公司合作，建设了国内首个煤机装备智能制造系统，是国内最大、自动化程度最高的中厚板焊接加工车间，实现 80%以上结构件焊缝的自动化焊接，焊接效率提高 100%，工作人员减少 70%，一次检测成品率 95%以上；为满足煤机高压液压阀阀体、阀芯两类零件的柔性加工需求，天地科技股份有限公司建设了高压大流量液压阀柔性加工数字化车间，完成了柔性制造系统、智能刀具管理中心、车间信息化管理系统 3 个智能单元的研发应用。建成的智能刀具管理中心实现了刀具信息的系统性管理、刀具数据的自动读取记录及传输、刀具寿命监控、刀具智能替换等功能。解决了液压阀零件加工精度不稳定的问题，提升了产品质量，减少工人数量，实现了智能、少人、高效的目标，是多品种、小批量制造模式下进行自动化、智能化和柔性化制造的典范；天地科技股份有限公司建有国内首条整体电液控换向阀自动化装配生产线，能按照预定的程序自动完成拆垛、上料、定位、夹紧、拧紧装配、下料全过程，完成多款产品混线生产装配的任务。将批量式生产方式逐步转化为单件流，极大地提高了生产效率，生产线单件产品的生产效率平均提升约 30%。

制造业是立国之本，作为传统产业升级的强大助推器，“智能制造”将推动我国新一轮的产业变革，为中国两化融合和转型升级提供手段。

7.2 煤炭科技发展成果

2016 年中国煤炭行业科技创新体系不断完善，科技创新水平不断提升，荣获国家科技成果奖的项目不断增加。获奖项目由煤炭开采、加工转化、矿区生态环境保护扩展到智能矿山领域，行业标准和知识产权保护工作成效显著。

7.2.1 2016 年煤炭行业科技发展成果

1. 科技创新体系不断完善

截至 2016 年底，中国煤炭行业建成国家重点实验室 18 个，国家工程实验室 7 个，国家工程研究中心 8 个，国家工程技术研究中心 4 个，国家能源研发中心 5 个，国家能源重点实验室 6 个，国家级企业技术中心 27 个，国家安全生产技术支撑体系国家级中心实验室 10 个；在高等学校创新能力提升计划（2011 计划）的引导下，全行业共培育成立了 1 个国家级、2 个行业级和 18 个省级协同创新中心。

2. 科技创新取得新成果

2016 年煤炭行业共获得 5 项国家科技成果奖。“急倾斜厚煤层走向长壁综放开采关键理论与技术”荣获国家科学技术进步二等奖，该项目开发了 20 m 以下急倾斜（60°）厚煤层走向长壁综放开采关键理论与技术，创建了急倾斜厚煤层综放开采顶煤放出的 BBR 理论和工艺技术，研制了急倾斜厚煤层综放开采的专用支架与采场围岩控制新技术，并首创了巷道围岩“蝶形”破坏理论与层次支护技术。研究成果解决了中国（60°）以下急倾斜厚煤层安全高效开采的技术难题，实现了急倾斜厚煤层走向长壁综放开采年产百万吨的目标。“煤层瓦斯安全高效抽采关键技术体系及工程应用”荣获国家科学技术进步二等奖，首次定义了瓦斯抽采效率准则和安全准则，发展了瓦斯抽采多耦合流动模型，研发了松软煤层钻进—护孔一体化技术及装备、瓦斯抽采钻孔区域密封技术及配套装备和材料，建立了瓦斯抽采系统多目标优化理论模型，构建了瓦斯抽采只能调控系统和标准化联管系统，形成了瓦斯抽采“钻-护-封-联”一体化关键技术体系，为攻克松软煤层安全高效抽采这一世界难题提供了基础理论、技术体系和工程示范。“智能煤矿建设关键技术与示范工程”项目获评国家科技进步二等奖，项目取得 3 项重要创新成果：一是首创了基于可视化远程干预的智能采煤新模式，实现了工作面内无人操作（仅 1 人巡视）的智能采煤常态化运行；二是创新研发并成功应用了一体化矿山生产综合智能监控系统，首次完成了 20 Mt 大型智能矿山示范工程建设；三是首次创建了亿吨级矿区复杂系统的全流程管理信息协同系统平台，实现了矿井群资源的智能配置。“大型高效水煤浆气化过程关键技术创新及应用”项目荣获国家科学技术进步二等奖，解决了高温、高压条件下气化炉内湍流多相流动与复杂气化反应的交互作用等科学问题，建立了气流床煤气化过程的数学模型，确立了气流床煤气化技术的放大依据，突破了大型化、高效率、长周期安全稳定运行等关键技术，获得了一系列创新性成果，使中国自主知识产权水煤浆气化技术达到世界领先水平。“深部隧（巷）道破碎软弱围岩稳定性监测控制关键技术及应用”项目荣获国家科学技术进步二等奖，项目针对深部破碎软弱围岩稳定性监测、模拟和控制开展研究，成果广泛应用于矿区深部巷道、交通隧道及国防洞库隧道等工程。

3. 重大科技工程示范取得新进展

千万吨级高效自动化开采矿井、绿色开采生态矿山、煤与瓦斯突出防治、高承压及深部矿井防治水、煤层气开发利用、煤矿井下高效开采、褐煤物理干燥、煤炭转化、智能矿山等领域示范工程建设稳步推进。神华宁夏煤业集团有限责任公司年产 400 Mt 煤炭间接液化示范项目正式投产。煤制烯烃、煤制气、煤制乙二醇等重大煤化工产业示范工程建设取得阶段性成果。燃煤发电机组超低排放和高效煤粉型工业锅炉示范取得突破，污染物减排效果明显。

4. 行业标准工作扎实推进

规范标准是煤炭行业发展的重要支柱，2016 年住房和城乡建设部发布实施《煤矿井下消防、洒水设计规范》等 12 项煤炭建设国家标准。住房和城乡建设部、国家能源局共批准《煤炭建设工程资料管理标准》等 21 项煤炭行业标准。国家标准《煤中有害元素含量分级　第 1 部分：磷》（GB/T 20475.1—2006）、《煤中有害元素含量分级　第

2 部分：氯》(GB/T 20475.2—2006) 等 4 项标准荣获中国标准创新贡献奖二等奖。

5. 知识产权工作成效显著

2016 年 12 月 26 日，由中国国家知识产权局和世界知识产权组织共同主办的第 18 届中国专利奖颁奖大会在北京举行。中国矿业大学的“一种巷道超静定防冲四维支护装置及其支护方法”等 11 项煤炭行业专利获得中国专利优秀奖。

7.2.2 2016 年煤炭勘探开采领域科技发展成果

1.“急倾斜厚煤层走向长壁综放开采关键理论与技术”荣获国家科学技术进步二等奖

“急倾斜厚煤层走向长壁综放开采关键理论与技术”项目由中国矿业大学（北京）、冀中能源峰峰集团有限公司、甘肃靖远煤电股份有限公司、湖南科技大学共同完成。项目经过十余年的联合科技攻关，在国家有关部委和企业的支持下，开发了 20 m 以下急倾斜（60°）厚煤层走向长壁综放开采和围岩控制的关键理论与技术，研制了急倾斜厚煤层综放开采的专用支架与采场围岩控制新技术，首创了巷道围岩“蝶形”破坏理论与层次支护技术，创建了急倾斜厚煤层综放开采顶煤放出的 BBR 理论和工艺技术，解决了中国（60°）以下急倾斜厚煤层安全高效开采的技术难题，实现了急倾斜厚煤层走向长壁综放开采年产百万吨的目标。项目成果已在冀中能源集团有限责任公司、甘肃靖远煤电股份有限公司、鹤壁煤业集团有限责任公司等全国 20 余个矿井进行了推广应用，实现了急倾斜厚煤层的安全高效开采，最大限度地提高了煤炭资源回收率，经济与社会效益显著。研究成果对于提高中国急倾斜煤层的高效安全开采水平和推动行业科技进步意义重大，具有广阔应用前景，项目成果达到国际领先水平。

项目得到了 3 项国家自然科学基金重点项目、1 项“973”课题等支持，曾获中国煤炭工业科学技术奖一等奖 2 项，发表论文 71 篇，出版著作 3 部，授权发明专利 3 项，实用新型 10 项，软件著作权 2 项。

2.“煤层瓦斯安全高效抽采关键技术体系及工程应用”荣获国家科学技术进步二等奖

“煤层瓦斯安全高效抽采关键技术体系及工程应用”项目由中国矿业大学、河南理工大学、平安煤矿瓦斯治理国家工程研究中心有限责任公司、淮南矿业（集团）有限责任公司、西山煤电（集团）有限责任公司共同完成。

项目针对井下瓦斯抽采工程长期以来一直存在工程设计依赖经验、产出投入比低、钻孔“钻不深、留不住、封不严”、抽采管网“易堵塞、联不畅、能耗高”等重大共性难题，从瓦斯流动与致灾机理、钻护封联一体化技术、成套装备及工程示范等方面开展了系统深入的研究，创新成果如下：

(1) 首次定义了瓦斯抽采效率准则和安全准则，考虑实际煤层瓦斯抽采漏风引起的煤自热效应，发展了煤体应力场、裂隙场、瓦斯—空气混流场和能量传输场的多场耦合模型，定量揭示了煤（岩）裂隙场中瓦斯与煤自燃耦合致灾机制，开发了瓦斯抽采工程设计方案优选计算软件，实现了瓦斯抽采效率、安全度和达标时间的定量计算与评价。

(2) 提出了双动力排渣和涡流松透钻进技术，开发了系列高效排渣钻杆；发明了护孔管与钻杆协同钻进—护孔方法，研发了钻进时依靠磁吸闭合、通管时借助护管推力弹开的牙片式钻头，设计了杆内无变径、不卡管的内衬导向管式通管钻杆和匹配瓦斯流量的阶梯式护孔管，大幅延长了软煤钻进深度，增加了钻孔瓦斯抽采流量。

(3) 研发了高压注浆密封钻孔近孔漏气裂隙和固相颗粒体密封远孔漏气裂隙技术，开发了系列高压注浆封孔装置和粉料颗粒输送装置，研制了封堵裂隙的微细膨胀粉料，实现了孔内空间和孔外漏气裂隙的区域性密封，提升了钻孔密封质量，大幅提高了瓦斯抽采浓度。

(4) 建立了瓦斯抽采管网的多目标约束优化模型，确定了最低能耗工况下管网的最优布局；发明了联管标准件，消除了建设过程中漏气和堵管隐患；建立了抽采管网运行期间的负压动态调配系统。从布局—建设—运行系统降低了管网能耗，提升了抽采效率。

该项目已获授权国家发明专利 25 件，软件著作权 2 项，发表学术论文 23 篇，其中被 SCI 检索收录 14 篇。获省部级科技进步一等奖 3 项。

3.“智能煤矿建设关键技术与示范工程”荣获国家科学技术进步二等奖

“智能煤矿建设关键技术与示范工程”项目由神华集团有限责任公司、天地科技股份有限公司、神华和利时信息技术有限公司、北京天地玛珂电液控制系统有限公司、神华神东煤炭集团有限责任公司、陕西煤业化工集团有限责任公司、阳泉煤业（集团）有限责任公司共同完成。

项目通过攻克智能矿山关键技术并进行智能矿山示范工程建设，解决了影响智能煤矿建设核心因素的问题，首创了智能＋远程干预的采煤新模式，实现了工作面内无人操作（仅 1 人巡视）的智能采煤常态化运行；创新研发了智能矿山生产综合一体化管控平台，首次完成了 20 Mt 大型智能矿山示范工程建设；首次创建了亿吨级矿区复杂系统全流程协同智能配置平台，建成世界最大的亿吨级智能大型矿井群，实现了矿井群资源的智能配置。项目成果在陕西煤业化工集团有限责任公司红柳林煤矿、黄陵一号煤矿、神华陕西国华锦界能源有限责任公司锦界煤矿及神东亿吨级矿井群等完成了示范工程应用，可将综采工作面每班操作人员由平均 15 人减少到 3 人，煤矿井下作业人员减少 20%，全员工效提高 16%；核心技术在神华宁夏煤业集团有限责任公司、阳泉煤业（集团）有限责任公司、兖矿集团有限公司、冀中能源集团有限责任公司、新疆能源（集团）有限责任公司和神华乌海能源有限责任公司等全国近 40 个煤矿推广应用。

项目获得授权发明专利 20 项，实用新型专利 16 项；软件著作权 20 项；出版专著 1 部，发表论文 37 篇。

4.“深部隧（巷）道破碎软弱围岩稳定性监测控制关键技术及应用”荣获国家科学技术进步二等奖

“深部隧（巷）道破碎软弱围岩稳定性监测控制关键技术及应用”项目由武汉大学、中国科学院武汉岩土力学研究所、山东大学、中国平煤神马能源化工集团有限责任公司、淮南矿业（集团）有限责任公司、福建省高速公路建设总指挥部、中国矿业大学共同完成。

项目针对超千米深井巷道、深埋大断面多支洞国防洞库隧道和高速公路隧道群建设中的巷道稳定控制和监测面临的难题，历经11年的研究和工程应用，在理论方法和技术创新方面取得重大突破。提出了深部破碎软弱围岩地应力测试的流变应力恢复法原理及严密解算分析方法、围岩破裂碎胀大变形预测分析的数值与物理模拟系统方法。发明了多向压应力传感器及其推送定位系统、围岩表面——内部变形实时监测预警及掘支放样自动一体化技术系统，研发了深部破碎软弱围岩分步联合控制技术及底臌控制技术。项目大大提高了深部破碎软弱围岩中地应力测试的成功率，在隧（巷）道掘进支护施工自动定位放样技术等方面填补了国内空白，降低了隧（巷）道掘支和维护综合成本。项目成果广泛应用于矿区深部巷道、交通隧道及国防洞库隧道等工程，整体提升了我国深部隧（巷）道破碎软弱围岩稳定性监测控制的技术水平，累计创造经济效益34.28亿元，经济社会效益显著。

7.2.3 2016年煤炭加工与转化领域科技发展成果

1.“大型高效水煤浆气化过程关键技术创新及应用”荣获国家科学技术进步二等奖

“大型高效水煤浆气化过程关键技术创新及应用”项目由兖矿集团有限公司、华东理工大学、中国科学院山西煤炭化学研究所、灵谷化工有限公司、兖矿水煤浆气化及煤化工国家工程研究中心有限公司、中国天辰工程有限公司共同完成。

针对清洁高效大型水煤浆气化技术发展中存在的科学问题、技术问题和工程问题，在国家“973”计划（2004—2014）、国家“863”计划、教育部长江学者与创新团队发展计划及其他省部级重大科技计划的支持下，相关单位的60余名科研人员通过近10年深入的基础研究和系统的工程示范，解决了高温、高压、湍流多相流动条件下气化炉内的多相流动与复杂气化反应的交互作用等科学问题，建立了气流床煤气化过程的数学模型，确立了气流床煤气化技术的放大依据，突破了大型化、高效率、拓展煤种适应性、长周期安全稳定运行等关键技术，使中国自主知识产权水煤浆气化技术达到世界领先水平。主要技术创新成果包括：

（1）在国际上首次揭示了多喷嘴撞击气化炉内三维温度场及火焰结构，形成了水煤浆气化炉火焰结构调控技术，确立了气化炉放大准则，解决了气化炉拱顶耐火砖寿命短的技术难题，实现了水煤浆气化技术从1000 t/d向3000 t/d的跨越，建成了国际上最大的水煤浆气化装置。

（2）揭示了大型水煤浆气化炉的流场特征和撞击流驻点的偏移规律，发现了撞击流流动不稳定性，获得了水煤浆气化烧嘴雾化规律，形成了水煤浆气化炉流场调控和强化混合技术，发明了高效、长寿命水煤浆气化烧嘴，解决了烧嘴寿命短的技术难题。

(3) 揭示了高温高压下典型煤种气化反应机理，获得了气化条件下煤中矿物质熔融性和黏度的变化规律，形成了水煤浆气化炉选煤配煤技术，发明了低阶煤成浆技术，拓展了水煤浆气化技术的原料适应性，解决了大型水煤浆气化技术选煤、配煤的技术难题。

(4) 提出了多喷嘴气化炉降阶模型，开发了气化炉动态模拟软件，独创了大型水煤浆气化炉在线无波动切换技术，发明了合成气高效除尘技术，解决了大型水煤浆气化装置长周期稳定运行的技术难题，创造了大型水煤浆气化装置长周期稳定运行的世界纪录。

项目已获得授权中国发明专利 26 项，美国专利 1 项，欧洲专利 1 项，发表 SCI 论文 102 篇，EI 论文 77 篇。国际同行评价、国家 973 项目验收专家意见、中国石油和化学工业联合会专家鉴定报告、现场考核报告及评价证明、中国化工学会评价证明、用户应用报告均指出，项目主要技术指标国际领先。

项目形成的成果已应于国内 30 余家企业，推进了自主知识产权的气流床水煤浆气化技术的进一步大型化、推进了技术的广泛推广应用、支撑了气流床煤气化的长周期稳定运行，为中国煤炭高效清洁转化领域发展发挥了重要作用，三年新增产值超过 79 亿元，新增利润超过 9.56 亿元，节省专利费 1.3 亿元，产生了良好的经济效益和社会效益。

2. 全球单套规模最大煤制油项目投产

2016 年 12 月 28 日，全球单套规模最大的煤制油项目——神华宁夏煤业（集团）有限责任公司年产 4 Mt 煤炭间接液化示范项目正式投产。该项目打破了国外对煤制油化工核心技术的长期垄断，探索出了科技含量高、附加值高、产业链长的煤炭深加工产业发展模式，项目国产化率达 98.5%，每年可转化煤炭 20.46 Mt，年产油品 4.05 Mt。

作为全球单套规模最大煤制油项目，神华宁夏煤业（集团）有限责任公司煤制油示范项目的建成投产具有重大意义，习近平总书记对此作出重要指示，代表党中央对项目建成投产表示热烈祝贺。习近平总书记指出，这一重大项目建成投产，对中国增强能源自主保障能力、推动煤炭清洁高效利用、促进民族地区发展具有重大意义，是对能源安全高效清洁低碳发展方式的有益探索，是实施创新驱动发展战略的重要成果。该项目生产的清洁油品对于解决城市汽车尾气污染、雾霾治理等问题也具有重要的现实意义。

3. 煤制烯烃新工艺入选“2016 年度中国科学十大进展”

2017 年 2 月 20 日，科技部基础研究司与科技部高技术研究发展中心联合召开解读会，发布“2016 年度中国科学十大进展”评选结果，中国科学院大连化学物理研究所研究员包信和及潘秀莲研究团队研发的煤制烯烃新工艺成功入选。

烯烃是与人们日常生活息息相关的重要化学品。中国是烯烃消费大国，其传统的生产原料主要依赖石油，这不仅使烯烃的生产成本居高不下，同时也严重地危及到了我国的能源安全。20世纪初，德国科学家费舍尔和拓普希提出了一条由煤经水煤气变换生产烯烃的费-托（F-T）路线，但是，该过程原理上会产生大量的副产物，同时还需要消耗大量的水，严重阻碍了该技术发展和实际应用。中国科学院大连化学物理研究所研究员包信和及潘秀莲研究团队从纳米催化的基本原理入手，开发出了一种过渡金属氧化物和有序孔道分子筛复合催化剂，成功实现了煤基合成气一步法高效生产烯烃，C_2到C_4低碳烯烃单程选择性突破了费-托过程的极限，一跃超过80%。同时，反应过程完全避免了水分子的参与，从源头回答了李克强总理提出的“能不能不用水或者少用水进行煤化工”的诘问。该成果在纳米尺度上实现了对分别控制反应活性和产物选择性的两类催化活性中心的有效分离，使在氧化物催化剂表面生成的碳氢中间体在分子筛的纳米孔道中发生受限偶联反应，成功实现了目标产物随分子筛结构的可控调变。相关研究论文发表在2016年3月4日《科学》上。《科学》同期以“令人惊奇的选择性”为题刊发了专家评论和展望，称赞该研究在原理上的突破将带来在工业上的巨大竞争力。该研究并被产业界同行誉为“煤转化领域里程碑式的重大突破”。

4.“晋华炉”成功投运开创新型煤气化技术改造先河

由清华大学山西清洁能源研究院牵头，阳煤丰喜集团（肥业）有限责任公司和阳煤化工股份有限公司联合研发的合成气/蒸汽联产气化炉（以下简称“晋华炉”），在阳煤丰喜集团（肥业）有限责任公司临猗分公司一次点火、投料、送气成功。这是世界首台采用水煤浆＋水冷壁＋辐射式蒸汽发生器的气化炉，其科技创新点在于：核心部件辐射式蒸汽发生器借鉴了液态排渣旋风锅炉的进口和结构设计理念，能够有效避免国外同类技术存在的堵渣和积灰问题；独特的结构设计减少了双面受热的布置比例，设备体积和投资减少。通过回收高温合成气的热量，副产高温高压蒸汽等方式，提高气化炉的能源转换效率，晋华炉代表了该行业技术的世界高度。

从投运100多天以来的效果看，该技术具有水煤浆气化炉稳定、可靠的优点，也具有水冷壁气化炉煤种适应性好的优势，尤其适用于高硫、高灰、高灰熔点“三高”煤的气化。该技术煤种适用范围更广，能消耗大量劣质煤，一座炉每年可节约煤炭成本3000多万元。技术推广后，有望打破国外技术垄断，为我国企业节省技术转让费10多亿元，也为劣质煤清洁利用找到了新路径。

7.2.4 2016年绿色生态矿山领域科技发展成果

1.“二氧化碳开采器”荣获第十八届中国专利优秀奖

2016年12月26日，在第十八届中国专利奖颁奖大会上，煤炭科学技术研究院有限公司的“二氧化碳开采器”发明专利荣获中国专利优秀奖。该项目发明的二氧化碳开采器可代替矿井开采中常用的雷管和炸药，一方面，避免了明火爆炸引起瓦斯爆炸，实现矿井安全生产，还可以在瓦斯抽采过程中使煤体预裂，有效增加煤层透气性，提高煤层瓦斯抽采效率；另一方面，二氧化碳开采器爆破更加绿色环保，减少了炸药爆炸导致的有毒有害气体的产生，推动绿色生态矿山向前发展。

2. 59 座煤矿通过国家级绿色矿山试点评估

2016 年 9 月 1 日，国土资源部发布《关于国家级绿色矿山试点评估结果的公告》，国土资源部根据《国土资源部关于贯彻落实全国矿产资源规划发展绿色矿业建设绿色矿山工作的指导意见》，对第一批、第二批国家级绿色矿山试点单位建设进展情况进行了评估，各试点单位通过一年至两年的规划实施，达到国家级绿色矿山基本条件，经国土资源部评估合格后，共有 59 家煤矿试点单位完成绿色矿山建设规划确定的目标任务，达到国家级绿色矿山基本条件，通过试点评估。

“绿色矿山”是指矿产资源开发全过程，严格实施科学有序的开采，对矿区及周边环境的扰动要在可控的范围内；对于必须破坏扰动的部分，通过科学设计，采取先进合理的有效措施，确保矿山的存在、发展直至终结过程中，始终与周边环境相协调，并融合于社会可持续发展轨道中。绿色开采是煤炭开采的发展方向，对提高煤炭采出率、保护生态环境和实现煤矿可持续发展都具有十分重要的意义。

3. 东部草原区大型煤电基地生态修复示范项目启动

2016 年 10 月 9 日，由神华集团有限责任公司牵头的国家重点研发计划“东部草原区大型煤电基地生态修复与综合整治技术及示范”项目启动会在京召开。该基地位于中国生态安全“两屏三带”的北方防沙带，煤炭年产能超过 400 Mt，火电装机容量约 20 GW，在保障中国东北部能源供应的同时，引起了水位下降、土壤沙化等问题。

伴随着《全国生态保护“十三五”规划纲要》《“十三五”生态环境保护规划》出台，中国对环保问题越来越重视，大型煤电基地生态修复问题引发社会高度关注。造成煤矿矿区生态破坏的因素众多，人们“想当然”地认为生态破坏与煤炭开采相关，甚至有时故意往煤炭开采身上揽，既缺乏数据支撑，又不科学。通过项目的实施，有望正本清源，弄清煤炭开采对区域生态的影响因素、范围、机理等，既可为煤炭开采正名，也可为矿区环境治理提供科学依据。

4. 沉陷区黄河泥沙充填技术及示范项目通过验收

2016 年 6 月，“十二五”国家科技支撑计划课题“大型煤炭基地沉陷区黄河泥沙充填修复技术及示范”项目通过验收。中国矿业大学研究团队第一次将黄河泥沙作为充填复垦材料，通过取沙、输沙、沉沙排水等技术，构建像五花肉一样的夹心式土壤结构，复垦采煤沉陷区。该技术将黄河泥沙与采煤沉陷区复垦完美结合起来，一举两得，既能复垦采煤沉陷区，又利于黄河调沙调水、治理黄河淤泥。保守估计，黄河沿线 70 km 范围内采煤沉陷区约有 8000 km^2。未来，该技术在黄河两岸矿区将大有用武之地。

7.3 煤炭行业标准

标准是推动煤炭工业发展的重要载体和有效手段，涵盖了煤炭开发建设、安全生产、经营管理的方方面面。2016 年中国煤炭行业标准化体系建设和标准制修订计划取得了一定成效，进一步转变了煤炭工业发展方式，提升了煤炭产业发展水平。

7.3.1 煤炭行业标准化体系建设

工程建设规范标准是行业发展的重要支柱，为完善煤炭行业建设规范标准，指导煤炭建设各项工作，2016年，住房和城乡建设部发布煤炭行业国家标准12项，住房和城乡建设部、国家能源局发布实施的行业标准21项，具体见表7-1和表7-2。

表7-1 住房和城乡建设部发布的12项煤炭行业国家标准

标准名称	发布单位和时间	实施时间	强制条文
《煤矿井下消防、洒水设计规范》(GB 50383—2016)	2016年1月4日中华人民共和国住房和城乡建设部公告（第1022号）	2016年8月1日起实施	第3.1.1、3.1.2(2、4、5)、4.2.3(1)、4.2.4、5.1.3、5.2.1、5.2.2(1、2、3)、5.2.3、5.2.6、5.4.1、5.4.3、6.1.1、6.3.1、9.1.1（3）、9.3.2、10.0.9条（款）为强制性条文，原国家标准《煤矿井下消防、洒水设计规范》(GB 50383—2006) 同时废止
《煤炭工业矿井采掘设备配备标准》(GB/T 51169—2016)	2016年4月15日中华人民共和国住房和城乡建设部公告（第1096号）	2016年12月1日实施	
《煤炭工业露天矿疏干排水设计规范》(GB 51173—2016)	2016年4月15日中华人民共和国住房和城乡建设部公告（第1101号）	2016年12月1日实施	第3.1.4、5.3.8、6.2.6条为强制性条文
《煤矿井下机车车辆运输信号设计规范》(GB 50388—2016)	2016年8月18日中华人民共和国住房和城乡建设部公告（第1257号）	2017年4月1日起实施	第3.0.5、5.3.10、6.0.3（1）、7.0.4、10.0.6条（款）为强制性条文，原国家标准《煤矿井下机车运输信号设计规范》(GB 50388—2006) 同时废止
《煤矿立井井筒及硐室设计规范》(GB 50384—2016)	2016年8月18日中华人民共和国住房和城乡建设部公告（第1259号）	2017年4月1日起实施	第3.0.8、5.3.8(2、3)、5.4.1(1、5、6)、6.3.2(1、3)、6.4.2(1)、6.4.6(1、3)、6.4.17(1)、7.1.3(2)条（款）为强制性条文，原国家标准《煤矿立井井筒及硐室设计规范》(GB 50384—2007) 同时废止
《煤矿井下煤炭运输设计规范》(GB 51179—2016)	2016年8月18日中华人民共和国住房和城乡建设部公告（第1261号）	2017年4月1日起实施	第4.4.3、6.1.2、6.4.1、6.5.1、8.2.2（3）、9.1.1、10.1.2条（款）为强制性条文

表 7-1（续）

标准名称	发布单位和时间	实施时间	强制条文
《煤炭洗选工程设计规范》(GB 50359—2016)	2016年8月18日中华人民共和国住房和城乡建设部公告（第1265号）	2017年4月1日起实施	第2.0.7、4.3.2、5.3.8、5.4.4、6.2.5、6.2.6、7.3.1、14.1.1、14.5.2(2)条（款）为强制性条文，原国家标准《煤炭洗选工程设计规范》(GB 50359—2005) 同时废止
《矿山提升井塔设计规范》(GB 51184—2016)	2016年8月18日中华人民共和国住房和城乡建设部公告（第1268号）	2017年4月1日起实施	第1.0.4、8.1.4、8.1.5、8.2.8条为强制性条文
《水煤浆工程设计规范》(GB 50360—2016)	2016年8月18日中华人民共和国住房和城乡建设部公告（第1271号）	2017年4月1日起实施	第5.1.1(4)、5.5.3、6.1.3、16.4.2、18.1.2条（款）为强制性条文，原国家标准《水煤浆工程设计规范》(GB 50360—2005) 同时废止
《煤炭洗选工程节能设计规范》(GB 51181—2016)	2016年8月18日中华人民共和国住房和城乡建设部公告（第1273号）	2017年4月1日起实施	第3.1.2条为强制性条文
《煤炭工业矿井抗震设计规范》(GB 51185—2016)	2016年8月18日中华人民共和国住房和城乡建设部公告（第1276号）	2017年4月1日起实施	第1.0.3、2.1.1、2.1.2条为强制性条文
《煤矿采空区建（构）筑物地基处理技术规范》(GB 51180—2016)	2016年8月18日中华人民共和国住房和城乡建设部公告（第1281号）	2017年4月1日起实施	第3.0.2、6.1.2条为强制性条文

表 7-2　住房和城乡建设部、国家能源局发布实施的21项煤炭行业标准

标准名称	发布单位和时间	实施时间
《综合机械化高水材料袋式充填采煤技术要求》(NB/T 51046—2016)	2016年2月5日国家能源局公告（第2号）	2016年7月1日起实施
《沿空留巷高水材料巷旁填充技术要求》(NB/T 51047—2016)	2016年2月5日国家能源局公告（第2号）	2016年7月1日起实施
《喷淋式矿井回风换热器》(NB/T 51048—2016)	2016年2月5日国家能源局公告（第2号）	2016年7月1日起实施
《矿井回风废热综合利用系统节能量评估》(NB/T 51049—2016)	2016年2月5日国家能源局公告（第2号）	2016年7月1日起实施
《矿用限矩型磁力偶合器》(NB/T 51050—2016)	2016年2月5日国家能源局公告（第2号）	2016年7月1日起实施

表 7-2（续）

标准名称	发布单位和时间	实施时间
《煤炭建设工程资料管理标准》（NB/T 51051—2016）	2016年2月5日国家能源局公告（第2号）	2016年7月1日起实施
《喷射混凝土应用技术规程》（JGJ/T 372—2016）	2016年2月22日中华人民共和国住房和城乡建设部公告（第1051号）	2016年8月1日起实施
《预应力混凝土结构设计规范》（JGJ 369—2016）	2016年3月14日中华人民共和国住房和城乡建设部公告（第1061号）	2016年9月1日起实施
《煤炭建设露天剥离工程综合消耗量定额》（NB/T 51052—2016）	2016年8月16日国家能源局公告（第6号）	2016年12月1日起实施
《煤炭建设工程工程量清单项目及计算规则》（NB/T 51053—2016）	2016年8月16日国家能源局公告（第6号）	2016年12月1日起实施
《煤炭建设井巷工程消耗量定额》（NB/T 51054—2016）	2016年8月16日国家能源局公告（第6号）	2016年12月1日起实施
《煤炭建设地面建筑工程消耗量定额》（NB/T 51055—2016）	2016年8月16日国家能源局公告（第6号）	2016年12月1日起实施
《煤炭建设井巷工程辅助费基础定额》（NB/T 51056—2016）	2016年8月16日国家能源局公告（第6号）	2016年12月1日起实施
《煤炭建设井巷工程辅助费综合定额》（NB/T 51057—2016）	2016年8月16日国家能源局公告（第6号）	2016年12月1日起实施
《煤炭建设工程造价编制与管理办法》（NB/T 51058—2016）	2016年8月16日国家能源局公告（第6号）	2016年12月1日起实施
《煤炭建设特殊凿井工程消耗量定额》（NB/T 51059—2016）	2016年8月16日国家能源局公告（第6号）	2016年12月1日起实施
《煤炭建设机电安装工程消耗量定额》（NB/T 51060—2016）	2016年8月16日国家能源局公告（第6号）	2016年12月1日起实施
《煤炭建设凿井措施工程费指标》（NB/T 51061—2016）	2016年8月16日国家能源局公告（第6号）	2016年12月1日起实施
《煤炭建设工程施工机械台班费用定额》（NB/T 51062—2016）	2016年8月16日国家能源局公告（第6号）	2016年12月1日起实施
《煤炭建设工程费用定额》（NB/T 51063—2016）	2016年8月16日国家能源局公告（第6号）	2016年12月1日起实施
《煤炭建设其他费用规定》（NB/T 51064—2016）	2016年8月16日国家能源局公告（第6号）	2016年12月1日起实施

7.3.2 2016年行业标准制修订项目计划

1. 2016年安全生产行业标准制修订项目计划

2016年4月22日，国家安全生产监督管理总局发布了安全生产行业标准制修订项目计划，制修订43项安全生产行业标准，其中涉及煤炭的标准有8项。

2. 2016年能源领域行业标准制（修）订计划（煤炭部分）

2016年9月2日，国家能源局下达了能源领域行业标准制（修）订计划项目汇总表（煤炭部分）共计42项，其中仅3项为修订，其余39项为新制定的标准。

7.3.3 2016年国土资源标准制修订工作计划3项涉及煤炭资源标准制修订

2016年6月29日，国土资源部公布了2016年国土资源标准制修订工作计划，其中3项涉及煤炭的资源标准将制修订。该计划包括拟申请报批标准计划48项，拟开展预研究标准计划14项，在研标准项目备案31项，地方标准和团体标准备案18项。

7.4 “十三五”煤炭科技创新发展

实施创新驱动发展战略、增强自主创新能力、加快创新型国家建设是中国科技发展的方向。煤炭科技发展将以绿色、安全、智能、清洁、高效为主要方向，适应煤炭行业发展的新要求，推动信息网络技术与煤炭产业发展的融合，发展智能煤机装备和绿色制造技术，发展煤炭安全绿色智能化开采技术、煤炭清洁高效低碳化利用技术等，加快推动企业由生产型向生产服务型转变。

1. 2017年中国科技领域的十项重点工作

2017年1月10日，全国科技工作会议召开。会议总结2016年科技工作，明确2017年工作思路，研究部署科技改革发展重点举措。

2017年科技工作的总体思路是：全面贯彻党的十八大和十八届三中、四中、五中、六中全会精神及中央经济工作会议、中央农村工作会议、全国科技创新大会精神，深入贯彻习近平总书记系列重要讲话精神和治国理政新理念、新思想、新战略，围绕统筹推进“五位一体”总体布局和协调推进“四个全面”战略布局，牢固树立和贯彻落实新发展理念，适应把握引领经济发展新常态，坚持稳中求进的总基调，以支撑引领供给侧结构性改革为主线，以建设世界科技强国为目标，全面实施国家创新驱动发展战略纲要和“十三五”国家科技创新规划，把工作重心从规划部署转移到全面落实上来，着力提升科技创新能力，着力深化科技体制改革，着力加快科技成果转移转化，着力加快政府职能向创新服务转变，着力构建良好创新生态，激发全社会创新创业活力，充分发挥科技创新在促进经济平稳健康发展和社会和谐稳定中的核心关键作用，以优异成绩迎接党的十九大胜利召开。

2017年要重点做好以下10个方面工作：一是加快部署实施重大科技项目，在战略必争领域把握新一轮科技竞争的制高点；二是以国家实验室为引领，打造国家战略科技力量；三是持续加强基础前沿研究，增强原始创新能力；四是深度参与全球创新治理，提升科技创新国际化水平；五是加快关键共性技术突破，推动产业向价值链中高端迈进；六是大力发展民生科技，促进民生改善和可持续发展；七是深入实施科技成果转移转化行动，推动科技型创新创业；八是打造区域创新高地，推动区域协同创新发展；九是深化改革攻坚，推动重点改革任务落实落地；十是健全激励和运行机制，激发科技人才和全社会创新积极性。

2.“十三五”期间煤炭科技创新发展方向

“十三五”期间煤炭行业将以转型升级、绿色低碳、煤基清洁能源为中心，以构建创新型煤炭科技体系为基础，以煤炭安全绿色智能化开采和清洁高效低碳化利用为主攻方向，加强基础理论研究，突破核心关键技术，建设科技创新示范工程，培育科技领军人才，为推动煤炭供给侧结构性改革，实现产业升级发展提供有力支撑。围绕煤炭安全绿色开采、智能矿山建设、煤炭清洁利用和高效转化，开展八大关键技术组织攻关，见表 7-3。重点建设煤炭企业技术升级示范工程；扎实推进煤炭安全绿色开采、智能矿山、清洁高效利用、煤层气开发利用示范工程；稳妥推进煤制油、煤制气技术研发和产业化升级示范工程，形成适度规模的煤基燃料替代能力，见表 7-4。

表 7-3 “十三五”期间煤炭工业重大关键技术攻关方向

攻关方向	主要内容
绿色开采技术	重点攻关高强度大规模强采动覆岩移动与控制技术，无煤柱开采、充填开采、保水开采等绿色开采技术，巨厚煤层露天开采防灭火和采空区治理技术，大型露天矿连续、半连续开采工艺，煤炭开采水资源保护与地表生态修复技术等
隐蔽致灾因素智能精细探查及治理技术	重点攻关煤矿水害、火灾、瓦斯、顶板、冲击地压等主要灾害隐蔽致灾因素智能探测技术与装备，事故隐患基础参数．设备运行状态及故障参数等信息监测技术与装备，实现灾害源自动识别及预警
智能化、无人化安全采掘技术	重点攻关智能化采掘工作面成套装备开发与绿色制造、截割—支护—运输协同控制、人员巡视安全保障、基于环境的安全自动生产、基于互联网的采掘装备智能检测诊断和服务等关键技术
煤矿应急救援快速救灾技术	重点攻关集井下环境与生命自动探测、灾害与次生灾害预报防止、通信通道与救援通道自动化构建及医疗救护于一体的综合性救灾技术与装备，地面与井下应急救援钻机，灾害环境无人机探测技术，远控式快速密闭装备，车载式一体化排水装备等
低阶煤提质利用技术	重点攻关低阶煤化学改性制炼焦煤技术，改性煤混配炼焦技术，低阶煤干馏制喷吹煤与气化耦合梯级利用技术，烟气循环与褐煤快速干燥技术，低阶煤煤泥浮选提质技术等，实现低阶、低品质煤清洁开发利用
废弃物无害化处理与资源利用技术	重点攻关矿区废水绿色净化与循环利用技术，粉煤灰无害资源多元化综合利用技术，煤矸石综合利用技术，大体量煤泥综合利用及处置技术，煤化工高有机废水、高盐废水零排放技术等

表 7-3（续）

攻关方向	主要内容
燃煤排放污染物一体化控制技术	重点攻关 PM2.5 控制形成技术，单质汞高效氧化技术，PM2.5 与汞的联合脱除技术，低氮燃烧与新型 SNCR、SCR 组合协同脱除 NO_x 技术，SCR 脱硝协同脱除 PM2.5 技术，脱硫脱硝吸收技术，燃煤 PM2.5 和 SO_2 一体化吸收控制技术等
煤、油共炼技术	重点攻关煤、油共炼协同反应机理，原料匹配性调控技术，新一代高活性、高分散性催化剂制备技术，定向转化生产清洁油品、特种油品和芳烃技术，大型浆态床加氢反应器等核心部件国产化开发，含油残渣高效综合利用技术等

表 7-4 “十三五”期间煤炭工业科技示范工程建设

工程名称	主要内容
企业技术升级示范工程	创新煤炭地质保障与高效建井关键技术，煤炭绿色开采技术，推广保水开采、充填开采、智能开采和特殊煤层开采等技术，加快煤矿企业实施机械化、自动化改造，推动煤炭产能化解和产业转型升级
煤炭安全开采及生态矿山建设示范工程	开发煤岩瓦斯动力灾害监测及防治、水害超前预报与防治、冲击地压预测与防治、热害防治及地热综合利用、矿区生态恢复等技术，建设生态文明矿山，克服煤炭开采带来的安全和生态破坏问题
低阶煤绿色开发与高效利用示范工程	开发矿区水资源保护、植被快速恢复、采矿与土地复垦一体化、劣质煤提质转化及资源化利用等关键技术，有效解决低阶煤大规模露天开发生态破坏的问题，推动低阶煤分级分质梯级利用
智能矿山建设示范工程	开发井工煤矿少人与无人工作面智能化开采、露天煤矿智能化开采、矿井群煤炭开采区域一体化控制、矿区资源—环境信息化管理等技术，建设智能矿山，推动我国煤矿生产实现智能化和无人化，提高煤炭行业两化融合水平
煤层气高效开发与利用示范工程	开发地面钻井煤层预抽、采动卸压抽采、采空区抽采一井多用技术，深部煤层和低透气性煤层安全高效抽采技术，区域性井上、下联合抽采技术，低浓度瓦斯安全输送技术及装备，低浓度煤层气安全高效利用技术，有效提高我国煤层气开发利用水平
先进高效超低排放煤电一体化示范工程	充分发挥煤炭开发和利用的一体化优势，开发 700 ℃先进超临界发电、高参数节能型低排放循环流化床发电、多种污染物一体化脱除和富氧燃烧碳捕集等关键技术，解决燃煤发电排放高、效率偏低问题和大量煤泥、煤矸石等低热值煤高效利用等问题
清洁高效煤基化工、原材料示范工程	突破煤炭直接液化、间接液化、煤制天然气、煤制化学品、低阶煤分级转化、煤化电热多联产、先进节水和环保、高浓度 CO_2 利用或封存等关键工艺和成套装备，提高煤炭转化效率和减排水平，实现煤制油化工技术世界引领和我国油气替代产业规模化、多元化发展
燃煤锅炉洁净燃烧示范工程	开发煤粉锅炉高效燃烧技术，燃煤锅炉烟气多污染物超低排放技术，低阶煤粒控级配置气化水煤浆技术，煤化工废水制高浓度水煤浆工业级装备，民用散煤高效超低污染燃烧技术与装备等，实现燃煤锅炉的高效燃烧和超低排放
煤炭共伴生稀缺资源及大宗废弃物利用示范工程	突破粉煤灰铝、镓、铁、硅等多组分提取，矿井水净化回用及产业化，煤矸石充填、煤矿瓦斯利用、乏风瓦斯氧化等关键技术，实现煤炭共伴生铝、镓、锗、铁、硅等稀有或短缺资源高效回收，以及煤矸石、煤矿瓦斯、粉煤灰等大宗废弃物的资源化利用

8 煤炭信息化建设

中国是煤炭资源大国，长期以来经济发展对煤炭资源依赖性很强，形成了以煤为主的能源生产和消费结构，煤炭在社会经济发展中具有举足轻重的地位和作用。近年来，国家提出发展现代产业体系，大力推进信息化与工业化深度融合，信息化已经成为我国一个重要的发展战略。信息化作为实现煤炭工业现代化和保障煤矿安全生产的重要手段，其地位更加凸显。

煤炭行业信息化分为国家煤矿安全生产监督管理的信息化和煤炭企业的信息化两个层次。它是充分应用信息技术，依托政府和煤炭企业组织管理有效开发信息资源，运用合理的管理方法，建立与之相适应的组织模式和业务流程，并应用到监察、生产、管理、安全的各个环节，充分利用资源的信息化、自动化、共享化，推动部门监察、行业监督、应急处置的全面整合，从而提高煤炭企业的安全生产能力、安全保障能力、决策力、竞争力和经济效益的一个系统工程。

8.1 煤炭信息化发展基本情况

煤炭行业的实际情况是信息化的前提。要根据煤炭行业的实际情况制定相应的信息化发展规划，有选择、有步骤地实施信息化。作为煤矿监察工作和安全生产管理的重点对象，煤炭企业是信息化的主体。煤炭企业要自始至终把握实施信息化的主动权。煤炭企业的管理方法、组织模式和业务流程是煤炭行业信息化的基础，应用信息技术和开发信息资源是煤炭企业信息化的手段。现代信息技术和信息资源是企业信息化的物质和资源基础。提高煤炭企业的安全生产能力、决策力、竞争力和经济效益是煤炭企业信息化的目的。

由此可见，要根据煤炭行业信息化的前提，明确煤炭企业信息化的主体地位，了解煤炭行业信息化的基础，应用煤炭企业信息化的手段，抓住煤炭企业信息化的关键，为实现煤炭行业信息化的目的来实施企业信息化这一系统工程。煤炭企业信息化是一个动态发展的过程，不断变化和持续发展才是煤炭行业信息化的真正内涵。

8.1.1 煤炭行业信息化发展环境

1. 煤矿信息化的必要性

1）信息化是新时期煤矿监察及安全生产管理的必然选择

21世纪是科技化、知识化、经济化的时代，信息化是社会经济发展的主要趋势，是实现国家工业化、产业化、现代化的重要推手。同样，信息化建设作为煤矿安全生产管理和监察工作的重要任务，是实现煤矿安全生产科学管理、有效监督的根本保障。近年来煤矿事故频发给家庭以及社会造成了不良的影响，人们开始怀疑社会的公信力，质疑政府的决策能力。政府加大安全生产监察力度，虽然从修订完善法律法规、监管制度体制约束、大量应用自动化设备等方面取得了很好的效果；但是从根本上，我国煤矿实现安全生产就必须提高安全监察技术能力和信息化建设水平。与此同时，面对日益繁重的安全生产管理、监督监察工作，传统的“人海战术”的定期、定量巡查监察方式已经无法满足当前日益严峻的安全生产形势，迫切需要利用信息化手段创新监察方式和安全管理方法。从煤矿安全生产科学发展的趋势来看，运用信息化手段为建立高效运行、安全可靠的煤矿安全生产和管理信息系统提供支撑，将是保障煤炭行业健康发展，加强安全监察和安全管理的可靠保障。

2）信息化创新了煤矿安全监察执法模式

根据实际调查，发现当前煤矿安全监察工作存在煤矿数量多、分布广，安监人员少、监察力量薄弱，尤其是煤矿专业技术人员严重短缺的问题。传统的煤矿安全监察方式方法与新工作、新任务、新目标之间的矛盾日趋凸显，需要创新政府监察模式，转变监察思维，由高效率监察代替低效率监察、主动监察代替被动监察、监察服务代替单纯监察、煤矿事故预防代替应急预先防控。通过互联网、计算机通信、电子信息等现代技术支持，运用煤矿安全生产监察信息系统，在数据的采集、处理、分析过程中实现安全生产数据、图像、语言、文字、视频的信息共享化，避免人工操作失误或者监察人员的片面性和局限性，解决煤矿安全生产这一动态复杂的系统工程问题，为安监部门提供实时、全面、准确的煤矿安全生产动态信息，并对监控、预警、排查煤矿安全生产隐患以及对区域作业环境禀赋进行评估，实现统一指挥、灵活调度，提高安全管理和监察效率的目标。

3）信息化强化了煤矿安全生产管理和监察的预警预防能力

煤炭行业一直以来都是高危行业，由于中国煤炭资源条件的禀赋不同，大部分煤矿开采环境恶劣、开采手段落后，频发的矿难给国家和人民带来了巨大损失，严重影响到社会的和谐稳定。煤矿安全危机预警管理是指为降低煤矿生产过程中可能发生的安全事故，保证煤矿生产处于可靠、可控状态的一种安全管理模式。当前，在煤矿安全生产过程中，如何推进采用积极主动、综合预警防控的现代管理方式代替传统、被动的监察模式，实现煤矿安全生产风险预警信息化，是有效解决目前中国矿难频发的关键技术手段。

通过信息化建设，按照从量变到质变的演变集成方法，设计风险预警规则模型，对风险状态进行预判，达到对当前潜在的风险进行及时报警、实时预警的目的，并提前做好防范、防控准备，敏锐捕捉危险源信号，科学预判安全生产形势，进行重点监控，将执法重点前移，将事故遏制在萌芽状态，真正落实“安全第一、预防为主、综合治理”的安全生产方针。

2. 煤矿信息化的可行性

1）国家为推动煤矿安全生产及监察信息化提供了政策保障

2016 年 12 月，《中共中央国务院关于推进安全生产领域改革发展的意见》印发，进一步明确提出推进安全科技创新，提升信息化管理水平。强调“提升现代信息技术与安全生产的融合度，统一标准规范，加快安全生产信息化建设，构建安全生产与职业健康信息化全国‘一张网’”。

《安全生产“十三五”规划》提出推进信息技术与安全生产的深度融合，统一安全生产信息化标准，依托国家电子政务网络平台，完善安全生产信息基础设施和网络系统。全面推进安全监管监察部门安全生产大数据等信息技术应用，构建国家、省、市、县四级重大危险源管理体系，实现跨部门、跨地区数据资源共享共用，提升重大危险源监测、隐患排查、风险管控、应急处置等预警监控能力。推动矿山、金属冶炼等高危企业建设安全生产智能装备、在线监测监控、隐患自查自改自报等安全管理信息系统。鼓励中小企业通过购买信息化服务提高安全生产管理水平。推动企业健全矿井风险防控技术体系，建立矿井重大灾害预警、设备故障诊断系统。

由此可见，各类规划及意见的出台，进一步确定了大力推进国家全面化信息工程建设，努力搭建综合化信息平台，加大安全生产监管力度，安全持续发展，实现全面建设小康社会的目标。总之，随着信息化建设的不断深入和发展，为中国煤矿安全生产信息化提供了良好的发展机遇和广阔的发展空间。

2）各级监管监察部门为推动煤矿安全生产和监察信息化提供了制度和经费保障

按照国家信息化发展战略和国家安全生产信息化建设要求，国家安全生产监督管理总局成立信息化工作领导小组及其办公室，负责指导协调全国安全生产信息化建设与应用管理工作。各省（市、区）加强领导，充实力量，加大投入，在安全生产信息化基础建设、管理、商务等方面开展工作。各省（市、区）相继成立了信息化领导小组，负责对本省（市、区）安全生产信息化建设项目进行规划和决策，审核信息化建设项目，协调建设资金的筹集与管理工作。在规章制度方面，根据国家安全生产监督管理总局的统一安排部署，各省（市、区）先后出台并实施了地方性法规和部门规章制度等管理文件，确保信息化建设制度体系的初步形成。

在经费方面，无论国家统一拨款还是地方专项资金的投入都在逐渐增加。在硬件配置上，各省不断加大信息化基础建设力度，全面改善信息化硬件条件，全国大部分省（市、区）安全监管监察机构都建成了局域网。

3）信息技术的创新发展为推动煤矿信息化提供了技术保障

大数据、物联网和云计算等信息技术在不断发展，成熟运行的网络化、数字化、软件化等信息技术的保障，激发和推动了煤炭信息化建设新的进程。目前，采用先进的计算机网络、数据库、多媒体通信、视频监控等技术，应用“三网融合”技术，开发煤矿安全生产综合信息平台，建成集矿井监测、过程控制和管理一体化的网络监察架构，实现全矿井各生产环节的各类音、视频及数据信号的综合传输，系统投资与维护费用明显降低，进一步提高了系统整体运行的可靠性和可维护性。

8.1.2 煤炭行业信息化发展特点

自从国家提出“两化融合”战略，利用信息技术改造传统煤炭产业以来，煤炭行业的信息化建设取得了很大的发展，各类智能化解决方案在各大煤矿企业得到了推广和应用，促进了煤炭行业各类新技术的研究和应用，在煤矿规划、矿井设计、生产监控、环境监测、安全管理、生产决策等方面的信息化水平有了显著提高。

1. 信息化意识不断增强

煤矿行业信息化工作围绕信息化发展目标展开，为实现两个根本转变提供技术、装备条件、安全保障的支持，取得了明显的成效。主要表现在以下几个方面：一是把安全监测监控、生产自动控制系统和企业 MIS 综合集成；二是重视外部经济信息，引进适合企业的多种信息资源，初步建成了服务于煤炭产品经营和销售管理的电子网络体系；三是煤矿企业管理模式改革与信息技术紧密结合，相互促进；四是煤矿企业信息系统的开发从单项开发逐步走向系统集成。

2. 信息化带动生产发展

煤炭行业在加快建设现代企业的过程中，大批先进适用的信息技术在煤矿企业的生产中得到广泛的应用，有效提升了全行业的生产效率和管理水平，很多煤矿企业在利用信息化改造传统工业生产方式上取得了突出成绩。

3. 信息化提高管理质量

煤矿企业信息化建设不但给生产注入了活力，在企业信息集中管理方面也取得了快速进步，很多企业信息化工作已经从生产自动化控制阶段向企业数据集成阶段转变，通过对数据的统一管理将生产、运销、财务及人力资源等部门统一起来，建立企业内部 ERP 综合管理平台，各部门通过网络建立快速有效的协作机制，形成资源优化配置，提高工作的质量和效率。

4. 信息化创新安全监察

通过应用计算机网络、通信、多媒体等信息化技术手段为基础策略，加强煤矿安全生产监察管理，解决频发的矿难事故问题，彻底改善中国安全生产形势。构建安全监管综合信息平台，拓宽和利用安全生产领域信息资源，落实企业主体责任，创新煤矿安全监察方式方法，着力推动中国煤矿安全生产信息化工程建设，为促进安全生产形势根本性好转提供科学有序保障。

5. 产、学、研密切结合

近年来，煤矿企业联合大专院校和科研院所，发挥产、学、研合作优势，研发了大批适用煤炭行业的信息化技术，煤炭信息化产品行业也迎来春天。同时，高校、科研机构和煤矿企业密切合作，开展了一系列以信息技术为支撑的煤炭行业矿山生产管理理论研究，这些研究为实现智能矿山的目标奠定了坚实的基础。

8.1.3 煤炭行业信息化建设面临的问题和挑战

随着信息化的不断深入，煤炭企业信息化建设及监察工作信息化建设都遇到了一些问题，本章主要从煤炭企业信息化建设的内外部环境进行分析。

1. 煤炭企业外部环境现状

1）信息化支撑水平不高

中国是一个煤炭生产和消费的大国，煤炭行业是劳动密集型产业，信息化的基础薄弱。除少部分大型国有煤矿企业拥有较先进的各种信息管理系统外，大部分煤炭企业的信息化建设水平并不高，刚刚完成了生产和办公设备的信息化管理。在这种形势下，信息技术对企业的全面发展形成推动力，具体表现在：没有形成高质量的计算机网络系统，没有建设共享的信息数据平台等。

2）“信息孤岛”问题严重

随着煤炭行业信息技术等高新技术应用的不断发展，不同类型的业务系统和大量的业务数据分散在煤矿企业内不同部门和不同业务。由于缺乏数据交换和共享机制，数据出现重复多次输入现象，致使数据的一致性无法保证，信息及时反馈难度比较大，数据共享水平较低，产生了“信息孤岛”现象，这对于后期的数据分析和挖掘，查找信息中存在的关系和规则，对于安全生产的辅助分析和决策都是不利的。

3）外部信息技术供应商适应能力有限

企业信息化建设日益依赖外部信息技术供应商，煤炭企业也不例外。一方面规模化、专业化及行业化的综合实力较强的服务厂商还相对较少，难以满足煤炭行业对信息化建设的需求；另一方面由于我国信息产业发展时间较短，经验积累不够，有的外部供应商一味强调标准软件的通用性，不考虑煤炭行业的特点，很难开发出适合煤炭企业信息化的产品，而且也缺乏售后服务意识，不能保证煤炭行业信息化工作的开展。

2. 煤炭企业内部环境现状

1）煤炭企业的特殊环境问题

首先，煤炭企业生产环境和条件特殊。中国煤炭生产主要是井下作业，而井下开采条件复杂多变，容易受自然条件的限制。井下瓦斯爆炸及煤尘爆炸等都是矿井生产中面临的主要安全问题。煤矿井下的潮湿环境，会对电气设备、数据采集设备等产生腐蚀性影响，这对各种设备的隔潮性、绝缘度提出了更高的要求。其次，煤炭生产运用大机器体系，技术装备复杂，煤炭生产所采用的成套钻探、采掘、提升、运输、通风、供排水、供电、选煤等设备，种类之多和技术复杂程度都是其他生产企业少有的，这给信息技术的应用带来难度。最后，煤炭企业对安全性和可靠性要求很高，煤炭企业生产过程具有事故较多、风险较大的特点，在其生产过程中，通风、排水、供电等任何环节发生故障都可能造成严重的后果。这也对信息技术的应用提出了新的挑战。

2）观念和人才方面的问题

一方面，煤炭企业的领导对信息化的观念和意识直接影响煤炭企业信息化的实施。目前，不少煤炭企业领导的信息化意识不强，认为购置计算机、能联网、上MIS、ERP等软件系统、建立一个企业网站就实现了信息化。这些观念都是由于对信息化认识不深刻造成的。另一方面，煤炭企业中层领导和基层人员对信息化的理解也影响到煤炭企业信息化的实施，一些基层人员只是被动地接受和参与一些工作，认为煤炭企业信息化影响了他们已经熟悉的旧的工作方式，不肯接受新的事物，在很大程度上影响了煤炭企业信息化的实施。

人才的缺乏严重影响了煤炭企业信息化建设的有效性。首先，煤炭企业普遍缺乏专业化、复合型的信息化人才。由于煤炭行业的条件艰苦，使得煤炭企业引进信息技术人才有一定的难度。另外，近几年一些煤炭企业由于效益不好，人才激励政策不到位，信息化人才流失严重。其次，煤炭企业对员工的教育培训不足。既要针对不同层次的人采用不同的培训内容和方式，又要重视对信息化战略意识的培养，不能只重视技术和技能的培训，而忽略对管理、业务及信息化理论的教育。煤炭企业对员工教育培训不足也制约着煤炭企业信息化建设的进行。

3）技术和管理方面的问题

煤炭企业信息化建设中在技术方面存在不少问题，主要体现在以下4个方面。首先，煤炭信息化建设是一个长期的过程，短、中、长期目标如何有效结合是关键。煤炭企业普遍存在投资不系统、应用系统开发周期长、综合应用效应不明显。其次，煤炭企业信息化缺乏统一规范和标准。煤炭企业应参照现行的国家标准或行业通用标准，并结合煤炭企业的实际情况，制定统一规范和标准，避免产生“信息孤岛”，不利于系统集成和资源共享。再次，煤炭企业缺乏研究开发能力。引进的信息技术，只有通过消化吸收和与企业管理融合以后，才能取得预期效果，但很多技术并不都是现成的，要获得实际技术能力，则需要把触角伸向企业外部，在充分理解和吸收信息知识的基础上进行创新。因此，就需要企业有一定的研究、开发能力，而目前国内煤炭企业在这方面的能力是比较差的。最后，煤炭企业缺乏对信息安全的认识。煤炭企业应该加强对信息安全的理解，采取各种措施来加强信息的内部防范和堵塞漏洞，有效阻止内部信息对外泄露和外界对信息系统的侵害。

煤炭企业信息化建设中在管理方面也存在一些问题，主要包括以下4个方面。

第一，煤炭企业信息化投入不足和投入结构不合理。煤炭企业信息化建设的投入远远不能满足煤炭企业信息化发展的要求，并且煤炭企业信息化投入结构不尽合理，这在很大程度上限制和延缓了煤炭工业信息化的进程。

第二，煤炭企业信息化缺乏合理的规划。很少有煤炭企业从总体发展角度出发，尚未采用系统和结构化的方法制定规划，致使信息化工作没有明确的实施步骤、程序，往往急功近利，为了解决眼前的问题而采用实施某一套或几套子系统，从而导致后期软件系统的种类繁多、系统之间难以兼容。

第三，煤炭企业的管理体制和管理模式落后、组织结构不合理，煤炭企业信息化管理水平不高。信息化建设是建立在与之相适应的先进管理基础上的，它要求信息处理具有规范性、准确性、及时性、系统性和安全性，随着集成程度的提高，传统的管理思维、方法和制度都要做相应的变化。

第四，煤炭企业忽略对信息资源管理。很多煤炭企业还没有对信息资源的管理引起足够的重视，对基本数据和信息的采集、处理、利用等工作做得不够，而且对于煤炭企业数据库的建立还不是很完善，没有充分利用网络信息资源，也不利于煤炭企业信息化建设的发展。

8.2 煤炭信息化系统建设与应用情况

作为煤矿监察工作和安全生产管理的重点对象，煤矿是信息化的主体。本节重点介绍煤矿信息化应用系统的建设情况。煤矿的信息化建设是一个复杂巨大的系统工程，系统涵盖机电设备网络化、监测监控自动化、生产执行信息化。煤矿系统信息化建设框架如图 8－1 所示。

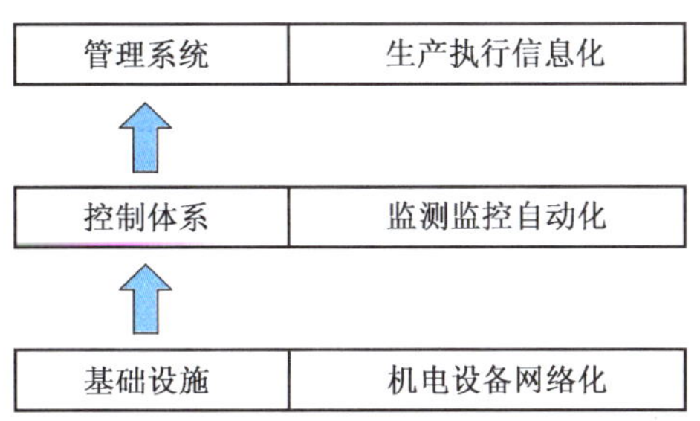

图 8－1 煤矿系统信息化建设框架

8.2.1 机电设备网络化

机电设备网络化建设包括基础数据中心建设、网络基础建设和机电设施建设等。建设数据中心，构建相应的数据环境；建设网络基础，要建设矿井网络平台，安置通信基站，配备网络安全设备和集成网络系统；机电设施建设包括综采设备、风机、水泵和自动移架等。机电设备是基础设施，是信息化系统实施的前提条件。

8.2.2 综采工作面监控系统

监测监控自动化包括安全监测监控体系和生产监测监控体系等。监测监控自动化建设要综合运用数据采集、无线传输、通信网络、多媒体及虚拟仿真等技术，对矿山的基本资料、设备设施、动态监测、矿山环境进行采集和管理，形成一个综合的信息监控系统平台。主要包含以下相关应用系统。

1. 综采工作面监控系统

综采自动化将多种跨学科技术（如控制、以太网、无线、视频、音频、通信等）应用于综采工作面，实现在工作面监控中心对综采设备进行自动化控制，确保各设备协调、连续、高效、安全运行，并将工人从工作面解放出来，实现工作面少人化甚至无人化。

综采工作面监控系统主要由电源模块、PLC 模块构成的主控站、各分站、各种环境传感器、显示屏及一些辅助设备等组成。综采工作面控制系统将综采工作面的采煤机、支架电液控制系统、三级系统、工作面语音通信系统、泵站控制系统及供电系统有机结合起来。综采工作面监控系统要求在地面中央控制室就可以实现对矿井工作面各生产环境和设备的监视和控制，并将信息通过网络传送至地面办公室计算机，即可随时了解工作面的生产信息，实现全矿井统一调度、统一管理。

1）工作面负载逻辑启停控制

实现采煤、运煤、碎煤一体化，首先破碎机、转载机以及刮板输送机能够被控制启停状态，采煤机开始采煤之前，破碎机、转载机以及刮板输送机处于运行状态。

2）三机监视、通信、控制集成为一体

实现工作面数据集成、控制、通信、音频、视频等集成一体，全工作面视频监控及采煤机全景动态监控，并在监控中心对工作面运输机、转载机、破碎机集中自动化控制。

3）液压支架集中自动控制

液压支架电液控制跟机自动化及远程控制；集成供液系统智能自动化控制，对工作面泵站、过滤系统集中自动化控制。

4）语音报警

使煤矿综采工作面控制系统沿线具备语音通话功能，不仅现场人员可以对讲通话，而且在设备启车或者参数超限等故障情况下及时启动语音报警，警示在场人员从而保证其人身安全。

5）闭锁控制

现场发生事故时，工作人员可以快速按下闭锁按钮或者扯断沿线电缆，以通知控制器快速将全部设备停车，最大程度减少事故伤害。

2. 井上下电网监控系统

井上下电网监控系统以计算机、通信设备、测控单元为基本工具，为变配电系统的实时数据采集、开关状态检测及远程控制提供了基础平台，它可以和检测、控制设备构成任意复杂的监控系统，在变配电监控中发挥核心作用，可以帮助企业消除“孤岛”、降低运作成本，提高生产效率，加快变配电过程中异常的反应速度。

1）记录显示功能

显示系统主接线图、实时数据表、设备运行状态图、负荷曲线、电压曲线、电压棒图、负荷棒图。

记录包括：定值的查询、修改、存档、模拟量越限告警与记录、开关变位告警与记录、保护动作告警与记录、历时数据（保护信号复归、开关的遥控功能、操作事项的记录功能、母线电量不平衡的统计、电压合格率统计）、电量值统计等。

2）操作功能

通过监控画面的简单操作，就可实现对开关的远方分合闸操作。

3）数据存储功能

以小时为单位、以日为单位、以月为单位的统计数据存储，以及时间与操作记录存储、定值档案存储。

4）打印功能

具有定时及召唤打印日报、月报功能，具有定时及召唤打印日、月负荷曲线和电压曲线的功能，具有屏幕打印功能，具有召唤选择打印事件记录功能，具有打印功能，具有历史数据打印功能。

5）故障录波功能

当开关出现异常、故障时，保护器自动开始记录开关的各种数据，同时将数据传送到通信管理柜，进行分析、处理，上传至地面的数据服务器，在各个监控工作站都可以查询各种波形文件，对故障进行分析、处理。精确的时间顺序记录和故障录波功能，事故前后 2 s 的电压、电流波形，有助于事故分析，迅速查找事故原因及故障点，大大缩短变电所停电时间及恢复送电时间，彻底避免故障后试合开关再次造成顶跳上级开关的问题。

6）综合选漏功能

监控分站和保护器相互配合的系统综合选漏功能，克服了现有小电流接地选线装置不适用于井下多级变电所开关选漏的弊端。

3. 压风机监控系统

压风机监控系统主要用于压风机运行状态的监控，针对压风机的个别点进行工作监控，再通过视频传播到工作舱，预防并监控工作过程中压风机可能会出现的各种问题，减少人力物力上的损失。在调度中心实现对压风机的监测监控。实现压风机运行自动化、压风机方的无人值守。实现调度中心对变电所的遥测、遥控、遥信和遥调，从而实现变电所的无人值守。通过通信管理机实现对压风机房变电所高压开关柜的就地监控功能。在调度中心存储各种监测数据（电压、电流、温度、风压、风量、油温等）、显示各种报表、曲线、故障告警信息。系统运行满足均衡磨损的原则，同时保证多台压风机的轮换运行。根据排气压力，增加、减少压风机启动的数目及压风机的加载或卸荷。

4. 矿井供水监控系统

矿井供水监控系统通过传感器实时监测各管道流量、压力等参数，并将采集的数据传送到监控机，从而判断供水管道是否有异常情况发生。实现加压水泵的本地及远程监控，显示水泵运行状态及供水情况，将子系统接入综合自动化控制系统实现网络WEB共享。

5. 煤炭产量监控系统

煤炭产量监控系统主要通过称重系统、数据采集和网络传输等子系统组成。该系统由传感器采集矿井中的称重系统信息，进入控制器后进行处理得出煤炭产量，控制器把煤炭产量相关的数据传送到数据处理中心，数据经处理后放在数据库中，并留接口供其他系统访问。

1）称重系统

称重系统主要由称重部分、测速部分、运算部分、通信部分、数据服务部分组成。以电子皮带秤为例，安装在矿井主输送带上，对输送带输送的散状物料进行连续计量。也可对煤矿井下输送机运输的原煤实行非接触性在线计量，并可生成各种生产报表，随时反映煤矿的生产状态。

2）数据采集系统

带式输送机所输送煤炭的流量可以通过测量某段输送带上的煤炭的瞬间质量及同一时刻的输送带行程或输送带速度得到。

3）网络传输系统

通过电子秤的以太网接口，直接接入煤矿以太网，可方便地与各监控系统对接。通过皮带秤称重后将数据发送到相应的服务器，经数据处理软件将采集到的数据进行分解、加工，存入数据库。通过局域网实现对煤炭产量信息的共享与处理。

6. 主井提升监控系统

矿井提升设备是沟通井下生产与地表生产运输的纽带，它的运行安全可靠性直接影响矿井的生产，因此矿井提升设备在矿井生产中占重要的地位。主井提升监控系统可采取过程控制来实现整个系统的全自动化，提升的全过程不需要有人的参与，实现无人值守。从而大大减少了人力资源，减轻了劳动强度，提高了生产效率。主井提升监控系统主要功能包括运行监视和故障监视两类。

运行监视主要有：箕斗的运行方向、深度指示、实际运行速度；液压站制动油压及各阀状态知识；主电机、主变压器及主轴承的温度；装卸载打点信号显示；装、卸载站箕斗到位显示；卸载站煤仓状态；每勾箕斗提煤量数据显示；电枢电流；励磁电流；闸控电流；高压系统显示；低压系统显示；井口操纵方式显示；运行控制方式选择；液压站工作状态；每班、日、月的提升机运行数据显示。

故障监视主要有：各种超速保护、过卷保护、错向保护、钢丝绳滑动保护、闸瓦间隙保护、深度指示器失效保护、电机堵转、通信故障、过流保护、定子及励磁可控硅温度报警、卸载站满仓保护、测速发电机相互监视、测速发电机与轴角编码器的相互监视、高压柜故障保护、定转子接地故障、闸控系统故障、泵运行故障。

7. 副井提升监控系统

同主井提升监控系统工作原理一样，副井提升监控系统采用过程控制实现副井提升作业的自动控制。副井提升监控系统主要功能包括运行监视和故障监视两类。

运行监视主要有：罐笼的运行方向、深度指示、实际运行速度；液压站制动油压及各阀状态指示；主电机、主变压器及主轴承的温度；装卸载打点信号显示；罐笼到位显示；电枢电流；励磁电流；闸控电流；高压系统显示；低压系统显示；运行控制方式选择；液压站工作状态；提升种类显示；每班、日、月的提升机运行数据显示。

故障监视主要有：各种超速保护、过卷保护、错向保护、钢丝绳滑动保护、闸瓦间隙保护、深度指示器失效保护、电机堵转、通信故障、过流保护、定子及励磁可控硅温度报警、测速发电机相互监视、测速发电机与轴角编码器的相互监视、主电机冷却风机故障、高压柜故障保护、定转子接地故障、闸控系统故障、泵运行故障。

8. 井下主煤流运输系统

井下主煤流运输系统是煤矿生产的关键设备，设计的基本思路是实现现场运输系统的自动控制，即在没有人参与的情况下，系统控制器自动地按照预定的要求控制设备或过程，使之具有一定的状态和性能。

1）显示功能

能实时显示各带式输送机相关设施及所有信号状态，如电机的电流、滚筒温度、煤仓煤位，并能方便地进行多画面切换。当被检测参数超限、保护动作及设备运输状态改变后，发出语音、文字告警提示。工况图动态显示整个系统所有带式输送机、给煤机运行的工况，以及主要保护、云煤矿及有关参数信息。

2）控制功能

集中自动运行功能：系统接收来自主站的启停车指令，自动按照顺序启车、运行、联锁与保护、停车的全过程进行监控和监测。正常启车实现逆煤流方向设备逐台闭锁，延时顺序启车；正常停车实现顺煤流方向设备逐台闭锁，延时顺序停车。该动作方式作为正常生产时的主要功能方式。

单机自动运行功能：现场根据生产需要，发出启停车指令，保留集中自动运行全部功能，同时将信息传递到煤流监控系统主站，实现单机自动运行功能。该方式也可以作为正常生产的功能方式。

现场单机手动运行功能：该功能设计为现场设备就地操作控制箱，人工手动操作。

检修功能：现场可根据需要，通过面板上的键盘修改程序或参数，不需要闭锁，主要用于检修操作。

9. 污水处理监控系统

污水处理监控系统可以在煤矿监控中心接收数据并实时存储，实现数据统计分析，动态生成统计报表满足对矿井水、生活污水监测处理分析需要。

污水处理监控系统能够实现矿井水处理系统、生活污水处理系统、矿井水深度处理系统和生活污水深度处理系统等的远程调度管理和信息共享。具体功能见表 8－1。

表 8－1　污水处理监控系统功能

功　能	简　　介
数据采集	采集各污水处理站的工艺参数和设备运行工况
数据处理	对采集到的数据进行分析和整理，形成各种归档，并永久存储
报警	对采集到的数据进行判断和分析，确定数据达到的报警级别，系统发出相应级别的报警，同时对报警发生的时间、内容、处理方式等进行记录
数据报表	对采集到的数据形成各种报表，以方便管理人员查询
数据显示	对采集到的数据进行实时显示，并应用动态流程图模拟现场情况
WEB 功能	支持 IE 远程浏览，实现信息共享
控制功能	对各分站的设备进行实时的控制
设定参数修改	对人工设定的参数在线修改

10. 主排水监控系统

主排水监控系统利用先进的传感器技术、PLC 控制技术以及工业以太网技术，实现对中央水泵房的集中管理。水位传感器及水位开关通过测量水仓液位的变化，适时地启停水泵；压力传感器通过监测水泵入水口和出水口的压力变化，实现对电动球阀、电动闸阀及水泵的协同控制，完成一个启停水泵工作流程；同时，通过工业计算机的监视控制，对设备的运行状态、运行过程进行自动检测、自动控制，使设备达到最佳工作状态。

1）通信系统

由水泵控制装备配备工业以太网模块组成，能够平滑的接入千兆工业以太环网，实现 PLC 通过环网与上位机之间的通信。当发生故障后，能迅速地实现故障的定位和诊断，为故障的快速排出提供保障。

2）水泵控制装置

为矿用隔爆兼本安型控制开关，其防护等级不低于 IP54，可以连接多路开关量输入输出信号以及多路模拟量输入输出信号，同时具备通信功能。内置的高速计数模块能满足主排水系统工况的监测要求。装置具有标准的工业以太网接口，可以顺利接入工业环网中。

3）数据自动采集与检测

数据分为模拟量数据和数据量数据。模拟量检测的数据主要有水仓水位、水泵轴温、电机温度、每台泵出水口压力和电动闸阀的开度指示。数据量检测的数据主要有水泵高压启动柜真空断路器的状态、电动阀的工作状态与启闭位置、电磁阀状态、电机工作状态。数据自动采集主要由 PLC 实现，PLC 模拟量输入模块通过传感器连续检测水仓水位，将水位变化信号进行转换处理、实时监测，从而判断矿井的涌水量，根据不同的水位状态来控制排水泵的启停。

4）泵阀控制

整个排水系统的控制方式为集散控制，即分散控制集中管理。中央水平泵房采集的数据可以通过集中管理系统进行处理，从而对每台泵进行统一调度和管理。工程师可以根据水位变化和矿井生产要求编制自控程序，使所有泵房的水泵根据预定编程自动运行，达到无人值守状态。

5）自动控制

PLC 自动化控制系统根据水仓水位的高低合理调度水泵，自动准确发出启停水泵的命令。

11. 地面储装运系统

井下原煤由主斜井带式输送机提至地面，经过筛分处理后选出的矸石及其他杂物经矸石中部槽进入刮板输送机后再进入矸石仓，经矿车运输至排矸场，原煤直接进入原煤装车仓上部，经过配仓带式输送机卸料器卸入装车煤仓中，经火车外运销售，或进入储煤场存储，然后经汽车外运销售。地面储装运输系统是实现这一过程的自动化监控体系。

通过选择合适的输送带型号对井下现有的输送带设备进行更换，并且经过设计改造，改变原运输线路，使煤炭分各自路线运输，使矿井的运输能力得到提升。

通过新建大型煤仓、矸石仓，通过调节运输时间的方法，定时合理的排矸、运煤，实现煤炭分运、煤矸分运，在地面新建大型储煤仓、筛选煤楼、选矸机，完善分装分运系统。

12. 轨道运输信集闭系统

轨道运输是地下开采矿山主要的运输方式，在露天矿场的运输中占重要地位。轨道运输的主要设备有轨道、矿车、牵引设备和辅助机械设备等。轨道运输信集闭系统是由装载、运输和卸载等环节组成的可控系统。

实现信集闭系统的本地及远程监控，可实时显示其运行状态，使构成的运输信集闭系统不仅具有较高的控制能力及轨道车辆等全部可控和可视，而且大大地提高了信息处理能力和控制的可靠性，优化调度表。

实现机车运行和系统设备的集中控制、联锁和地面调度实时运行监视以及自动、手动车辆调度指挥，能够保证井下机车的运输安全，提高运输效率，减轻劳动强度，降低能源消耗。

构建井下巷道和车场机车、矿车车皮、矿车车盘等移动运输设备非接触远距离信息自动识别系统，实现矿井机车和车皮属性识别、位置跟踪、货物统计、运输统计、停车计时等功能的有机结合。

实现数据网络共享和对运输车辆的实时网络跟踪管理种类、车型、所在区域、状态、内容和去向等，优化运输管理，有效疏解咽喉堵塞，提高矿车调度效率。

构建调度三级网络，在地面主控室对井下大巷、车场的机车运输实现安全监控和自动调度，通过虚拟现实技术在调度室可显现井下交通情况。

13. 通风监测监控系统

矿井通风监测监控系统是煤矿监测监控系统的重要组成部分，可以实现井下大规模节点的通风指标的监测，负责监测节点的数据采集和通信，起到预防事故、保证井下安全作业的作用。通风监测监控系统配有 PLC 控制器及工控机，具有本地监控功能。

实现对通风机房轴流式通风机的就地集中自动控制，并采用双机冗余，保证风机的可靠运行。

实时显示电机的电压、电流、功率，功率因数、有功、无功、前轴承温度、后轴承温度、风流压力、风量、风速、风机振动、风机轴温、冷却水压力、润滑油压、油温、效率等，故障显示、分析、报警。

在地面调度中心实现对通风机的监测，实现供电系统集中控制。

14. 顶板位移监测系统

顶板位移监测系统是通过现代化的技术装备，精确监测井下巷道顶板的位移，以利于生产、调度、管理部门有效实时地了解井下巷道顶板的位移变化情况，为安全高效生产提供可靠的第一手数据，也为发生特殊情况时，及时调控人员紧急躲避，提供报警和最翔实的依据。

顶板位移监测系统基于先进的商用技术，根据煤矿的实际情况和现有条件，结合国际国内先进的顶板技术和各种通信技术，提供多种可选择的组网方式，确保本系统的灵活性、可靠性和安全性。

（1）实时监测功能。实时监测每个监测点的位移数据以及整个巷道顶板的位移变化。以曲线和柱状图两种方式简单明了的反映顶板位移的数据变化。

（2）报警功能。如某个或几个检测点位移变化超过设定值，能够及时明确的发出报警信号。

（3）打印功能。可以随时打印每个监测点以及所有监测点的数据以及变化曲线图。

（4）数据存储及检索功能。对顶板位移数据进行及时存储，支持按时间、日期等条件检索。

（5）数据设定及控制功能。可以设定主站和分站数量以及报警限等相关基础参数。

15. 安全监测监控系统

矿井安全监测监控系统是传感器技术、信息传输技术、计算机应用技术、电气防爆技术和控制技术等多种在矿井安全生产监控领域应用的产物，对保障煤矿安全生产，提高生产效率和机电设备的利用率都具有十分重要的作用。中国监测监控技术应用于 20 世纪 80 年代初，并对国外煤矿监控技术进行大规模的考察和引进，极大地促进了国内监控技术的发展。在引进的同时，通过消化、吸收并结合中国煤矿的实际情况，先后研制出 KJ2、KJ4、KJ8、KJ10、KJ13、KJ19、KJ38 等监控系统，在中国煤矿应用广泛。20 世纪 90 年代以来，随着电子技术和计算机技术的迅猛发展，一些科研单位和生产厂家相继推出了 KJ66、KJ75、KJ80、KJ92、KJ90、KJ95、KJ101 等监控系统，以及 MSNM、WEBGIS 等煤矿安全综合化和数字化网络监测管理系统。

（1）分站应具有与上位机进行双向通信及工作状态指示的功能。

（2）分站应具有模拟量采集的功能，输入信号优选频率型模拟信号。分站应具有甲烷、风速、一氧化碳、温度等井下环境参数采集及显示功能。

（3）分站应具有控制井下设备的启停和声光报警的功能，其中声光报警的功能可以由传感器完成。

（4）分站可以通过主站或者上位机进行参数的初始化设置，并且应具有掉电保护的功能，当掉电时可以自动存储数据，以防数据的丢失。

（5）分站用于易爆的环境下，应属于防爆型，而且输入输出信号应是本安型。

16. 粉尘在线监控系统

实现煤矿井下粉尘的在线监控，不仅直接关系到矿工的身体和安全生产，而且是管理人员掌握井下粉尘状况的重要手段，是尘害防治的关键环节。

（1）能够实现煤矿井下多地点粉尘的在线、实时监测和控制。当总粉尘浓度值大于设定的浓度阈值时，能够自动进行有效除尘。

（2）总粉尘浓度监测范围至少为 0.01～100 mg/m^3，监测灵敏度为 0.01 mg/m^3。

（3）监控数据以总粉尘浓度为主，但是还应提供呼吸性粉尘的浓度数据。

（4）井下各个监控现场能够实时显示总粉尘浓度值，并能够现场设定总粉尘浓度阈值等运行参数，查询至少 3 h 之内的总粉尘浓度数据。

（5）现场具有语音或者其他形式的提示功能，当监测点总粉尘浓度超过阈值、控制器动作除尘以及设备故障情况下，发出提示信息，并具有较好的提示效果。

（6）井下各个监控点的总粉尘浓度数据、现场设备状态能够通过通信部分远程传输到地面监控上位机，数据的通信传输应能满足监控系统实时性、可靠性的需求。

（7）上位机实时、动态显示井下各监测点的总粉尘浓度数据和相关设备的状态，以及运行参数的远程设定，并将接收到的数据存储到数据库中，提供历时数据的查询、打印，或按阶段生成粉尘浓度曲线等。

（8）利用上位机的数据运算处理能力，进行适当的算法处理分析，优化现场的运行参数。另外，利用上位机在数据库存储方面的优势，存储监测数据，便于管理人员掌握井下的粉尘情况，为粉尘监测与防治提供充足、翔实的监测数据资料。

17. 瓦检巡更监控系统

瓦检巡更监控系统主要包括智能瓦斯巡检仪、定点无线数据发送装置、系统管理软件，以及数据传输接口等。系统采用无线技术及传感器技术，可实时监测、显示及语音提示瓦斯浓度、时间、电池电压等信息，并可将巡检信息上传到计算机，经系统配套软件分析处理后形成巡检路线或瓦斯预测曲线等供煤矿安全监控管理人员分析使用。

18. 矿井人员定位系统

针对现有矿山井下人员存在不稳定、定位不准确等问题，为推进安全标准化矿山创建工作，规范井下作业人员的出入行为，有效地监控井下部分危险作业现场及特种设备的正常运转，结合井下地形地貌特征，实现对被控对象的目标定位，从而安全有效地管理矿井作业人员。

（1）当下井人员通过或接近放置在坑道内的任何一个信号收发器，信号收发器即会感应到信号，同时上传到控制中心的计算机上，并判断出具体定位信息，显示在控制中心的大屏幕或电脑显示屏上。管理者根据大屏幕上或电脑上的分布示意图点击井下某一位置，计算机即会把这一区域的人员情况统计并显示出来。

（2）控制中心的计算机会根据一段时间的人员出入信息，整理出这一时期的每个下井人员的各种出勤报表（如出勤率、总出勤时间、迟到/早退记录、未出勤时间等）。

（3）一旦井下发生事故，可根据电脑中的人员分布信息查出事故地点的人员情况，然后再用特殊的探测器在事故处进一步确定人员位置，以便帮助营救人员以准确快速的方法营救出被困人员。

（4）矿井人员定位管理系统能够及时、准确地将井下各个区域人员及设备的动态情况反映到地面计算机系统，使管理人员能够随时掌握井下人员、设备的分布状况和每个矿工的运动轨迹，以便进行更加合理的调度管理。当事故发生时，救援人员也可根据井下人员定位系统所提供的数据、图形，迅速了解有关人员的情况，及时采取相应的救援措施，提高应急救援工作的效率。

19. 智能矿灯管理系统

智能矿灯管理系统能够实现从放灯、充电、取灯、使用到自动统计、报告、考勤等全过程管理。为管理者、决策者实时提供快速、准确、全面的信息依据，实现对每盏矿灯进行充放电记录，统计出每盏矿灯的使用时间及充放电次数，并对每批矿灯的使用情况做出客观评估，统计矿工的出勤率。

管理软件运行于主控计算机，主要包括信息采集与传输、矿灯充电监控、矿工状态查询、安全报警管理、充电架信息管理、矿工信息维护、考勤管理、数据库备份恢复、基础数据设置、用户及权限管理、在线帮助等功能。

（1）信息采集与传输。利用单片机完成对各个充电架中矿灯充电状态的采集任务，并通过收集卡将多路数据信息汇总至主控机监控软件。

（2）矿灯充电监控。控制器完成对各个矿灯架中矿灯充电状态的采集任务，并有485总线将多路控制器数据信息传送至主控机监控软件，从而将所有矿灯及电池的信息采集到上位机数据库中。以不同色彩图形的方式实时反映各矿灯及电池充电状态，主要信息包括空缺、在位、临时故障等状态。

（3）矿工状态查询。主控机通过采集来的数据判定每个矿灯挂入和取出时间，实时反映当前井下矿工、井上矿工、超时工作矿工的统计信息和矿工人员信息。

（4）安全报警管理。系统能对每个矿灯充电次数进行累计统计。根据实际充电次数与规定的标准充电次数之差，判定该矿灯的剩余充电次数。当剩余充电次数下降到规定值时，发出矿灯寿命终止警告，以便有关人员及时采购或更换矿灯。同时，系统能根据矿灯取出时间对超时工作的矿工进行实时报警提示。

（5）充电架信息。系统能随时对充电架的数目、类型、灯位等信息进行增加、修改、删除等维护操作。

（6）矿工信息管理。系统能随时查询和维护矿工的个人信息。主要信息包括：姓名、所用矿灯类别、矿灯充电次数、工种、工段、职务、用工性质及照片信息等。

（7）矿工考勤管理。系统依据矿灯的摘取、充电操作判定矿工的考勤情况。系统能按周、月、年一级任意时间段对矿工的考勤做出统计，并能对工作时间进行累计统计。

（8）数据库备份恢复。系统提供安全可靠的数据库备份恢复机制，以便灾难性故障后的数据恢复工作。

（9）基础数据设置。系统充分考虑可扩充性和可维护性，各项参数均能灵活设置。例如，矿灯的最大充电次数、预警充电次数、系统轮询时间、有效充电时间、显示方式、各种人员信息项等。

（10）报表统计分析。系统能对矿工个人信息、工作状态信息、考勤信息、矿灯充电次数等信息进行报表打印，并提供将各种报表导出到 Excel 的功能。

20. 应急广播系统

应急广播系统一般有电缆传输、光缆传输、网络传输 3 种传输方式。由于电缆传输方式需在地面与井下首台主音箱之间敷设长距离专用电缆，并且存在传输距离短、无法扩充网络等缺点，一般不采用此方式。而如果采用全网络传输，则要求井下已安装井下工业环网，可以就近接入工业防爆交换机。在多个区域安装广播系统时，利用多芯光缆形成冗余环路，根据不同的工作地点进行分区广播。

（1）定时播放。系统可以按终端、节目、时间的顺序建立一个或多个定时广播任务，通过管理软件实现任务的定时自动播放及播放时长，实现 24 h 无人值守。

（2）分区播放。每个音箱区域的主音箱具有独立的 IP 地址，可以单独接收服务器预先保存的音乐文件或任务，实现系统的分区管理控制，使得广播系统的使用效率最大化。

（3）远程控制监控。根据井下预期不同，在调度室可以任意控制区域音箱的音量大小，并且可以随时随地监听某区域终端设备的播放内容。

（4）紧急广播。当地面调度人员遇到紧急情况要通知井下工作人员时，在调度值班室可以直接打开话筒对全矿井下讲话，也可以对任意几个区域讲话；当话筒打开讲话时主机会自动切换掉原来程序播放的音源，当话筒不讲话延续 8～10 s 后，原来的程序控制音频会自动恢复。

（5）领导讲话。系统支持各级领导网上讲话，可使用麦克风对全部或对权限范围内任何一个区域进行远程寻呼、会议、讲话等。

（6）权限设置。系统可以设置不同的广播权限，如超级管理员、主管领导、调度管理员等，权限不同可以进行不同的权限操作管理，另外，也可以对终端进行权限设置，未经授权的操作无效。

（7）调度电话联网。系统可以和调度电话联网，实现井上和井下通话，或通过井下任意一部电话直接拨号到某个或全部区域的主音箱，实现井下紧急情况调度。

21. 束管火灾监控系统

束管火灾监测系统通过束管连续采集井下采煤工作面的气体，并输送到地面由气体分析仪循环自动取样分析，根据矿井火灾标志性气体的连续分析数据及趋势曲线，对火灾和瓦斯爆炸的可能性及发火点做出预测预报，为矿井瓦斯事故和自燃火灾的防治工作提供科学依据。特别对采空区、巷道高顶、封闭火区等地点和人员难以进入的“死区”，提供非人力所能为的监测手段，还能为火区启封、制定矿井瓦斯事故救援和灭火措施提供依据。

22. 快速装车系统

快速装车系统就是以全自动控制的方式，用最快的速度、最高的精度、最好的质量将商品煤装入列车内的一种高效、连续装车系统。其特点为装车速度快（62 t/min）；精度高，单节车皮装车精度可达±0.1%；装车质量高，装出的火车皮基本不需人工平整即可达到外运要求，装车平稳，不偏载。该系统装车过程为全封闭形式，污染小，按质量要求可进行自动配煤并实现自动采制样。

8.2.3 生产执行信息化建设

生产执行信息化建设是实现生产系统和安全管理的集中控制，根据不同煤矿的安全状况、生产条件和管理方式等实际情况，构建的综合生产安全管理信息平台。生产执行信息化建设主要包含以下相关应用系统。

1. 生产技术管理系统

生产技术管理系统主要是对矿井的生产和技术信息进行管理。主要包括采掘衔接计划管理、煤炭产量分析、生产过程监控、生产调度管理、生产评估分析和生产台账统计等。

2. 生产管理系统

生产管理系统主要是围绕地质、测量、采掘、设计、通风、安全、机电、监控及调度等专业数据组织、综合处理与实时分析的信息共享，并为煤矿生产调度和管理部门提供报表管理、统计分析和决策支持等。主要包括地测管理模块、通防管理模块、机电设计模块、采掘设计模块、生产安全管理模块和生产综合查询模块。

3. 调度指挥管理系统

调度指挥管理系统实现煤矿安全生产的井上下集有线和无线通信于一体，日常生产指挥调度和应急救援通信于一体，用户信息状态显示和位置信息显示于一体，矿井综合自动化测控系统和智能通信系统联动报警于一体的综合系统。

4. 机电设备系统

机电设备系统实现从购入到报废全方位的管理。主要包括基础数据管理、设备卡片管理、总账管理、检修管理、事故管理、报废管理和租赁管理等，记录并能动态反映其所有使用情况和状态。

5. 一通三防系统

一通三防系统实现对瓦斯、一氧化碳、风速和温度等环境参数和通风机的开、停等设备全面、连续和准确的监测，通过对信息的收集和分析处理，建立安全事故发生预测模型，及时发现重大事故隐患。

6. 煤质管理系统

煤质管理系统主要供煤质化验部门及销售部门实时管理销售毛煤、储煤场、进煤场、外运商品煤等各独立煤种的煤质变化动态情况以及选煤厂的洗选煤种需求等。主要包括基本信息、煤质计划、动态煤质管理、商品煤煤质管理和工作面煤质管理。

7. 安全综合管理系统

安全综合管理系统以矿井安全监控系统为基础，构建集煤矿远程实时监测监控、分析计算、督办调度和日常安全信息管理于一体，实现对煤矿安全生产多级监控的安全信息管理平台。主要包括风险信息管理、安全监测管理、危险源监测预警、安全事故管理、安全评价管理、安全培训管理、综合报表及分析及安全档案管理等。

8.3 煤炭信息化发展趋势

目前，在各方面共同努力下，煤炭领域建设了一批信息系统，为安全生产、煤矿监察、应急管理和社会公共服务提供了有效的技术支撑。但是，煤炭信息化建设缺少统筹规划，信息系统建设散乱现象严重，与煤炭业务融合不深入；信息化建设覆盖范围不够，标准规范建设滞后，互联互通困难；监管监察数据准确性、及时性及完整性不强，信息资源开发和利用能力亟待提高。

按照国家安全生产监督管理总局关于安全生产信息化工作的总体要求，煤炭行业信息化未来进一步强化以需求为导向，以应用为核心，以数据为支撑，依据顶层设计，深化信息化与安全生产业务融合，推动信息技术应用和信息资源开发共享，提升防控预警和应急处置能力、强化煤炭企业落实安全生产主体责任、提升安全生产综合治理能力提供信息技术支撑和保障。

8.3.1 煤炭行业信息化建设发展趋势

1. 软件投入比例将逐渐提高

目前，中国信息化建设工作正处于快速发展的阶段，但信息化的总体水平与发达国家仍有一定差距。

就煤炭行业信息化而言，目前中国煤炭行业信息化中硬件投入的比例较大。一方面，部分中小型煤矿目前还未完成基础建设及系统建设，对于硬件的需求量仍然较大。由于煤矿井下特殊的环境，硬件的使用寿命较短，更新速度较快。另一方面，根据中国其他信息化水平较高的行业及发达国家的经验，随着信息化水平的提升，软件及服务占 IT 投资的比例将不断提升。可以预见的是，我国煤炭行业信息化水平的逐步提升将使软件及服务投入占煤炭行业信息化总投入的比例稳步提高。

2. 信息前沿技术的引入将推动煤炭行业信息化建设的快速发展

未来将加大推广应用智慧矿山技术，实现煤矿规划、设计和生产动态管理；推广煤矿井下通信、工作面图像采集技术；推广煤矿固定岗位无人值守与生产系统远程控制操作系统，不断推进煤炭企业信息自动化、煤矿综合自动化进程，提高煤矿科学管理水平；建成一批具有示范作用的数字矿山或智慧矿山。未来短时间内，随着越来越多的先进技术的应用，煤炭行业信息化建设，特别是数字煤矿建设将呈现快速发展的态势。

3. 综合信息平台的应用将逐渐成为煤炭行业信息化发展的大趋势

近年来，国民经济与社会信息化迅猛发展对信息技术发展提出了更高的要求，信息化与工业化深度融合日益成为经济发展方式转变的内在动力。对于煤炭行业来说，由于煤矿井下恶劣的生产环境及复杂的地质构造，其安全与生产技术管理尤其重要，随着煤炭行业信息化的发展，煤炭生产企业信息化正由单一系统的应用向系统整合与业务协同转变。

对于煤炭行业安全与生产技术信息化来说，煤矿地理信息系统为煤矿井下数据的数字化及可视化提供了良好的载体，是煤炭行业安全与生产技术信息化重要的枢纽。通过地理信息系统将煤矿井下空间地理信息与传统 MIS、煤矿井下重大危险源预测预警集成系统、煤矿综合自动化系统等进行有机的结合，实现了信息的实时共享，为煤矿安全生产及管理决策提供了快速、全面、有效的支持，形成了统一、集成的综合信息平台。

4. 建设高科技煤矿是煤炭行业发展的长期战略

总体来说，信息化及自动化将有效提升煤矿生产效率，提高安全生产水平。按信息化及自动化的应用水平，可将煤矿信息化建设过程分为数字煤矿、智慧煤矿及无人（少人）煤矿 3 个阶段，如图 8－2 所示。

图 8－2　煤矿信息化建设过程示意图

1）数字煤矿

数字煤矿是实现煤矿高科技开采的第一步，主要是针对传统的手工或办公数据处理和管理模式而言的，是基于信息技术的现有管理模式的改良，但它缺乏决策支持系统的强大功能（有一些决策支持功能），人为的参与或人机交互的工作还占有很大的比重。数字煤矿的工作主体仍然是人。

2）智慧煤矿

智慧煤矿是在数字煤矿的基础上，加入遥感技术、物联网技术、云计算技术、GIS、虚拟仿真技术、动态决策支持和专家系统技术实现煤矿生产流程的智能化决策和管理，是对现有管理模式的革命。智慧煤矿可以分成物联化、互联化、智能化3个关键部分。

物联化即全面的感知煤矿生产流程的任何事物。其主要包括各种机电设备及其状态、煤矿井下重大危险源（如水、火、瓦斯、顶板等）的相关信息或工程技术与管理人员都可以被感知到。

互联化即全面的互联互通，人与人，人与物、物与物之间都可以无障碍地互联互通。其主要包括煤矿综合自动化和在线数据检测系统、井上下高速通信系统、人员定位系统、海量数据库管理系统、专业数据处理系统（包括地测、一通三防、采矿、运输、机电、调度、灾害预警、应急救援、监测监控、办公自动化等）、决策支持系统等的互联互通。

智能化即更深入的煤矿安全生产过程和状态的智能分析，确保煤矿的安全生产和高产高效。

3）无人（少人）煤矿

无人（少人）煤矿是高科技采矿的最高形式，其技术基础是智慧煤矿系统，手段是智能机器人、地面遥控以及先进的井下导航系统等。无人（少人）煤矿将使采矿作业的事故降到最低成为可能。

8.3.2 煤炭行业信息化建设特点预期

1. 综合集成将是近一时期煤炭信息化发展的主要任务

目前中国煤炭行业信息化的基础建设和单项应用系统建设已经基本成熟，企业正处于或即将进入系统的集成应用阶段。现阶段及近一时期大型煤炭企业要推动业务流程、应用系统、规范标准的融合集成，真正实现全网、全系统的数据共享和统一，集成实时动态的生产信息和多部门多种类的管理信息，形成新的发展能力，其综合集成体现在以下几个方面：

（1）全面覆盖，覆盖生产、经营、安全管理活动的各个环节。

（2）纵向贯通，关注管控模式、安全、决策、管理、作业、控制、装备。

（3）顶层突破，注重以信息化科学决策、智能分析、风险管控、经验积累。

（4）整体提升，做好集成框架、标准规范、信息平台和能力平台等系统安排。

2. 行业特色技术的研发和应用是信息化发展的关键

目前煤炭行业在财务、销售、人力资源等经营管理通用系统建设方面已经达到了相当高的水平。由于煤炭行业的特殊性和复杂性，在安全生产与智能救援、煤炭仓储物流、煤炭电子商务、节能环保与污染物排放等方面的信息化水平还明显滞后。因此，在未来的一段时间内，煤炭企业还需进一步加大在特色关键领域的投入和研发力度，重点针对煤炭行业的特殊性、复杂性、高危性等特点，重点解决与信息技术的融合问题，彻底突破影响煤炭行业信息化发展的瓶颈。

3. 新技术转化和应用将加速推进煤炭行业信息化发展

随着物联网、云计算、大数据、移动互联等技术的快速发展，煤炭行业信息化的进程逐步加快，为助推煤炭行业两化融合发展提供了难得的机遇。部分省（市、区）和先进企业已经开始尝试将这些新技术转化和应用到煤炭相关领域，并且已经发挥了一定的作用和成效，很多煤炭企业在应用新技术的同时，不断升级原有的业务系统和综合集成，未来更多煤炭企业仍然将信息化发展的重点放在业务系统建设和集成等方面。

8.3.3 煤炭行业主要系统建设预期

从煤炭行业自身发展来看，国家对煤炭资源的管理在不断完善，煤炭行业的结构优化和调整发展是未来行业发展的主题；从煤炭行业安全管理来看，煤炭生产环境的特殊性，要求煤炭企业从安全预警到实时救援的每一个关键环节都要采取最先进、最有效的措施；从煤炭行业生产方式来看，国家对煤炭行业设备智能化、生产过程自动化的要求促进了信息化建设的发展；从煤炭行业经营管理来看，信息化可以调整和优化煤矿企业的经营和管理，达到节约成本、提高效益的目的。

根据《国家安全监管总局关于印发安全生产信息化总体建设方案及相关技术文件的通知》(安监总科技〔2016〕143 号)，要求结合本地区实际，抓紧制定本地区安全生产信息化实施方案，落实各项建设任务，确保全国安全生产信息化一盘棋建设。充分利用国家安全生产监督管理总局的通用信息基础设施开展信息化建设，强化互联互通和信息共享，避免重复建设。各级安全监管监察机构要加快整合分散的应用系统，推动平台化和一站式服务，消除“信息孤岛”。

依据国家安全生产信息化顶层设计框架和总体建设方案，以及煤炭行业信息化行业现状，未来煤炭行业将依托信息科技和通信技术等领域的技术革新，形成统一的数据网络、功能完备的 GIS 系统、煤炭物联网和云计算技术方案等，在数据采集、信息挖掘、运算速度、海量存储等方面，构建更加实时、准确的数据库系统，具有多属性空间信息分析功能的可视化平台，完善的风险预警、隐患排查和决策分析等应用系统。

1. 安全生产应用服务体系

围绕安全生产监管监察工作需求，采用统一建设（国家安全生产监督管理总局组织建设，地方监管监察机构使用）或分级建设模式，建设完善功能齐全、模块化、兼容性强、可扩展、可定制的应用系统，包括安全生产监管、综合监管、公共服务、煤矿安全监察、应急救援、行政管理六类应用系统，如图 8 - 3 所示。

1）安全生产监管类应用系统

安全生产监管类应用系统是建设完善煤矿安全监察所需要的业务系统，实现安全准入、隐患排查治理、事故调查处理、安全生产标准化管理等功能。

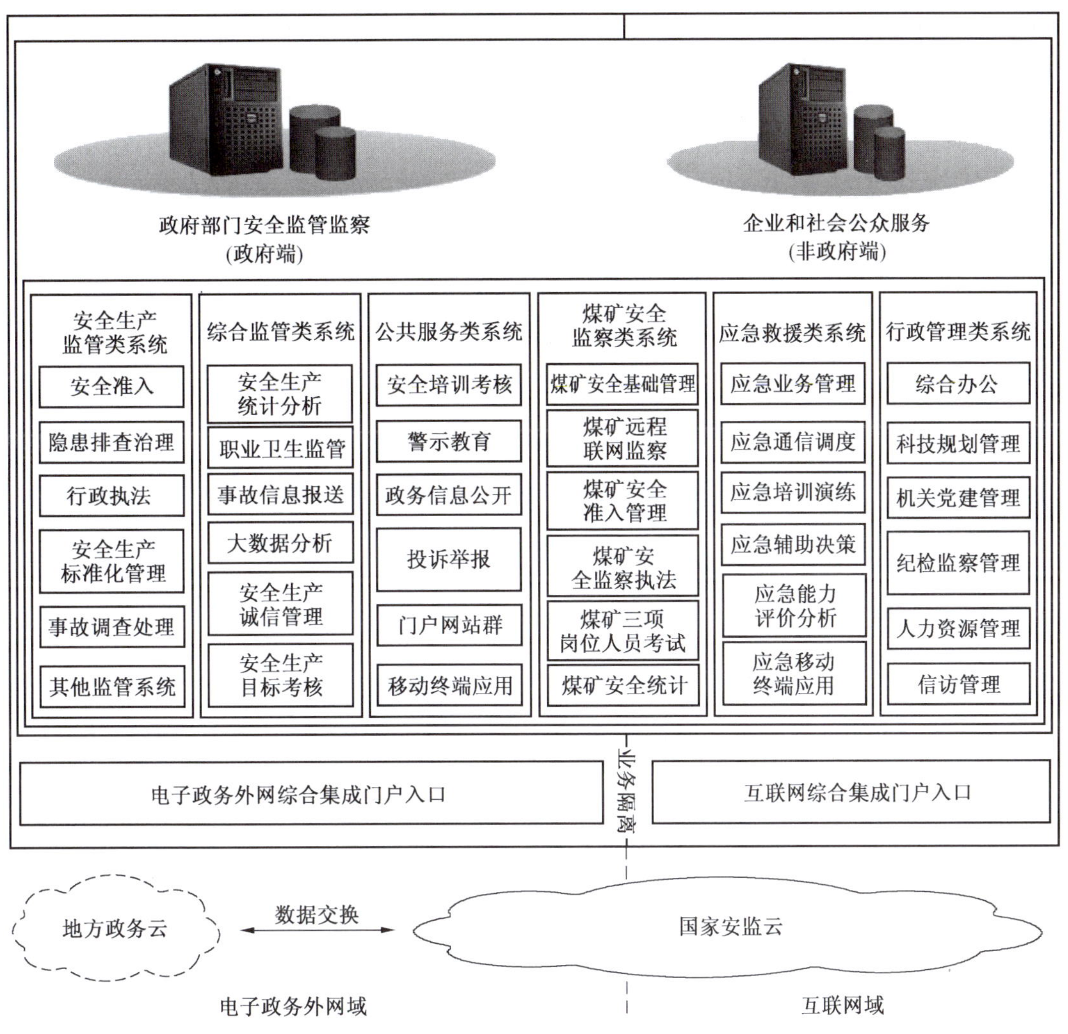

图 8-3 煤炭行业信息化应用系统架构图

2）安全生产综合监管类应用系统

安全生产综合监管类应用系统包括安全生产风险识别管控和预警分析平台、综合信息平台、统计分析、网络舆情、企业诚信管理、职业卫生监管、中介机构信息管理、安全生产目标考核、联合检查执法、安全生产事故信息报送、重大事故挂牌督办等应用系统。

3）安全生产公共服务类应用系统

安全生产公共服务类应用系统依托互联网和移动网络，利用微博微信、移动互联网等新兴媒介，建设安全生产大数据应用、远程视频会商平台、投诉举报、安全生产培训考核、综合办公、政府信息公开、网上办事、警示教育、安全生产政府网站群、网络舆情、安全科技项目管理、中介机构信息管理等业务应用系统。

4）煤矿安全监察类应用系统

煤矿安全监察类应用系统是建设煤矿安全监察工作需要的业务应用系统，满足煤矿基础信息采集、行政审批、监察执法、事故调查、职业卫生管理、事故应急等业务功能，并通过安全生产风险识别管控和预警分析平台，及时了解煤矿企业及不同区域安全生产风险等级状况。

5）安全生产应急救援类应用系统

安全生产应急救援类应用系统主要包括应急资源管理、应急救援指挥、应急风险分析预警、应急辅助决策、应急培训演练、信息发布、应急移动终端等应用系统，形成以国家安全生产应急平台为核心、国家级救援基地（队伍）和省级安全生产应急平台为节点，连接市、县和企业安全生产应急信息系统的安全生产应急平台体系。

基于安监云服务平台向全国提供应急信息网络直报与共享服务、应急“一张图”构建与共享服务、应急协同服务、事故情景构建与协同演练服务、应急能力评估与分析评价服务、辅助决策支持服务等应急云服务。

6）安全生产行政管理类应用系统

安全生产行政管理类应用系统包括综合办公、安全科技项目管理、机关党建管理、纪检监察管理、人力资源管理、信访管理等应用系统。

2. 重点工程

基于安全生产应用服务体系，重点建设工程主要包含以下方面。

1）全国安全生产“一张网”（安监云）

国家安全生产监督管理总局：建成全国安全生产云数据中心。建设覆盖国家、省、市、县四级安全监管监察机构的专网网络、支撑系统、存储与备份、交换和服务云平台，以及云计算和企业安全生产信息的风险识别、隐患诊断和预测预警分析平台，形成供各级安全监管监察机构、国务院安全生产委员会成员单位使用的安全生产云数据中心。

省级安全监管监察机构：建设贵州1个灾备中心，27个省级安监云分中心，配备相应软硬件设备，实现安全生产监管监察“通道靠云、数据上云、业务用云”。

2）安全生产监管信息化工程（一期）

改造完善国家安全生产监督管理总局机房及业务系统运行的配套硬件设施设备和基础支撑平台，扩展国家安全生产监督管理总局与7个共建部门、26个省级煤监局、77个煤监分局之间数据交换系统建设，改造总局本级及与省级监管监察机构连接的视频会议系统，建设完善支撑国家安全生产监督管理总局监管监察业务亟需的煤矿监察、行业监管、综合监管、公共服务和大数据应用等应用系统，建设信息化标准规范和运维保障体系。

3）全国安全生产视频系统及联网工程

国家安全生产监督管理总局：建设支撑国家、省、市、县四级安全监管监察机构和重点高危企业的基于电子政务外网和安监云的安全生产云视频会商管理平台，实现会议、监管执法取证、现场应急救援与应急指挥等全国视频统一调度管理；对西郊宾馆视频会议有关线路、设备进行改造；配套软硬件设备由安监云项目统筹建设。

地方安全监管监察机构：为未建设视频系统的单位配备高清视频系统；将现有标清视频终端、不符合平台接入标准的个别高清视频终端升级改造为符合接入标准的高清视频终端；配备云视频软终端系统等，将全国各级安全监管监察机构和重点高危企业视频联网接入。

4）高危企业风险预警与防控系统

国家安全生产监督管理总局：建设矿山、危险化学品等高危行业企业及重大危险源的在线监测联网备查平台，研制高危行业风险预警模型和安全风险评价指标体系和系统对接接口等；配合工信部建设覆盖全国重点危化品生产、运输、销售、存储和废弃等环节的在线监测联网系统；部分配套软硬件设备由“安监云”项目统筹建设。

地方安全监管监察机构：建设矿山、危险化学品等高危企业及重大危险源在线监测联网备查省级分中心平台，研制在线监测信息采集和交换共享系统等。

5）全国安全生产综合信息平台

国家安全生产监督管理总局：建成供总局各司局、应急指挥中心和各有关支撑单位使用的综合信息平台；扩展完善总局现有平台功能，建设可视化展示系统，增设综合信息发布等安全监管工程未涉及的业务系统；建立全国安全生产信息资源目录体系；建设集存储、分析、可视化、服务于一体的安全生产海量数据分析应用系统；配套基础设施和硬件设备由安监云项目统筹建设。

省级安全监管监察机构：完善并建成各省级安全监管监察机构部门综合信息平台（一省局一平台），主要完善国家、省、市、县四级统筹的业务系统（规定动作），建成省级平台与高危行业企业在线监测系统、国家安全生产监督管理总局平台对接、数据采集和共享交换系统；建设省级大数据分析与应用系统。

6）安全监管移动执法终端与执法系统配备

国家安全生产监督管理总局：建设全国安全监管监察执法信息综合管理和分析平台，实现全国执法的动态查询、管理和分析。

地方安全监管监察机构：为未配备执法终端的省、市、区县三级安全监管执法人员配备执法终端6万台，为早期配备且不符合现有标准的单位进行升级改造，配备相应执法服务软件和数据联网共享系统等。

7）安全生产应急救援指挥系统

国家安全生产监督管理总局：完善国家安全生产应急平台，建设应急“一张图”在线共享、应急培训与推演等五项全国安全生产应急公共云服务，建设国家安全生产应急救援综合分析服务，建设和完善安全生产应急平台相关标准规范。

地方安全监管监察机构（含救援队伍）：建设省级应急值班值守、事故指挥、现场应急救援联动等服务，市、县配备应用终端或掌上应急通，省、市、重点县配置移动指挥车；专业救援队和国家级基地接入国家安监云，配备视频会商装备，建设信息采集上报、通信调度等应用。

9 专家视角

专家视角主要邀请从事战略研究、市场分析和科技创新的专家，通过对世界和中国煤炭行业、企业的热点问题及发展趋势进行分析和预测，为有关政府部门和煤炭企业的读者提供深入的思考。

特朗普政府煤炭走向对中国的影响分析

朱　超　中国煤炭工业发展研究中心教授级高工

一、近期特朗普政府煤炭政策

2017 年 1 月 20 日，美国新任总统特朗普宣誓就职。白宫网站随后发布特朗普政府六大执政议题，分别涉及能源、外交、就业、军事、法律、贸易 6 方面，其中美国将能源计划列居首位。该能源计划政策要点包括：取消环境政策限制、推进页岩油气革命、实现能源独立和关注洁净煤科技。该能源计划的政策目标是刺激经济发展、确保能源安全和保护国民健康。

美国优先能源计划的核心是实现美国能源独立，主要途径包括大力支持页岩油气产业，扭转煤炭产业低迷态势，调整新能源和可再生能源政策。在能源品种定位方面，特朗普政府将页岩油气产业确定为能源独立的关键基础，煤炭产业为重要支柱，新能源和清洁能源作为必要补充。

在煤炭政策方面，特朗普政府将煤炭定位成美国能源独立的重要支柱，认为其重要性并不因大型煤企破产而改变。目前，美国煤炭供应相对饱和，煤炭低价使产业持续承压，产业升级和资源配置优化进入关键阶段，有必要进一步开拓国际市场。特朗普政府的能源政策顾问建议实施新的煤炭政策。

第一是加大煤炭产业政策扶持。根据政府财政状况适度提高对煤炭产业的税收减免额度，重审奥巴马政府严苛的监管政策，力争修订煤炭租赁和清洁电力计划等相关法案，为产业发展提供宽松的政策环境。

第二是推动煤炭产业升级。支持煤炭企业加快发展洁净煤技术、碳捕集利用与封存技术等，推进煤炭深加工和精加工，实现煤炭从燃料到原料的转变，拓宽煤炭产品最终用途。

第三是帮助煤炭企业开拓国际市场。政府、研究机构和企业及时互通信息，支持企业升级并扩大煤炭港口进出口终端，增加运输船舶数量，助推煤企扩大出口，缓解美国煤炭供应过剩。

二、特朗普政府煤炭政策对全球煤炭格局的影响

美国是世界煤炭生产和消费大国，其煤炭新政将刺激全球煤炭产业发展，改变世界煤炭贸易格局和促进洁净煤技术发展。

（一）刺激全球煤炭产业发展

美国煤炭储量和生产量在全球占据重要地位。煤炭储量约 237.3 Gt，约占全球煤炭储量的 27%，居世界煤炭储量首位；2015 年煤炭产量 813 Mt，占全球生产总量的 12%。在最近的几十年，美国煤炭产量稳定保持在 800～1000 Mt/a 水平。2015 年美国煤炭储采比为 292，美国煤炭储量优势没有得到充分体现。近年来，受美国廉价页岩油气的冲击，美国煤炭产量和消费量双双明显下降（图 9－1）。

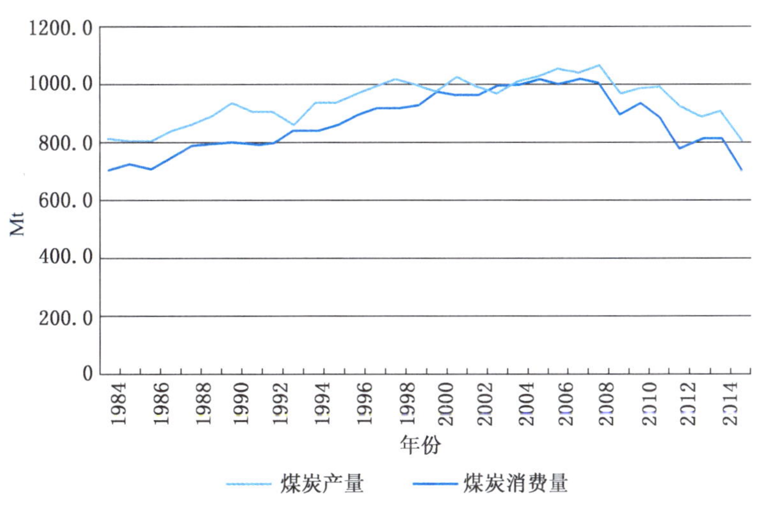

图 9－1　1984—2015 年美国煤炭产量和消费量变化

近年来，全球能源在总需求增长的同时，逐渐向低碳能源转型。由于热值低、污染重、电力需求放缓、天然气价格走低和清洁能源发展等因素，美国煤炭消费逐年下降，生产规模缩减。在美国，煤炭主要用于发电，即便不考虑清洁电力法案等政策的影响，预计煤电占比也将从 2015 年的 33%下降到 2040 年的 26%。相应地，煤炭产量也持续下滑。由于行业发展放缓，甚至趋于停滞，美国煤炭企业频现破产，就业岗位

大量流失，机械化、技术变革、监管压力、市场压力等因素加剧就业规模萎缩。1987年，美国煤炭行业从业人员约15.1万人，2015年仅为6.8万人。同时，近年来，铁路运输等关联行业就业也相应减少。

特朗普政府提出了美国优先能源计划，从产业政策扶持、产业升级和扩大煤炭出口等方面促进美国煤炭工业的发展。特朗布政府重新审查奥巴马政府严苛的监管政策，有可能取消气候行动计划等，这将为美国国内煤炭消费松绑。特朗普政府计划投资5000亿美元用于基础设施建设，增加美国对钢铁和电力的需求，进而提高美国煤炭需求。特朗普政府主动降低环保对煤炭的制约，鼓励发展燃煤电厂，尤其是鼓励发展洁净煤，从而刺激美国煤炭需求。同时，随着煤炭减税政策的落实，美国煤炭行业竞争力进一步提升，美国煤炭出口规模预计会持续增加。目前，煤炭在世界能源市场上仍具有成本优势，美国煤炭政策转向会影响其他国家的煤炭政策，部分原来被动限制煤炭利用的国家可能转变煤炭政策，鼓励燃煤电厂的发展，进而增加全球煤炭需求。

（二）改变世界煤炭贸易格局

2014年，世界煤炭贸易总量为1.2 Gt，主要煤炭出口国为澳大利亚、印尼、俄罗斯、美国、哥伦比亚和南非等。2014年美国出口煤炭约110 Mt，占国际煤炭贸易总量的9.1%。主要煤炭进口国主要为中国、印度、日本和韩国等。2014年世界煤炭贸易流向，对于主要煤炭出口国，从资源储量看，美国的煤炭出口前景最大，俄罗斯其次，资源储量规模和储采比是衡量煤炭产业发展前景的重要指标，见表9-1；从地理位置看，对于主要煤炭进口国中国和印度等，印尼煤炭出口优势第一，其次为澳大利亚；从煤炭生产成本看，澳大利亚和美国比较低，在国际煤炭市场上的竞争力较强。

表9-1 主要煤炭出口国家的探明煤炭储量与储采比

国家	无烟煤和烟煤/Mt	次烟煤和褐煤/Mt	储量合计/Mt	占世界煤炭储量比例/%	储采比
美国	108501	128794	237295	26.6	292
加拿大	3474	3108	6582	0.7	108
俄罗斯	49088	107922	157010	17.6	422
哥伦比亚	6746	—	6746	0.8	79
南非	30156	—	30156	3.4	120
澳大利亚	37100	39300	76400	8.6	158
印尼	—	28017	28017	3.1	71

世界煤炭消费中心在亚太地区，亚太地区煤炭消费占世界的份额预计从2014年的71.5%的增加到2020年的72.7%和2030年的73.7%，见表9-2。2012年后，美国对化石能源发展重点放在页岩油气上，煤炭消费受到油气的巨大冲击。美国煤炭出口也呈下降趋势，从2012年的124 Mt下降到2016年的49 Mt。特朗普政府提出的美国

优先能源计划将鼓励煤炭工业发展，美国煤炭工业的振兴将提升美国在世界煤炭市场上的竞争力，改变世界煤炭贸易格局。在特朗普政府执政期间，美国煤炭出口规模将加大，有可能进入煤炭出口的第一集团。

表 9-2　世界各地区煤炭需求预测一览表　10^8 t

年　度	2014	2020	2030
亚太	27.77	28.63	29.06
美洲	5.21	4.79	4.27
欧洲和欧亚大陆	4.77	4.6	4.34
非洲与中东	1.07	1.34	1.76
合计	38.82	39.37	39.43

（三）促进洁净煤技术的发展

煤炭洁净煤技术发展重点包括 IGCC 研发和示范、碳捕集和封存、燃煤污染物控制等方面。2002 年，美国国家能源技术实验室等相关机构合作制定了美国洁净煤技术发展路线图，指出美国洁净煤技术发展在短期内需要的是能够符合当前的新出台的环保法规并具有成本优势的环境控制技术；长期发展目标是建立近零排放的且具有 CO_2 管理能力的电力和清洁燃料厂。美国煤炭清洁利用技术涵盖新型洁净煤燃烧技术、先进燃烧发电技术、煤炭清洁高效转化技术和污染物可控制与净化技术。在新型洁净煤燃烧技术方面，美国积极研发化学链燃烧技术、循环流化床燃烧技术和增压循环流化床燃烧技术。采用纯氧燃烧的化学链燃烧技术已处于研究开发阶段，美国的增压循环流化床技术已在 20 世纪 90 年代实现商业示范。在先进燃烧发电技术方面，美国超临界发电机组已占燃煤机组的 70%以上；美国 IGCC 电站已有五座实现商业化运行，其中最大装机达到 44×10^4 kW；煤基化工-动力多联产技术在 1995 年建成第一座商业示范工厂；2010 年，美国科罗拉多州建成投产世界上第一座太阳能光热与燃煤联合发电项目，包含 4.9×10^4 kW 燃煤装机和 0.1×10^4 kW 太阳能装机。在煤炭清洁高效转化技术方面，美国 H-COAL 工艺在 20 世纪 80 年代进行了 600 t/d 的规模试验，美国环球油品公司的 MTO 工艺取得较好成果。在污染物可控制与净化技术方面，美国对汞、二氧化碳减排技术取得明显成果，目前美国已在 180 多个燃煤机组上安装汞污染控制设备，美国能源部资助 9 个 CCS 项目，最大项目的捕集规模为 400 Mt/a，捕集的二氧化碳主要用于驱油。

特朗普政府煤炭政策将通过煤炭科技创新推进煤炭产业升级。根据美国优先能源计划，美国煤炭科技将重点发展洁净煤技术和碳捕集、利用和封存技术等。洁净煤技术重点发展煤炭清洁燃烧和煤炭转化技术，旨在提高煤炭利用效率，减少环境污染和拓宽煤炭利用途径，促进煤炭从燃料到燃料和原料转变。

三、特朗普政府煤炭政策对中国的影响分析

特朗普政府煤炭政策将提振美国煤炭产业，主要体现在增加煤炭产量和消费量，扩大煤炭出口量，加强煤炭运输基础设施建设等。特朗普政府强调装备制造本地化，美国煤炭装备国产化的比例将会提高。特朗普政策积极倡导开发利用化石能源，将页岩油气和煤炭分别作为美国能源独立的关键基础和重要支柱，消极应对气候变化问题。这些政策对中国煤炭行业既有挑战，又有机遇，具体影响如下：

（一）缓解中国煤炭利用压力

煤炭是中国最丰富、最经济和可以清洁利用的化石能源，同时也是高碳能源，对中国碳排放贡献率高达80%左右，控制温室气体排放首先要控制煤炭消费总量。2014年11月12日，中美两国元首宣布了2020年后两国各自应对气候变化行动，认识到这些行动是向低碳经济转型长期努力的组成部分并考虑到2℃全球温升目标。美国计划于2025年实现在2005年基础上减排26%～28%的全经济范围减排目标并将努力减排28%。中国计划2030年左右二氧化碳排放达到峰值且将努力早日达峰，并计划到2030年非化石能源占一次能源消费比重提高到20%左右。中国和美国是世界上温室气体排放最多的两个国家，而中国的温室气体排放总量高于美国，面临着巨大的温室气体减排压力。如今，特朗普政府消极应对气候变化问题，通过取消气候变化行动计划为化石能源利用松绑。近年来，在美国和西方发达国家的联合施压下，中国一再加强温室气体减排力度，主要体现在不断降低能源消费强度，控制煤炭消费总量等。美国对气候变化政策的转向将缓解中国温室气体减排压力，从而为中国煤炭清洁高效利用创造了一个缓冲期，有利于降低中国能源利用成本，提高制造业产品市场竞争力。

（二）稳定煤炭进口价格

随着美国煤炭行业的振兴和美国煤炭出口设施的建设，美国煤炭出口规模将会出现反弹。美国是世界煤炭资源最丰富的国家，探明资源储量已达到237.3 Gt，煤炭资源主要分布在西部（约49%），西部地区的蒙大拿州和怀俄明州分别占美国探明资源储量的25.5%和14.8%，西部地区煤炭主要采用露天开采方式，煤种多为次烟煤和褐煤。美国阿拉斯加也拥有丰富的煤炭资源，总地质储量约240 Gt，煤种包括褐煤、烟煤和无烟煤。美国西部地区煤炭出口主要面向亚太市场。目前，澳大利亚和印尼是亚太地区最主要的煤炭出口国，美国煤炭出口规模的加大将给包括中国在内的煤炭进口国带来更多选择的机会，煤炭国际贸易供应能力的增加将能稳定世界煤炭价格，有利降低中国煤炭进口成本。

（三）有利于扩大中美煤炭国际合作

美国煤炭新政有助于振兴美国煤炭供应，从而带来新的合作机会。中国可从煤炭资源开发、煤矿装备技术输出、煤炭运输基础设施建设和洁净煤技术研发等方面开展中美合作。

美国煤炭资源丰富，但近年来煤炭年产量都在 1 Gt 以下，开发前景巨大。随着美国煤炭需求提升和煤炭出口规模扩大，美国需要建设新的煤矿项目，这对中国煤炭企业进入美国煤炭产业投资领域是一个难得的机会。由于多年来美国煤炭产业衰退，美国煤矿装备制造业发展受到制约，美国煤炭行业的振兴将会增加煤矿装备的需求。美国将扩大煤炭出口能力，加强煤炭出口设施建设，增加运输船舶数量，这将带来新的运煤铁路、港口建设投资机会。中国可利用美国加大煤炭出口的机会，建立美国煤炭供应基地，保障中国能源安全。洁净煤技术是美国能源技术发展的重点，尤其是先进的燃煤发电技术、煤炭深加工技术和碳捕集和封存技术的研发，中美两国存在着巨大的合作机会。

四、中国应采取的对策建议

（一）加强中美洁净煤技术合作

重点围绕先进燃煤发电、煤基多联产、煤炭深加工和碳捕集与封存等技术领域开展中美国际合作，提升双方洁净煤发展水平。在先进燃煤发电技术方面，以超超临界发电技术和 IGCC 技术为重点开展合作。利用中美双方研发基础和能力，积极开展高温（700 ℃）超超临界发电技术领域的交流和合作，加快高温超超临界发电技术的产业化。IGCC 是未来主要的煤炭清洁发电技术之一，中美两国均已开展了商业示范，中国可借鉴美国 IGCC 的成功经验，有效吸收美国先进的煤气化技术、燃气轮机技术以及二氧化碳捕集与封存技术，以提高 IGCC 技术的国产化程度。美国早在 1999 年就提出了“未来梦幻 21 计划”，经过十多年的研究和部分工程单元的示范，已具备相当丰富的应用开发经验，通过中美合作，中国可加快煤基多联产技术的产业化步伐。

（二）鼓励中国企业投资美国煤炭产业

美国煤炭行业振兴将带来煤炭资源开发、煤炭基础设施建设、煤矿装备生产和贸易等方面的投资机会。中国政府煤炭管理部门应加强中美煤炭方面的合作与交流，鼓励中国煤炭企业到美国投资煤炭开发、煤电一体化发展、装备制造和煤炭基础设施建设等项目，提升中美煤炭合作水平。抓住美国煤炭行业兼并重组的有利时机，中国煤炭企业采用股权投资、整体收购等方式进入美国煤炭行业，打造海外煤炭生产基地。美国鼓励煤炭清洁高效利用，燃煤发电是重点，中国可利用掌握的燃煤发电超低排放技术与美国发电企业开展合作，实施超低排放燃煤发电项目。特朗普政府打算采用边境税等方式提升美国制造业竞争力，中国煤矿生产技术和装备已处于世界先进水平，中国煤矿装备制造企业可以考虑在美国办厂，向北美地区煤炭行业供应装备和技术。美国实施扩大煤炭出口战略，煤炭出口港口建设和煤炭远洋运输的商业机会加大，煤炭生产和运输企业可积极参与美国的煤炭港口建设和煤炭海运。

（三）合理调整煤炭消费总量控制节奏

根据中美气候变化协议，中国计划 2030 年左右二氧化碳排放达到峰值且将努力早日达峰。特朗普政府消极应对温室气体减排，这有利于缓解中国温室气体减排压力。煤炭燃烧是中国最主要的碳排放源，从碳减排承诺角度出发，中国可以将煤炭消费峰值延后到2025年左右。在煤炭消费领域方面，燃煤发电是最重要的用煤行业，因此电煤消费峰值也可以延长到2025年。中国煤炭消费造成的大气污染主要来自散煤燃烧。对民用散煤尽量采用清洁替代措施，即用电和天然气替代煤炭，经济相对落后和清洁能源保障程度低的地区可采用无烟煤和兰炭等替代高污染煤。对于工业燃煤利用，重点实施煤炭集中利用和梯级利用，提高煤炭利用效率和污染控制水平。

煤炭企业转型发展的根本在于提升核心竞争力

李永平　大同煤矿集团公司
李伟力　北京华宇工程公司

煤炭企业转型是市场经济规律作用的结果。物竞天择，优胜劣汰，转型就是要通过优化达到优胜。多少年来，无数企业为之探索，不懈努力，成功的很多，失败的也不少。无论是20世纪末的亚洲金融危机，还是十多年前开始的国际金融危机，经济下行难改，企业大浪淘沙，优胜劣汰的倒逼触目惊心，其根本在于核心竞争力的较量，成败终归于此。抓住核心竞争力的转型，会事半功倍，否则，转型很容易陷入盲目性，事倍功半，甚至转而无型，更加被动。

煤炭企业转型要紧紧围绕增强核心竞争力作出抉择。核心竞争力的外在表现可以是产业、产品、规模、技术、品牌等等，但内在底蕴则在于企业独特的短期内其他企业所无法模仿的优势要素。抓住了这个根本，企业面对满目的过剩市场就不至于转型迷茫，不知干什么好。转型首先要分析核心竞争力。要分析企业自身在行业中哪些是独特的，或者暂时没有但具备比较优势经过培育可以成为独特，而且这种特性要能够持续稳定地发力。

转型要通过产业链条的结构优化增强核心竞争力，关联产业之间既有成本共担的管控，又有利润共享的协同。企业转型，首先要慎重进行自我结构的立体化剖析和研判，横向从基本的产业上下游进行战略性梳理，进行链条匹配的优势和劣势对比；纵向要站在国际化的高层次把握这种态势和走向，从而研究本企业在这些领域中的机遇与挑战，考量进入与退出的胜算度，最终作出取舍。

特别是煤炭企业，从资源查勘、开发，到煤炭生产、储运、消费等链条长、空间大，结构优化抓准着力点，有效运作，一定能够提升质量效益。中国神华集团这方面就是典范，煤、电、路、港、航，形成了独有的核心竞争力。神华拥有年产4亿吨左右的商品煤生产基地；围绕坑口、港口、路口、电网输送要道、经济负荷中心和沿海经济强省区域，建设了一批高效率、高参数、大容量火力发电项目，年发电量3000多亿度；利用自有的包神铁路、神朔铁路、朔黄铁路等8个铁路公司2000多公里营运里程，黄骅港、天津煤、珠海煤 3 个码头和由 40 艘船舶组成的船队，组成了四通八达的煤炭运输网络，储运成本极低，形成了煤、电、路、港、航一体化发展格局，结构性产业竞争力世界瞩目。

转型要通过产业自身的高低转换增强核心竞争力。转型是路径，升级才是目的，提升了核心竞争力才能成功。煤炭企业转型切忌陷入误区，转型不一定弃煤从非。转型有多种路径，其中之一就是原有煤炭产业由低端向中高端转变，突出主业的做优做强。只要资源条件、地域位置具有比较优势，就要潜心自身转型，由粗放型转向集约型。比如，同煤集团按照国家晋北煤炭基地建设规划，立足几百亿吨煤炭地质储量，布局并打造了 11 座千万吨级安全高产高效矿井集群，其中，自主创新的最先进核心技术，就是塔山煤矿“特厚煤层大采高综放开采成套技术与装备研发”项目，荣获 2014 年度国家科技进步一等奖。这项技术实现了“4 个第一”。第一次开发了 14～20 m 特厚煤层大采高综放开采技术，解决了特厚煤层大采高综放开采围岩控制、厚顶煤高效与高回收率放出等世界性难题；开发了世界第一套年产千万吨特厚煤层大采高综放开采成套装备，实现了千万吨综放工作面装备的全国产化；第一次开发了特大断面全煤巷道高强度锚杆锚索联合支护技术及材料，解决了大采高综放开采全煤巷道支护技术难题；第一次开发了大采高综放工作面瓦斯防治与综合防火安全保障技术，解决了千万吨大采高综放工作面的防火难题。这一技术开采煤层厚度 14～20 m，工作面设备平均开机率达 92.1%，平均月产量达 907.6 kt，最高月产量达 1.035 Mt，回收率达 88.9%，平均工效达 364.5 t/工，年产量达 10.85 Mt。目前该技术已在全集团千万吨矿井进行推广，实现了千万吨矿井瓦斯零超限，安全高效开采。煤炭开采集中度和效率与传统煤矿相比具有明显的优势。简单地说，就是 1 座千万吨矿 1 千人、1 千万吨产量、10 个亿的利润。2016 年千万吨矿井产量占集团总产量的 49%，实现利税 53 亿元。今年千万吨矿井产量将提高 10.00 Mt 左右，占集团总产量比重提高到 52%，成为同煤第一大效益支撑。到“十三五”末，千万吨矿井优质高效产量将占到集团总产量的 68%，利润占到总利润的 50%。实现了黑色煤炭的高效、集约、低碳开采，成为同煤集团抵御市场风险，确保可持续发展最重要的利润支撑。

即使是资源枯竭企业，转产固然是一种出路，而接替新资源同样是一条捷径，二者产业不同，本质一致，就是紧紧围绕提升核心竞争力去转型。

转型要通过自主技术创新的持续发力增强核心竞争力。转型不仅仅研究项目，更要深层次研究项目的核心技术。历史上，煤矿转产、转型已经是老生常谈，转型项目失败的教训远比成功的经验多。失败的原因之一，就是有些企业只注重研究项目，不深入研究项目核心技术，项目上去了，也能够短暂盈利，可是一旦遇到市场价格波动，就亏损了，甚至一蹶不振，最终倒闭。所以，转型不应该是简单的轰轰烈烈搞项目，而是精心谋划核心技术和能力，有效把握持续的经营和发展，这才是企业生命之源。同煤集团朔州煤电公司宏力再生公司近几年转型创业之路就是一个典型案例。这个公司利用上游煤矿的煤矸石和热电厂的余热做煤矸石砖起步后，当地黏土砖的禁止远没有达到项目可研预测的理想程度，每块矸石砖的成本竞争不过黏土砖，面临亏损。面对市场风险，公司立即进行产品技术和工艺的技术改造，特别是自主创新技术、工艺、产品，由一般单一制砖产品转向了独特再生利用的煤矸石砖、环保型煤、粉体加工产品等多元产品，形成了集合竞争优势，成功登陆了新三板交易平台，首次融资资产成倍增值。该公司的一条路径是从煤矸石砖生产线中腾出部分生产能力生产环保型煤，特别是将煤、矸、黏土等制砖原料进行自主研发，形成了独特的型煤配方，这种型煤成本低、排放少、燃烧高效、环保达标，成为有竞争力的盈利产品。另一条路径是扩大对电厂余热利用，自主研发了国内第一套特大气流磨粉体加工装备，成功产出了超细粉煤灰，产品市场销路好，特别是拥有的技术工艺引起了国际同行的关注。

转型要通过特色管理的生机活力增强核心竞争力。活力是植物的生长之基，是动物的健壮之本，更是企业的发展之要。产业、产品等硬实力需要体制、机制、文化等软实力去运筹，才能发挥发展。煤炭企业转型不可重“硬”轻“软”，只转产业、产品，不转体制、机制，不重视管理文化，必将无功而废。

转体制需要优化资本结构，通过股权多元化聚集“财”智。不少传统企业变革为合资企业后，总嫌参股方发表不同意见，感觉多了对立面。事实上现代经济是开放融合的大势，独善其身未必高效。股东不同意见的争论大多是投入产出关系的优化过程，争而合，合而进，争论是进步，是提升，这也恰恰是现代企业制度的核心优势。所以，转型企业，转型项目，开放合作，一半是为聚集资本，另一半是聚集比资本更重要的智慧，精诚合作，提升企业素质，是增强核心竞争力之所在。

转机制需要优化管控模式，通过市场化营造人尽其才、物尽其用的运行秩序。人尽其才决定物尽其用，煤炭企业转型重要的一个方面就是从传统僵化的机制中脱出来，关键点是深化市场化的用人和市场化的薪酬制度。比如，市场化选聘职业经理人，公开竞聘，实行契约化管理。特别是相应的薪酬要突破传统的职级待遇，要实施价值化差别薪酬制度，业绩指标要量化考核，经营行为也要量化监督，最终结果要向社会公开。这一改革最难，难就难在突破后的薪酬差异，如果小了不足以引入理想的人才，如果大了又会引起体制内人员的反响，为此，改革中就要公正面对市场，体制内人员如果愿意脱出体制，也可以同等优先，公开参与竞聘。

与体制机制相适应，必须打造特色文化。文化是在一定的企业制度下，全员自觉的行为，是企业竞争的力量基石，灵魂所在。成功的企业无一不有独特的企业文化。煤炭企业转型是结构再造，是决定长远的变革，不是短期措施，文化打造至关重要。海尔的成功最具说服力，更是中国企业的典范。海尔管理模式的核心是创新，是持续创新造就的不竭活力。海尔每个员工都是创新主体，员工有效创新成果成为企业产品更新换代的源与流，员工创新成功有地位、受尊重、有待遇，这种深厚的创新文化氛围，带动整个企业观念创新、制度创新、技术创新，形成了强大的核心竞争力，企业从电冰箱发展到现在50多个系列9000多个品种的家电企业，成为世界极强大企业。

煤炭企业转型，打造特色文化，应当继承和创新相结合。煤矿工人特别能战斗、特别能吃苦、特别能奉献的行业文化中有足够的创新和创造内涵，正是一代又一代煤炭产业大军在开发和利用煤炭上依靠创新与自然斗争，保障国家基础能源的供给。煤炭企业转型不应该轻易放弃这种行业文化，而应该继承发展，赋予适应市场竞争的时代内涵，用智慧和创新攻坚克难，用韧性和耐劲稳步转型，一定能够有序有效成功转到既定的目标。

论煤炭企业“12345”市场新战略

牛克洪　中国能源研究会高级研究员

在“互联网＋”的新时代，煤炭企业的市场战略也要与时俱进不断创新和进步，依笔者之见，这种创新和进步将体现为传统与创新交织、市场与现场互动、理念与方法相依的集合。未来，煤炭企业应在理念、方式、策略、方法和连接点等方面坚持实施“12345”市场新战略。

一、坚持树立一个市场新理念

坚持树立以持续满足客户价值需求最大化为市场导向新理念。用“互、联、网”的思维来改造“自我”，“互”即互动，互动为民主；“联”即联接，联接为开放；“网”即网络，网络为平等。“互联网”思维体现在企业市场战略方面主要树立五项新思维：一是树立用户思维，寻找危害企业生存的短板；二是树立极致思维，打造让用户满足的产品；三是树立平台思维，构建多方共赢的生态圈；四是树立跨界思维，创建应时变革的商业新模式；五是树立简约思维，推行“精益管理＋互联网”经营新模式。

二、坚持“两种运行方式”

互联网时代对煤炭企业的市场运营方式提出了新要求，具体形成了以下“两种运行方式”。

1. 坚持“两场对接”——现场与市场对接运行。所谓两场对接就是，改变过去煤矿以生产为主和产什么卖什么的传统推销做法，坚持以市场需求为主，一切跟着市场走，生产围着市场转。对市场变化信号企业应及时响应，保持市场与现场的紧密联系，使“两场”时时互通、互动、互促。

2. 坚持“两线合作”——线上、线下并行运作。通俗地讲就是，“线上”活动为网络促销（或销售）活动；“线下”活动为实体店面的促销（或销售）活动。由于煤炭为大宗能源产品，其销售方式目前还多采用传统“线下”交易方式。但是煤炭电商也在快速发展之中，中国现有煤炭电商交易平台为中国（太原）煤炭交易中心、东北亚煤炭交易中心、易煤网、找煤网、淘煤网、中煤、远大内蒙古交易中心等。煤炭电商渐成行业热点，各大煤炭国企纷纷开展电子商务平台的探索。目前，神华、中煤、陕煤化、兖矿等都已自主或合作搭建商务平台并上线运营，借助电子平台拓宽销煤渠道，不断扩大电商销煤比重。同时，还要坚持线上交易和线下支撑相结合，以线下的优质产品和优良服务来有力保障线上的良性交易。

三、坚持“三变”市场策略

所谓“三变”市场策略就是，根据用户本性的“三个不变”永恒心理需求而改变。用户在市场中选购商品中永远会有“三个不变”的心理需求：一是用户乐于买“便宜”商品的心理需求不变，二是用户乐于比较“选择”商品样式（规格、质量、样式可选）的心理需求不变，三是用户乐于买商品时想更“方便”的心理需求不变。煤炭企业的市场策略就应该是围绕用户的“三个不变”，研究实施“三个变”的应对策略。

第一个“变”的策略，就是变着法子抓管理，保持生产的产品低成本。为保持产品生产低成本，煤炭企业要加强管理，要从人、财、物各要素优化配置和产、供、销各环节运行上加强成本控制，实施低成本战略，做到节约降本、优化降本、提质降本、技术降本、创新降本、安全降本等，不断降低产品生产成本，打造在市场上有价格竞争优势的产品，以此满足用户追求商品价格低廉便宜的心理需求。

第二个“变”的策略，就是变着法子抓质量，保持生产出的煤炭产品用户可选择。煤炭企业要根据用户对煤炭质量、品种规格的新需求，通过技术上改进生产工艺、洗选工艺、深加工工艺和加强企业质量管理等措施，不断优化调整产品结构，生产出清洁、优质和多样式品种的煤炭产品，供不同用户购买商品时有充分比较的选择性。

第三个“变”的策略，就是变着法子抓服务，保持为客户提供更便捷和更良好的服务。煤炭企业要采取包括优化运输方式、提供方便的合同服务和技术指导服务等措施，特别要借用互联网、电商等新工具和新模式，不断改变提供商品的服务方式方法，以满足用户购买使用商品的快速便捷的要求，最大限度为用户购买煤炭产品提供最好的便利化。

企业只有做好了“三个变”，才能更好地适应于和服务于用户的“三个不变”，从而赢得用户的“芳心”，形成独特强劲的市场竞争优势，在市场竞争中抢占先机、占据市场高地。

四、坚持推进“四个优化”方法

煤炭企业实施的“四个优化”是指，优化产品，优化用户，优化价格和优化运输流向。推进“四个优化”的目的就是，以此来应对市场新变化，降低企业运营成本和费用，增强市场竞争力，提高客户满意度，最终增加企业经济效益。

1. 推进产品品种优化。根据煤炭用途、加工方法和技术要求等，对煤炭产品进行品种规格的划分。这种品种规格划分的依据是根据市场用户需求变化，包括用户对各煤炭品种需求量大小变化和各品种市场价格变化而做出优化调整的计划安排。按照产品品种优化调整计划，在对煤炭产品进行成本效益分析的基础上，组织对洗选设施设备进行技术改造。充分调动生产矿井、煤炭洗选厂、深加工厂和销售部门的积极性，保持对煤炭产品进行持续的优化工作。

2. 推进用户类型优化。一是做好用户价值分析。对煤炭量需要大、品种质量需求稳定、实力强、资信高的用户列为最高价值用户序列。同时做好区域价值分析，对区域经济较为发达，有实力的企业较多、对煤炭需求较旺盛和煤价相对较高的区域列为战略性的大市场。二是做好优化用户的工作。要建立用户管理机构，明确机构职责和工作内容，根据用户对本企业煤炭市场购买量和产生经济效益的重要程度，进行用户分类，实施差异化管理。三是建立用户评价机制，实现用户动态优化。四是对不同用户区别对待，选择信誉良好的电厂、钢厂等大型直供用户作为战略用户，签订中长期互保供货协议，稳定长期合作关系，构建利益共同体。五是加强用户信息管理，充分利用大数据分析和实际交易记录不断优化用户信息。

3. 推进售煤价格优化。为确保煤炭售价依市场变化而优化调整的及时性和规范性，要着重做好两项工作。一是建立高效价格决策体系，要明确划分界定市场销售员、销售部门领导和煤炭企业领导的煤价调整决策权限，保持工作流程清晰畅顺，形成煤价调整决策既权责明晰、又快速高效的运作机制。二是根据不同用户群，实行不同的煤炭价格政策，包括基础销售煤炭价格、浮动煤炭价格和特别价格。对多年合作的战略客户，双方建立良好、稳定的供需关系，在签订中、长期合同时，根据客户需求数量、市场价格行情和市场预期，双方确定中、长期固定交易价格。对中、小型客户因具有一定的季节性和不稳定性，实行随行就市价格。

4. 推进运输方式优化。煤炭产品运输的主要途径一般有铁路运输、公路运输、海河运输和管道运输。主要从运输能力、运输成本、运输损耗、运输时间四个方面进行比较优化选择。一是运输能力优化。不同运输方式的能力差异较大，铁路运输量较大，其他运输方式次之；二是运输成本优化。不同运输方式的成本差异较大，铁路运输成本最低，海河及其他运输成本次之；三是运输损耗优化。不同运输方式的损耗量差异较大，铁路运输损耗量最低，海河及其他运输损耗量次之；四是运输时间优化。不同运输方式的时间差异较大，在 200～300 km 以内运输半径，汽车运输时间较短，超过 300 km，火车运输时间低于汽车，海河运输受水位和船闸等因素制约，运输时间最长。

五、坚持做好“五个连接点”

为做好市场与现场对接工作，必须从组织、信息、市场、产品和“人单合一”五个方面着力进行对接和嫁接。

1. 做好组织嫁接。按照“大营销、集中统一、精简高效”的要求，建立健全“产销连接”组织体系。一是理清关系，理清计划、生产和销售这三层的关系，是建立“两场对接”组织协调运行体系的基础和关键。二是界定职能，明确相关各方在“两场对接”协调运作体系的功能定位，使其明白自己对接市场的主要工作任务和管理职能，了解各自的市场使命，知道自己该做什么？怎么去做？三是制定制度，着力构建“两场”对接协调运作机制，在明确三方职能的基础上，要按照“找准接口、快速反应、有序协调、高效应对”的要求，科学制定相关基础规章制度，使其在实际协调运行中有章可循，形成“两场对接”协调运行工作的正常化、规范化和机制化。

2. 做好信息对接。信息的收集和传递要快捷、共享，并使信息真正成为企业生产、销售的决策依据。为此，一要解决来源信息的真实、准确和及时性问题，包括市场用户需求变化信息和现场生产品种调整信息等。二要解决信息传递渠道不畅的问题，包括信息合理分类，按各机构职能定位传送和传递手段的多样化，如根据信息特性及适应对象，梳理筛选确定信息集成的目的、用途，采取网络传递式。三要完善市场形势分析会商机制，坚持定期分析市场走势制度，运用大数据等多种分析方法，关注市场供求关系变化的新情况。四要使信息对接变为促进企业产品结构优化调整的催化剂，将信息转变为生产的决策力，决策力变为管理力，管理力变为生产力，生产力变为市场竞争力，市场竞争力变为企业利润增长力和持续发展力。

3. 做好市场连接。关键是解决共享双赢问题，传统供需双方之间的利益关系是对立的，企业与用户孤立地追求各自的利益最大化，存在一定程度上的“零和博弈”。如何打破屏障实现企业与用户的零距离沟通？如何变“对立”为“双赢”？煤炭企业要做到：在思想上要牢固树立市场为天、用户是上帝的理念，在体制上要建立对应市场、响应市场和服务市场的机制，在方法上要创新沟通市场、研究市场和创造市场的样式，真正形成围绕市场转、跟着市场干的浓浓氛围。

4. 做好产品定制。煤炭企业联接市场最核心的是产品定制化，要深入持续了解用户对煤炭产品质量、规格样式的新需求，超前把握客户需求，在产品生产、销售、服务上，引导用户参与产品创造过程互动，推动煤炭企业由产品生产经营向“引消”服务转变，为客户提供定制化服务和综合解决方案。坚持以持续满足客户价值需求最大化为导向，依托资源优势和区位优势，通过实施低成本和清洁化战略，提供定制化、差异化、系列化服务，提高市场综合竞争力。

5. 做好“人单合一”。当今互联网时代是用户决定企业的时代。企业唯一能做的是跟上用户点鼠标的速度。而“人单合一”模式则是一个理想的选择。互联网时代，用户在网上可以看到所有企业的信息，用户的喜欢与否可以决定企业的生存，企业唯一的选择就是跟上用户点击鼠标的速度。“人单合一”双赢模式对这个难题的解决方案是，探索建立生产者与用户对接机制，让用户需求信息迅速与此类煤炭商品生产者见面，做到及时响应用户对煤炭产品的新要求，形成“人单合一”紧密互动机制，使每个煤矿、每个生产区队、每个洗煤厂都能够与用户对接，找到自己的“人单合一”的产品契合点，明确“单”的内涵要求和“人”的责任体，让“人”者以响应市场需求不断自创新、自驱动、自运转。

附录1　能源发展“十三五”规划

第一章　发展基础与形势

一、发展基础

“十二五”时期我国能源较快发展，供给保障能力不断增强，发展质量逐步提高，创新能力迈上新台阶，新技术、新产业、新业态和新模式开始涌现，能源发展站到转型变革的新起点。

能源供给保障有力。能源生产总量、电力装机规模和发电量稳居世界第一，长期以来的保供压力基本缓解。大型煤炭基地建设取得积极成效，建成一批安全高效大型现代化煤矿。油气储采比稳中有升，能源储运能力显著增强，油气主干管道里程从7.3万km增长到11.2万km，220 kV及以上输电线路长度突破60万公里，西电东送能力达到1.4亿kW，资源跨区优化配置能力大幅提升。

结构调整步伐加快。非化石能源和天然气消费比重分别提高2.6和1.9个百分点，煤炭消费比重下降5.2个百分点，清洁化步伐不断加快。水电、风电、光伏发电装机规模和核电在建规模均居世界第一。非化石能源发电装机比例达到35%，新增非化石能源发电装机规模占世界的40%左右。

节能减排成效显著。单位国内生产总值能耗下降18.4%，二氧化碳排放强度下降20%以上，超额完成规划目标。大气污染防治行动计划逐步落实，重点输电通道全面开工，成品油质量升级行动深入实施，东部11个省（市）提前供应国五标准车用汽柴油，散煤治理步伐加快，煤炭清洁高效利用水平稳步提升。推动现役煤电机组全面实现脱硫，脱硝机组比例达到92%，单位千瓦时供电煤耗下降18克标准煤，煤电机组超低排放和节能改造工程全面启动。

科技创新迈上新台阶。千万吨煤炭综采、智能无人采煤工作面、三次采油和复杂区块油气开发、单机 80 万千瓦水轮机组、百万千瓦超超临界燃煤机组、特高压输电等技术装备保持世界领先水平。自主创新取得重大进展，三代核电“华龙一号”、四代安全特征高温气冷堆示范工程开工建设，深水油气钻探、页岩气开采取得突破，海上风电、低风速风电进入商业化运营，大规模储能、石墨烯材料等关键技术正在孕育突破，能源发展进入创新驱动的新阶段。

体制改革稳步推进。大幅取消和下放行政审批事项，行政审批制度改革成效明显。电力体制改革不断深化，电力市场建设、交易机构组建、发用电计划放开、售电侧和输配电价改革加快实施。油气体制改革稳步推进。电煤价格双轨制取消，煤炭资源税改革取得突破性进展，能源投资进一步向民间资本开放。

国际合作不断深化。“一带一路”能源合作全面展开，中巴经济走廊能源合作深入推进。西北、东北、西南及海上四大油气进口通道不断完善。电力、油气、可再生能源和煤炭等领域技术、装备和服务合作成效显著，核电国际合作迈开新步伐。双多边能源交流广泛开展，我国对国际能源事务的影响力逐步增强。

专栏 1 “十二五”时期能源发展主要成就

指　标	单　位	2010 年	2015 年	年均增长/%
一次能源生产量	亿吨标准煤	31.2	36.2	3
其中：煤炭	亿吨	34.3	37.5	1.8
原油	亿吨	2	2.15	1.1
天然气	亿立方米	957.9	1346	7.0
非化石能源	亿吨标准煤	3.2	5.2	10.2
电力装机规模	亿千瓦	9.7	15.3	9.5
其中：水电	亿千瓦	2.2	3.2	8.1
煤电	亿千瓦	6.6	9.0	6.4
气电	万千瓦	2642	6603	20.1
核电	万千瓦	1082	2717	20.2
风电	万千瓦	2958	13075	34.6
太阳能发电	万千瓦	26	4318	177
能源消费总量	亿吨标准煤	36.1	43	3.6
能源消费结构 其中：煤炭	%	69.2	64	[-5.2]
石油	%	17.4	18.1	[0.7]
天然气	%	4	5.9	[1.9]
非化石能源	%	9.4	12	[2.6]

注：[ ] 内为 5 年累计值。

二、发展趋势

从国际看，“十三五”时期世界经济将在深度调整中曲折复苏，国际能源格局发生重大调整，围绕能源市场和创新变革的国际竞争仍然激烈，主要呈现以下五个趋势。

能源供需宽松化。美国页岩油气革命，推动全球油气储量、产量大幅增加。液化天然气技术进一步成熟，全球天然气贸易规模持续增长，并从区域化走向全球化。非化石能源快速发展，成为能源供应新的增长极。世界主要发达经济体和新兴经济体潜在增长率下降，能源需求增速明显放缓，全球能源供应能力充足。

能源格局多极化。世界能源消费重心加速东移，发达国家能源消费基本趋于稳定，发展中国家能源消费继续保持较快增长，亚太地区成为推动世界能源消费增长的主要力量。美洲油气产能持续增长，成为国际油气新增产量的主要供应地区，西亚地区油气供应一极独大的优势弱化，逐步形成西亚、中亚－俄罗斯、非洲、美洲多极发展新格局。

能源结构低碳化。世界能源低碳化进程进一步加快，天然气和非化石能源成为世界能源发展的主要方向。经济合作与发展组织成员国天然气消费比重已经超过30%，2030年天然气有望成为第一大能源品种。欧盟可再生能源消费比重已经达到15%，预计2030年将超过27%。日本福岛核事故影响了世界核电发展进程，但在确保安全的前提下，主要核电大国和一些新兴国家仍将核电作为低碳能源发展的方向。

能源系统智能化。能源科技创新加速推进，新一轮能源技术变革方兴未艾，以智能化为特征的能源生产消费新模式开始涌现。智能电网加快发展，分布式智能供能系统在工业园区、城镇社区、公用建筑和私人住宅开始应用，新能源汽车产业化进程加快，越来越多的用能主体参与能源生产和市场交易，智慧能源新业态初现雏形。

国际竞争复杂化。能源国际竞争焦点从传统的资源掌控权、战略通道控制权向定价权、货币结算权、转型变革主导权扩展。能源生产消费国利益分化调整，传统与新兴能源生产国之间角力加剧，全球能源治理体系加速重构。

从国内看，“十三五”时期是我国经济社会发展非常重要的时期。能源发展将呈现以下五个趋势。

能源消费增速明显回落。未来五年，钢铁、有色、建材等主要耗能产品需求预计将达到峰值，能源消费将稳中有降。在经济增速趋缓、结构转型升级加快等因素共同作用下，能源消费增速预计将从“十五”以来的年均9%下降到2.5%左右。

能源结构双重更替加快。“十三五”时期是我国实现非化石能源消费比重达到15%目标的决胜期，也是为2030年前后碳排放达到峰值奠定基础的关键期。煤炭消费比重将进一步降低，非化石能源和天然气消费比重将显著提高，我国主体能源由油气替代煤炭、非化石能源替代化石能源的双重更替进程将加快推进。

能源发展动力加快转换。能源发展正在由主要依靠资源投入向创新驱动转变，科技、体制和发展模式创新将进一步推动能源清洁化、智能化发展，培育形成新产业和新业态。能源消费增长的主要来源逐步由传统高耗能产业转向第三产业和居民生活用能，现代制造业、大数据中心、新能源汽车等将成为新的用能增长点。

能源供需形态深刻变化。随着智能电网、分布式能源、低风速风电、太阳能新材料等技术的突破和商业化应用，能源供需方式和系统形态正在发生深刻变化。“因地制宜、就地取材”的分布式供能系统将越来越多地满足新增用能需求，风能、太阳能、生物质能和地热能在新城镇、新农村能源供应体系中的作用将更加凸显。

能源国际合作迈向更高水平。“一带一路”建设和国际产能合作的深入实施，推动能源领域更大范围、更高水平和更深层次的开放交融，有利于全方面加强能源国际合作，形成开放条件下的能源安全新格局。

三、主要问题和挑战

“十三五”时期，我国能源消费增长换挡减速，保供压力明显缓解，供需相对宽松，能源发展进入新阶段。在供求关系缓和的同时，结构性、体制机制性等深层次矛盾进一步凸显，成为制约能源可持续发展的重要因素。面向未来，我国能源发展既面临厚植发展优势、调整优化结构、加快转型升级的战略机遇期，也面临诸多矛盾交织、风险隐患增多的严峻挑战。

传统能源产能结构性过剩问题突出。煤炭产能过剩，供求关系严重失衡。煤电机组平均利用小时数明显偏低，并呈现进一步下降趋势，导致设备利用效率低下、能耗和污染物排放水平大幅增加。原油一次加工能力过剩，产能利用率不到70%，但高品质清洁油品生产能力不足。

可再生能源发展面临多重瓶颈。可再生能源全额保障性收购政策尚未得到有效落实。电力系统调峰能力不足，调度运行和调峰成本补偿机制不健全，难以适应可再生能源大规模并网消纳的要求，部分地区弃风、弃水、弃光问题严重。鼓励风电和光伏发电依靠技术进步降低成本、加快分布式发展的机制尚未建立，可再生能源发展模式多样化受到制约。天然气消费市场亟需开拓。天然气消费水平明显偏低与供应能力阶段性富余问题并存，需要尽快拓展新的消费市场。基础设施不完善，管网密度低，储气调峰设施严重不足，输配成本偏高，扩大天然气消费面临诸多障碍。市场机制不健全，国际市场低价天然气难以适时进口，天然气价格水平总体偏高，随着煤炭、石油价格下行，气价竞争力进一步削弱，天然气消费市场拓展受到制约。

能源清洁替代任务艰巨。部分地区能源生产消费的环境承载能力接近上限，大气污染形势严峻。煤炭占终端能源消费比重高达20%以上，高出世界平均水平10个百分点。“以气代煤”和“以电代煤”等清洁替代成本高，洁净型煤推广困难，大量煤炭在小锅炉、小窑炉及家庭生活等领域散烧使用，污染物排放严重。高品质清洁油品利用率较低，交通用油等亟需改造升级。

能源系统整体效率较低。电力、热力、燃气等不同供能系统集成互补、梯级利用程度不高。电力、天然气峰谷差逐渐增大，系统调峰能力严重不足，需求侧响应机制尚未充分建立，供应能力大都按照满足最大负荷需要设计，造成系统设备利用率持续下降。风电和太阳能发电主要集中在西北部地区，长距离大规模外送需配套大量煤电用以调峰，输送清洁能源比例偏低，系统利用效率不高。

跨省区能源资源配置矛盾凸显。能源资源富集地区大都仍延续大开发、多外送的发展惯性，而主要能源消费地区需求增长放缓，市场空间萎缩，更加注重能源获取的经济性与可控性，对接受区外能源的积极性普遍降低。能源送受地区之间利益矛盾日益加剧，清洁能源在全国范围内优化配置受阻，部分跨省区能源输送通道面临低效运行甚至闲置的风险。

适应能源转型变革的体制机制有待完善。能源价格、税收、财政、环保等政策衔接协调不够，能源市场体系建设滞后，市场配置资源的作用没有得到充分发挥。价格制度不完善，天然气、电力调峰成本补偿及相应价格机制较为缺乏，科学灵活的价格调节机制尚未完全形成，不能适应能源革命的新要求。

第二章　指导方针和目标

一、指导思想

全面贯彻党的十八大和十八届三中、四中、五中、六中全会精神，更加紧密地团结在以习近平同志为核心的党中央周围，认真落实党中央、国务院决策部署，紧紧围绕统筹推进“五位一体”总体布局和协调推进“四个全面”战略布局，牢固树立和贯彻落实创新、协调、绿色、开放、共享的发展理念，主动适应、把握和引领经济发展新常态，遵循能源发展“四个革命、一个合作”的战略思想，顺应世界能源发展大势，坚持以推进供给侧结构性改革为主线，以满足经济社会发展和民生需求为立足点，以提高能源发展质量和效益为中心，着力优化能源系统，着力补齐资源环境约束、质量效益不高、基础设施薄弱、关键技术缺乏等短板，着力培育能源领域新技术新产业新业态新模式，着力提升能源普遍服务水平，全面推进能源生产和消费革命，努力构建清洁低碳、安全高效的现代能源体系，为全面建成小康社会提供坚实的能源保障。

二、基本原则

革命引领，创新发展。把能源革命作为能源发展的核心任务，把创新作为引领能源发展的第一动力。加快技术创新、体制机制创新、商业模式创新，充分发挥市场配置资源的决定性作用，增强发展活力，促进能源持续健康发展。

效能为本，协调发展。坚持节约资源的基本国策，把节能贯穿于经济社会发展全过程，推行国际先进能效标准和节能制度，推动形成全社会节能型生产方式和消费模式。以智能高效为目标，加强能源系统统筹协调和集成优化，推动各类能源协同协调发展，大幅提升系统效率。

清洁低碳，绿色发展。把发展清洁低碳能源作为调整能源结构的主攻方向，坚持发展非化石能源与清洁高效利用化石能源并举。逐步降低煤炭消费比重，提高天然气和非化石能源消费比重，大幅降低二氧化碳排放强度和污染物排放水平，优化能源生产布局和结构，促进生态文明建设。

立足国内，开放发展。加强能源资源勘探开发，增强能源储备应急能力，构建多轮驱动的能源供应体系，保持能源充足稳定供应。积极实施“一带一路”战略，深化能源国际产能和装备制造合作，推进能源基础设施互联互通，提升能源贸易质量，积极参与全球能源治理。

以人为本，共享发展。按照全面建成小康社会的要求，加强能源基础设施和公共服务能力建设，提升产业支撑能力，提高能源普遍服务水平，切实保障和改善民生。坚持能源发展和脱贫攻坚有机结合，推进能源扶贫工程，重大能源工程优先支持革命老区、民族地区、边疆地区和集中连片贫困地区。

筑牢底线，安全发展。树立底线思维，增强危机意识，坚持国家总体安全观，牢牢把握能源安全主动权。增强国内油气供给保障能力，推进重点领域石油减量替代，加快发展石油替代产业，加强煤制油气等战略技术储备，统筹利用“两个市场，两种资源”，构建多元安全保障体系，确保国家能源安全。

三、政策取向

更加注重发展质量，调整存量、做优增量，积极化解过剩产能。对存在产能过剩和潜在过剩的传统能源行业，“十三五”前期原则上不安排新增项目，大力推进升级改造和淘汰落后产能。合理把握新能源发展节奏，着力消化存量，优化发展增量，新建大型基地或项目应提前落实市场空间。尽快建立和完善煤电、风电、光伏发电设备利用率监测预警和调控约束机制，促进相关产业健康有序发展。

更加注重结构调整，加快双重更替，推进能源绿色低碳发展。抓住能源供需宽松的有利时机，加快能源结构双重更替步伐。着力降低煤炭消费比重，加快散煤综合治理，大力推进煤炭分质梯级利用。鼓励天然气勘探开发投资多元化，实现储运接收设施公平接入，加快价格改革，降低利用成本，扩大天然气消费。超前谋划水电、核电发展，适度加大开工规模，稳步推进风电、太阳能等可再生能源发展，为实现 2030 年非化石能源发展目标奠定基础。

更加注重系统优化，创新发展模式，积极构建智慧能源系统。把提升系统调峰能力作为补齐电力发展短板的重大举措，加快优质调峰电源建设，积极发展储能，变革调度运行模式，加快突破电网平衡和自适应等运行控制技术，显著提高电力系统调峰和消纳可再生能源能力。强化电力和天然气需求侧管理，显著提升用户响应能力。大力推广热、电、冷、气一体化集成供能，加快推进“互联网＋”智慧能源建设。

更加注重市场规律，强化市场自主调节，积极变革能源供需模式。适应跨省区能源配置需求减弱的新趋势，处理好能源就地平衡与跨区供应的关系，慎重研究论证新增跨区输送通道。用市场机制协调电力送、受双方利益，发挥比较优势，实现互利共赢。坚持集中开发与分散利用并举，高度重视分布式能源发展，大力推广智能化供能和用能方式，培育新的增长动能。

更加注重经济效益，遵循产业发展规律，增强能源及相关产业竞争力。以全社会综合用能成本较低作为能源发展的重要目标和衡量标准，更加突出经济性，着力打造低价能源优势。遵循产业发展趋势和规律，逐步降低风电、光伏发电价格水平和补贴标准，合理引导市场预期，通过竞争促进技术进步和产业升级，实现产业健康可持续发展。

更加注重机制创新，充分发挥价格调节作用，促进市场公平竞争。放开电力、天然气竞争性环节价格，逐步形成及时反映市场供求关系、符合能源发展特性的价格机制，引导市场主体合理调节能源生产和消费行为。推动实施有利于提升清洁低碳能源竞争力的市场交易制度和绿色财税机制。

四、主要目标

按照“十三五”规划《纲要》总体要求，综合考虑安全、资源、环境、技术、经济等因素，2020 年能源发展主要目标是：

能源消费总量。能源消费总量控制在 50 亿吨标准煤以内，煤炭消费总量控制在 41 亿吨以内。全社会用电量预期为 6.8 万亿～7.2 万亿千瓦时。

能源安全保障。能源自给率保持在 80％以上，增强能源安全战略保障能力，提升能源利用效率，提高能源清洁替代水平。

能源供应能力。保持能源供应稳步增长，国内一次能源生产量约 40 亿吨标准煤，其中煤炭 39 亿吨，原油 2 亿吨，天然气 2200 亿立方米，非化石能源 7.5 亿吨标准煤。发电装机 20 亿千瓦左右。

能源消费结构。非化石能源消费比重提高到 15％以上，天然气消费比重力争达到 10％，煤炭消费比重降低到 58％以下。发电用煤占煤炭消费比重提高到 55％以上。

能源系统效率。单位国内生产总值能耗比 2015 年下降 15％，煤电平均供电煤耗下降到每千瓦时 310 克标准煤以下，电网线损率控制在 6.5％以内。

能源环保低碳。单位国内生产总值二氧化碳排放比 2015 年下降 18％。能源行业环保水平显著提高，燃煤电厂污染物排放显著降低，具备改造条件的煤电机组全部实现超低排放。

能源普遍服务。能源公共服务水平显著提高，实现基本用能服务便利化，城乡居民人均生活用电水平差距显著缩小。

专栏 2 “十三五”时期能源发展主要指标

类别	指　标	单　位	2015 年	2020 年	年均增长	属　性
能源总量	一次能源生产量	亿吨标准煤	36.2	40	2.0%	预期性
	电力装机总量	亿千瓦	15.3	20	5.5%	预期性
	能源消费总量	亿吨标准煤	43	<50	<3%	预期性
	煤炭消费总量	亿吨原煤	39.6	41	0.7%	预期性
	全社会用电量	万亿千瓦时	5.69	6.8～7.2	3.6%～4.8%	预期性
能源安全	能源自给率	%	84	>80		预期性
能源结构	非化石能源装机比重	%	35	39	[4]	预期性
	非化石能源发电量比重	%	27	31	[4]	预期性
	非化石能源消费比重	%	12	15	[3]	约束性
	天然气消费比重	%	5.9	10	[4.1]	预期性
	煤炭消费比重	%	64	58	[-6]	约束性
	电煤占煤炭消费比重	%	49	55	[6]	预期性
能源效率	单位国内生产总值能耗降低	%	—	—	[15]	约束性
	煤电机组供电煤耗	克标准煤/千瓦时	318	<310		约束性
	电网线损率	%	6.64	<6.5		预期性
能源环保	单位国内生产总值二氧化碳排放降低	%	—	—	[18]	约束性

注：[ ] 内为 5 年累计值。

第三章　主　要　任　务

一、高效智能，着力优化能源系统

以提升能源系统综合效率为目标，优化能源开发布局，加强电力系统调峰能力建设，实施需求侧响应能力提升工程，推动能源生产供应集成优化，构建多能互补、供需协调的智慧能源系统。

优化能源开发布局。根据国家发展战略，结合全国主体功能区规划和大气污染防治要求，充分考虑产业转移与升级、资源环境约束和能源流转成本，全面系统优化能源开发布局。能源资源富集地区合理控制大型能源基地开发规模和建设时序，创新开发利用模式，提高就地消纳比例，根据目标市场落实情况推进外送通道建设。能源消费地区因地制宜发展分布式能源，降低对外来能源调入的依赖。充分发挥市场配置资源的决定性作用和更好发挥政府作用，以供需双方自主衔接为基础，合理优化配置能源资源，处理好清洁能源充分消纳战略与区域间利益平衡的关系，有效化解弃风、弃光、弃水和部分输电通道闲置等资源浪费问题，全面提升能源系统效率。

加强电力系统调峰能力建设。加快大型抽水蓄能电站、龙头水电站、天然气调峰电站等优质调峰电源建设，加大既有热电联产机组、燃煤发电机组调峰灵活性改造力度，改善电力系统调峰性能，减少冗余装机和运行成本，提高可再生能源消纳能力。积极开展储能示范工程建设，推动储能系统与新能源、电力系统协调优化运行。推进电力系统运行模式变革，实施节能低碳调度机制，加快电力现货市场及电力辅助服务市场建设，合理补偿电力调峰成本。

实施能源需求响应能力提升工程。坚持需求侧与供给侧并重，完善市场机制及技术支撑体系，实施“能效电厂”“能效储气库”建设工程，逐步完善价格机制，引导电力、天然气用户自主参与调峰、错峰，增强需求响应能力。以智能电网、能源微网、电动汽车和储能等技术为支撑，大力发展分布式能源网络，增强用户参与能源供应和平衡调节的灵活性和适应能力。积极推行合同能源管理、综合节能服务等市场化机制和新型商业模式。

实施多能互补集成优化工程。加强终端供能系统统筹规划和一体化建设，在新城镇、新工业园区、新建大型公用设施（机场、车站、医院、学校等）、商务区和海岛地区等新增用能区域，实施终端一体化集成供能工程，因地制宜推广天然气热电冷三联供、分布式再生能源发电、地热能供暖制冷等供能模式，加强热、电、冷、气等能源生产耦合集成和互补利用。在既有工业园区等用能区域，推进能源综合梯级利用改造，推广应用上述供能模式，加强余热余压、工业副产品、生活垃圾等能源资源回收及综合利用。利用大型综合能源基地风能、太阳能、水能、煤炭、天然气等资源组合优势，推进风光水火储多能互补工程建设运行。

专栏3　能源系统优化重点工程

综合能源基地建设工程：统筹规划、集约开发，优化建设山西、鄂尔多斯盆地、内蒙古东部地区、西南地区和新疆五大国家综合能源基地。稳步推进宁夏宁东、甘肃陇东区域能源基地开发，科学规划安徽两淮、贵州毕节、陕西延安、内蒙古呼伦贝尔、河北张家口等区域能源基地建设，促进区域能源协调可持续发展。

优质调峰机组建设工程：加快推进金沙江龙盘、岗托等龙头水电站建设，建设雅砻江两河口、大渡河双江口等龙头水电站，提高水电丰枯调节能力和水能利用效率。合理规划抽水蓄能电站规模与布局，完善投资、价格机制和管理体制，加快大型抽水蓄能电站建设，新增开工规模6000万千瓦，2020年在运规模达到4000万千瓦。在大中型城市、气源有保障地区和风光等集中开发地区优先布局天然气调峰电站。

专栏 3（续）

风光水火储多能互补工程：重点在青海、甘肃、宁夏、四川、云南、贵州、内蒙古等省（区），利用风能、太阳能、水能、煤炭、天然气等资源组合优势，充分发挥流域梯级水电站、具有灵活调节能力火电机组的调峰能力和效益，积极推进储能等技术研发应用，完善配套市场交易和价格机制，开展风光水火储互补系统一体化运行示范，提高互补系统电力输出功率稳定性和输电效率，提升可再生能源发电就地消纳能力。加快发展储电、储热、储冷等多类型、大容量、高效率储能系统，积极建设储能示范工程，合理规划建设供电、加油、加气与储能（电）站一体化设施。

终端一体化集成供能工程：在新增用能区域加强终端供能系统统筹规划和一体化建设，因地制宜实施传统能源与风能、太阳能、地热能、生物质能、海洋能等能源的协同开发利用，统筹规划电力、燃气、热力、供冷、供水管廊等基础设施，建设终端一体化集成供能系统。在既有用能区域推广应用上述供能模式，同时加快能源综合梯级利用改造，建设余热、余压综合利用发电机组。建成北京城市副中心、福建平潭综合实验区、山西大同经济技术开发区等终端一体化集成供能示范工程，余热、余压综合利用规模达到 1000 万千瓦，建设一批智慧能源示范园区。

“能效电厂”建设工程：全国范围内扩大实施峰谷、季节、可中断负荷等价格制度，推广落实气、电价格联动机制。在四川、云南、湖北、湖南、广西、福建等水电比重大的省份实施丰枯电价。鼓励发展咨询、诊断、设计、融资、改造、托管等“一站式”合同能源管理服务，积极开展合同能源管理示范工程。

积极推动“互联网＋”智慧能源发展。加快推进能源全领域、全环节智慧化发展，实施能源生产和利用设施智能化改造，推进能源监测、能量计量、调度运行和管理智能化体系建设，提高能源发展可持续自适应能力。加快智能电网发展，积极推进智能变电站、智能调度系统建设，扩大智能电表等智能计量设施、智能信息系统、智能用能设施应用范围，提高电网与发电侧、需求侧交互响应能力。推进能源与信息、材料、生物等领域新技术深度融合，统筹能源与通信、交通等基础设施建设，构建能源生产、输送、使用和储能体系协调发展、集成互补的能源互联网。

二、节约低碳，推动能源消费革命

坚持节约优先，强化引导和约束机制，抑制不合理能源消费，提升能源消费清洁化水平，逐步构建节约高效、清洁低碳的社会用能模式。

实施能源消费总量和强度“双控”。把能源消费总量和能源消费强度作为经济社会发展重要约束性指标，建立指标分解落实机制。调整产业结构，综合运用经济、法律等手段，切实推进工业、建筑、交通等重点领域节能减排，通过淘汰落后产能、加快传统产业升级改造和培育新动能，提高能源效率。加强重点行业能效管理，推动重点企业能源管理体系建设，提高用能设备能效水平，严格钢铁、电解铝、水泥等高耗能行业产品能耗标准。

开展煤炭消费减量行动。严控煤炭消费总量，京津冀鲁、长三角和珠三角等区域实施减煤量替代，其他重点区域实施等煤量替代。提升能效环保标准，积极推进钢铁、建材、化工等高耗煤行业节能减排改造。全面实施散煤综合治理，逐步推行天然气、电力、洁净型煤及可再生能源等清洁能源替代民用散煤，实施工业燃煤锅炉和窑炉改造提升工程，散煤治理取得明显进展。

拓展天然气消费市场。积极推进天然气价格改革，推动天然气市场建设，探索建立合理气、电价格联动机制，降低天然气综合使用成本，扩大天然气消费规模。稳步推进天然气接收和储运设施公平开放，鼓励大用户直供。合理布局天然气销售网络和服务设施，以民用、发电、交通和工业等领域为着力点，实施天然气消费提升行动。以京津冀及周边地区、长三角、珠三角、东北地区为重点，推进重点城市“煤改气”工程。加快建设天然气分布式能源项目和天然气调峰电站。2020 年气电装机规模达到 1.1 亿千瓦。

实施电能替代工程。积极推进居民生活、工业与农业生产、交通运输等领域电能替代。推广电锅炉、电窑炉、电采暖等新型用能方式，以京津冀及周边地区为重点，加快推进农村采暖电能替代，在新能源富集地区利用低谷富余电实施储能供暖。提高铁路电气化率，适度超前建设电动汽车充电设施，大力发展港口岸电、机场桥电系统，促进交通运输“以电代油”。到 2020 年电能在终端能源消费中的比重提高到 27%以上。

开展成品油质量升级专项行动。2017 年起全面使用国五标准车用汽柴油，抓紧制定发布国六标准车用汽柴油标准，力争 2019 年全面实施。加快推进普通柴油、船用燃料油质量升级，推广使用生物质燃料等清洁油品，提高煤制燃料战略储备能力。加强车船尾气排放与净化设施改造监管，确保油机协同升级。

创新生产生活用能模式。实施工业节能、绿色建筑、绿色交通等清洁节能行动。健全节能标准体系，大力开发、推广节能高效技术和产品，实现重点用能行业、设备节能标准全覆盖。推行重点用能行业能效“领跑者”制度和对标达标考核制度。积极创建清洁能源示范省（区、市）、绿色能源示范市（县）、智慧能源示范镇（村、岛）和绿色园区（工厂），引导居民科学合理用能，推动形成注重节能的生活方式和社会风尚。

专栏 4　能源消费革命重点工程

天然气消费提升行动：扩大城市高污染燃料禁燃区范围，加快实施“煤改气”。以京津冀及周边地区、长三角、珠三角、东北地区为重点，推进重点城市“煤改气”工程，增加用气 450 亿立方米，替代燃煤锅炉 18.9 万蒸吨。提高天然气发电利用比重，鼓励发展天然气分布式多联供项目，支持发展燃气调峰电站，结合热负荷需求适度发展燃气热电联产项目。扩大交通领域天然气利用，推广天然气公交车、出租车、物流配送车、环卫车、重型卡车和液化天然气船舶。

充电基础设施建设工程：建设“四纵四横”城际电动汽车快速充电网络，新增超过 800 座城际快速充电站。新增集中式充换电站超过 1.2 万座，分散式充电桩超过 480 万个，满足全国 500 万辆电动汽车充换电需求。

节能行动：大力推广应用高效节能产品和设备，发展高效锅炉、高效内燃机、高效电机和高效变压器，推进高耗能通用设备改造，推广节能电器和绿色照明，不断提高重点用能设备能效。提高建筑节能标准，加快推进建筑节能改造，推广供热计量，完善绿色建筑标准体系，推广超低能耗建筑。实施工业园区节能改造工程，加强园区能源梯级利用。大力发展城市公共交通，提高绿色出行比例。

专栏4（续）

清洁能源示范省区建设工程：着眼于提高非化石能源和天然气消费比重，控制煤炭消费，提高清洁化用能水平，加快推进浙江清洁能源示范省，宁夏新能源综合示范区，青海、张家口可再生能源示范区建设，支持四川、海南、西藏等具备条件的省区开展清洁能源示范省建设，支持日喀则等地区发挥资源综合比较优势，推进绿色能源示范区建设，在具备资源条件和发展基础的地区建设一批智慧能源示范城市（乡镇、园区、楼宇）。

三、多元发展，推动能源供给革命

推动能源供给侧结构性改革，以五大国家综合能源基地为重点优化存量，把推动煤炭等化石能源清洁高效开发利用作为能源转型发展的首要任务，同时大力拓展增量，积极发展非化石能源，加强能源输配网络和储备应急设施建设，加快形成多轮驱动的能源供应体系，着力提高能源供应体系的质量和效率。

着力化解和防范产能过剩。坚持转型升级和淘汰落后相结合，综合运用市场和必要的行政手段，提升存量产能利用效率，从严控制新增产能，支持企业开展产能国际合作，推动市场出清，多措并举促进市场供需平衡。加强市场监测预警，强化政策引导，主动防范风险，促进产业有序健康发展。

（1）煤炭。严格控制审批新建煤矿项目、新增产能技术改造项目和生产能力核增项目，确需新建煤矿的，实行减量置换。运用市场化手段以及安全、环保、技术、质量等标准，加快淘汰落后产能和不符合产业政策的产能，积极引导安全无保障、资源枯竭、赋存条件差、环境污染重、长期亏损的煤矿产能有序退出，推进企业兼并重组，鼓励煤、电、化等上下游产业一体化经营。实行煤炭产能登记公告制度，严格治理违法违规煤矿项目建设，控制超能力生产。"十三五"期间，停缓建一批在建煤矿项目，14个大型煤炭基地生产能力达到全国的95%以上。

专栏5 煤炭发展重点

严格控制新增产能：神东、陕北、黄陇和新疆基地，在充分利用现有煤炭产能基础上，结合已规划电力、现代煤化工项目，根据市场情况合理安排新建煤矿项目；蒙东（东北）、宁东、晋北、晋中、晋东和云贵基地，有序建设接续煤矿，控制煤炭生产规模；鲁西、冀中、河南和两淮基地压缩煤炭生产规模。

加快淘汰落后产能：尽快关闭13类落后小煤矿，以及开采范围与自然保护区、风景名胜区、饮用水水源保护区等区域重叠的煤矿。2018年前淘汰产能小于30万吨/年且发生过重大及以上安全生产责任事故的煤矿，产能15万吨/年且发生过较大及以上安全生产责任事故的煤矿，以及采用国家明令禁止使用的采煤方法、工艺且无法实施技术改造的煤矿。

有序退出过剩产能：开采范围与依法划定、需特别保护的相关环境敏感区重叠的煤矿，晋、蒙、陕、宁等地区产能小于60万吨/年的非机械化开采煤矿，冀、辽、吉、黑、苏、皖、鲁、豫、甘、青、新等地区产能小于30万吨/年的非机械化开采煤矿，其他地区产能小于9万吨/年的非机械化开采煤矿有序退出市场。

（2）煤电。优化规划建设时序，加快淘汰落后产能，促进煤电清洁高效发展。建立煤电规划建设风险预警机制，加强煤电利用小时数监测和考核，与新上项目规模挂钩，合理调控建设节奏。“十三五”前两年暂缓核准电力盈余省份中除民生热电和扶贫项目之外的新建自用煤电项目，采取有力措施提高存量机组利用率，使全国煤电机组平均利用小时数达到合理水平；后三年根据供需形势，按照国家总量控制要求，合理确定新增煤电规模，有序安排项目开工和投产时序。民生热电联产项目以背压式机组为主。提高煤电能耗、环保等准入标准，加快淘汰落后产能，力争关停 2000 万千瓦。

2020 年煤电装机规模力争控制在 11 亿千瓦以内。全面实施燃煤机组超低排放与节能改造，推广应用清洁高效煤电技术，严格执行能效环保标准，强化发电厂污染物排放监测。2020 年煤电机组平均供电煤耗控制在每千瓦时 310 克以下，其中新建机组控制在 300 克以下，二氧化硫、氮氧化物和烟尘排放浓度分别不高于每立方米 35 毫克、50 毫克、10 毫克。

专栏6 煤电发展重点

优化建设时序：取消一批，缓核一批，缓建一批和停建煤电项目，新增投产规模控制在 2 亿千瓦以内。

淘汰落后产能：逐步淘汰不符合环保、能效等要求且不实施改造的 30 万千瓦以下、运行满 20 年以上纯凝机组、25 年及以上抽凝热电机组，力争淘汰落后产能 2000 万千瓦。

节能减排改造：“十三五”期间完成煤电机组超低排放改造 4.2 亿千瓦，节能改造 3.4 亿千瓦。其中：2017 年前总体完成东部 11 省市现役 30 万千瓦及以上公用煤电机组、10 万千瓦及以上自备煤电机组超低排放改造；2018 年前基本完成中部 8 省现役 30 万千瓦及以上煤电机组超低排放改造，2020 年前完成西部 12 省区市及新疆生产建设兵团现役 30 万千瓦及以上煤电机组超低排放改造。不具备改造条件的机组实现达标排放，对经整改仍不符合要求的，由地方政府予以淘汰关停。东部、中部地区现役煤电机组平均供电煤耗力争在 2017 年、2018 年实现达标，西部地区到 2020 年前达标。

（3）煤炭深加工。按照国家能源战略技术储备和产能储备示范工程的定位，合理控制发展节奏，强化技术创新和市场风险评估，严格落实环保准入条件，有序发展煤炭深加工，稳妥推进煤制燃料、煤制烯烃等升级示范，增强项目竞争力和抗风险能力。严格执行能效、环保、节水和装备自主化等标准，积极探索煤炭深加工与炼油、石化、电力等产业有机融合的创新发展模式，力争实现长期稳定高水平运行。“十三五”期间，煤制油、煤制天然气生产能力达到 1300 万吨和 170 亿立方米左右。

鼓励煤矸石、矿井水、煤矿瓦斯等煤炭资源综合利用，提升煤炭资源附加值和综合利用效率。采用先进煤化工技术，推进低阶煤中低温热解、高铝粉煤灰提取氧化铝等煤炭分质梯级利用示范项目建设。积极推广应用清洁煤技术，大力发展煤炭洗选加工，2020 年原煤入选率达到 75%以上。

专栏7 煤炭深加工建设重点

煤制油项目：宁夏神华宁煤二期、内蒙古神华鄂尔多斯二三线、陕西兖矿榆林二期、新疆甘泉堡、新疆伊犁、内蒙古伊泰、贵州毕节、内蒙古东部。

煤制天然气项目：新疆准东、新疆伊犁、内蒙古鄂尔多斯、山西大同、内蒙古兴安盟。

煤炭分质利用示范项目：陕西延长榆神煤油电多联产、陕煤榆林煤油气化多联产、龙成榆林煤油气多联产，江西江能神雾萍乡煤电油多联产等。

（4）炼油。加强炼油能力总量控制，淘汰能耗高、污染重的落后产能，适度推进先进产能建设。严格项目准入标准，防止以重油深加工等名义变相增加炼油能力。积极开展试点示范，推进城市炼厂综合治理，加快产业改造升级，延长炼油加工产业链，增加供应适销对路、附加值高的下游产品，提高产业智能制造和清洁高效水平。

推进非化石能源可持续发展。统筹资源、环境和市场条件，超前布局、积极稳妥推进建设周期长、配套要求高的水电和核电项目，实现接续滚动发展。坚持集中开发与分散利用并举，调整优化开发布局，全面协调推进风电开发，推动太阳能多元化利用，因地制宜发展生物质能、地热能、海洋能等新能源，提高可再生能源发展质量和在全社会总发电量中的比重。

（5）常规水电。坚持生态优先、统筹规划、梯级开发，有序推进流域大型水电基地建设，加快建设龙头水电站，控制中小水电开发。在深入开展环境影响评价、确保环境可行的前提下，科学安排金沙江、雅砻江、大渡河等大型水电基地建设时序，合理开发黄河上游等水电基地，深入论证西南水电接续基地建设。创新水电开发运营模式，探索建立水电开发收益共享长效机制，保障库区移民合法权益。2020年常规水电规模达到3.4亿千瓦，"十三五"新开工规模6000万千瓦以上。

发挥现有水电调节能力和水电外送通道、周边联网通道输电潜力，优化调度运行，促进季节性水电合理消纳。加强四川、云南等弃水问题突出地区水电外送通道建设，扩大水电消纳范围。

（6）核电。安全高效发展核电，在采用我国和国际最新核安全标准、确保万无一失的前提下，在沿海地区开工建设一批先进三代压水堆核电项目。加快堆型整合步伐，稳妥解决堆型多、堆型杂的问题，逐步向自主三代主力堆型集中。

积极开展内陆核电项目前期论证工作，加强厂址保护。深入实施核电重大科技专项，开工建设CAP1400示范工程，建成高温气冷堆示范工程。加快论证并推动大型商用乏燃料后处理厂建设。适时启动智能小型堆、商业快堆、60万千瓦级高温气冷堆等自主创新示范项目，推进核能综合利用。实施核电专业人才队伍建设行动，加强核安全监督、核电操作人员及设计、建造、工程管理等关键岗位人才培养，完善专业人才梯队建设，建立多元化人才培养渠道。2020年运行核电装机力争达到5800万千瓦，在建核电装机达到3000万千瓦以上。

（7）风电。坚持统筹规划、集散并举、陆海齐进、有效利用。调整优化风电开发布局，逐步由"三北"地区为主转向中东部地区为主，大力发展分散式风电，稳步建设风电基地，积极开发海上风电。加大中东部地区和南方地区资源勘探开发，优先发展分散式风电，实现低压侧并网就近消纳。稳步推进"三北"地区风电基地建设，统筹本地市场消纳和跨区输送能力，控制开发节奏，将弃风率控制在合理水平。加快完善风电产业服务体系，切实提高产业发展质量和市场竞争力。2020年风电装机规模达到2.1亿千瓦以上，风电与煤电上网电价基本相当。

（8）太阳能。坚持技术进步、降低成本、扩大市场、完善体系。优化太阳能开发布局，优先发展分布式光伏发电，扩大“光伏＋”多元化利用，促进光伏规模化发展。稳步推进“三北”地区光伏电站建设，积极推动光热发电产业化发展。建立弃光率预警考核机制，有效降低光伏电站弃光率。

2020年，太阳能发电规模达到1.1亿千瓦以上，其中分布式光伏6000万千瓦、光伏电站4500万千瓦、光热发电500万千瓦，光伏发电力争实现用户侧平价上网。

专栏8　风能和太阳能资源开发重点

稳步推进内蒙古、新疆、甘肃、河北等地区风电基地建设。在青海、新疆、甘肃、内蒙古、陕西等太阳能资源和土地资源丰富地区，科学规划、合理布局、有序推进光伏电站建设。在四川、云南、贵州等水能资源丰富的西南地区，借助水电站外送通道和灵活调节能力，推进多能互补形式的大型新能源基地开发建设，充分发挥风电、光伏发电、水电的互补效益，重点推进四川省凉山州风水互补、雅砻江风光水互补、金沙江风光水互补、贵州省乌江与北盘江“两江”流域风水联合运行等基地规划建设。

鼓励“三北”地区风电和光伏发电参与电力市场交易和大用户直供，支持采用供热、制氢、储能等多种方式，扩大就地消纳能力。大力推动中东部和南方地区分散风能资源的开发，推动低风速风机和海上风电技术进步。

推广光伏发电与建筑屋顶、滩涂、湖泊、鱼塘及农业大棚及相关产业有机结合的新模式，鼓励利用采煤沉陷区废弃土地建设光伏发电项目，扩大中东部和南方地区分布式利用规模。

(9) 生物质能及其他。积极发展生物质液体燃料、气体燃料、固体成型燃料。推动沼气发电、生物质气化发电，合理布局垃圾发电。有序发展生物质直燃发电、生物质耦合发电，因地制宜发展生物质热电联产。加快地热能、海洋能综合开发利用。2020年生物质能发电装机规模达到1500万千瓦左右，地热能利用规模达到7000万吨标煤以上。

夯实油气资源供应基础。继续加强国内常规油气资源勘探开发，加大页岩气、页岩油、煤层气等非常规油气资源调查评价，积极扩大规模化开发利用，立足国内保障油气战略资源供应安全。

(10) 石油。加强国内勘探开发，促进石油增储稳产。深化精细勘探开发，延缓东部石油基地产量衰减，实现西部鄂尔多斯、塔里木、准噶尔三大石油基地增储稳产。加强海上石油基地开发，积极稳妥推进深水石油勘探开发。支持鄂尔多斯、松辽、渤海湾等地区超低渗油、稠油、致密油等低品位资源和页岩油、油砂等非常规资源勘探开发和综合利用。“十三五”期间，石油新增探明储量50亿吨左右，年产量2亿吨左右。

(11) 天然气。坚持海陆并进，常非并举。推进鄂尔多斯、四川、塔里木气区持续增产，加大海上气区勘探开发力度。以四川盆地及周缘为重点，加强南方海相页岩气勘探开发，积极推进重庆涪陵、四川长宁—威远、云南昭通、陕西延安等国家级页岩气示范区建设，推动其他潜力区块勘探开发。建设沁水盆地、鄂尔多斯盆地东缘和贵州毕水兴等煤层气产业化基地，加快西北煤层气资源勘查，推进煤矿区瓦斯规模化抽采利用。积极开展天然气水合物勘探，优选一批勘探远景目标区。2020年常规天然气产量达到1700亿立方米，页岩气产量达到300亿立方米，煤层气（煤矿瓦斯）利用量达到160亿立方米。

补齐能源基础设施短板。按照系统安全、流向合理、优化存量、弥补短板的原则，稳步有序推进跨省区电力输送通道建设，完善区域和省级骨干电网，加强配电网建设改造，着力提高电网利用效率。科学规划、整体布局，统筹推进油气管网建设，增强区域间协调互济供给能力和终端覆盖能力。加强能源储备应急体系建设。

（1）电网。坚持分层分区、结构清晰、安全可控、经济高效的发展原则，充分论证全国同步电网格局，进一步调整完善电网主网架。根据目标市场落实情况，稳步推进跨省区电力输送通道建设，合理确定通道送电规模。有序建设大气污染防治重点输电通道，积极推进大型水电基地外送通道建设，优先解决云南、四川弃水和东北地区窝电问题。探索建立灵活可调节的跨区输电价格形成机制，优化电力资源配置。进一步优化完善区域和省级电网主网架，充分挖掘既有电网输送潜力，示范应用柔性直流输电，加快突破电网平衡和自适应等运行控制技术，着力提升电网利用效率。加大投资力度，全面实施城乡配电网建设改造行动，打造现代配电网，鼓励具备条件地区开展多能互补集成优化的微电网示范应用。“十三五”期间新增跨省区输电能力1.3亿千瓦左右。

（2）油气管网。统筹油田开发、原油进口和炼厂建设布局，以长江经济带和沿海地区为重点，加强区域管道互联互通，完善沿海大型原油接卸码头和陆上接转通道，加快完善东北、西北、西南陆上进口通道，提高管输原油供应能力。按照“北油南下、西油东运、就近供应、区域互联”的原则，优化成品油管输流向，鼓励企业间通过油品资源串换等方式，提高管输效率。按照“西气东输、北气南下、海气登陆、就近供应”的原则，统筹规划天然气管网，加快主干管网建设，优化区域性支线管网建设，打通天然气利用“最后一公里”，实现全国主干管网及区域管网互联互通。优化沿海液化天然气（LNG）接收站布局，在环渤海、长三角、东南沿海地区，优先扩大已建LNG接收站储转能力，适度新建LNG接收站。加强油气管网运行维护，提高安全环保水平。2020年，原油、成品油管道总里程分别达到3.2万和3.3万公里，年输油能力分别达到6.5亿和3亿吨；天然气管道总里程达到10万公里，干线年输气能力超过4000亿立方米。

（3）储备应急设施。加快石油储备体系建设，全面建成国家石油储备二期工程，启动后续项目前期工作，鼓励商业储备，合理提高石油储备规模。加大储气库建设力度，加快建设沿海LNG和城市储气调峰设施。推进大型煤炭储配基地和煤炭物流园区建设，完善煤炭应急储备体系。

专栏9　能源基础设施建设重点	
电力	跨省区外送电通道：建成内蒙古锡盟经北京、天津至山东、内蒙古蒙西至天津南、陕北神木至河北南网扩建、山西盂县至河北、内蒙古上海庙至山东、陕西榆横至山东、安徽淮南经江苏至上海、宁夏宁东至浙江、内蒙古锡盟至江苏泰州、山西晋北至江苏、滇西北至广东等大气污染防治重点输电通道以及金沙江中游至广西、观音岩水电外送、云南鲁西背靠背、甘肃酒泉至湖南、新疆准东至华东皖南、扎鲁特至山东青州、四川水电外送、乌东德至广东、川渝第三通道、渝鄂背靠背、贵州毕节至重庆输电工程。 开工建设赤峰（含元宝山）至华北、白鹤滩至华中华东、张北至北京、陕北（神府、延安）至湖北、闽粤联网输电工程。结合电力市场需求，深入开展新疆、东北（呼盟）、蒙西（包头、阿拉善、乌兰察布）、陇彬（陇东、彬长）、青海、金沙江上游等电力外送通道项目前期论证。 区域电网：依托外送通道优化东北电网500千伏主网架；完善华北电网主网架，适时推进蒙西与华北主网异步联网；完善西北电网750千伏主网架，覆盖至南疆等地区；优化华东500千伏主网架；加快实施川渝藏电网与华中东四省电网异步联网，推进实施西藏联网工程；推进云南电网与南方主网异步联网，适时开展广东电网异步联网。
石油	跨境跨区原油输配管道：完善中哈、中缅原油管道，建设中俄二线、仪长复线仪征至九江段、日仪增输、日照—濮阳—洛阳等原油管道，完善长江经济带管网布局，实施老旧管道改造整改。论证中哈原油管道至格尔木延伸工程。 跨区成品油输配管道：建设锦州至郑州、樟树至株洲、洛阳至三门峡至运城至临汾、三门峡至西安管道，改扩建格尔木至拉萨等管道。
天然气	跨境跨区干线管道：建设中亚天然气管道D线、西气东输三线（中段）四线五线、陕京四线、中俄东线、中俄西线（西段）、川气东送二线、新疆煤制气外输、鄂安沧煤制气外输、蒙西煤制气外输、青岛至南京、青藏天然气管道等。 区域互联互通管道：建成中卫至靖边、濮阳至保定、东先坡至燕山、武清至通州、建平至赤峰、海口至徐闻等跨省管道，建设长江中游城市群供气支线。
储气库	已建项目扩容达容：大港库群、华北库群、金坛盐穴、中原文96、相国寺等。 新建项目：华北兴9、华北文23、中原文23、江汉黄场、河南平顶山、江苏金坛、江苏淮安等。

四、创新驱动，推动能源技术革命

深入实施创新驱动发展战略，推动大众创业、万众创新，加快推进能源重大技术研发、重大装备制造与重大示范工程建设，超前部署重点领域核心技术集中攻关，加快推进能源技术革命，实现我国从能源生产消费大国向能源科技装备强国转变。

加强科技创新能力建设。加强能源科技创新体系顶层设计，完善科技创新激励机制，统筹推进基础性、综合性、战略性能源科技研发，提升能源科技整体竞争力，培育更多能源技术优势并加快转化为经济优势。深入推进能源领域国家重大专项工程。整合现有科研力量，建设一批能源创新中心和实验室。进一步激发能源企业、高校及研究机构的创新潜能，推动大众创业、万众创新，鼓励加强合作，建立一批技术创新联盟，推进技术集成创新。强化企业创新主体地位，健全市场导向机制，加快技术产业化应用，打造若干具有国际竞争力的科技创新型能源企业。依托现有人才计划，强化人才梯队建设，培育一批能源科技领军人才与团队。

推进重点技术与装备研发。坚持战略导向，以增强自主创新能力为着力点，围绕油气资源勘探开发、化石能源清洁高效转化、可再生能源高效开发利用、核能安全利用、智慧能源、先进高效节能等领域，应用推广一批技术成熟、市场有需求、经济合理的技术，示范试验一批有一定技术积累但工艺和市场有待验证的技术，集中攻关一批前景广阔的技术，加速科技创新成果转化应用。加强重点领域能源装备自主创新，重点突破能源装备制造关键技术、材料和零部件等瓶颈，加快形成重大装备自主成套能力，推动可再生能源上游制造业加快智能制造升级，提升全产业链发展质量和效益。

实施科技创新示范工程。发挥我国能源市场空间大、工程实践机会多的优势，加大资金、政策扶持力度，重点在油气勘探开发、煤炭加工转化、高效清洁发电、新能源开发利用、智能电网、先进核电、大规模储能、柔性直流输电、制氢等领域，建设一批创新示范工程，推动先进产能建设，提高能源科技自主创新能力和装备制造国产化水平。

专栏10 能源科技创新重点任务	
关键技术	推广应用：页岩气水平井分段压裂、蒸汽辅助重力泄油、煤层气井高效排水降压、百万吨级煤炭间接液化、生物柴油、高效低成本晶体硅电池、大容量特高压直流输电、智能电网、第三代核电技术、能源装备耐热耐腐蚀材料、新型高效储能材料。 示范试验：非常规油气评价、干热岩资源勘查与开发利用、新一代煤炭气化、规模化煤炭分质利用、非粮燃料乙醇、生物质集中高效热电联产、柔性直流输电、先进超超临界火电机组高温金属材料研制与部件制造、大功率电力电子器件制造及应用、精细陶瓷、石墨烯储能器件、光伏电池材料。 集中攻关：煤炭绿色无人开采、深井灾害防治、非常规油气精确勘探和高效开发、深海和深层常规油气开发、新型低阶煤热解分质转化、绿色煤电、生物航空燃油、核电乏燃料后处理、新型高效低成本光伏发电、光热发电、超导直流输电、基于云技术的电网调度控制系统、新能源并网技术、微网技术、新型高效电池储能、氢能和燃料电池。
重大装备	煤炭：薄煤层机械化开采装备、重大事故应急抢险技术装备、大型空分装置、超大型煤炭气化装置、大型煤炭液化装置、大型合成气甲烷化装置。油气：旋转导向钻井系统、国产水下生产系统、万吨级半潜式起重铺管船、海上大型浮式生产储油系统、非常规油气勘探开发技术装备、重大海上溢油应急处置技术装备。 电力：节能/超低排放型超临界循环流化床锅炉、燃气轮机、百万千瓦级水电机组、核电主泵和爆破阀等关键设备、低速及7～10兆瓦级风电机组、光热发电核心设备、高效锅炉、高效电机、超大规模可再生能源集成装备、大规模储能电池。
重大示范工程	煤炭：智慧煤矿、煤制芳烃、煤基多联产、百万吨级煤油共炼、煤油气资源综合利用、煤电铝一体化、煤制清洁燃料。 油气：非常规油气开发、深层稠油开发、1500米以下深海油气开发。 电力：清洁高效燃煤发电、自主知识产权重型F级燃气轮机发电、华龙一号、CAP1400、60万千瓦高温气冷堆、CFR600快堆、模块化小型堆、智能电网、大规模先进储能。 新能源：大型超大型海上风电、大型光热发电、多能互补分布式发电、生物质能梯级利用多联产、海岛微网、深层高温干热岩发电、海洋潮汐发电、天然气水合物探采。

五、公平效能，推动能源体制革命

坚持市场化改革方向，理顺价格体系，还原能源商品属性，充分发挥市场配置资源的决定性作用和更好发挥政府作用，深入推进能源重点领域和关键环节改革，着力破除体制机制障碍，构建公平竞争的能源市场体系，为提高能源效率、推进能源健康可持续发展营造良好制度环境。

完善现代能源市场。加快形成统一开放、竞争有序的现代能源市场体系。放开竞争性领域和环节，实行统一市场准入制度，推动能源投资多元化，积极支持民营经济进入能源领域。健全市场退出机制。加快电力市场建设，培育电力辅助服务市场，建立可再生能源配额制及绿色电力证书交易制度。推进天然气交易中心建设。

培育能源期货市场。开展用能权交易试点，推动建设全国统一的碳排放交易市场。健全能源市场监管机制，强化自然垄断业务监管，规范竞争性业务市场秩序。

推进能源价格改革。按照“管住中间、放开两头”的总体思路，推进能源价格改革，建立合理反映能源资源稀缺程度、市场供求关系、生态环境价值和代际补偿成本的能源价格机制，妥善处理和逐步减少交叉补贴，充分发挥价格杠杆调节作用。放开电力、油气等领域竞争性环节价格，严格监管和规范电力、油气输配环节政府定价，研究建立有效约束电网和油气管网单位投资和成本的输配价格机制，实施峰谷分时价格、季节价格、可中断负荷价格、两部制价格等科学价格制度，完善调峰、调频、备用等辅助服务价格制度，推广落实气、电价格联动机制。研究建立有利于激励降低成本的财政补贴和电价机制，逐步实现风电、光伏发电上网电价市场化。

深化电力体制改革。按照“准许成本加合理收益”的原则，严格成本监管，合理制定输配电价。加快建立相对独立、运行规范的电力交易机构，改革电网企业运营模式。有序放开除公益性调节性以外的发用电计划和配电增量业务，鼓励以混合所有制方式发展配电业务，严格规范和多途径培育售电市场主体。全面放开用户侧分布式电力市场，实现电网公平接入，完善鼓励分布式能源、智能电网和能源微网发展的机制和政策，促进分布式能源发展。积极引导和规范电力市场建设，有效防范干预电力市场竞争、随意压价等不规范行为。

推进油气体制改革。出台油气体制改革方案，逐步扩大改革试点范围。推进油气勘探开发制度改革，有序放开油气勘探开发、进出口及下游环节竞争性业务，研究推动网运分离。实现管网、接收站等基础设施公平开放接入。

加强能源治理能力建设。进一步转变政府职能，深入推进简政放权、放管结合、优化服务改革，加强规划政策引导，健全行业监管体系。适应项目审批权限下放新要求，创新项目管理机制，推动能源建设项目前期工作由政府主导、统一实施，建设项目经充分论证后纳入能源规划，通过招投标等市场机制选择投资主体。深入推进政企分开，逐步剥离由能源企业行使的管网规划、系统接入、运行调度、标准制定等公共管理职能，由政府部门或委托第三方机构承担。强化能源战略规划研究，组织开展能源发展重大战略问题研究，提升国家能源战略决策能力。

健全能源标准、统计和计量体系，修订和完善能源行业标准，构建国家能源大数据研究平台，综合运用互联网、大数据、云计算等先进手段，加强能源经济形势分析研判和预测预警，显著提高能源数据统计分析和决策支持能力。

六、互利共赢，加强能源国际合作

统筹国内国际两个大局，充分利用两个市场、两种资源，全方位实施能源对外开放与合作战略，抓住“一带一路”建设重大机遇，推动能源基础设施互联互通，加大国际产能合作，积极参与全球能源治理。

推进能源基础设施互联互通。加快推进能源合作项目建设，促进“一带一路”沿线国家和地区能源基础设施互联互通。研究推进跨境输电通道建设，积极开展电网升级改造合作。

加大国际技术装备和产能合作。加强能源技术、装备与工程服务国际合作，深化合作水平，促进重点技术消化、吸收再创新。鼓励以多种方式参与境外重大电力项目，因地制宜参与有关新能源项目投资和建设，有序开展境外电网项目投资、建设和运营。

积极参与全球能源治理。务实参与二十国集团、亚太经合组织、国际能源署、国际可再生能源署、能源宪章等国际平台和机构的重大能源事务及规则制订。加强与东南亚国家联盟、阿拉伯国家联盟、上海合作组织等区域机构的合作，通过基础设施互联互通、市场融合和贸易便利化措施，协同保障区域能源安全。探讨构建全球能源互联网。

七、惠民利民，实现能源共享发展

全面推进能源惠民工程建设，着力完善用能基础设施，精准实施能源扶贫工程，切实提高能源普遍服务水平，实现全民共享能源福利。

完善居民用能基础设施。推进新一轮农村电网改造升级工程，实施城市配电网建设改造行动，强化统一规划，健全技术标准，适度超前建设，促进城乡网源协调发展。统筹电网升级改造与电能替代，满足居民采暖领域电能替代。积极推进棚户区改造配套热电联产机组建设。加快天然气支线管网建设，扩大管网覆盖范围。在天然气管网未覆盖地区推进液化天然气、压缩天然气、液化石油气直供，保障民生用气。推动水电气热计量器具智能化升级改造，加强能源资源精细化管理。积极推进城市地下综合管廊建设，鼓励能源管网与通信、供水等管线统一规划、设计和施工，促进城市空间集约化利用。

精准实施能源扶贫工程。在革命老区、民族地区、边疆地区、集中连片贫困地区，加强能源规划布局，加快推进能源扶贫项目建设。调整完善能源开发收益分配机制，增强贫困地区自我发展“造血功能”。继续强化定点扶贫，加大政府、企业对口支援力度，重点实施光伏、水电、天然气开发利用等扶贫工程。

提高能源普遍服务水平。完善能源设施维修和技术服务站，培育能源专业化服务企业，健全能源资源公平调配和应急响应机制，保障城乡居民基本用能需求，降低居民用能成本，促进能源军民深度融合发展，增强普遍服务能力。提高天然气供给普及率，全面释放天然气民用需求，2020 年城镇气化率达到 57%，用气人口达到 4.7 亿。支持居民以屋顶光伏发电等多种形式参与清洁能源生产，增加居民收入，共享能源发展成果。

大力发展农村清洁能源。采取有效措施推进农村地区太阳能、风能、小水电、农林废弃物、养殖场废弃物、地热能等可再生能源开发利用，促进农村清洁用能，加快推进农村采暖电能替代。鼓励分布式光伏发电与设施农业发展相结合，大力推广应用太阳能热水器、小风电等小型能源设施，实现农村能源供应方式多元化，推进绿色能源乡村建设。

专栏 11　民生工程建设重点

配电网：建成 20 个中心城市（区）核心区高可靠性供电示范区、60 个新型城镇化配电网示范区。基本建成结构合理、技术先进、灵活可靠、经济高效、环境友好的新型配电网，中心城市（区）用户年均停电时间不超过 1 小时；城镇地区用户年均停电时间不超过 10 小时。乡村地区用户年均停电时间不超过 24 小时，综合电压合格率达到 97%，动力电基本实现全覆盖。

农村电网：开展西藏、新疆以及四川、云南、甘肃、青海四省藏区农村电网建设攻坚，加强西部及贫困地区农村电网改造升级，推进东中部地区城乡供电服务便利化进程。到 2017 年底，完成中心村电网改造升级，实现平原地区机井用电全覆盖，贫困村全部通动力电。到 2020 年，全国农村地区基本实现稳定可靠的供电服务全覆盖，供电能力和服务水平明显提升，农村电网供电可靠率达到 99.8%，综合电压合格率达到 97.9%，户均配变容量不低于 2 千伏安。

光伏扶贫：完成 200 万建档立卡贫困户光伏扶贫项目建设。

离网式微电网工程：在海岛、边防哨卡等电网未覆盖地区建设一批微电网工程。

第四章　保　障　措　施

一、健全能源法律法规体系

建立健全完整配套的能源法律法规体系，推动相关法律制定和修订，完善配套法规体系，发挥法律、法规、规章对能源行业发展和改革的引导和约束作用，实现能源发展有法可依。

二、完善能源财税投资政策

完善能源发展相关财政、税收、投资、金融等政策，强化政策引导和扶持，促进能源产业可持续发展。

加大财政资金支持。继续安排中央预算内投资，支持农村电网改造升级、石油天然气储备基地建设、煤矿安全改造等。继续支持科技重大专项实施。支持煤炭企业化解产能过剩，妥善分流安置员工。支持已关闭煤矿的环境恢复治理。完善能源税费政策。全面推进资源税费改革，合理调节资源开发收益。加快推进环境保护费改税。完善脱硫、脱硝、除尘和超低排放环保电价政策，加强运行监管，实施价、税、财联动改革，促进节能减排。

完善能源投资政策。制定能源市场准入“负面清单”，鼓励和引导各类市场主体依法进入“负面清单”以外的领域。加强投资政策与产业政策的衔接配合，完善非常规油气、深海油气、天然铀等资源勘探开发与重大能源示范项目投资政策。

健全能源金融体系。建立能源产业与金融机构信息共享机制，稳步发展能源期货市场，探索组建新能源与可再生能源产权交易市场。加强能源政策引导，支持金融机构按照风险可控、商业可持续原则加大能源项目建设融资，加大担保力度，鼓励风险投资以多种方式参与能源项目。鼓励金融与互联网深度融合，创新能源金融产品和服务，拓宽创新型能源企业融资渠道，提高直接融资比重。

三、强化能源规划实施机制

建立制度保障，明确责任分工，加强监督考核，强化专项监管，确保能源规划有效实施。

增强能源规划引导约束作用。完善能源规划体系，制定相关领域专项规划，细化规划确定的主要任务，推动规划有效落实。强化省级能源规划与国家规划的衔接，完善规划约束引导机制，将规划确定的主要目标任务分解落实到省级能源规划中，实现规划对有关总量控制的约束。完善规划与能源项目的衔接机制，项目按核准权限分级纳入相关规划，原则上未列入规划的项目不得核准，提高规划对项目的约束引导作用。

建立能源规划动态评估机制。能源规划实施中期，能源主管部门应组织开展规划实施情况评估，必要时按程序对规划进行中期调整。规划落实情况及评估结果纳入地方政府绩效评价考核体系。

创新能源规划实施监管方式。坚持放管结合，建立高效透明的能源规划实施监管体系。创新监管方式，提高监管效能。重点监管规划发展目标、改革措施和重大项目落实情况，强化煤炭、煤电等产业政策监管，编制发布能源规划实施年度监管报告，明确整改措施，确保规划落实到位。

附录2 煤炭工业发展“十三五”规划

第一章 发展基础和形势

一、发展基础

“十二五”时期是煤炭工业发展很不平凡的五年。煤炭行业全面贯彻落实党中央、国务院重大决策部署，积极转变发展方式，加快推动结构调整，站到了转型变革的新起点。

保障能力更加稳固。煤炭地质勘查取得积极进展，新增查明资源储量近2300亿吨。煤炭生产开发布局逐步优化，大型煤炭基地成为煤炭供应的主体和综合能源基地建设的重要依托。煤炭生产效率显著提升，煤炭输送通道长期瓶颈制约基本消除，有力保障了国民经济发展需要。

产业结构显著优化。在大型煤炭基地内建成一批大型、特大型现代化煤矿，安全高效煤矿760多处，千万吨级煤矿53处；加快关闭淘汰和整合改造，“十二五”共淘汰落后煤矿7100处、产能5.5亿吨/年，煤炭生产集约化、规模化水平明显提升。积极推进煤矿企业兼并重组，产业集中度进一步提高。煤炭上下游产业融合发展加快，建成一批煤、电、化一体化项目。

安全生产形势持续好转。加大安全投入，推进安全基础建设，完善安全监管监察体制机制，强化安全生产责任落实，煤矿安全保障能力进一步提升。2015年，全国发生煤矿事故352起、死亡598人，与2010年相比，减少1051起、1835人，煤矿百万吨死亡率从0.749下降到0.162。

科技创新迈上新台阶。年产千万吨级综采成套设备、年产2000万吨级大型露天矿成套设备实现国产化，智能工作面技术达到国际先进水平。大型选煤技术和装备国产化取得新进展。百万吨级煤制油和 60 万吨煤制烯烃等煤炭深加工示范项目实现商业化运行。低透气性煤层瓦斯抽采等技术取得突破，形成采煤采气一体化开发新模式。

矿区生态环境逐步改善。推动采煤沉陷区和排矸场综合治理，矿区生态修复和环境治理成效明显。大力发展煤矿清洁生产和循环经济，煤矸石、矿井水、煤层气（煤矿瓦斯）等资源综合利用水平不断提高。棚户区改造加快推进，职工生产生活环境进一步改善。

煤炭行业改革不断深化。取消重点电煤合同和电煤价格双轨制，煤炭市场化改革取得实质性进展。实施煤炭资源税从价计征改革，扩大煤炭企业增值税抵扣范围，清理涉煤收费基金，减轻了煤炭企业负担。取消煤炭生产许可证、煤炭经营许可证等一批行政审批事项。煤炭领域国际交流不断深化，对外合作取得积极进展。

专栏 1　“十二五”时期煤炭工业发展情况

指　标	单　位	2010 年	2015 年	年均增速［累计］
➤ 资源保障				
(1) 查明资源储量	亿吨	13412	15663	3.2%
➤ 煤炭生产消费				
(2) 煤炭产量	亿吨	34.3	37.5	1.8%
(3) 煤炭消费量	亿吨	34.9	39.6	2.6%
(4) 千万吨级煤矿数量	处	40	53	5.8%
(5) 千万吨级煤矿产量	亿吨	5.6	7.3	5.4%
➤ 技术进步				
(6) 采煤机械化程度	%	65	76	[↑11]
(7) 掘进机械化程度	%	52	58	[↑6]
(8) 原煤入选率	%	51	66	[↑15]
➤ 大型煤炭基地建设				
(9) 大型煤炭基地产量	亿吨	30	35	[16.7%]
(10) 大型煤炭基地产量占比	%	87	93	[↑6]
➤ 煤炭企业发展				
(11) 亿吨级煤炭企业数量	家	5	9	12.5%
(12) 亿吨级煤炭企业产量	亿吨	8	15	13.4%
➤ 淘汰落后				
(13) 淘汰落后煤矿产能	亿吨	5.5		—
其中：关闭煤矿产能	亿吨	3.2		—
➤ 安全生产				
(14) 煤矿事故	起	1403	352	-24.2%

专栏 1（续）				
指　标	单　位	2010 年	2015 年	年均增速［累计］
（15）死亡人数	人	2433	598	-24.5%
（16）百万吨死亡率	—	0.749	0.162	-26.4%
➤ 资源综合利用				
（17）土地复垦率	%	40	48	［↑8］
（18）煤矸石综合利用率	%	61	64	［↑3］
（19）矿井水利用率	%	59	68	［↑9］
（20）煤层气（煤矿瓦斯）产量	亿立方米	90	180	14.9%
（21）煤层气（煤矿瓦斯）利用量	亿立方米	35	86	19.7%
➤ 煤炭贸易				
（22）煤炭进口量	亿吨	1.83	2.04	2.2%
（23）煤炭出口量	亿吨	0.19	0.05	-23.4%

注：［ ］内为变化率。

二、主要问题

煤炭工业取得了长足进步，但发展过程中不平衡、不协调、不可持续问题依然突出。

煤炭产能过剩。受经济增速放缓、能源结构调整等因素影响，煤炭需求下降，供给能力过剩。手续不全在建煤矿规模仍然较大，化解潜在产能尚需一个过程。

结构性矛盾突出。煤炭生产效率低，人均工效与先进产煤国家差距大。煤矿发展水平不均衡，先进高效的大型现代化煤矿和技术装备落后、安全无保障、管理水平差的落后煤矿并存，年产 30 万吨及以下小煤矿仍有 6500 多处。煤炭产业集中度低，企业竞争力弱，低效企业占据大量资源，市场出清任务艰巨。

清洁发展水平亟待提高。煤炭开采引发土地沉陷、水资源破坏、瓦斯排放、煤矸石堆存等，破坏矿区生态环境，恢复治理滞后。煤炭利用方式粗放，大量煤炭分散燃烧，污染物排放严重，大气污染问题突出，应对气候变化压力大。

安全生产形势依然严峻。煤矿地质条件复杂，水、火、瓦斯、地温、地压等灾害愈发严重。东中部地区部分矿井开采深度超过 1000 米，煤矿事故多发，百万吨死亡率远高于世界先进国家水平。煤炭经济下行，企业投入困难，安全生产风险加剧。

科技创新能力不强。煤炭基础理论研究薄弱，共性关键技术研发能力不强，煤机成套装备及关键零部件的可靠性和稳定性不高。煤炭科技研发投入不足，企业创新主体地位和主导作用有待加强，科技创新对行业发展的贡献率低。

体制机制有待完善。煤矿关闭退出机制不完善，人员安置和债务处理难度大，退出成本高。煤炭企业负担重，国有企业办社会等历史遗留问题突出。部分国有煤炭企业市场主体地位尚未真正确立，市场意识和投资决策水平亟待提高。

三、发展形势

"十三五"时期，煤炭工业发展面临的内外部环境更加错综复杂。从国际看，世界经济在深度调整中曲折复苏、增长乏力，国际能源格局发生重大调整，能源结构清洁化、低碳化趋势明显，煤炭消费比重下降，消费重心加速东移，煤炭生产向集约高效方向发展，企业竞争日趋激烈，外部风险挑战加大。

能源格局发生重大调整。受能源需求增长放缓，油气产量持续增长，非化石能源快速发展等因素影响，能源供需宽松，价格低位运行。能源供给多极化，逐步形成中东、中亚-俄罗斯、非洲、美洲多极发展新格局。发达国家能源消费趋于稳定，发展中国家能源消费较快增长。能源结构调整步伐加快，清洁化、低碳化趋势明显，煤炭在一次能源消费中的比重呈下降趋势。能源科技创新日新月异，以信息化、智能化为特征的新一轮能源科技革命蓄势待发。

煤炭消费重心加速向亚洲转移。主要煤炭消费地区分化，受日趋严格的环保要求、应对气候变化、廉价天然气替代等因素影响，美国和欧洲等发达地区煤炭消费持续下降；印度和东南亚地区经济较快增长，电力需求旺盛，煤炭消费保持较高增速，成为拉动世界煤炭需求的重要力量，为我国煤炭企业"走出去"带来了新的机遇。

煤炭生产向集约高效方向发展。全球煤炭新建产能陆续释放，煤炭供应充足，市场竞争日趋激烈。为应对市场竞争，主要产煤国家提高生产技术水平、关停高成本煤矿、减少从业人员、压缩生产成本、提高产品质量，提升产业竞争力。世界煤炭生产结构进一步优化，煤矿数量持续减少，煤矿平均规模不断扩大，生产效率快速提升，煤炭生产规模化、集约化趋势明显。

从国内看，经济发展进入新常态，从高速增长转向中高速增长，向形态更高级、分工更优化、结构更合理的阶段演化，能源革命加快推进，油气替代煤炭、非化石能源替代化石能源双重更替步伐加快，生态环境约束不断强化，煤炭行业提质增效、转型升级的要求更加迫切，行业发展面临历史性拐点。

煤炭的主体能源地位不会变化。我国仍处于工业化、城镇化加快发展的历史阶段，能源需求总量仍有增长空间。立足国内是我国能源战略的出发点，必须将国内供应作为保障能源安全的主渠道，牢牢掌握能源安全主动权。煤炭占我国化石能源资源的90%以上，是稳定、经济、自主保障程度最高的能源。煤炭在一次能源消费中的比重将逐步降低，但在相当长时期内，主体能源地位不会变化。必须从我国能源资源禀赋和发展阶段出发，将煤炭作为保障能源安全的基石，不能分散对煤炭的注意力。

能源需求增速放缓。在经济增速趋缓、经济转型升级加快、供给侧结构性改革力度加大等因素共同作用下，能源消费强度降低，能源消费增长换挡减速。"十三五"

期间，预计我国经济年均实际增长6.5%以上，第三产业比重年均提高1个百分点，钢铁、有色、建材等主要耗能行业产品需求增长空间有限，能源消费年均增长3%左右，增速明显放缓。

清洁能源替代步伐加快。我国能源结构步入战略性调整期，能源革命加快推进，由主要依靠化石能源供应转向由非化石能源满足需求增量。天然气、核能和可再生能源快速发展，开发利用规模不断扩大，对煤炭等传统能源替代作用增强，预计到2020年，非化石能源消费比重达15%左右，天然气消费比重达10%左右，煤炭消费比重下降到58%左右。

生态环保和应对气候变化压力增加。我国资源约束趋紧，环境污染严重，人民群众对清新空气、清澈水质、清洁环境等生态产品的需求迫切。我国是二氧化碳排放量最大的国家，已提出2030年左右二氧化碳排放达到峰值的目标，国家将保护环境确定为基本国策，推进生态文明建设，煤炭发展的生态环境约束日益强化，必须走安全绿色开发与清洁高效利用的道路。

煤炭工业发展迎来诸多历史机遇。“一带一路”建设、京津冀协同发展、长江经济带发展三大国家战略的实施，给经济增长注入了新动力。国家将煤炭清洁高效开发利用作为能源转型发展的立足点和首要任务，为煤炭行业转变发展方式、实现清洁高效发展创造了有利条件。国家大力化解过剩产能，为推进煤炭领域供给侧结构性改革、优化布局和结构创造了有利条件。现代信息技术与传统产业深度融合发展，为煤炭行业转换发展动力、提升竞争力带来了新的机遇。综合判断，煤炭行业发展仍处于可以大有作为的重要战略机遇期，也面临诸多矛盾叠加、风险隐患增多的严峻挑战。必须切实转变发展方式，加快推动煤炭领域供给侧结构性改革，着力在优化结构、增强动力、化解矛盾、补齐短板上取得突破，提高发展的质量和效益，破除体制机制障碍，不断开拓煤炭工业发展新境界。

第二章　指导方针和目标

一、指导思想

全面贯彻党的十八大和十八届三中、四中、五中、六中全会精神，深入贯彻习近平总书记系列重要讲话精神，统筹推进“五位一体”总体布局和协调推进“四个全面”战略布局，牢固树立创新、协调、绿色、开放、共享的发展理念，适应把握引领经济发展新常态，遵循“四个革命，一个合作”的能源发展战略思想，以提高发展的质量和效益为中心，以供给侧结构性改革为主线，坚持市场在资源配置中的决定性作用，着力化解煤炭过剩产能，着力调整产业结构和优化布局，着力推进清洁高效低碳发展，着力加强科技创新，着力深化体制机制改革，努力建设集约、安全、高效、绿色的现代煤炭工业体系，实现煤炭工业由大到强的历史跨越。

二、基本原则

坚持深化改革与科技创新相结合，推动创新发展。理顺煤炭管理体制，完善煤炭税费体系，健全煤矿退出机制，深化国有企业改革，营造公平竞争、优胜劣汰的市场环境，增强企业发展的内生动力、活力和创造力。强化科技创新引领作用，加强基础研究、关键技术攻关、先进适用技术推广和科技示范工程建设，推动现代信息技术与煤炭产业深度融合发展，提高煤炭行业发展质量和效益。

坚持优化布局与结构升级相结合，推动协调发展。依据能源发展战略和主体功能区战略，优化煤炭发展布局，加快煤炭开发战略西移步伐，强化大型煤炭基地、大型骨干企业集团、大型现代化煤矿的主体作用，促进煤炭集约协调发展。统筹把握化解过剩产能与保障长期稳定供应的关系，科学运用市场机制、经济手段和法治办法，大力化解过剩产能，严格控制煤炭总量；积极培育先进产能，提升煤炭有效供给能力，确保产能与需求基本平衡，促进结构调整和优化升级。

坚持绿色开发与清洁利用相结合，推动绿色发展。以生态文明理念引领煤炭工业发展，将生态环境约束转变为煤炭绿色持续发展的推动力，从煤炭开发、转化、利用各环节着手，强化全产业链统筹衔接，加强引导和监管，推进煤炭安全绿色开发，促进清洁高效利用，加快煤炭由单一燃料向原料和燃料并重转变，推动高碳能源低碳发展，最大限度减轻煤炭开发利用对生态环境的影响，实现与生态环境和谐发展。

坚持立足国内与国际合作相结合，推动开放发展。坚持立足国内的能源战略，增强国内煤炭保障能力和供应质量，牢牢掌握能源安全主动权。统筹国际国内两个大局，充分利用两个市场、两种资源，以“一带一路”建设为统领，遵循多元合作、互利共赢原则，稳步开展国际煤炭贸易，稳妥推进国际产能合作，增强全球煤炭资源配置能力，提升煤炭产业的国际竞争力。

坚持以人为本与保障民生相结合，推动共享发展。坚持以人为本、生命至上理念，健全安全生产长效机制，深化煤矿灾害防治，加强职业健康监护，保障煤矿职工生命安全和身心健康。统筹做好化解过剩产能中的人员安置，加大政策资金支持力度，多渠道妥善安置煤矿职工，促进再就业和自主创业，完善困难职工帮扶体系，维护广大职工的合法权益。

三、主要目标

到 2020 年，煤炭开发布局科学合理，供需基本平衡，大型煤炭基地、大型骨干企业集团、大型现代化煤矿主体地位更加突出，生产效率和企业效益明显提高，安全生产形势根本好转，安全绿色开发和清洁高效利用水平显著提升，职工生活质量改善，国际合作迈上新台阶，煤炭治理体系和治理能力实现现代化，基本建成集约、安全、高效、绿色的现代煤炭工业体系。

集约。化解淘汰过剩落后产能8亿吨/年左右，通过减量置换和优化布局增加先进产能5亿吨/年左右，到2020年，煤炭产量39亿吨。煤炭生产结构优化，煤矿数量控制在6000处左右，120万吨/年及以上大型煤矿产量占80%以上，30万吨/年及以下小型煤矿产量占10%以下。煤炭生产开发进一步向大型煤炭基地集中，大型煤炭基地产量占95%以上。产业集中度进一步提高，煤炭企业数量3000家以内，5000万吨级以上大型企业产量占60%以上。

安全。煤矿安全生产长效机制进一步健全，安全保障能力显著提高，重特大事故得到有效遏制，煤矿事故死亡人数下降15%以上，百万吨死亡率下降15%以上。煤矿职业病危害防治取得明显进展，煤矿职工健康状况显著改善。

高效。煤矿采煤机械化程度达到85%，掘进机械化程度达到65%。科技创新对行业发展贡献率进一步提高，煤矿信息化、智能化建设取得新进展，建成一批先进高效的智慧煤矿。煤炭企业生产效率大幅提升，全员劳动工效达到1300吨/人·年以上。

绿色。生态文明矿区建设取得积极进展，最大程度减轻煤炭生产开发对环境的影响。资源综合利用水平提升，煤层气（煤矿瓦斯）产量240亿立方米，利用量160亿立方米；煤矸石综合利用率75%左右，矿井水利用率80%左右，土地复垦率60%左右。原煤入选率75%以上，煤炭产品质量显著提高，清洁煤电加快发展，煤炭深加工产业示范取得积极进展，煤炭清洁利用水平迈上新台阶。

专栏2 “十三五”时期煤炭工业发展主要目标

指　　标	单位	2015年	2020年	年均增速［累计］
➤ 集约发展目标				
（1）新增煤炭查明资源储量	亿吨	2000		—
（2）煤炭产量	亿吨	37.5	39	0.8%
（3）煤炭消费量	亿吨	39.6	41	0.7%
（4）化解淘汰过剩落后产能规模	亿吨/年	8		—
（5）通过减量置换和优化布局增加先进产能规模	亿吨/年	5		—
（6）大型煤炭基地产量比重	%	93	95	［↑2］
（7）大型煤矿产量比重	%	73	80	［↑7］
（8）煤矿数量	处	9700	6000	［-39%］
（9）企业数量	家	6000	<3000	［-50%］
（10）5000万吨级以上大型煤炭企业产量比重	%	55	60	［↑5］
➤ 安全发展目标				
（11）煤矿事故死亡人数	人	598	<510	［-15%］
（12）百万吨死亡率	—	0.162	<0.14	［-15%］

专栏 2（续）				
指　　标	单位	2015 年	2020 年	年均增速［累计］
➤ 高效发展目标				
（13）采煤机械化程度	%	76	85	［↑9］
（14）掘进机械化程度	%	58	65	［↑7］
（15）全员劳动工效	吨/人年	840	1300	9.1%
➤ 绿色发展目标				
（16）土地复垦率	%	48	60	［↑12］
（17）煤矸石综合利用率	%	65	75	［↑10］
（18）矿井水利用率	%	68	80	［↑12］
（19）煤层气（煤矿瓦斯）产量	亿立方米	180	240	5.9%
（20）煤层气（煤矿瓦斯）利用量	亿立方米	86	160	13.2%
（21）原煤入选率	%	66	75	［↑9］

注：［］内为变化率。

第三章　优化生产开发布局

全国煤炭开发总体布局是压缩东部、限制中部和东北、优化西部。东部地区煤炭资源枯竭，开采条件复杂，生产成本高，逐步压缩生产规模；中部和东北地区现有开发强度大，接续资源多在深部，投资效益降低，从严控制接续煤矿建设；西部地区资源丰富，开采条件好，生态环境脆弱，加大资源开发与生态环境保护统筹协调力度，结合煤电和煤炭深加工项目用煤需要，配套建设一体化煤矿。

一、生产开发布局

以大型煤炭基地为重点，统筹资源禀赋、开发强度、市场区位、环境容量、输送通道等因素，优化煤炭生产布局。

（一）加快大型煤炭基地外煤矿关闭退出

北京、吉林、江苏资源枯竭，产量下降，逐步关闭退出现有煤矿。福建、江西、湖北、湖南、广西、重庆、四川煤炭资源零星分布，开采条件差，矿井规模小，瓦斯灾害严重，水文地质条件复杂，加快煤矿关闭退出。青海做好重要水源地、高寒草甸和冻土层生态环境保护，加快矿区环境恢复治理，从严控制煤矿建设生产。到 2020 年，大型煤炭基地外煤炭产量控制在 2 亿吨以内。

（二）降低鲁西、冀中、河南、两淮大型煤炭基地生产规模

鲁西、冀中、河南、两淮基地资源储量有限，地质条件复杂，煤矿开采深度大，

部分矿井开采深度超过千米，安全生产压力大。基地内人口稠密，地下煤炭资源开发与地面建设矛盾突出。重点做好资源枯竭、灾害严重煤矿退出，逐步关闭采深超过千米的矿井，合理划定煤炭禁采、限采、缓采区范围，压缩煤炭生产规模。到 2020 年，鲁西基地产量控制在 1 亿吨以内、冀中基地 0.6 亿吨、河南基地 1.35 亿吨、两淮基地 1.3 亿吨。

（三）控制蒙东（东北）、晋北、晋中、晋东、云贵、宁东大型煤炭基地生产规模

内蒙古东部生态环境脆弱，水资源短缺，控制褐煤生产规模，限制远距离外运，主要满足锡盟煤电基地用煤需要，通过锡盟-山东、锡盟-江苏输电通道，向华北、华东电网送电。东北地区煤质差，退出煤矿规模大，人员安置任务重，适度建设接续矿井，逐步降低生产规模。到 2020 年，蒙东（东北）基地产量 4 亿吨。

晋北、晋中、晋东基地尚未利用资源多在中深部，煤质下降，水资源和生态环境承载能力有限，做好资源枯竭煤矿关闭退出，加快处置资源整合煤矿，适度建设接续矿井。晋北基地坚持输煤输电并举，积极推进煤电一体化，通过晋北-江苏输电通道向华东地区供电；结合煤制天然气项目建设，向华北地区供气。晋中基地做好炼焦煤资源保护性开发。晋东基地做好优质无烟煤资源保护性开发，结合煤制油项目建设，满足新增煤炭深加工用煤需求。到 2020 年，晋北基地产量 3.5 亿吨、晋中基地 3.1 亿吨、晋东基地 3.4 亿吨。

云贵基地开采条件差，高瓦斯和煤与瓦斯突出矿井多，水文地质条件复杂，单井规模小，大力调整生产结构，淘汰落后和非正规采煤工艺方法，加快关闭灾害严重煤矿，适度建设大中型煤矿，提高安全生产水平。结合煤制油项目建设，满足新增煤炭深加工用煤需求。到 2020 年，云贵基地产量 2.6 亿吨。

宁东基地开发强度大，控制煤炭生产规模，以就地转化为主，重点满足宁东-浙江输电通道和宁东煤制油等新增用煤需求。到 2020 年，宁东基地产量 0.9 亿吨。

（四）有序推进陕北、神东、黄陇、新疆大型煤炭基地建设

陕北、神东基地煤炭资源丰富、煤质好，煤层埋藏浅，地质构造简单，生产成本低，重点配套建设大型、特大型一体化煤矿。结合蒙西-天津南、上海庙-山东、神木-河北、榆横-潍坊四条外送电通道建设，配套建设一体化煤矿，变输煤为输电，向华北电网送电。结合榆林、鄂尔多斯等煤制油、煤制天然气、低阶煤分质利用（多联产）项目建设情况，有序建设配套煤矿，满足煤炭深加工用煤需要。增加外调规模，通过蒙西至华中等煤运通道向南方供煤，保障华中、华南地区淘汰小煤矿后的煤炭供应。到 2020 年，陕北基地产量 2.6 亿吨，神东基地 9 亿吨。

黄陇基地适度建设大型煤矿，补充川渝等地区供应缺口。黄陇基地渭北区域保有资源储量少，水文地质条件复杂，加快资源枯竭和灾害严重煤矿关闭退出。黄陇基地陇东区域资源埋藏深，缺乏区位优势，煤炭开发仍需依赖外送电力需求。到 2020 年，黄陇基地产量 1.6 亿吨。

新疆基地煤炭资源丰富，开采条件好，水资源短缺，生态环境脆弱，市场相对独立，以区内转化为主，少量外调。结合哈密—郑州和准东—华东等疆电外送通道建设，配套建设大型、特大型一体化煤矿，满足电力外送用煤需要。根据准东、伊犁煤炭深加工项目建设情况，适度开发配套煤矿，满足就地转化需求。到 2020 年，新疆基地产量 2.5 亿吨。

到 2020 年，煤炭生产开发进一步向大型煤炭基地集中，14 个大型煤炭基地产量 37.4 亿吨，占全国煤炭产量的 95%以上。

二、生产开发规模

按照减量置换原则，严格控制煤炭新增规模。东部地区原则上不再新建煤矿。中部和东北地区从严控制接续煤矿，中部地区新开工规模约占全国的 12%，东北地区新开工规模约占全国的 1%。西部地区结合煤电和煤炭深加工项目用煤需要，配套建设一体化煤矿，新开工规模约占全国的 87%。内蒙古、陕西、新疆为重点建设省（区），新开工规模约占全国的 80%。新开工项目结合过剩产能化解效果和市场情况，另行安排。

预计到 2020 年，全国煤炭产量 39 亿吨。东部地区煤炭产量 1.7 亿吨，占全国的 4.4%，其中北京退出煤炭生产，河北、江苏、福建、山东煤炭产量下降；东部地区煤炭消费量 12.7 亿吨，占全国的 30.8%；净调入煤炭 11 亿吨。东北地区煤炭产量 1.2 亿吨，占全国的 3.1%，其中黑龙江产量基本维持现有规模，辽宁、吉林产量下降；东北地区煤炭消费量 3.6 亿吨，占全国的 8.6%；净调入煤炭 2.4 亿吨。中部地区煤炭产量 13 亿吨，占全国的 33.3%，其中山西、安徽、河南基本保持稳定，江西、湖北、湖南产量下降；中部地区煤炭消费量 10.6 亿吨，占全国的 25.5%；净调出煤炭 2.4 亿吨。西部地区煤炭产量 23.1 亿吨，占全国的 59.2%，其中内蒙古、陕西、新疆产量增幅较大，贵州、云南、甘肃、宁夏、青海产量适度增加，重庆、四川、广西产量下降；西部地区煤炭消费量 14.5 亿吨，占全国的 35.1%；净调出煤炭 8.6 亿吨。

三、跨区调运平衡

预计 2020 年，煤炭调出省区净调出量 16.6 亿吨，其中晋陕蒙地区 15.85 亿吨，主要调往华东、京津冀、中南、东北地区及四川、重庆；新疆 0.2 亿吨，主要供应甘肃西部，少量供应四川、重庆；贵州 0.55 亿吨，主要调往云南、湖南、广东、广西、四川、重庆。煤炭调入省区净调入 19 亿吨，主要由晋陕蒙、贵州、新疆供应，沿海、沿江地区进口部分煤炭。

“十三五”期间，煤炭铁路运力总体宽松，预计 2020 年，全国煤炭铁路运输总需求约 26 亿～28 亿吨。考虑铁路、港口及生产、消费等环节不均衡性，需要铁路运力 30 亿～33 亿吨。铁路规划煤炭运力 36 亿吨，可以满足“北煤南运、西煤东调”的煤炭运输需求。西部地区煤炭外调量较快增长。煤炭铁路运输以晋陕蒙煤炭外运为主，全国形成“九纵六横”的煤炭物流通道网络。

专栏3 煤炭运输通道

➢ 晋陕蒙外运通道

由北通路（大秦、朔黄、蒙冀、丰沙大、集通、京原）、中通路（石太、邯长、山西中南部、和邢）和南通路（侯月、陇海、宁西）三大横向通路和焦柳、京九、京广、蒙西至华中、包西五大纵向通路组成，满足京津冀、华东、华中和东北地区煤炭需求。

➢ 蒙东外运通道

主要为锡乌、巴新横向通路，满足东北地区煤炭需求。

➢ 云贵外运通道

主要包括沪昆横向通路、南昆纵向通路，满足湘粤桂川渝地区煤炭需求。

➢ 新疆外运通道

主要包括兰新、兰渝纵向通路，适应新疆煤炭外运需求。

➢ 水运通道

由长江、珠江-西江横向通路、沿海纵向通路、京杭运河纵向通路组成，满足华东、华中、华南地区煤炭需求。

➢ 进出口通道

由沿海港口和沿边陆路口岸组成，适应煤炭进出口需求。

以锦州、秦皇岛、天津、唐山、黄骅、青岛、日照、连云港等北方下水港，江苏、上海、浙江、福建、广东、广西、海南等南方接卸港，以及沿长江、京杭大运河的煤炭下水港为主体，组成北煤南运水上运输系统。预计2020年，北方港口海运一次下水量8亿吨。考虑铁路、港口及生产、消费等环节不均衡性，需下水能力8.5亿吨。北方八港下水能力8.7亿～9.3亿吨，可适应煤炭下水需要。

第四章　加快煤炭结构优化升级

遵循煤炭行业特点和发展规律，发挥市场在资源配置中的决定性作用和更好发挥政府作用，严格控制新增产能，有序退出过剩产能，积极发展先进产能，推进煤矿企业兼并重组，促进结构调整和优化升级，提升煤炭产业发展质量和效益。

一、严格控制新增产能

从2016年起，3年内原则上停止审批新建煤矿项目、新增产能的技术改造项目和产能核增项目。未经核准擅自开工的违规建设煤矿一律停建停产，承担资源枯竭矿区生产接续、人员转移安置等任务确需继续建设的，须关闭退出相应规模的煤矿进行减量置换。鼓励在建煤矿停建缓建，暂不释放产能，对不能停建缓建的，按一定比例关闭退出相应规模煤矿或核减生产能力进行产能置换。因结构调整、转型升级等原因确需在规划布局内新建煤矿的，应关闭退出相应规模的煤矿进行减量置换。新建煤矿建设规模不小于 120 万吨/年。在煤炭市场相对独立的边疆少数民族地区，对符合国家规划和产业政策的煤电、煤炭深加工等重点项目，按照有所区别的产能减量置换办法，有序安排配套煤矿建设，充分发挥一体化运营效益。

二、有序退出过剩产能

加快依法关闭退出落后小煤矿，以及与保护区等生态环境敏感区域重叠、安全事故多发、国家明令禁止使用的采煤工艺的煤矿。综合运用安全、质量、环保、能耗、技术、资源规模等政策措施，引导灾害严重、安全无保障、煤质差、能耗不达标、非机械化开采的煤矿有序退出；引导长期亏损、资不抵债、长期停产停建、资源枯竭的煤矿有序退出。对依赖政府补贴和银行续贷生存，难以恢复竞争力的煤矿企业，停止各种不合理补贴，强化安全、质量、环保、能耗、技术等执法，倒逼企业退出。建立问责考核机制，督促地方和企业细化实施方案，加快实施进度，引导过剩产能加快退出。

三、积极发展先进产能

以提高质量和效益为核心，发展工艺先进、生产效率高、资源利用率高、安全保障能力强、环境保护水平高、单位产品能源消耗低的先进产能，保障煤炭长期稳定供应。创新煤矿设计理念，采用高新技术和先进适用技术装备，重点建设露天煤矿、特大型和大型井工煤矿。优化开拓布局，简化生产系统，降低生产能耗，减少劳动用工，实现集约高效生产。依托大型煤炭企业集团，应用大数据、物联网等现代信息技术，建设智能高效的大型现代化煤矿，实现生产、管理调度、灾害防治、后勤保障等环节智能感知及快速处理，全面提升煤矿技术水平和经济效益。

四、推进企业兼并重组

坚持市场主导、企业主体和政府支持相结合的原则，支持优势煤炭企业兼并重组，培育大型骨干企业集团，提高产业集中度，增强市场控制力和抗风险能力。按照一个矿区原则上由一个主体开发的要求，支持大型企业开发大型煤矿，整合矿区内分散的矿业权，提高资源勘查开发规模化、集约化程度。支持山西、内蒙古、陕西、新疆等重点地区煤矿企业强强联合，组建跨地区、跨行业、跨所有制的特大型煤矿企业集团，推动煤炭生产要素在全国范围内的优化配置。坚持煤电结合、煤运结合、煤化结合，鼓励煤炭、电力、运输、煤化工等产业链上下游企业进行重组或发展大比例交叉持股，打造全产业链竞争优势，更好发挥协同效应，实现互惠互利、风险共担。

第五章　推进煤炭清洁生产

牢固树立绿色发展理念，推行煤炭绿色开采，发展煤炭洗选加工，发展矿区循环经济，加强矿区生态环境治理，推动煤炭供给革命。

一、推行煤炭绿色开采

研究制定矿区生态文明建设指导意见，建立清洁生产评价体系，建设一批生态文明示范矿区。在煤矿设计、建设、生产等环节，严格执行环保标准，采用先进环保理念和技术装备，减轻对生态环境影响。以煤矿掘进工作面和采煤工作面为重点，实施粉尘综合治理，降低粉尘排放。因地制宜推广充填开采、保水开采、煤与瓦斯共采、矸石不升井等绿色开采技术。限制开发高硫、高灰、高砷、高氟等对生态环境影响较大的煤炭资源。加强生产煤矿回采率管理，对特殊和稀缺煤类实行保护性开发。

二、发展煤炭洗选加工

大中型煤矿应配套建设选煤厂或中心选煤厂，加快现有煤矿选煤设施升级改造，提高原煤入选比重。推进千万吨级先进洗选技术装备研发应用，降低洗选过程中的能耗、介耗和污染物排放。大力发展高精度煤炭洗选加工，实现煤炭深度提质和分质分级。鼓励井下选煤厂示范工程建设，发展井下排矸技术。支持开展选煤厂专业化运营维护，提升选煤厂整体效率，降低运营成本。

三、发展矿区循环经济

以经济效益、社会效益、生态效益协同提高为目标，促进煤炭与共伴生资源的综合开发与循环利用。坚持统一规划和集中高效管理，统筹矿区综合利用项目及相关产业建设布局，提升循环经济园区建设水平。支持煤炭企业按等容量置换原则建设洗矸煤泥综合利用电厂，发挥综合利用发电在废弃物消纳处置、矿区供热、供暖、供冷等方面作用。发展煤矸石和粉煤灰制建材，提高煤矸石新型建材的市场竞争力。推进矿井排水产业化利用，提高矿井水资源利用率和利用水平。加强科研创新，探索与煤共伴生的铝、镓、锗等资源利用价值。

四、加强矿区生态环境治理

按照不欠新账、快还旧账的原则，全面推进矿区损毁土地复垦和植被恢复。推进采煤沉陷区综合治理，探索利用采煤沉陷区、废弃煤矿工业场地及周边地区，发展风电、光伏、现代农业、林业等产业。加强统筹规划和资金支持，推进新疆等地区煤田火区治理。构建政府主导、政策扶持、社会参与、开发式治理、市场化运作的治理新模式，加大历史遗留矿山地质环境问题治理力度。

第六章　促进煤炭清洁高效利用

按照“清洁、低碳、高效、集中”的原则，加强商品煤质量管理，推进重点耗煤行业节能减排，推进煤炭深加工产业示范，加强散煤综合治理，推动煤炭消费革命。

一、加强商品煤质量管理

完善商品煤标准体系，制定修订民用煤炭产品等标准，严格限制硫分、灰分、有害元素等指标，鼓励煤炭生产、加工、经营、使用企业制定更严格的商品煤质量企业标准。健全商品煤质量监管体系，强化对商品煤质量监管，重点加强流通环节煤炭质量跟踪监测和管理，限制劣质煤炭销售和使用。推动企业建立商品煤质量保证制度和验收制度，建立商品煤质量档案。

二、推进重点耗煤行业节能减排

发展清洁高效煤电，提高电煤在煤炭消费中的比重。采用先进高效脱硫、脱硝、除尘技术，全面实施燃煤电厂超低排放和节能改造，加大能耗高、污染重煤电机组改造和淘汰力度。坚持“以热定电”，鼓励发展能效高、污染少的背压式热电联产机组。严格执行钢铁、建材等耗煤行业能耗、环保标准，加强节能环保改造，强化污染物排放监控。推进煤炭分质分级梯级利用，鼓励煤-化-电-热一体化发展，提升能源转换效率和资源综合利用率。

三、推进煤炭深加工产业示范

改造提升传统煤化工产业，在煤焦化、煤制合成氨、电石等领域进一步推动上大压小，淘汰落后产能。以国家能源战略技术储备和产能储备为重点，在水资源有保障、生态环境可承受的地区，开展煤制油、煤制天然气、低阶煤分质利用、煤制化学品、煤炭和石油综合利用等五类模式以及通用技术装备的升级示范，加强先进技术攻关和产业化，提升煤炭转化效率、经济效益和环保水平，发挥煤炭的原料功能。

四、加强散煤综合治理

在大气污染防治重点地区实施煤炭消费减量替代。加强散煤使用管理，积极推广优质无烟煤、型煤、兰炭等洁净煤，在民用煤炭消费集中地区建设洁净煤配送中心，完善洁净煤供应网络。完善民用炉具能效限定值及能效等级标准。全面整治无污染物治理设施和不能实现达标排放的燃煤锅炉，加快淘汰低效层燃锅炉，推广高效煤粉工业锅炉。鼓励发展集中供热，逐步替代分散燃煤锅炉。推广先进适用的工业炉窑余热、余能回收利用技术，实现余热、余能高效回收及梯级利用。

第七章　提升安全保障能力

坚持以人为本、生命至上理念，健全安全生产长效机制，深化煤矿灾害防治，加强职业健康监护，全面提升煤矿安全保障能力。

一、健全安全生产长效机制

建立责任全覆盖、管理全方位、监管全过程的煤矿安全生产综合治理体系，健全安全生产长效机制。按照党政同责、一岗双责、失职追责的要求完善煤矿安全生产责任制，严格落实煤矿企业主体责任，保障安全生产投入，改善安全生产条件。进一步明确综合监管部门和行业主管部门监管责任，合理划分各级安全监管监察部门执法责任、执法边界和管理范围，提高一线专业执法人员的比例。充分运用市场机制，推进煤矿安全生产，逐步建立煤矿安全生产责任保险体系。

二、深化煤矿灾害防治

利用物联网、大数据等技术，推进煤矿安全监控系统升级改造，构建煤矿作业场所的事故预防及应急处置系统，加强对水、火、瓦斯、煤尘、顶板等灾害防治，全面推进灾害预防和综合治理。采取保护层开采、区域预抽、揭煤管理等防范措施，推进煤与瓦斯突出和高瓦斯矿井瓦斯综合治理。加强区域性水害普查，采取综合措施做好水害防治。严格执行《煤矿安全规程》，提升安全准入门槛，加强过程控制，推进煤矿排查治理安全生产隐患，重点推进灾害严重矿区致灾因素排查。

三、加强职业健康监护

加强煤矿职业病危害防治体系建设，加大资金投入，强化工程、技术等控制措施，提高职业病危害基础防控能力。推进煤矿职业病危害因素申报、检测、评价与控制工作，煤矿企业应如实、及时申报职业病危害因素，为职工建立职业健康档案，定期体检，依法维护和发展职工安全健康权益。建立健全粉尘防治规章制度和责任制，落实企业粉尘防治主体责任，减少尘肺病发病率。加强煤矿职业病危害预防控制关键技术与装备的研发，推动煤矿企业建立健全劳保用品管理制度，做好劳保用品的检查、更新。建立煤矿企业职业卫生监督员制度，发挥群众安全监督组织和特聘煤矿安全群众监督员作用。完善煤矿职业病防治支撑体系，有效保障职工工伤保险待遇，切实解决困难职工医疗和生活问题。

第八章　加强煤炭科技创新

坚持创新发展理念，加强基础研究、关键技术攻关、先进适用技术推广和重大科技示范工程建设，完善煤炭科技创新体系，推动煤炭技术革命。

一、加强基础研究和关键技术攻关

支持煤矿灾害机理、煤炭安全绿色开发和清洁高效利用、煤层气赋存规律、煤系伴生资源协同开发等基础理论研究，强化煤炭科技原始创新能力。突破煤炭地质保障、煤炭智能钻探、煤炭绿色安全无人开采、特厚煤层井工开采、深井灾害防治、煤炭深加工等重大关键技术。加快千万吨级煤炭综采成套、千万吨级煤炭洗选等先进技术装备研发，解决煤机成套装备及关键零部件可靠性和稳定性问题，提高煤机装备数字化控制、自动化生产和远程操作能力。

二、应用推广先进适用技术

以提高效率为核心，应用推广煤田高精度勘探、深厚冲积层快速建井、岩巷快速掘进、高效充填开采、智能工作面综采、薄煤层开采、干法选煤、矿井水和矿井热能利用、中低浓度瓦斯利用、高效低排放煤粉工业锅炉等先进工艺技术，鼓励应用煤机再制造产品和技术。加强煤炭集成创新，推动物联网、大数据、云计算等现代信息技术在煤炭行业的集成应用，服务煤炭生产、灾害预防预警、煤炭物流、行业管理等工作。

三、加快重大科技示范工程建设

推进复杂地质条件安全开采、煤矿重大事故应急处置与救援等技术试验示范。积极引导社会投资，推动智慧煤矿、煤炭清洁高效利用和转化、煤层气开发利用等重大示范工程建设。依托重大示范工程带动自主创新，加快国产技术装备应用，形成具有自主知识产权的核心技术和装备体系。

四、完善科技创新机制

深入实施创新驱动战略，激发煤炭科技创新活力。充分发挥国家科技计划（专项、基金等）作用，积极支持煤炭科技研发工作，加强煤炭领域科技创新基地建设。建立煤炭先进技术和装备目录，加强对先进技术装备的支持。强化企业创新主体地位和主导作用，支持优势煤炭企业增加科技研发投入，建立技术中心和研发机构，推动关键技术攻关，提高自主创新能力。加强协同创新平台建设，鼓励煤炭企业与高等学校、研究机构等加强合作，建立产学研联盟，加快煤炭科技成果转化和应用。加快煤炭科技人才培养，加强煤矿职工技能培训，为煤炭科技发展提供基础保障。

专栏4　煤炭科技发展重点

➢ 基础理论研究

煤矿瓦斯突出机理、矿井带压开采及冲击地压预测防治、煤层气赋存规律、煤炭安全绿色开发、煤炭清洁高效利用、煤系伴生资源协同开发、矿区全物质循环规划、碳排放控制等基础理论研究。

➢ 关键技术装备攻关

煤炭绿色资源勘探、智能钻探、大型矿井快速建井、绿色安全无人开采、特厚煤层井工开采、深井灾害防治、清洁高效煤电、低阶煤中低温热解分质转化、煤炭污染控制、煤层气经济高效开发、燃煤二氧化碳捕集利用封存等关键技术。

千万吨级煤炭综采成套、千万吨级煤炭洗选、重大事故快速抢险与应急处置、大型煤炭液化、大型合成气甲烷化等重大技术装备。

➢ 先进适用技术推广

煤田高精度勘探、深厚冲积层快速建井、岩巷快速掘进、高效充填开采、智能工作面综采、薄煤层开采、煤机再制造、干法选煤、矿井水和矿井热能利用、中低浓度瓦斯利用、高效低排放煤粉工业锅炉，云计算、物联网等现代信息技术。

➢ 重大科技示范工程

复杂地质条件安全开采、煤矿重大事故应急处置与救援、智慧煤矿、煤制芳烃、煤炭热解气化一体化多联产、百万吨级煤油共炼、煤电铝一体化等示范工程。

第九章　加快煤层气产业发展

统筹煤炭、煤层气勘探开发布局和时序，坚持煤层气（煤矿瓦斯）先抽后采、抽采达标，加大勘查开发利用力度，保障煤矿安全生产，增加清洁能源供应，减少温室气体排放。

一、加强煤层气（煤矿瓦斯）勘查开发

完善煤层气、煤炭协调开发机制，妥善解决煤炭、煤层气矿业权重叠地区资源开发利用问题，研究推行煤炭、煤层气矿业权证统一发放。建设沁水盆地、鄂尔多斯盆地东缘和贵州毕水兴煤层气产业化基地，突破西北低煤阶和西南高应力地区煤层气勘查开发，加快准噶尔盆地、二连盆地、黔西滇东等煤层气勘查开发，建设一批煤矿瓦斯抽采利用规模化矿区和瓦斯治理示范矿井，鼓励煤矿实施井上下立体化联合抽采。

完善以社会投资为主、政府适当支持的多元化投融资体系，鼓励民间资本参与煤层气勘查开发、储配及输气管道等基础设施建设，推动煤层气产业发展。

专栏 5 煤层气勘查开发重点地区

➢ 煤层气勘查

山西沁源、保德、临兴、石楼，内蒙古石拐、霍林河，陕西韩城，四川筠连，贵州织金，新疆硫沟、艾维尔沟等。

➢ 煤层气开发

山西柿庄南、古交、柳林、马必、三交，贵州六盘水、毕节，陕西韩城南、彬长，新疆阜康等。

二、加大煤层气（煤矿瓦斯）利用力度

依据资源分布、市场需求和天然气输气管网建设情况，统筹建设煤层气输气管网，因地制宜发展煤层气压缩和液化。开展低浓度瓦斯采集、提纯和利用技术攻关，推广低浓度瓦斯发电、热电冷联供，鼓励乏风瓦斯氧化及余热发电或供热等利用。进一步严格煤矿瓦斯排放标准，严禁高浓度瓦斯直接排放。结合电力体制改革，完善煤矿瓦斯发电上网电价政策。积极推广政府和社会资本合作模式，推进煤层气输气管网、压缩（液化）站、储气库、瓦斯发电等项目建设。

第十章 深化煤炭行业改革

完善煤炭税费体系，健全煤矿关闭退出机制，深化国有煤炭企业改革，加快解决历史遗留问题，营造公平竞争、优胜劣汰的市场环境，最大限度激发企业活力、创造力和市场竞争力，推动煤炭体制革命。

一、完善煤炭税费体系

深化煤炭税费综合改革，整合重复税费，清理不合理收费，取缔违规设立的各项收费基金。做好煤炭资源税改革后续工作，进一步规范资源税优惠政策。落实煤炭企业增值税抵扣、资源综合利用税收优惠等政策。推进煤炭资源有偿使用制度改革，建立矿产资源权益金制度，进一步理顺煤炭资源税费体系，合理调节煤炭资源收入，减轻煤炭企业负担。

二、健全煤矿关闭退出机制

完善煤矿关闭退出相关标准，指导煤矿有序退出。加大政策扶持力度，支持通过企业内部分流、转岗就业创业、内部退养、公益性岗位安置等方式，多渠道分流安置

煤矿职工。加强再就业帮扶，通过就业指导、技能培训、职业介绍等方式，促进失业人员再就业或自主创业。支持退出煤矿用好存量土地，促进矿区更新改造和土地再开发利用，煤矿退出后的划拨用地，可以依法转让或由地方政府收回，地方政府收回原划拨土地使用权后的出让收入，可按规定通过预算安排用于支付产能退出企业职工安置费用。支持地方利用资源性收入，做好关闭退出煤矿的生态环境恢复治理。地方政府要按照国家有关要求做好失业保险、失业救助、发放最低生活保障等兜底工作。

三、深化国有煤炭企业改革

减少行政性干预，发挥企业家创新精神和企业主体作用，引导国有煤炭企业发展由依靠政府和政策支持向依靠创新和市场竞争转变，提高企业经营决策水平。健全煤炭企业公司法人治理结构，建立完善现代企业经营管理制度。鼓励企业创新管理模式，压缩管理层级，精简机构人员，降低运营成本。严格管控投资风险，加强内部精细化管理，着力推进管理人员能上能下、员工能进能出、收入能增能减的国有企业三项制度改革。推动具备条件的国有煤炭企业发展混合所有制，创造条件推进集团公司整体上市，促进企业转换经营机制，提高国有资本配置和运行效率。健全企业民主管理制度，落实职工群众的知情权、参与权、表达权、监督权。

四、加快解决历史遗留问题

加快分离国有煤炭企业办社会职能，建立政府和企业合理分担成本的机制，多渠道筹措资金，采取分离移交、重组改制、关闭撤销、政府购买服务、专业化运营管理等方式，剥离“三供一业”和医院、学校、社区等办社会职能，加快推进厂办大集体改革。尽快移交煤炭企业承担的退休人员管理职能，纳入属地实行社会化管理。允许国有企业划出部分股权转让收益、地方政府出让部分国有企业股权，专项解决分离企业办社会等历史遗留问题。

第十一章　发展煤炭服务产业

围绕结构深度调整，积极推动煤炭转型发展，加快发展煤炭现代物流，健全煤炭市场交易体系，加强行业服务能力建设，繁荣发展煤炭行业文化。

一、发展煤炭现代物流

推进环渤海、长三角等大型煤炭储配基地和煤炭物流园区建设，实现煤炭精细化加工配送。加快蒙西至华中等铁路通道和水运、进出口通道建设，优化煤炭物流网络。发展煤炭水铁联运，完善煤炭物流转运设施，实现铁路货运站与港口码头无缝衔接。发展煤炭绿色物流，推进封闭运输，减轻对环境影响。加强物流环节收费监管，清理不合理收费，降低煤炭物流成本。加快物联网、移动互联等先进技术在煤炭物流领域的应用，推动煤炭物流标准化建设，提高煤炭物流专业化管理和服务能力。

专栏6 煤炭物流工程

➤ 大型煤炭储配基地

环渤海、山东半岛、长三角、海西、珠三角、北部湾、中原、泛武汉、长株潭、环鄱阳湖、成渝。

➤ 大型煤炭物流园区

锦州、秦皇岛、京唐港、曹妃甸、天津、黄骅、青岛、日照、龙口、宁波舟山、镇江、靖江、芜湖、罗源湾、莆田、广州、珠海、防城港、北海、南阳、荆州、岳阳、九江、万州。

二、健全煤炭市场交易体系

进一步完善煤炭产运需衔接机制，促进传统产运需衔接方式向现代交易模式转变。积极引导各类市场主体参与煤炭交易市场建设，加快建设区域性煤炭交易市场，培育1～2个全国性煤炭交易中心。完善煤炭交易市场运行机制，发展煤炭期货交易，创新煤炭金融服务，降低交易成本，优化煤炭资源配置。清理市场分割、地区封锁等限制，推动煤炭交易平台信息共享，形成跨区域和行业的智能物流信息服务平台。

三、加强行业服务能力建设

推进煤炭统计监测体系建设，及时向社会发布产业发展信息。支持煤炭企业和科研院所组建战略研究机构，为政府宏观管理和企业经营决策提供支撑。积极发展煤炭生产性服务业，鼓励老煤炭企业在关闭退出过程中，组建专业化生产服务公司，开展矿井生产承包、单项工程承包等各种形式的技术服务和托管运营，推动煤炭企业由单纯提供产品向提供产品服务转变。发挥行业协会和中介组织在信息发布、技术服务、宣传推广、行业自律等方面的作用，提升行业服务能力。

四、繁荣发展煤炭行业文化

按照繁荣发展社会主义文艺的总要求，积极发展具有先进性、科学性、惠及广大职工的煤炭行业文化。深入开展安全宣传教育，抓好安全行为养成，营造浓厚的安全文化氛围。加强煤炭行业文化品牌建设，打造具有鲜明煤矿特色的文化活动品牌。加快发展矿山公园、井下探秘游、矿山遗迹等新产品、新业态，提高市场化运作能力。充分利用传统媒体资源，发挥新型媒体优势，扩大煤炭行业文化的社会影响力。

第十二章　推进全方位国际合作

统筹国际国内两个大局，充分利用两个市场、两种资源，以“一带一路”建设为统领，遵循多元合作、互利共赢原则，全方位加强煤炭国际合作，提升煤炭工业国际竞争力。

一、稳步开展国际煤炭贸易

坚持市场化原则，巩固和发展与主要煤炭资源国和消费国的长期稳定贸易关系。鼓励进口优质煤炭，加强炼焦煤进口，严格控制低热值煤、高硫煤等劣质煤进口。完善煤炭出口政策，鼓励优势企业扩大对外出口。积极参与全球煤炭资源优化配置，提高优质煤炭资源供应潜力，提高我国在世界煤炭市场中的影响力。

二、推进境外煤炭资源开发利用

积极稳妥推进煤炭国际产能合作，鼓励优势煤炭企业根据资源条件、经济社会发展情况、政策环境等选择投资目标，推进境外煤炭资源勘探开发。结合境外煤炭资源开发需要，开展配套基础设施建设和煤炭上下游投资，实现合作共赢。发挥政策性银行和开发性金融机构的积极作用，通过银团贷款、出口信贷、项目融资等多种方式，加大对符合条件的煤炭国际产能和装备制造合作的融资支持力度。

三、扩大对外工程承包和技术服务

加强煤炭科技国际合作，建设国际化煤炭科技研发、装备制造平台。建立境外煤炭装备制造基地、零配件基地和技术服务中心，为境外资源开发利用提供技术服务和人才支持。鼓励煤炭生产、煤机制造、煤矿建设等企业，发挥长期积累的技术和装备优势，积极参与境外煤矿建设、技术服务以及运营管理，带动先进工艺技术和大型成套装备出口。

第十三章　环境影响评价

一、煤炭开发对环境的影响

煤炭开发对环境的影响主要是煤矸石、煤矿瓦斯和矿井水排放，以及采煤引起的地表沉陷和水土流失。

东部地区。人口稠密、土地资源稀缺，多数煤矿位于平原地区，主要环境影响是地表沉陷。2020 年，预计东部地区产生煤矸石 0.56 亿吨、煤泥 1490 万吨、矿井水 4.52 亿立方米，新形成沉陷土地面积 0.42 万公顷。

中部和东北地区。山西、内蒙古煤炭开发强度大，生态环境较脆弱，主要环境影响是地下水径流破坏、潜水位下降和地表水减少，煤矸石和煤矿瓦斯产生量大。吉林、湖北、湖南、江西煤炭产量逐渐减少，主要环境影响是地表沉陷、水土流失和瓦斯排放。2020 年，预计中部和东北地区产生煤矸石 3.36 亿吨、煤泥 8760 万吨、矿井水 20.05 亿立方米，新形成沉陷土地面积 2.8 万公顷。

西部地区。除西南地区外，均处于干旱半干旱地区，水资源缺乏，植被稀少，生态环境脆弱，主要环境影响是地下水径流破坏、地下潜水位下降和地表水减少，引起地表干旱、水土流失、荒漠化和植被枯萎，煤矸石和瓦斯产生量大。2020 年，预计西部地区产生煤矸石 4.03 亿吨、煤泥 9120 万吨、矿井水 35.47 亿立方米，新形成沉陷土地面积 3.34 万公顷。

二、预防和减轻环境影响的对策

（一）顶层设计，推进煤炭清洁高效开发利用。优化煤炭产业结构、消费结构，支持和鼓励煤炭生产企业通过多种技术途径，从源头减少煤矸石、矿井水和煤矿瓦斯等排放，继续推进矿区节能减排，加强商品煤质量管控，大幅度提高煤炭集中转化、废弃资源和污染物集中治理的比重。扶持企业立足资源和区位特点，积极开拓煤炭使用新领域，推进煤炭清洁高效利用。

（二）科技创新，为减缓环境影响提供基础支撑。加强基础研究与科技攻关，健全政-产-学-研-用科技创新体系，完善扶持政策。加强碳减排、乏风瓦斯氧化利用、充填开采、保水开采等绿色开采技术，煤炭分级提质利用、煤炭深加工、高效燃煤发电等技术研发，推动创新成果的推广和产业化应用。

（三）加强治理，改善矿区生态环境。树立生态保护红线意识，严格执行国家有关环境治理和水土保持方面的法律法规及标准要求，全面落实环境保护和水土保持“三同时”制度。在环境敏感区和生态脆弱区，结合资源条件和环境容量，严格控制煤炭开发规模，合理安排开发时序。强化生产端废弃物源头减量，切实减少矿区各类污染物排放。建立多部门联动生态治理监管机制，有序推进煤田火区、采空区、沉陷区综合治理，防治地质灾害。将生态文明理念融入煤矿全生命周期建设，树立良好社会形象，使煤炭开发与当地社会和谐发展。

（四）公众监督，完善公众参与机制。发挥社会公众和新闻媒体的监督作用，完善公众参与机制，强化环保宣传，支持和鼓励企业定期发布社会责任报告，建立公众反馈意见的监督执行制度，切实保障社会公众有效行使监督权。

三、环境治理的预期效果

通过实施以上措施，到2020年基本实现规划提出的环境保护目标，煤炭清洁高效生产体系基本建立，矿区生态环境显著改善。

（一）全国环境治理预期效果。到2020年，煤矸石综合利用率75%左右；矿井水综合利用率80%；煤矿稳定沉陷土地治理率80%以上，排矸场和露天矿排土场复垦率达到90%以上；瓦斯综合利用水平显著提高，煤层气（煤矿瓦斯）抽采量达到240亿立方米，利用率67%左右；新增沉陷土地面积6.56万公顷，复垦面积约3.91万公顷，土地复垦率60%左右。

（二）地区环境治理预期效果。东部地区采取煤矸石发电、井下充填、土地复垦和立体开发等措施，煤矸石利用率达到100%，矿井水利用率92%，沉陷土地复垦率68%，煤层气（煤矿瓦斯）利用率53%。中部和东北地区采取煤矸石发电、井下充填、地表土地复垦和立体开发、植被绿化等措施，煤矸石利用率76%，矿井水利用率77%，沉陷土地复垦率63%，煤层气（煤矿瓦斯）利用率64%。西部地区采取煤矸石发电、井下充填、地表土地复垦和立体开发、植被绿化、保水充填开采等措施，煤矸石利用率70%，矿井水利用率80%，沉陷土地复垦率55%，煤层气（煤矿瓦斯）利用率72%。

第十四章　保　障　措　施

一、健全煤炭法律法规

研究修订《煤炭法》，健全煤炭法律法规体系。修订煤炭产业政策，提高办矿标准，完善产业调控政策体系。制定和完善煤炭先进产能、矿区生态环境保护、煤矿建设、煤炭产品、煤炭清洁开发利用、煤炭物流等方面标准、规范。强化法律法规、政策标准等实施的监督检查。深入开展煤炭普法工作，增强全行业的法治意识。

二、加强煤炭行业监管

理顺煤炭管理职能，健全集中统一、上下协调的管理体制，加强煤炭资源、开发、安全生产、经营全过程管理。完善煤炭工业发展规划、煤炭资源勘查规划、矿区总体规划等有机衔接、协调配合的机制，强化规划、产业政策、标准的引导和约束作用。做好简政放权、放管结合、优化服务，进一步转变煤炭管理部门职能。创新事中事后监管方式，综合运用现场和非现场监管等手段，及时查处未批先建、超能力生产等违法违规行为。全面实行煤炭产能登记公告制度，研究建立煤炭产能监测与预控体系，及时通报行业运行情况，引导企业合理安排建设进度、有序组织生产。

三、加大金融支持力度

坚持区别对待、有控有扶的原则，不搞“一刀切”，引导金融机构对具备竞争力的优质骨干煤炭企业继续给予信贷支持，支持符合条件的煤炭企业以采矿权、应收账款等资产进行抵质押担保，通过发行债券等方式融资。积极稳妥推进煤炭企业债务重组，通过调整贷款期限、还款方式等措施，帮助符合国家产业政策，积极主动去产能、调结构、转型发展、有一定清偿能力的煤炭企业渡过难关。综合运用债务重组、破产重整或破产清算等手段，妥善处置煤炭企业债务和不良资产。

四、强化政策资金保障

利用工业企业结构调整专项奖补资金，统筹对化解煤炭过剩产能中的人员分流安置给予奖补，引导地方加快处置“僵尸企业”，实现市场出清。研究安排中央预算内投资，支持符合条件的煤矿安全改造、采煤沉陷区综合治理、独立工矿区改造搬迁和棚户区改造。继续对煤层气开采利用给予财政支持，根据产业发展、抽采利用成本和市场销售价格适时调整补贴标准。完善煤炭行业产品成本核算制度，促进煤炭企业降本增效。

五、加强行业诚信建设

加强煤炭行业信用建设和信用监管，在去产能、减量化生产、治理违法违规建设和超能力生产等工作中，建立煤矿信用记录，及时向社会公告，接受社会监督。建立黑名单制度，对列入失信黑名单的煤炭企业，有关部门按照规定实施联合惩戒。完善个人信用记录，将失信惩戒措施落实到人。充分发挥行业协会、金融机构、征信机构等作用，推进行业诚信体系建设，加强行业自律，形成诚实守信的良好行业氛围。

六、做好规划实施管理

国务院各有关部门要加强沟通协调，密切配合，制定和完善各项配套政策措施，形成推动规划实施的合力。地方各级政府有关部门要按照各自职责，结合实际，明确责任主体，细化落实本规划提出的主要目标和重点任务，加强规划实施的组织领导。完善规划统筹协调机制，做好与相关规划实施的衔接，强化规划的引导和约束作用。建立规划实施监测和动态评估机制，强化对规划实施情况的跟踪分析，根据经济社会发展和规划实施情况，做好规划评估和调整，完善相关政策和措施。按照国家总体部署和政策导向，结合煤炭工业发展实际情况，制定年度实施方案，指导地方和企业，落实煤炭工业发展和改革任务，保证规划目标和任务顺利实现。

附录3 “十三五”节能减排综合工作方案

一、总体要求和目标

（一）总体要求。全面贯彻党的十八大和十八届三中、四中、五中、六中全会精神，深入贯彻习近平总书记系列重要讲话精神，认真落实党中央、国务院决策部署，紧紧围绕“五位一体”总体布局和“四个全面”战略布局，牢固树立创新、协调、绿色、开放、共享的发展理念，落实节约资源和保护环境基本国策，以提高能源利用效率和改善生态环境质量为目标，以推进供给侧结构性改革和实施创新驱动发展战略为动力，坚持政府主导、企业主体、市场驱动、社会参与，加快建设资源节约型、环境友好型社会，确保完成“十三五”节能减排约束性目标，保障人民群众健康和经济社会可持续发展，促进经济转型升级，实现经济发展与环境改善双赢，为建设生态文明提供有力支撑。

（二）主要目标。到2020年，全国万元国内生产总值能耗比2015年下降15%，能源消费总量控制在50亿吨标准煤以内。全国化学需氧量、氨氮、二氧化硫、氮氧化物排放总量分别控制在2001万吨、207万吨、1580万吨、1574万吨以内，比2015年分别下降10%、10%、15%和15%。全国挥发性有机物排放总量比2015年下降10%以上。

二、优化产业和能源结构

（三）促进传统产业转型升级。深入实施“中国制造2025”，深化制造业与互联网融合发展，促进制造业高端化、智能化、绿色化、服务化。构建绿色制造体系，推进产品全生命周期绿色管理，不断优化工业产品结构。支持重点行业改造升级，鼓励企业瞄准国际同行业标杆全面提高产品技术、工艺装备、能效环保等水平。严禁以任何名义、任何方式核准或备案产能严重过剩行业的增加产能项目。强化节能环保标准约束，严格行业规范、准入管理和节能审查，对电力、钢铁、建材、有色、化工、石油石化、船舶、煤炭、印染、造纸、制革、染料、焦化、电镀等行业中，环保、能耗、安全等不达标或生产、使用淘汰类产品的企业和产能，要依法依规有序退出。（牵头单位：国家发展改革委、工业和信息化部、环境保护部、国家能源局，参加单位：科技部、财政部、国务院国资委、质检总局、国家海洋局等）

（四）加快新兴产业发展。加快发展壮大新一代信息技术、高端装备、新材料、生物、新能源、新能源汽车、节能环保、数字创意等战略性新兴产业，推动新领域、新技术、新产品、新业态、新模式蓬勃发展。进一步推广云计算技术应用，新建大型云计算数据中心能源利用效率（PUE）值优于 1.5。支持技术装备和服务模式创新。鼓励发展节能环保技术咨询、系统设计、设备制造、工程施工、运营管理、计量检测认证等专业化服务。开展节能环保产业常规调查统计。打造一批节能环保产业基地，培育一批具有国际竞争力的大型节能环保企业。到 2020 年，战略性新兴产业增加值和服务业增加值占国内生产总值比重分别提高到 15%和 56%，节能环保、新能源装备、新能源汽车等绿色低碳产业总产值突破 10 万亿元，成为支柱产业。（牵头单位：国家发展改革委、工业和信息化部、环境保护部，参加单位：科技部、质检总局、国家统计局、国家能源局等）

（五）推动能源结构优化。加强煤炭安全绿色开发和清洁高效利用，推广使用优质煤、洁净型煤，推进煤改气、煤改电，鼓励利用可再生能源、天然气、电力等优质能源替代燃煤使用。因地制宜发展海岛太阳能、海上风能、潮汐能、波浪能等可再生能源。安全发展核电，有序发展水电和天然气发电，协调推进风电开发，推动太阳能大规模发展和多元化利用，增加清洁低碳电力供应。对超出规划部分可再生能源消费量，不纳入能耗总量和强度目标考核。在居民采暖、工业与农业生产、港口码头等领域推进天然气、电能替代，减少散烧煤和燃油消费。到 2020 年，煤炭占能源消费总量比重下降到 58%以下，电煤占煤炭消费量比重提高到 55%以上，非化石能源占能源消费总量比重达到 15%，天然气消费比重提高到 10%左右。（牵头单位：国家发展改革委、环境保护部、国家能源局，参加单位：工业和信息化部、住房城乡建设部、交通运输部、水利部、质检总局、国家统计局、国管局、国家海洋局等）

三、加强重点领域节能

（六）加强工业节能。实施工业能效赶超行动，加强高能耗行业能耗管控，在重点耗能行业全面推行能效对标，推进工业企业能源管控中心建设，推广工业智能化用能监测和诊断技术。到 2020 年，工业能源利用效率和清洁化水平显著提高，规模以上工业企业单位增加值能耗比 2015 年降低 18%以上，电力、钢铁、有色、建材、石油石化、化工等重点耗能行业能源利用效率达到或接近世界先进水平。推进新一代信息技术与制造技术融合发展，提升工业生产效率和能耗效率。开展工业领域电力需求侧管理专项行动，推动可再生能源在工业园区的应用，将可再生能源占比指标纳入工业园区考核体系。（牵头单位：工业和信息化部、国家发展改革委、国家能源局，参加单位：科技部、环境保护部、质检总局等）

（七）强化建筑节能。实施建筑节能先进标准领跑行动，开展超低能耗及近零能耗建筑建设试点，推广建筑屋顶分布式光伏发电。编制绿色建筑建设标准，开展绿色生态城区建设示范，到2020年，城镇绿色建筑面积占新建建筑面积比重提高到50%。实施绿色建筑全产业链发展计划，推行绿色施工方式，推广节能绿色建材、装配式和钢结构建筑。强化既有居住建筑节能改造，实施改造面积5亿平方米以上，2020年前基本完成北方采暖地区有改造价值城镇居住建筑的节能改造。推动建筑节能宜居综合改造试点城市建设，鼓励老旧住宅节能改造与抗震加固改造、加装电梯等适老化改造同步实施，完成公共建筑节能改造面积1亿平方米以上。推进利用太阳能、浅层地热能、空气热能、工业余热等解决建筑用能需求。（牵头单位：住房城乡建设部，参加单位：国家发展改革委、工业和信息化部、国家林业局、国管局、中直管理局等）

（八）促进交通运输节能。加快推进综合交通运输体系建设，发挥不同运输方式的比较优势和组合效率，推广甩挂运输等先进组织模式，提高多式联运比重。大力发展公共交通，推进“公交都市”创建活动，到2020年大城市公共交通分担率达到30%。促进交通用能清洁化，大力推广节能环保汽车、新能源汽车、天然气（CNG/LNG）清洁能源汽车、液化天然气动力船舶等，并支持相关配套设施建设。提高交通运输工具能效水平，到2020年新增乘用车平均燃料消耗量降至5.0升/百公里。推进飞机辅助动力装置（APU）替代、机场地面车辆“油改电”、新能源应用等绿色民航项目实施。推动铁路编组站制冷/供暖系统的节能和燃煤替代改造。推动交通运输智能化，建立公众出行和物流平台信息服务系统，引导培育“共享型”交通运输模式。（牵头单位：交通运输部、国家发展改革委、国家能源局，参加单位：科技部、工业和信息化部、环境保护部、国管局、中国民航局、中直管理局、中国铁路总公司等）

（九）推动商贸流通领域节能。推动零售、批发、餐饮、住宿、物流等企业建设能源管理体系，建立绿色节能低碳运营管理流程和机制，加快淘汰落后用能设备，推动照明、制冷和供热系统节能改造。贯彻绿色商场标准，开展绿色商场示范，鼓励商贸流通企业设置绿色产品专柜，推动大型商贸企业实施绿色供应链管理。完善绿色饭店标准体系，推进绿色饭店建设。加快绿色仓储建设，支持仓储设施利用太阳能等清洁能源，鼓励建设绿色物流园区。（牵头单位：商务部，参加单位：国家发展改革委、工业和信息化部、住房城乡建设部、质检总局、国家旅游局等）

（十）推进农业农村节能。加快淘汰老旧农业机械，推广农用节能机械、设备和渔船，发展节能农业大棚。推进节能及绿色农房建设，结合农村危房改造稳步推进农房节能及绿色化改造，推动城镇燃气管网向农村延伸和省柴节煤灶更新换代，因地制宜采用生物质能、太阳能、空气热能、浅层地热能等解决农房采暖、炊事、生活热水等用能需求，提升农村能源利用的清洁化水平。鼓励使用生物质可再生能源，推广液化石油气等商品能源。到2020年，全国农村地区基本实现稳定可靠的供电服务全覆盖，鼓励农村居民使用高效节能电器。（牵头单位：农业部、国家发展改革委、工业和信息化部、国家能源局，参加单位：科技部、住房城乡建设部等）

（十一）加强公共机构节能。公共机构率先执行绿色建筑标准，新建建筑全部达到绿色建筑标准。推进公共机构以合同能源管理方式实施节能改造，积极推进政府购买合同能源管理服务，探索用能托管模式。2020年公共机构单位建筑面积能耗和人均能耗分别比2015年降低10%和11%。推动公共机构建立能耗基准和公开能源资源消费信息。实施公共机构节能试点示范，创建3000家节约型公共机构示范单位，遴选200家能效领跑者。公共机构率先淘汰老旧车，率先采购使用节能和新能源汽车，中央国家机关、新能源汽车推广应用城市的政府部门及公共机构购买新能源汽车占当年配备更新车辆总量的比例提高到50%以上，新建和既有停车场要配备电动汽车充电设施或预留充电设施安装条件。公共机构率先淘汰采暖锅炉、茶浴炉、食堂大灶等燃煤设施，实施以电代煤、以气代煤，率先使用太阳能、地热能、空气能等清洁能源提供供电、供热/制冷服务。（牵头单位：国管局、国家发展改革委，参加单位：工业和信息化部、环境保护部、住房城乡建设部、交通运输部、国家能源局、中直管理局等）

（十二）强化重点用能单位节能管理。开展重点用能单位“百千万”行动，按照属地管理和分级管理相结合原则，国家、省、地市分别对“百家”“千家”“万家”重点用能单位进行目标责任评价考核。重点用能单位要围绕能耗总量控制和能效目标，对用能实行年度预算管理。推动重点用能单位建设能源管理体系并开展效果评价，健全能源消费台账。按标准要求配备能源计量器具，进一步完善能源计量体系。依法开展能源审计，组织实施能源绩效评价，开展达标对标和节能自愿活动，采取企业节能自愿承诺和政府适当引导相结合的方式，大力提升重点用能单位能效水平。严格执行能源统计、能源利用状况报告、能源管理岗位和能源管理负责人等制度。（牵头单位：国家发展改革委，参加单位：教育部、工业和信息化部、住房城乡建设部、交通运输部、国务院国资委、质检总局、国家统计局、国管局、国家能源局、中直管理局等）

（十三）强化重点用能设备节能管理。加强高耗能特种设备节能审查和监管，构建安全、节能、环保三位一体的监管体系。组织开展燃煤锅炉节能减排攻坚战，推进锅炉生产、经营、使用等全过程节能环保监督标准化管理。“十三五”期间燃煤工业锅炉实际运行效率提高5个百分点，到2020年新生产燃煤锅炉效率不低于80%，燃气锅炉效率不低于92%。普及锅炉能效和环保测试，强化锅炉运行及管理人员节能环保专项培训。开展锅炉节能环保普查整治，建设覆盖安全、节能、环保信息的数据平台，开展节能环保在线监测试点并实现信息共享。开展电梯能效测试与评价，在确保安全的前提下，鼓励永磁同步电机、变频调速、能量反馈等节能技术的集成应用，开展老旧电梯安全节能改造工程试点。推广高效换热器，提升热交换系统能效水平。加快高效电机、配电变压器等用能设备开发和推广应用，淘汰低效电机、变压器、风机、水泵、压缩机等用能设备，全面提升重点用能设备能效水平。（牵头单位：质检总局、国家发展改革委、工业和信息化部、环境保护部，参加单位：住房城乡建设部、国管局、国家能源局、中直管理局等）

四、强化主要污染物减排

（十四）控制重点区域流域排放。推进京津冀及周边地区、长三角、珠三角、东北等重点地区，以及大气污染防治重点城市煤炭消费总量控制，新增耗煤项目实行煤炭消耗等量或减量替代；实施重点区域大气污染传输通道气化工程，加快推进以气代煤。加快发展热电联产和集中供热，利用城市和工业园区周边现有热电联产机组、纯凝发电机组及低品位余热实施供热改造，淘汰供热供气范围内的燃煤锅炉（窑炉）。结合环境质量改善要求，实施行业、区域、流域重点污染物总量减排，在重点行业、重点区域推进挥发性有机物排放总量控制，在长江经济带范围内的部分省市实施总磷排放总量控制，在沿海地级及以上城市实施总氮排放总量控制，对重点行业的重点重金属排放实施总量控制。加强我国境内重点跨国河流水污染防治。严格控制长江、黄河、珠江、松花江、淮河、海河、辽河七大重点流域干流沿岸的石油加工、化学原料和化学制品制造、医药制造、化学纤维制造、有色金属冶炼、纺织印染等项目。分区域、分流域制定实施钢铁、水泥、平板玻璃、锅炉、造纸、印染、化工、焦化、农副食品加工、原料药制造、制革、电镀等重点行业、领域限期整治方案，升级改造环保设施，确保稳定达标。实施重点区域、重点流域清洁生产水平提升行动。城市建成区内的现有钢铁、建材、有色金属、造纸、印染、原料药制造、化工等污染较重的企业应有序搬迁改造或依法关闭。（牵头单位：环境保护部、国家发展改革委、工业和信息化部、质检总局、国家能源局，参加单位：财政部、住房城乡建设部、国管局、国家海洋局等）

（十五）推进工业污染物减排。实施工业污染源全面达标排放计划。加强工业企业无组织排放管理。严格执行环境影响评价制度。实行建设项目主要污染物排放总量指标等量或减量替代。建立以排污许可制为核心的工业企业环境管理体系。继续推行重点行业主要污染物总量减排制度，逐步扩大总量减排行业范围。以削减挥发性有机物、持久性有机物、重金属等污染物为重点，实施重点行业、重点领域工业特征污染物削减计划。全面实施燃煤电厂超低排放和节能改造，加快燃煤锅炉综合整治，大力推进石化、化工、印刷、工业涂装、电子信息等行业挥发性有机物综合治理。全面推进现有企业达标排放，研究制修订农药、制药、汽车、家具、印刷、集装箱制造等行业排放标准，出台涂料、油墨、胶黏剂、清洗剂等有机溶剂产品挥发性有机物含量限值强制性环保标准，控制集装箱、汽车、船舶制造等重点行业挥发性有机物排放，推动有关企业实施原料替代和清洁生产技术改造。强化经济技术开发区、高新技术产业开发区、出口加工区等工业聚集区规划环境影响评价及污染治理。加强工业企业环境信息公开，推动企业环境信用评价。建立企业排放红黄牌制度。（牵头单位：环境保护部，参加单位：国家发展改革委、工业和信息化部、财政部、质检总局、国家能源局等）

（十六）促进移动源污染物减排。实施清洁柴油机行动，全面推进移动源排放控制。提高新机动车船和非道路移动机械环保标准，发布实施机动车国Ⅵ排放标准。加速淘汰黄标车、老旧机动车、船舶以及高排放工程机械、农业机械。逐步淘汰高油耗、高排放民航特种车辆与设备。2016年淘汰黄标车及老旧车380万辆，2017年基本淘汰全国范围内黄标车。加快船舶和港口污染物减排，在珠三角、长三角、环渤海京津冀水域设立船舶排放控制区，主要港口90%的港作船舶、公务船舶靠港使用岸电，50%的集装箱、客滚和邮轮专业化码头具备向船舶供应岸电的能力；主要港口大型煤炭、矿石码头堆场全面建设防风抑尘设施或实现煤炭、矿石封闭储存。加快油品质量升级，2017年1月1日起全国全面供应国Ⅴ标准的车用汽油、柴油；2018年1月1日起全国全面供应与国Ⅴ标准柴油相同硫含量的普通柴油；抓紧发布实施第六阶段汽、柴油国家（国Ⅵ）标准，2020年实现车用柴油、普通柴油和部分船舶用油并轨，柴油车、非道路移动机械、内河和江海直达船舶均统一使用相同标准的柴油。车用汽柴油应加入符合要求的清净剂。修订《储油库大气污染物排放标准》《加油站大气污染物排放标准》，推进储油储气库、加油加气站、原油成品油码头、原油成品油运输船舶和油罐车、气罐车等油气回收治理工作。加强机动车、非道路移动机械环保达标和油品质量监督执法，严厉打击违法行为。（牵头单位：环境保护部、公安部、交通运输部、农业部、质检总局、国家能源局，参加单位：国家发展改革委、财政部、工商总局等）

（十七）强化生活源污染综合整治。对城镇污水处理设施建设发展进行填平补齐、升级改造，完善配套管网，提升污水收集处理能力。合理确定污水排放标准，加强运行监管，实现污水处理厂全面达标排放。加大对雨污合流、清污混流管网的改造力度，优先推进城中村、老旧城区和城乡结合部污水截流、收集、纳管。强化农村生活污染源排放控制，采取城镇管网延伸、集中处理和分散处理等多种形式，加快农村生活污水治理和改厕。促进再生水利用，完善再生水利用设施。注重污水处理厂污泥安全处理处置，杜绝二次污染。到2020年，全国所有县城和重点镇具备污水处理能力，地级及以上城市建成区污水基本实现全收集、全处理，城市、县城污水处理率分别达到95%、85%左右。加强生活垃圾回收处理设施建设，强化对生活垃圾分类、收运、处理的管理和督导，提升城市生活垃圾回收处理水平，全面推进农村垃圾治理，普遍建立村庄保洁制度，推广垃圾分类和就近资源化利用，到2020年，90%以上行政村的生活垃圾得到处理。加大民用散煤清洁化治理力度，推进以电代煤、以气代煤，推广使用洁净煤、先进民用炉具，制定散煤质量标准，加强民用散煤管理，力争2017年底前基本解决京津冀区域民用散煤清洁化利用问题，到2020年底前北方地区散煤治理取得明显进展。加快治理公共机构食堂、餐饮服务企业油烟污染，推进餐厨废弃物资源化利用。家具、印刷、汽车维修等政府定点招标采购企业要使用低挥发性原辅材料。严格执行有机溶剂产品有害物质限量标准，推进建筑装饰、汽修、干洗、餐饮等行业挥发性有机物治理。（牵头单位：环境保护部、国家发展改革委、住房城乡建设部、国家能源局，参加单位：工业和信息化部、财政部、农业部、质检总局、国管局、中直管理局等）

（十八）重视农业污染排放治理。大力推广节约型农业技术，推进农业清洁生产。促进畜禽养殖场粪便收集处理和资源化利用，建设秸秆、粪便等有机废弃物处理设施，加强分区分类管理，依法关闭或搬迁禁养区内的畜禽养殖场（小区）和养殖专业户并给予合理补偿。开展农膜回收利用，到2020年农膜回收率达到80%以上，率先实现东北黑土地大田生产地膜零增长。深入推广测土配方施肥技术，提倡增施有机肥，开展农作物病虫害绿色防控和统防统治，推广高效低毒低残留农药使用，到2020年实现主要农作物化肥农药使用量零增长，化肥利用率提高到40%以上，京津冀、长三角、珠三角等区域提前一年完成。研究建立农药使用环境影响后评估制度，推进农药包装废弃物回收处理。建立逐级监督落实机制，疏堵结合、以疏为主，加强重点区域和重点时段秸秆禁烧。（牵头单位：农业部、环境保护部、国家能源局，参加单位：国家发展改革委、财政部、住房城乡建设部、质检总局等）

五、大力发展循环经济

（十九）全面推动园区循环化改造。按照空间布局合理化、产业结构最优化、产业链接循环化、资源利用高效化、污染治理集中化、基础设施绿色化、运行管理规范化的要求，加快对现有园区的循环化改造升级，延伸产业链，提高产业关联度，建设公共服务平台，实现土地集约利用、资源能源高效利用、废弃物资源化利用。对综合性开发区、重化工产业开发区、高新技术开发区等不同性质的园区，加强分类指导，强化效果评估和工作考核。到2020年，75%的国家级园区和50%的省级园区实施循环化改造，长江经济带超过90%的省级以上（含省级）重化工园区实施循环化改造。（牵头单位：国家发展改革委、财政部，参加单位：科技部、工业和信息化部、环境保护部、商务部等）

（二十）加强城市废弃物规范有序处理。推动餐厨废弃物、建筑垃圾、园林废弃物、城市污泥和废旧纺织品等城市典型废弃物集中处理和资源化利用，推进燃煤耦合污泥等城市废弃物发电。选择50个左右地级及以上城市规划布局低值废弃物协同处理基地，完善城市废弃物回收利用体系，到2020年，餐厨废弃物资源化率达到30%。（牵头单位：国家发展改革委、住房城乡建设部，参加单位：环境保护部、农业部、民政部、国管局、中直管理局等）

（二十一）促进资源循环利用产业提质升级。依托国家“城市矿产”示范基地，促进资源再生利用企业集聚化、园区化、区域协同化布局，提升再生资源利用行业清洁化、高值化水平。实行生产者责任延伸制度。推动太阳能光伏组件、碳纤维材料、生物基纤维、复合材料和节能灯等新品种废弃物的回收利用，推进动力蓄电池梯级利用和规范回收处理。加强再生资源规范管理，发布重点品种规范利用条件。大力发展再制造产业，推动汽车零部件及大型工业装备、办公设备等产品再制造。规范再制造服务体系，建立健全再生产品、再制造产品的推广应用机制。鼓励专业化再制造服务公司与钢铁、冶金、化工、机械等生产制造企业合作，开展设备寿命评估与检测、清洗与强化延寿等再制造专业技术服务。继续开展再制造产业示范基地建设和机电产品再制造试点示范工作。到2020年，再生资源回收利用产业产值达到1.5万亿元，再制造产业产值超过1000亿元。（牵头单位：国家发展改革委，参加单位：科技部、工业和信息化部、环境保护部、住房城乡建设部、商务部等）

（二十二）统筹推进大宗固体废弃物综合利用。加强共伴生矿产资源及尾矿综合利用。推动煤矸石、粉煤灰、工业副产石膏、冶炼和化工废渣等工业固体废弃物综合利用。开展大宗产业废弃物综合利用示范基地建设。推进水泥窑协同处置城市生活垃圾。大力推动农作物秸秆、林业“三剩物”（采伐、造材和加工剩余物）、规模化养殖场粪便的资源化利用，因地制宜发展各类沼气工程和燃煤耦合秸秆发电工程。到2020年，工业固体废物综合利用率达到73%以上，农作物秸秆综合利用率达到85%。（牵头单位：国家发展改革委，参加单位：工业和信息化部、国土资源部、环境保护部、住房城乡建设部、农业部、国家林业局、国家能源局等）

（二十三）加快互联网与资源循环利用融合发展。支持再生资源企业利用大数据、云计算等技术优化逆向物流网点布局，建立线上线下融合的回收网络，在地级及以上城市逐步建设废弃物在线回收、交易等平台，推广“互联网+”回收新模式。建立重点品种的全生命周期追溯机制。在开展循环化改造的园区建设产业共生平台。鼓励相关行业协会、企业逐步构建行业性、区域性、全国性的产业废弃物和再生资源在线交易系统，发布交易价格指数。支持汽车维修、汽车保险、旧件回收、再制造、报废拆解等汽车产品售后全生命周期信息的互通共享。到2020年，初步形成废弃电器电子产品等高值废弃物在线回收利用体系。（牵头单位：国家发展改革委，参加单位：科技部、工业和信息化部、环境保护部、交通运输部、商务部、保监会等）

六、实施节能减排工程

（二十四）节能重点工程。组织实施燃煤锅炉节能环保综合提升、电机系统能效提升、余热暖民、绿色照明、节能技术装备产业化示范、能量系统优化、煤炭消费减量替代、重点用能单位综合能效提升、合同能源管理推进、城镇化节能升级改造、天然气分布式能源示范工程等节能重点工程，推进能源综合梯级利用，形成3亿吨标准煤左右的节能能力，到2020年节能服务产业产值比2015年翻一番。（牵头单位：国家发展改革委，参加单位：科技部、工业和信息化部、财政部、住房城乡建设部、国务院国资委、质检总局、国管局、国家能源局、中直管理局等）

（二十五）主要大气污染物重点减排工程。实施燃煤电厂超低排放和节能改造工程，到2020年累计完成5.8亿千瓦机组超低排放改造任务，限期淘汰2000万千瓦落后产能和不符合相关强制性标准要求的机组。实施电力、钢铁、水泥、石化、平板玻璃、有色等重点行业全面达标排放治理工程。实施京津冀、长三角、珠三角等区域“煤改气”和“煤改电”工程，扩大城市禁煤区范围，建设完善区域天然气输送管道、城市燃气管网、农村配套电网，加快建设天然气储气库、城市调峰站储气罐等基础工程，新增“煤改气”工程用气450亿立方米以上，替代燃煤锅炉18.9万蒸吨。实施石化、化工、工业涂装、包装印刷等重点行业挥发性有机物治理工程，到2020年石化企业基本完成挥发性有机物治理。（牵头单位：环境保护部、国家能源局，参加单位：国家发展改革委、工业和信息化部、财政部、国务院国资委、质检总局等）

（二十六）主要水污染物重点减排工程。加强城市、县城和其他建制镇生活污染减排设施建设。加快污水收集管网建设，实施城镇污水、工业园区废水、污泥处理设施建设与提标改造工程，推进再生水回用设施建设。加快畜禽规模养殖场（小区）污染治理，75%以上的养殖场（小区）配套建设固体废弃物和污水贮存处理设施。（牵头单位：环境保护部、国家发展改革委、住房城乡建设部，参加单位：工业和信息化部、财政部、农业部、国家海洋局等）

（二十七）循环经济重点工程。组织实施园区循环化改造、资源循环利用产业示范基地建设、工农复合型循环经济示范区建设、京津冀固体废弃物协同处理、“互联网+”资源循环、再生产品与再制造产品推广等专项行动，建设100个资源循环利用产业示范基地、50个工业废弃物综合利用产业基地、20个工农复合型循环经济示范区，推进生产和生活系统循环链接，构建绿色低碳循环的产业体系。到2020年，再生资源替代原生资源量达到13亿吨，资源循环利用产业产值达到3万亿元。（牵头单位：国家发展改革委、财政部，参加单位：科技部、工业和信息化部、环境保护部、住房城乡建设部、农业部、商务部等）

七、强化节能减排技术支撑和服务体系建设

（二十八）加快节能减排共性关键技术研发示范推广。启动“十三五”节能减排科技战略研究和专项规划编制工作，加快节能减排科技资源集成和统筹部署，继续组织实施节能减排重大科技产业化工程。加快高超超临界发电、低品位余热发电、小型

燃气轮机、煤炭清洁高效利用、细颗粒物治理、挥发性有机物治理、汽车尾气净化、原油和成品油码头油气回收、垃圾渗滤液处理、多污染协同处理等新型技术装备研发和产业化。推广高效烟气除尘和余热回收一体化、高效热泵、半导体照明、废弃物循环利用等成熟适用技术。遴选一批节能减排协同效益突出、产业化前景好的先进技术，推广系统性技术解决方案。（牵头单位：科技部、国家发展改革委，参加单位：工业和信息化部、环境保护部、住房城乡建设部、交通运输部、国家能源局等）

（二十九）推进节能减排技术系统集成应用。推进区域、城镇、园区、用能单位等系统用能和节能。选择具有示范作用、辐射效应的园区和城市，统筹整合钢铁、水泥、电力等高耗能企业的余热余能资源和区域用能需求，实现能源梯级利用。大力发展“互联网+”智慧能源，支持基于互联网的能源创新，推动建立城市智慧能源系统，鼓励发展智能家居、智能楼宇、智能小区和智能工厂，推动智能电网、储能设施、分布式能源、智能用电终端协同发展。综合采取节能减排系统集成技术，推动锅炉系统、供热/制冷系统、电机系统、照明系统等优化升级。（牵头单位：国家发展改革委、工业和信息化部、国家能源局，参加单位：科技部、财政部、住房城乡建设部、质检总局等）

（三十）完善节能减排创新平台和服务体系。建立完善节能减排技术评估体系和科技创新创业综合服务平台，建设绿色技术服务平台，推动建立节能减排技术和产品的检测认证服务机制。培育一批具有核心竞争力的节能减排科技企业和服务基地，建立一批节能科技成果转移促进中心和交流转化平台，组建一批节能减排产业技术创新战略联盟、研究基地（平台）等。继续发布国家重点节能低碳技术推广目录，建立节能减排技术遴选、评定及推广机制。加快引进国外节能环保新技术、新装备，推动国内节能减排先进技术装备“走出去”。（牵头单位：科技部、国家发展改革委、工业和信息化部、环境保护部，参加单位：住房城乡建设部、交通运输部、质检总局等）

八、完善节能减排支持政策

（三十一）完善价格收费政策。加快资源环境价格改革，健全价格形成机制。督促各地落实差别电价和惩罚性电价政策，严格清理地方违规出台的高耗能企业优惠电价政策。实行超定额用水累进加价制度。督促各地严格落实水泥、电解铝等行业阶梯电价政策，促进节能降耗。研究完善天然气价格政策。完善居民阶梯电价（煤改电除外）制度，全面推行居民阶梯气价（煤改气除外）、水价制度。深化供热计量收费改革，完善脱硫、脱硝、除尘和超低排放环保电价政策，加强运行监管，严肃查处不执行环保电价政策的行为。鼓励各地制定差别化排污收费政策。研究扩大挥发性有机物排放行业排污费征收范围。实施环境保护费改税，推进开征环境保护税。落实污水处理费政策，完善排污权交易价格体系。加大垃圾处理费收缴力度，提高收缴率。（牵

头单位：国家发展改革委、财政部，参加单位：工业和信息化部、环境保护部、住房城乡建设部、水利部、国家能源局等）

（三十二）完善财政税收激励政策。加大对节能减排工作的资金支持力度，统筹安排相关专项资金，支持节能减排重点工程、能力建设和公益宣传。创新财政资金支持节能减排重点工程、项目的方式，发挥财政资金的杠杆作用。推广节能环保服务政府采购，推行政府绿色采购，完善节能环保产品政府强制采购和优先采购制度。清理取消不合理化石能源补贴。对节能减排工作任务完成较好的地区和企业予以奖励。落实支持节能减排的企业所得税、增值税等优惠政策，修订完善《环境保护专用设备企业所得税优惠目录》和《节能节水专用设备企业所得税优惠目录》。全面推进资源税改革，逐步扩大征收范围。继续落实资源综合利用税收优惠政策。从事国家鼓励类项目的企业进口自用节能减排技术装备且符合政策规定的，免征进口关税。（牵头单位：财政部、税务总局，参加单位：国家发展改革委、工业和信息化部、环境保护部、住房城乡建设部、国务院国资委、国管局等）

（三十三）健全绿色金融体系。加强绿色金融体系的顶层设计，推进绿色金融业务创新。鼓励银行业金融机构对节能减排重点工程给予多元化融资支持。健全市场化绿色信贷担保机制，对于使用绿色信贷的项目单位，可按规定申请财政贴息支持。对银行机构实施绿色评级，鼓励金融机构进一步完善绿色信贷机制，支持以用能权、碳排放权、排污权和节能项目收益权等为抵（质）押的绿色信贷。推进绿色债券市场发展，积极推动金融机构发行绿色金融债券，鼓励企业发行绿色债券。研究设立绿色发展基金，鼓励社会资本按市场化原则设立节能环保产业投资基金。支持符合条件的节能减排项目通过资本市场融资，鼓励绿色信贷资产、节能减排项目应收账款证券化。在环境高风险领域建立环境污染强制责任保险制度。积极推动绿色金融领域国际合作。（牵头单位：人民银行、财政部、国家发展改革委、环境保护部、银监会、证监会、保监会）

九、建立和完善节能减排市场化机制

（三十四）建立市场化交易机制。健全用能权、排污权、碳排放权交易机制，创新有偿使用、预算管理、投融资等机制，培育和发展交易市场。推进碳排放权交易，2017 年启动全国碳排放权交易市场。建立用能权有偿使用和交易制度，选择若干地区开展用能权交易试点。加快实施排污许可制，建立企事业单位污染物排放总量控制制度，继续推进排污权交易试点，试点地区到 2017 年底基本建立排污权交易制度，研究扩大试点范围，发展跨区域排污权交易市场。（牵头单位：国家发展改革委、财政部、环境保护部）

（三十五）推行合同能源管理模式。实施合同能源管理推广工程，鼓励节能服务公司创新服务模式，为用户提供节能咨询、诊断、设计、融资、改造、托管等“一站式”合同能源管理综合服务。取消节能服务公司审核备案制度，任何地方和单位不得以是否具备节能服务公司审核备案资格限制企业开展业务。建立节能服务公司、用能单位、第三方机构失信黑名单制度，将失信行为纳入全国信用信息共享平台。落实节能服务公司税收优惠政策，鼓励各级政府加大对合同能源管理的支持力度。政府机构按照合同能源管理合同支付给节能服务公司的支出，视同能源费用支出。培育以合同能源管理资产交易为特色的资产交易平台。鼓励社会资本建立节能服务产业投资基金。支持节能服务公司发行绿色债券。创新投债贷结合促进合同能源管理业务发展。（牵头单位：国家发展改革委、财政部、税务总局，参加单位：工业和信息化部、住房城乡建设部、人民银行、国管局、银监会、证监会、中直管理局等）

（三十六）健全绿色标识认证体系。强化能效标识管理制度，扩大实施范围。推行节能低碳环保产品认证。完善绿色建筑、绿色建材标识和认证制度，建立可追溯的绿色建材评价和信息管理系统。推进能源管理体系认证。制修订绿色商场、绿色宾馆、绿色饭店、绿色景区等绿色服务评价办法，积极开展第三方认证评价。逐步将目前分头设立的环保、节能、节水、循环、低碳、再生、有机等产品统一整合为绿色产品，建立统一的绿色产品标准、认证、标识体系。加强节能低碳环保标识监督检查，依法查处虚标企业。开展能效、水效、环保领跑者引领行动。（牵头单位：国家发展改革委、工业和信息化部、环境保护部、质检总局，参加单位：财政部、住房城乡建设部、水利部、商务部等）

（三十七）推进环境污染第三方治理。鼓励在环境监测与风险评估、环境公用设施建设与运行、重点区域和重点行业污染防治、生态环境综合整治等领域推行第三方治理。研究制定第三方治理项目增值税即征即退政策，加大财政对第三方治理项目的补助和奖励力度。鼓励各地积极设立第三方治理项目引导基金，解决第三方治理企业融资难、融资贵问题。引导地方政府开展第三方治理试点，建立以效付费机制。提升环境服务供给水平与质量。到2020年，环境公用设施建设与运营、工业园区第三方治理取得显著进展，污染治理效率和专业化水平明显提高，环境公用设施投资运营体制改革基本完成，涌现出一批技术能力强、运营管理水平高、综合信用好、具有国际竞争力的环境服务公司。（牵头单位：国家发展改革委、环境保护部，参加单位：工业和信息化部、财政部、住房城乡建设部等）

（三十八）加强电力需求侧管理。推行节能低碳、环保电力调度，建设国家电力需求侧管理平台，推广电能服务，总结电力需求侧管理城市综合试点经验，实施工业领域电力需求侧管理专项行动，引导电网企业支持和配合平台建设及试点工作，鼓励电力用户积极采用节电技术产品，优化用电方式。深化电力体制改革，扩大峰谷电价、分时电价、可中断电价实施范围。加强储能和智能电网建设，增强电网调峰和需求侧响应能力。（牵头单位：国家发展改革委，参加单位：工业和信息化部、财政部、国家能源局等）

十、落实节能减排目标责任

（三十九）健全节能减排计量、统计、监测和预警体系。健全能源计量体系和消费统计指标体系，完善企业联网直报系统，加大统计数据审核与执法力度，强化统计数据质量管理，确保统计数据基本衔接。完善环境统计体系，补充调整工业、城镇生活、农业等重要污染源调查范围。建立健全能耗在线监测系统和污染源自动在线监测系统，对重点用能单位能源消耗实现实时监测，强化企业污染物排放自行监测和环境信息公开，2020年污染源自动监控数据有效传输率、企业自行监测结果公布率保持在90%以上，污染源监督性监测结果公布率保持在95%以上。定期公布各地区、重点行业、重点单位节能减排目标完成情况，发布预警信息，及时提醒高预警等级地区和单位的相关负责人，强化督促指导和帮扶。完善生态环境质量监测评价，建立地市报告、省级核查、国家审查的减排管理机制，鼓励引入第三方评估；加强重点减排工程调度管理，对环境质量改善达不到进度要求、重点减排工程建设滞后或运行不稳定、政策措施落实不到位的地区及时预警。（牵头单位：国家发展改革委、环境保护部、国家统计局，参加单位：工业和信息化部、住房城乡建设部、交通运输部、国务院国资委、质检总局、国管局等）

（四十）合理分解节能减排指标。实施能源消耗总量和强度双控行动，改革完善主要污染物总量减排制度。强化约束性指标管理，健全目标责任分解机制，将全国能耗总量控制和节能目标分解到各地区、主要行业和重点用能单位。各地区要根据国家下达的任务明确年度工作目标并层层分解落实，明确下一级政府、有关部门、重点用能单位责任，逐步建立省、市、县三级用能预算管理体系，编制用能预算管理方案；以改善环境质量为核心，突出重点工程减排，实行分区分类差别化管理，科学确定减排指标，环境质量改善任务重的地区承担更多的减排任务。（牵头单位：国家发展改革委、环境保护部，参加单位：工业和信息化部、住房城乡建设部、交通运输部、国管局、国家能源局等）

（四十一）加强目标责任评价考核。强化节能减排约束性指标考核，坚持总量减排和环境质量考核相结合，建立以环境质量考核为导向的减排考核制度。国务院每年组织开展省级人民政府节能减排目标责任评价考核，将考核结果作为领导班子和领导干部考核的重要内容，继续深入开展领导干部自然资源资产离任审计试点。对未完成能耗强度降低目标的省级人民政府实行问责，对未完成国家下达能耗总量控制目标任务的予以通报批评和约谈，实行高耗能项目缓批限批。对环境质量改善、总量减排目标均未完成的地区，暂停新增排放重点污染物建设项目的环评审批，暂停或减少中央财政资金支持，必要时列入环境保护督查范围。对重点单位节能减排考核结果进行公告并纳入社会信用记录系统，对未完成目标任务的暂停审批或核准新建扩建高耗能项目。落实国有企业节能减排目标责任制，将节能减排指标完成情况作为企业绩效和负责人业绩考核的重要内容。对节能减排贡献突出的地区、单位和个人以适当方式给予表彰奖励。（牵头单位：国家发展改革委、环境保护部、中央组织部，参加单位：工业和信息化部、财政部、住房城乡建设部、交通运输部、国务院国资委、质检总局、国家统计局、国管局、国家海洋局等）

十一、强化节能减排监督检查

（四十二）健全节能环保法律法规标准。加快修订完善节能环保方面的法律制度，推动制修订环境保护税法、水污染防治法、土壤污染防治法、能源法、固体废弃物污染环境防治法等。制修订建设项目环境保护管理条例、环境监测管理条例、重点用能单位节能管理办法、锅炉节能环保监督管理办法、节能服务机构管理暂行办法、污染地块土壤环境管理暂行办法、环境影响登记表备案管理办法等。健全节能标准体系，提高建筑节能标准，实现重点行业、设备节能标准全覆盖，继续实施百项能效标准推进工程。开展节能标准化和循环经济标准化试点示范建设。制定完善环境保护综合名录。制修订环保产品、环保设施运行效果评估、环境质量、污染物排放、环境监测方法等相关标准。鼓励地方依法制定更加严格的节能环保标准，鼓励制定节能减排团体标准。（牵头单位：国家发展改革委、工业和信息化部、环境保护部、质检总局、国务院法制办，参加单位：住房城乡建设部、交通运输部、商务部、国家统计局、国管局、国家海洋局、国家能源局、中直管理局等）

（四十三）严格节能减排监督检查。组织开展节能减排专项检查，督促各项措施落实。强化节能环保执法监察，加强节能审查，强化事中事后监管，加大对重点用能单位和重点污染源的执法检查力度，严厉查处各类违法违规用能和环境违法违规行为，依法公布违法单位名单，发布重点企业污染物排放信息，对严重违法违规行为进行公开通报或挂牌督办，确保节能环保法律、法规、规章和强制性标准有效落实。强化执法问责，对行政不作为、执法不严等行为，严肃追究有关主管部门和执法机构负责人的责任。（牵头单位：国家发展改革委、工业和信息化部、环境保护部，参加单位：住房城乡建设部、质检总局、国家海洋局等）

（四十四）提高节能减排管理服务水平。建立健全节能管理、监察、服务“三位一体”的节能管理体系。建立节能服务和监管平台，加强政府管理和服务能力建设。继续推进能源统计能力建设，加强工作力量。加强节能监察能力建设，进一步完善省、市、县三级节能监察体系。健全环保监管体制，开展省以下环保机构监测监察执法垂直管理制度试点，推进环境监察机构标准化建设，全面加强挥发性有机物环境空气质量和污染排放自动在线监测工作。开展污染源排放清单编制工作，出台主要污染物减排核查核算办法（细则）。进一步健全能源计量体系，深入推进城市能源计量建设示范，开展计量检测、能效计量比对等节能服务活动，加强能源计量技术服务和能源计量审查。建立能源消耗数据核查机制，建立健全统一的用能量和节能量审核方法、标准、操作规范和流程，加强核查机构管理，依法严厉打击核查工作中的弄虚作假行为。推动大数据在节能减排领域的应用。创新节能管理和服务模式，开展能效服务网络体系建设试点，促进用能单位经验分享。制定节能减排培训纲要，实施培训计划，依托专业技术人才知识更新工程等国家重大人才工程项目，加强对各级领导干部和政府节能管理部门、节能监察机构、用能单位相关人员的培训。（牵头单位：国家发展改革委、工业和信息化部、财政部、环境保护部，参加单位：人力资源社会保障部、住房城乡建设部、质检总局、国家统计局、国管局、国家海洋局、中直管理局等）

十二、动员全社会参与节能减排

（四十五）推行绿色消费。倡导绿色生活，推动全民在衣、食、住、行等方面更加勤俭节约、绿色低碳、文明健康，坚决抵制和反对各种形式的奢侈浪费。开展旧衣“零抛弃”活动，方便闲置旧物交换。积极引导绿色金融支持绿色消费，积极引导消费者购买节能与新能源汽车、高效家电、节水型器具等节能环保低碳产品，减少一次性用品的使用，限制过度包装，尽可能选用低挥发性水性涂料和环境友好型材料。加快畅通绿色产品流通渠道，鼓励建立绿色批发市场、节能超市等绿色流通主体。大力推广绿色低碳出行，倡导绿色生活和休闲模式。到2020年，能效标识2级以上的空调、冰箱、热水器等节能家电市场占有率达到50%以上。（牵头单位：国家发展改革委、环境保护部，参加单位：工业和信息化部、财政部、住房城乡建设部、交通运输部、商务部、中央军委后勤保障部、全国总工会、共青团中央、全国妇联等）

（四十六）倡导全民参与。推动全社会树立节能是第一能源、节约就是增加资源的理念，深入开展全民节约行动和节能“进机关、进单位、进企业、进军营、进商超、进宾馆、进学校、进家庭、进社区、进农村”等“十进”活动。制播节能减排公益广告，鼓励建设节能减排博物馆、展示馆，创建一批节能减排宣传教育示范基地，形成人人、事事、时时参与节能减排的社会氛围。发展节能减排公益事业，鼓励公众参与节能减排公益活动。加强节能减排、应对气候变化等领域国际合作，推动落实《二十国集团能效引领计划》。（牵头单位：中央宣传部、国家发展改革委、环境保护部，参加单位：外交部、教育部、工业和信息化部、财政部、住房城乡建设部、国务院国资委、质检总局、新闻出版广电总局、国管局、中直管理局、中央军委后勤保障部、全国总工会、共青团中央、全国妇联等）

（四十七）强化社会监督。充分发挥各种媒体作用，报道先进典型、经验和做法，曝光违规用能和各种浪费行为。完善公众参与制度，及时准确披露各类环境信息，扩大公开范围，保障公众知情权，维护公众环境权益。依法实施环境公益诉讼制度，对污染环境、破坏生态的行为可依法提起公益诉讼。（牵头单位：中央宣传部、国家发展改革委、环境保护部，参加单位：全国总工会、共青团中央、全国妇联等）

附表1 “十三五”各地区能耗总量和强度“双控”目标

地　区	“十三五”能耗强度降低目标/%	2015年能源消费总量/万吨标准煤	“十三五”能耗增量控制目标/万吨标准煤
北京	17	6853	800
天津	17	8260	1040
河北	17	29395	3390
山西	15	19384	3010
内蒙古	14	18927	3570
辽宁	15	21667	3550
吉林	15	8142	1360
黑龙江	15	12126	1880
上海	17	11387	970
江苏	17	30235	3480
浙江	17	19610	2380
安徽	16	12332	1870
福建	16	12180	2320
江西	16	8440	1510
山东	17	37945	4070
河南	16	23161	3540
湖北	16	16404	2500
湖南	16	15469	2380
广东	17	30145	3650
广西	14	9761	1840
海南	10	1938	660
重庆	16	8934	1660
四川	16	19888	3020
贵州	14	9948	1850
云南	14	10357	1940
西藏	10	—	—
陕西	15	11716	2170
甘肃	14	7523	1430
青海	10	4134	1120
宁夏	14	5405	1500
新疆	10	15651	3540

注：西藏自治区相关数据暂缺。

附表 2 “十三五”主要行业和部门节能指标

指标	单位	2015 年实际值	2020 年 目标值	2020 年 变化幅度/变化率
工业				
单位工业增加值（规模以上）能耗				［-18%］
火电供电煤耗	克标准煤/千瓦时	315	306	-9
吨钢综合能耗	千克标准煤	572	560	-12
水泥熟料综合能耗	千克标准煤/吨	112	105	-7
电解铝液交流电耗	千瓦时/吨	13350	13200	-150
炼油综合能耗	千克标准油/吨	65	63	-2
乙烯综合能耗	千克标准煤/吨	816	790	-26
合成氨综合能耗	千克标准煤/吨	1331	1300	-31
纸及纸板综合能耗	千克标准煤/吨	530	480	-50
建筑				
城镇既有居住建筑节能改造累计面积	亿平方米	12.5	17.5	+5
城镇公共建筑节能改造累计面积	亿平方米	1	2	+1
城镇新建绿色建筑标准执行率	%	20	50	+30
交通运输				
铁路单位运输工作量综合能耗	吨标准煤/百万换算吨公里	4.71	4.47	［-5%］
营运车辆单位运输周转量能耗下降率				［-6.5%］
营运船舶单位运输周转量能耗下降率				［-6%］
民航业单位运输周转量能耗	千克标准煤/吨公里	0.433	<0.415	>［-4%］
新生产乘用车平均油耗	升/百公里	6.9	5	-1.9
公共机构				
公共机构单位建筑面积能耗	千克标准煤/平方米	20.6	18.5	［-10%］
公共机构人均能耗	千克标准煤/人	370.7	330.0	［-11%］
终端用能设备				
燃煤工业锅炉（运行）效率	%	70	75	+5
电动机系统效率	%	70	75	+5
一级能效容积式空气压缩机市场占有率 小于 55 kW	%	15	30	+15
一级能效容积式空气压缩机市场占有率 55～220 kW	%	8	13	+5
一级能效容积式空气压缩机市场占有率 大于 220 kW	%	5	8	+3
一级能效电力变压器市场占有率	%	0.1	10	+9.9
二级以上能效房间空调器市场占有率	%	22.6	50	+27.4
二级以上能效电冰箱市场占有率	%	98.3	99	+0.7
二级以上能效家用燃气热水器市场占有率	%	93.7	98	+4.3

注：［］内为变化率。

附表3 “十三五”各地区化学需氧量排放总量控制计划

地 区	2015年排放量/万吨	2020年减排比例/%	2020年重点工程减排量/万吨
北京	16.2	14.4	2.33
天津	20.9	14.4	2.47
河北	120.8	19.0	16.14
山西	40.5	17.6	4.75
内蒙古	83.6	7.1	5.19
辽宁	116.7	13.4	8.41
吉林	72.4	4.8	2.32
黑龙江	139.3	6.0	7.33
上海	19.9	14.5	2.72
江苏	105.5	13.5	10.39
浙江	68.3	19.2	7.64
安徽	87.1	9.9	7.70
福建	60.9	4.1	2.14
江西	71.6	4.3	2.73
山东	175.8	11.7	13.30
河南	128.7	18.4	16.98
湖北	98.6	9.9	8.25
湖南	120.8	10.1	10.49
广东	160.7	10.4	11.06
广西	71.1	1.0	0.35
海南	18.8	1.2	0.16
重庆	38.0	7.4	2.36
四川	118.6	12.8	14.09
贵州	31.8	8.5	2.77
云南	51.0	14.1	5.85
西藏	2.9	—	—
陕西	48.9	10.0	2.63
甘肃	36.6	8.2	2.40
青海	10.4	1.1	0.07
宁夏	21.1	1.2	0.10
新疆	56.0	1.6	0.71
新疆生产建设兵团	10.0	1.6	0.04

注：2020年减排比例根据各地区地表水质量改善任务确定，重点工程减排量根据“十三五”规划纲要、《水污染防治行动计划》及相关规划提出的环境治理保护重点工程确定。

附表 4 “十三五”各地区氨氮排放总量控制计划

地 区	2015 年排放量/万吨	2020 年减排比例/%	2020 年重点工程减排量/万吨
北京	1.6	16.1	0.24
天津	2.4	16.1	0.38
河北	9.7	20.0	1.59
山西	5.0	18.0	0.61
内蒙古	4.7	7.0	0.28
辽宁	9.6	8.8	0.85
吉林	5.1	6.4	0.20
黑龙江	8.1	7.0	0.48
上海	4.3	13.4	0.53
江苏	13.8	13.4	1.25
浙江	9.8	17.6	0.85
安徽	9.7	14.3	1.07
福建	8.5	3.5	0.30
江西	8.5	3.8	0.32
山东	15.3	13.4	1.49
河南	13.4	16.6	1.93
湖北	11.4	10.2	1.02
湖南	15.1	10.1	1.41
广东	20.0	11.3	1.54
广西	7.7	1.0	0.08
海南	2.1	1.9	0.04
重庆	5.0	6.3	0.32
四川	13.1	13.9	1.74
贵州	3.6	11.2	0.41
云南	5.5	12.9	0.67
西藏	0.3	—	—
陕西	5.6	10.0	0.38
甘肃	3.7	8.0	0.28
青海	1.0	1.4	0.01
宁夏	1.6	0.7	0.01
新疆	4.0	2.8	0.09
新疆生产建设兵团	0.5	2.8	—

注：2020 年减排比例根据各地区地表水质量改善任务确定，重点工程减排量根据“十三五”规划纲要、《水污染防治行动计划》及相关规划提出的环境治理保护重点工程确定。

附表 5 “十三五”各地区二氧化硫排放总量控制计划

地 区	2015 年排放量/万吨	2020 年减排比例/%	2020 年重点工程减排量/万吨
北京	7.1	35	1.8
天津	18.6	25	2.8
河北	110.8	28	18.4
山西	112.1	20	22.4
内蒙古	123.1	11	13.5
辽宁	96.9	20	14.4
吉林	36.3	18	5.2
黑龙江	45.6	11	4.3
上海	17.1	20	3.4
江苏	83.5	20	13.3
浙江	53.8	17	9.1
安徽	48.0	16	5.2
福建	33.8	—	3.5
江西	52.8	12	6.3
山东	152.6	27	35.0
河南	114.4	28	20.5
湖北	55.1	20	10.9
湖南	59.6	21	8.5
广东	67.8	3	2.0
广西	42.1	13	4.5
海南	3.2	—	0.4
重庆	49.6	18	8.1
四川	71.8	16	11.2
贵州	85.3	7	6.0
云南	58.4	1	0.6
西藏	0.5	—	—
陕西	73.5	15	11.0
甘肃	57.1	8	4.6
青海	15.1	6	0.9
宁夏	35.8	12	4.3
新疆	66.8	3	2.0
新疆生产建设兵团	11.0	13	0.9

注：2020 年减排比例根据各地区空气质量改善任务确定，重点工程减排量根据“十三五”规划纲要、《大气污染防治行动计划》及相关规划提出的环境治理保护重点工程确定。

附表 6 “十三五”各地区氮氧化物排放总量控制计划

地　区	2015 年排放量/万吨	2020 年减排比例/%	2020 年重点工程减排量/万吨
北京	13.8	25	0.7
天津	24.7	25	3.5
河北	135.1	28	19.9
山西	93.1	20	16.3
内蒙古	113.9	11	12.5
辽宁	82.8	20	14.9
吉林	50.2	18	9.0
黑龙江	64.5	11	7.1
上海	30.1	20	5.2
江苏	106.8	20	18.7
浙江	60.7	17	10.3
安徽	72.1	16	9.0
福建	37.9	—	4.6
江西	49.3	12	5.9
山东	142.4	27	31.0
河南	126.2	28	15.8
湖北	51.5	20	5.9
湖南	49.7	15	6.3
广东	99.7	3	3.0
广西	37.3	13	3.3
海南	9.0	—	1.2
重庆	32.1	18	2.8
四川	53.4	16	3.7
贵州	41.9	7	2.9
云南	44.9	1	0.4
西藏	5.3	—	—
陕西	62.7	15	9.4
甘肃	38.7	8	3.1
青海	11.8	6	0.7
宁夏	36.8	12	4.4
新疆	63.7	3	1.9
新疆生产建设兵团	9.9	13	1.3

注：2020 年减排比例根据各地区空气质量改善任务确定，重点工程减排量根据“十三五”规划纲要、《大气污染防治行动计划》及相关规划提出的环境治理保护重点工程确定。

附表7 “十三五”重点地区挥发性有机物排放总量控制计划

地　区	2015年排放量/万吨	2020年减排比例/%	2020年重点工程减排量/万吨
北京	23.4	25	3.5
天津	33.9	20	4.6
河北	154.6	20	19.5
辽宁	105.4	10	10.5
上海	42.1	20	8.4
江苏	187.0	20	31.2
浙江	139.2	20	25.5
安徽	95.9	10	9.2
山东	192.1	20	38.4
河南	167.5	10	16.6
湖北	98.7	10	9.9
湖南	98.3	10	7.9
广东	137.8	18	20.7
重庆	40.2	10	4.0
四川	111.3	5	5.6
陕西	67.5	5	3.4

注：“十三五”期间主要推进石化、化工、包装印刷和工业涂装等重点行业挥发性有机物减排，相关指标根据重点行业减排潜力、环境质量改善需求等因素分解落实到各有关省份。

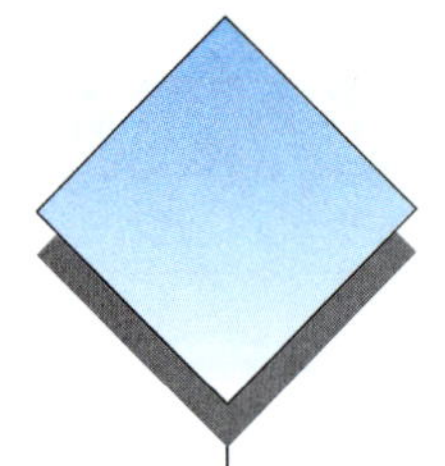

附录4 “十三五”生态环境保护规划

第一章 全国生态环境保护形势

党中央、国务院高度重视生态环境保护工作。“十二五”以来，坚决向污染宣战，全力推进大气、水、土壤污染防治，持续加大生态环境保护力度，生态环境质量有所改善，完成了“十二五”规划确定的主要目标和任务。“十三五”期间，经济社会发展不平衡、不协调、不可持续的问题仍然突出，多阶段、多领域、多类型生态环境问题交织，生态环境与人民群众需求和期待差距较大，提高环境质量，加强生态环境综合治理，加快补齐生态环境短板，是当前核心任务。

一、生态环境保护取得积极进展

生态文明建设上升为国家战略。党中央、国务院高度重视生态文明建设。习近平总书记多次强调，“绿水青山就是金山银山”，“要坚持节约资源和保护环境的基本国策”，“像保护眼睛一样保护生态环境，像对待生命一样对待生态环境”。李克强总理多次指出，要加大环境综合治理力度，提高生态文明水平，促进绿色发展，下决心走出一条经济发展与环境改善双赢之路。党的十八大以来，党中央、国务院把生态文明建设摆在更加重要的战略位置，纳入“五位一体”总体布局，作出一系列重大决策部署，出台《生态文明体制改革总体方案》，实施大气、水、土壤污染防治行动计划。把发展观、执政观、自然观内在统一起来，融入到执政理念、发展理念中，生态文明建设的认识高度、实践深度、推进力度前所未有。

生态环境质量有所改善。2015 年，全国 338 个地级及以上城市细颗粒物（PM2.5）年均浓度为 50 μg/m^3，首批开展监测的 74 个城市细颗粒物年均浓度比 2013 年下降 23.6%，京津冀、长三角、珠三角分别下降 27.4%、20.9%、27.7%，酸雨区占国土面积比例由历史高峰值的 30%左右降至 7.6%，大气污染防治初见成效。全国 1940 个地表水国控断面Ⅰ～Ⅲ类比例提高至 66%，劣Ⅴ类比例下降至 9.7%，大江大河干流水质明显改善。全国森林覆盖率提高至 21.66%，森林蓄积量达到 151.4 亿立方米，草原综合植被盖度 54%。建成自然保护区 2740 个，占陆地国土面积 14.8%，超过 90%的陆地自然生态系统类型、89%的国家重点保护野生动植物种类以及大多数重要自然遗迹在自然保护区内得到保护，大熊猫、东北虎、朱鹮、藏羚羊、扬子鳄等部分珍稀濒危物种野外种群数量稳中有升。荒漠化和沙化状况连续三个监测周期实现面积“双缩减”。

治污减排目标任务超额完成。到 2015 年，全国脱硫、脱硝机组容量占煤电总装机容量比例分别提高到 99%、92%，完成煤电机组超低排放改造 1.6 亿千瓦。全国城市污水处理率提高到 92%，城市建成区生活垃圾无害化处理率达到 94.1%。7.2 万个村庄实施环境综合整治，1.2 亿多农村人口直接受益。6.1 万家规模化养殖场（小区）建成废弃物处理和资源化利用设施。“十二五”期间，全国化学需氧量和氨氮、二氧化硫、氮氧化物排放总量分别累计下降 12.9%、13%、18%、18.6%。

生态保护与建设取得成效。天然林资源保护、退耕还林还草、退牧还草、防护林体系建设、河湖与湿地保护修复、防沙治沙、水土保持、石漠化治理、野生动植物保护及自然保护区建设等一批重大生态保护与修复工程稳步实施。重点国有林区天然林全部停止商业性采伐。全国受保护的湿地面积增加 525.94 万公顷，自然湿地保护率提高到 46.8%。沙化土地治理 10 万平方公里、水土流失治理 26.6 万平方公里。完成全国生态环境十年变化（2000—2010 年）调查评估，发布《中国生物多样性红色名录》。建立各级森林公园、湿地公园、沙漠公园 4300 多个。16 个省（区、市）开展生态省建设，1000 多个市（县、区）开展生态市（县、区）建设，114 个市（县、区）获得国家生态建设示范区命名。国有林场改革方案及国有林区改革指导意见印发实施，6 个省完成国有林场改革试点任务。

环境风险防控稳步推进。到 2015 年，50 个危险废物、273 个医疗废物集中处置设施基本建成，历史遗留的 670 万吨铬渣全部处置完毕，铅、汞、镉、铬、砷五种重金属污染物排放量比 2007 年下降 27.7%，涉重金属突发环境事件数量大幅减少。科学应对天津港“8·12”特别重大火灾爆炸等事故环境影响。核设施安全水平持续提高，核技术利用管理日趋规范，辐射环境质量保持良好。

生态环境法治建设不断完善。环境保护法、大气污染防治法、放射性废物安全管理条例、环境空气质量标准等完成制修订，生态环境损害责任追究办法等文件陆续出台，生态保护补偿机制进一步健全。深入开展环境保护法实施年活动和环境保护综合督察。全社会生态环境法治观念和意识不断加强。

二、生态环境是全面建成小康社会的突出短板

污染物排放量大面广，环境污染重。我国化学需氧量、二氧化硫等主要污染物排放量仍然处于2000万吨左右的高位，环境承载能力超过或接近上限。78.4%的城市空气质量未达标，公众反映强烈的重度及以上污染天数比例占3.2%，部分地区冬季空气重污染频发高发。饮用水水源安全保障水平亟需提升，排污布局与水环境承载能力不匹配，城市建成区黑臭水体大量存在，湖库富营养化问题依然突出，部分流域水体污染依然较重。全国土壤点位超标率16.1%，耕地土壤点位超标率19.4%，工矿废弃地土壤污染问题突出。城乡环境公共服务差距大，治理和改善任务艰巨。

山水林田湖缺乏统筹保护，生态损害大。中度以上生态脆弱区域占全国陆地国土面积的55%，荒漠化和石漠化土地占国土面积的近20%。森林系统低质化、森林结构纯林化、生态功能低效化、自然景观人工化趋势加剧，每年违法违规侵占林地约200万亩，全国森林单位面积蓄积量只有全球平均水平的78%。全国草原生态总体恶化局面尚未根本扭转，中度和重度退化草原面积仍占1/3以上，已恢复的草原生态系统较为脆弱。全国湿地面积近年来每年减少约510万亩，900多种脊椎动物、3700多种高等植物生存受到威胁。资源过度开发利用导致生态破坏问题突出，生态空间不断被蚕食侵占，一些地区生态资源破坏严重，系统保护难度加大。

产业结构和布局不合理，生态环境风险高。我国是化学品生产和消费大国，有毒有害污染物种类不断增加，区域性、结构性、布局性环境风险日益凸显。环境风险企业数量庞大、近水靠城，危险化学品安全事故导致的环境污染事件频发。突发环境事件呈现原因复杂、污染物质多样、影响地域敏感、影响范围扩大的趋势。过去十年年均发生森林火灾7600多起，森林病虫害发生面积1.75亿亩以上。近年来，年均截获有害生物达100万批次，动植物传染及检疫性有害生物从国境口岸传入风险高。

三、生态环境保护面临机遇与挑战

“十三五”期间，生态环境保护面临重要的战略机遇。全面深化改革与全面依法治国深入推进，创新发展和绿色发展深入实施，生态文明建设体制机制逐步健全，为环境保护释放政策红利、法治红利和技术红利。经济转型升级、供给侧结构性改革加快化解重污染过剩产能、增加生态产品供给，污染物新增排放压力趋缓。公众生态环境保护意识日益增强，全社会保护生态环境的合力逐步形成。

同时，我国工业化、城镇化、农业现代化的任务尚未完成，生态环境保护仍面临巨大压力。伴随着经济下行压力加大，发展与保护的矛盾更加突出，一些地方环保投入减弱，进一步推进环境治理和质量改善任务艰巨。区域生态环境分化趋势显现，污染点状分布转向面上扩张，部分地区生态系统稳定性和服务功能下降，统筹协调保护难度大。我国积极应对全球气候变化，推进“一带一路”建设，国际社会尤其是发达

国家要求我国承担更多环境责任，深度参与全球环境治理挑战大。

“十三五”期间，生态环境保护机遇与挑战并存，既是负重前行、大有作为的关键期，也是实现质量改善的攻坚期、窗口期。要充分利用新机遇新条件，妥善应对各种风险和挑战，坚定推进生态环境保护，提高生态环境质量。

第二章 指导思想、基本原则与主要目标

一、指导思想

全面贯彻党的十八大和十八届三中、四中、五中、六中全会精神，以邓小平理论、“三个代表”重要思想、科学发展观为指导，深入贯彻习近平总书记系列重要讲话精神和治国理政新理念新思想新战略，统筹推进“五位一体”总体布局和协调推进“四个全面”战略布局，牢固树立和贯彻落实创新、协调、绿色、开放、共享的发展理念，按照党中央、国务院决策部署，以提高环境质量为核心，实施最严格的环境保护制度，打好大气、水、土壤污染防治三大战役，加强生态保护与修复，严密防控生态环境风险，加快推进生态环境领域国家治理体系和治理能力现代化，不断提高生态环境管理系统化、科学化、法治化、精细化、信息化水平，为人民提供更多优质生态产品，为实现“两个一百年”奋斗目标和中华民族伟大复兴的中国梦作出贡献。

二、基本原则

坚持绿色发展、标本兼治。绿色富国、绿色惠民，处理好发展和保护的关系，协同推进新型工业化、城镇化、信息化、农业现代化与绿色化。坚持立足当前与着眼长远相结合，加强生态环境保护与稳增长、调结构、惠民生、防风险相结合，强化源头防控，推进供给侧结构性改革，优化空间布局，推动形成绿色生产和绿色生活方式，从源头预防生态破坏和环境污染，加大生态环境治理力度，促进人与自然和谐发展。

坚持质量核心、系统施治。以解决生态环境突出问题为导向，分区域、分流域、分阶段明确生态环境质量改善目标任务。统筹运用结构优化、污染治理、污染减排、达标排放、生态保护等多种手段，实施一批重大工程，开展多污染物协同防治，系统推进生态修复与环境治理，确保生态环境质量稳步提升，提高优质生态产品供给能力。

坚持空间管控、分类防治。生态优先，统筹生产、生活、生态空间管理，划定并严守生态保护红线，维护国家生态安全。建立系统完整、责权清晰、监管有效的管理格局，实施差异化管理，分区分类管控，分级分项施策，提升精细化管理水平。

坚持改革创新、强化法治。以改革创新推进生态环境保护，转变环境治理理念和方式，改革生态环境治理基础制度，建立覆盖所有固定污染源的企业排放许可制，实行省以下环保机构监测监察执法垂直管理制度，加快形成系统完整的生态文明制度体系。加强环境立法、环境司法、环境执法，从硬从严，重拳出击，促进全社会遵纪守法。依靠法律和制度加强生态环境保护，实现源头严防、过程严管、后果严惩。

坚持履职尽责、社会共治。建立严格的生态环境保护责任制度，合理划分中央和地方环境保护事权和支出责任，落实生态环境保护"党政同责""一岗双责"。落实企业环境治理主体责任，动员全社会积极参与生态环境保护，激励与约束并举，政府与市场"两手发力"，形成政府、企业、公众共治的环境治理体系。

三、主要目标

到2020年，生态环境质量总体改善。生产和生活方式绿色、低碳水平上升，主要污染物排放总量大幅减少，环境风险得到有效控制，生物多样性下降势头得到基本控制，生态系统稳定性明显增强，生态安全屏障基本形成，生态环境领域国家治理体系和治理能力现代化取得重大进展，生态文明建设水平与全面建成小康社会目标相适应。

专栏1 "十三五"生态环境保护主要指标

指标		2015年	2020年	[累计][①]	属性
生态环境质量					
1. 空气质量	地级及以上城市[②]空气质量优良天数比率/%	76.7	>80		约束性
	细颗粒物未达标地级及以上城市浓度下降/%			[18]	约束性
	地级及以上城市重度及以上污染天数比例下降/%			[25]	预期性
2. 水环境质量	地表水质量[③]达到或好于Ⅲ类水体比例/%	66	>70		约束性
	地表水质量劣Ⅴ类水体比例/%	9.7	<5		约束性
	重要江河湖泊水功能区水质达标率/%	70.8	>80		预期性
	地下水质量极差比例/%	15.7[④]	15左右		预期性
	近岸海域水质优良（一、二类）比例/%	70.5	70左右		预期性
3. 土壤环境质量	受污染耕地安全利用率/%	70.6	90左右		约束性
	污染地块安全利用率/%		90以上		约束性
4. 生态状况	森林覆盖率/%	21.66	23.04	[1.38]	约束性
	森林蓄积量/亿立方米	151	165	[14]	约束性
	湿地保有量/亿亩		≥8		预期性
	草原综合植被盖度/%	54	56		预期性
	重点生态功能区所属县域生态环境状况指数	60.4	>60.4		预期性

专栏1（续）

指标		2015年	2020年	[累计][1]	属性
污染物排放总量					
5. 主要污染物排放总量减少/%	化学需氧量			[10]	约束性
	氨氮			[10]	
	二氧化硫			[15]	
	氮氧化物			[15]	
6. 区域性污染物排放总量减少/%	重点地区重点行业挥发性有机物[5]			[10]	预期性
	重点地区总氮[6]			[10]	预期性
	重点地区总磷[7]			[10]	
生态保护修复					
7. 国家重点保护野生动植物保护率/%			>95		预期性
8. 全国自然岸线保有率/%			≥35		预期性
9. 新增沙化土地治理面积/万平方公里				[10]	预期性
10. 新增水土流失治理面积/万平方公里				[27]	预期性

注：① [ ] 内为5年累计数。

② 空气质量评价覆盖全国338个城市（含地、州、盟所在地及部分省辖县级市，不含三沙和儋州）。

③ 水环境质量评价覆盖全国地表水国控断面，断面数量由“十二五”期间的972个增加到1940个。

④ 为2013年数据。

⑤ 在重点地区、重点行业推进挥发性有机物总量控制，全国排放总量下降10%以上。

⑥ 对沿海56个城市及29个富营养化湖库实施总氮总量控制。

⑦ 总磷超标的控制单元以及上游相关地区实施总磷总量控制。

第三章　强化源头防控，夯实绿色发展基础

绿色发展是从源头破解我国资源环境约束瓶颈、提高发展质量的关键。要创新调控方式，强化源头管理，以生态空间管控引导构建绿色发展格局，以生态环境保护推进供给侧结构性改革，以绿色科技创新引领生态环境治理，促进重点区域绿色、协调发展，加快形成节约资源和保护环境的空间布局、产业结构和生产生活方式，从源头保护生态环境。

一、强化生态空间管控

全面落实主体功能区规划。强化主体功能区在国土空间开发保护中的基础作用，推动形成主体功能区布局。依据不同区域主体功能定位，制定差异化的生态环境目标、治理保护措施和考核评价要求。禁止开发区域实施强制性生态环境保护，严格控

制人为因素对自然生态和自然文化遗产原真性、完整性的干扰，严禁不符合主体功能定位的各类开发活动，引导人口逐步有序转移。限制开发的重点生态功能区开发强度得到有效控制，形成环境友好型的产业结构，保持并提高生态产品供给能力，增强生态系统服务功能。限制开发的农产品主产区着力保护耕地土壤环境，确保农产品供给和质量安全。重点开发区域加强环境管理与治理，大幅降低污染物排放强度，减少工业化、城镇化对生态环境的影响，改善人居环境，努力提高环境质量。优化开发区域引导城市集约紧凑、绿色低碳发展，扩大绿色生态空间，优化生态系统格局。实施海洋主体功能区规划，优化海洋资源开发格局。

划定并严守生态保护红线。2017 年底前，京津冀区域、长江经济带沿线各省（市）划定生态保护红线；2018 年底前，其他省（区、市）划定生态保护红线；2020 年底前，全面完成全国生态保护红线划定、勘界定标，基本建立生态保护红线制度。制定生态保护红线管控措施，建立健全生态保护补偿机制，定期发布生态保护红线保护状况信息。建立监控体系与评价考核制度，对各省（区、市）生态保护红线保护成效进行评价考核。全面保障国家生态安全，保护和提升森林、草原、河流、湖泊、湿地、海洋等生态系统功能，提高优质生态产品供给能力。

推动“多规合一”。以主体功能区规划为基础，规范完善生态环境空间管控、生态环境承载力调控、环境质量底线控制、战略环评与规划环评刚性约束等环境引导和管控要求，制定落实生态保护红线、环境质量底线、资源利用上线和环境准入负面清单的技术规范，强化“多规合一”的生态环境支持。以市县级行政区为单元，建立由空间规划、用途管制、差异化绩效考核等构成的空间治理体系。积极推动建立国家空间规划体系，统筹各类空间规划，推进“多规合一”。研究制定生态环境保护促进“多规合一”的指导意见。自 2018 年起，启动省域、区域、城市群生态环境保护空间规划研究。

二、推进供给侧结构性改革

强化环境硬约束推动淘汰落后和过剩产能。建立重污染产能退出和过剩产能化解机制，对长期超标排放的企业、无治理能力且无治理意愿的企业、达标无望的企业，依法予以关闭淘汰。修订完善环境保护综合名录，推动淘汰高污染、高环境风险的工艺、设备与产品。鼓励各地制定范围更宽、标准更高的落后产能淘汰政策，京津冀地区要加大对不能实现达标排放的钢铁等过剩产能淘汰力度。依据区域资源环境承载能力，确定各地区造纸、制革、印染、焦化、炼硫、炼砷、炼油、电镀、农药等行业规模限值。实行新（改、扩）建项目重点污染物排放等量或减量置换。调整优化产业结构，煤炭、钢铁、水泥、平板玻璃等产能过剩行业实行产能等量或减量置换。

严格环保能耗要求促进企业加快升级改造。实施能耗总量和强度“双控”行动，全面推进工业、建筑、交通运输、公共机构等重点领域节能。严格新建项目节能评估审查，加强工业节能监察，强化全过程节能监管。钢铁、有色金属、化工、建材、轻工、纺织等传统制造业全面实施电机、变压器等能效提升、清洁生产、节水治污、循环利用等专项技术改造，实施系统能效提升、燃煤锅炉节能环保综合提升、绿色照明、余热暖民等节能重点工程。支持企业增强绿色精益制造能力，推动工业园区和企业应用分布式能源。

促进绿色制造和绿色产品生产供给。从设计、原料、生产、采购、物流、回收等全流程强化产品全生命周期绿色管理。支持企业推行绿色设计，开发绿色产品，完善绿色包装标准体系，推动包装减量化、无害化和材料回收利用。建设绿色工厂，发展绿色工业园区，打造绿色供应链，开展绿色评价和绿色制造工艺推广行动，全面推进绿色制造体系建设。增强绿色供给能力，整合环保、节能、节水、循环、低碳、再生、有机等产品认证，建立统一的绿色产品标准、认证、标识体系。发展生态农业和有机农业，加快有机食品基地建设和产业发展，增加有机产品供给。到2020年，创建百家绿色设计示范企业、百家绿色示范园区、千家绿色示范工厂，绿色制造体系基本建立。

推动循环发展。实施循环发展引领计划，推进城市低值废弃物集中处置，开展资源循环利用示范基地和生态工业园区建设，建设一批循环经济领域国家新型工业化产业示范基地和循环经济示范市县。实施高端再制造、智能再制造和在役再制造示范工程。深化工业固体废物综合利用基地建设试点，建设产业固体废物综合利用和资源再生利用示范工程。依托国家“城市矿产”示范基地，培育一批回收和综合利用骨干企业、再生资源利用产业基地和园区。健全再生资源回收利用网络，规范完善废钢铁、废旧轮胎、废旧纺织品与服装、废塑料、废旧动力电池等综合利用行业管理。尝试建立逆向回收渠道，推广“互联网＋回收”、智能回收等新型回收方式，实行生产者责任延伸制度。到2020年，全国工业固体废物综合利用率提高到73%。实现化肥农药零增长，实施循环农业示范工程，推进秸秆高值化和产业化利用。到2020年，秸秆综合利用率达到85%，国家现代农业示范区和粮食主产县基本实现农业资源循环利用。

推进节能环保产业发展。推动低碳循环、治污减排、监测监控等核心环保技术工艺、成套产品、装备设备、材料药剂研发与产业化，尽快形成一批具有竞争力的主导技术和产品。鼓励发展节能环保技术咨询、系统设计、设备制造、工程施工、运营管理等专业化服务。大力发展环境服务业，推进形成合同能源管理、合同节水管理、第三方监测、环境污染第三方治理及环境保护政府和社会资本合作等服务市场，开展小城镇、园区环境综合治理托管服务试点。规范环境绩效合同管理，逐步建立环境服务绩效评价考核机制。发布政府采购环境服务清单。鼓励社会资本投资环保企业，培育一批具有国际竞争力的大型节能环保企业与环保品牌。鼓励生态环保领域大众创业、万众创新。充分发挥环保行业组织、科技社团在环保科技创新、成果转化和产业化过程中的作用。完善行业监管制度，开展环保产业常规调查统计工作，建立环境服务企业诚信档案，发布环境服务业发展报告。

三、强化绿色科技创新引领

推进绿色化与创新驱动深度融合。把绿色化作为国家实施创新驱动发展战略、经济转型发展的重要基点，推进绿色化与各领域新兴技术深度融合发展。发展智能绿色制造技术，推动制造业向价值链高端攀升。发展生态绿色、高效安全的现代农业技术，深入开展节水农业、循环农业、有机农业、现代林业和生物肥料等技术研发，促进农业提质增效和可持续发展。发展安全、清洁、高效的现代能源技术，推动能源生产和消费革命。发展资源节约循环利用的关键技术，建立城镇生活垃圾资源化利用、再生资源回收利用、工业固体废物综合利用等技术体系。重点针对大气、水、土壤等问题，形成源头预防、末端治理和生态环境修复的成套技术。

加强生态环保科技创新体系建设。瞄准世界生态环境科技发展前沿，立足我国生态环境保护的战略要求，突出自主创新、综合集成创新，加快构建层次清晰、分工明确、运行高效、支撑有力的国家生态环保科技创新体系。重点建立以科学研究为先导的生态环保科技创新理论体系，以应用示范为支撑的生态环保技术研发体系，以人体健康为目标的环境基准和环境标准体系，以提升竞争力为核心的环保产业培育体系，以服务保障为基础的环保科技管理体系。实施环境科研领军人才工程，加强环保专业技术领军人才和青年拔尖人才培养，重点建设一批创新人才培养基地，打造一批高水平创新团队。支持相关院校开展环保基础科学和应用科学研究。建立健全环保职业荣誉制度。

建设生态环保科技创新平台。统筹科技资源，深化生态环保科技体制改革。加强重点实验室、工程技术中心、科学观测研究站、环保智库等科技创新平台建设，加强技术研发推广，提高管理科学化水平。积极引导企业与科研机构加强合作，强化企业创新主体作用，推动环保技术研发、科技成果转移转化和推广应用。推动建立环保装备与服务需求信息平台、技术创新转化交易平台。依托有条件的科技产业园区，集中打造环保科技创新试验区、环保高新技术产业区、环保综合治理技术服务区、国际环保技术合作区、环保高水平人才培养教育区，建立一批国家级环保高新技术产业开发区。

实施重点生态环保科技专项。继续实施水体污染控制与治理国家科技重大专项，实施大气污染成因与控制技术研究、典型脆弱生态修复与保护研究、煤炭清洁高效利用和新型节能技术研发、农业面源和重金属污染农田综合防治与修复技术研发、海洋环境安全保障等重点研发计划专项。在京津冀地区、长江经济带、“一带一路”沿线省（区、市）等重点区域开展环境污染防治和生态修复技术应用试点示范，提出生态环境治理系统性技术解决方案。打造京津冀等区域环境质量提升协同创新共同体，实施区域环境质量提升创新科技工程。创新青藏高原等生态屏障带保护修复技术方法与治理模式，研发生态环境监测预警、生态修复、生物多样性保护、生态保护红线评估管理、生态廊道构建等关键技术，建立一批生态保护与修复科技示范区。支持生态、土壤、大气、温室气体等环境监测预警网络系统及关键技术装备研发，支持生态环境突发事故监测预警及应急处置技术、遥感监测技术、数据分析与服务产品、高端环境监测仪器等研发。开展重点行业危险废物污染特性与环境效应、危险废物溯源及快速识别、全过程风险防控、信息化管理技术等领域研究，加快建立危险废物技术规范体系。建立化学品环境与健康风险评估方法、程序和技术规范体系。加强生态环境管理决策支撑科学研究，开展多污染物协同控制、生态环境系统模拟、污染源解析、生态环境保护规划、生态环境损害评估、网格化管理、绿色国内生产总值核算等技术方法研究应用。

完善环境标准和技术政策体系。研究制定环境基准，修订土壤环境质量标准，完善挥发性有机物排放标准体系，严格执行污染物排放标准。加快机动车和非道路移动源污染物排放标准、燃油产品质量标准的制修订和实施。发布实施船舶发动机排气污染物排放限值及测量方法（中国第一、二阶段）、轻型汽车和重型汽车污染物排放限值及测量方法（中国第六阶段）、摩托车和轻便摩托车污染物排放限值及测量方法（中国第四阶段）、畜禽养殖污染物排放标准。修订在用机动车排放标准，力争实施非道路移动机械国Ⅳ排放标准。完善环境保护技术政策，建立生态保护红线监管技术规范。健全钢铁、水泥、化工等重点行业清洁生产评价指标体系。加快制定完善电力、冶金、有色金属等重点行业以及城乡垃圾处理、机动车船和非道路移动机械污染防治、农业面源污染防治等重点领域技术政策。建立危险废物利用处置无害化管理标准和技术体系。

四、推动区域绿色协调发展

促进四大区域绿色协调发展。西部地区要坚持生态优先，强化生态环境保护，提升生态安全屏障功能，建设生态产品供给区，合理开发石油、煤炭、天然气等战略性资源和生态旅游、农畜产品等特色资源。东北地区要加强大小兴安岭、长白山等森林生态系统保护和北方防沙带建设，强化东北平原湿地和农用地土壤环境保护，推动老工业基地振兴。中部地区要以资源环境承载能力为基础，有序承接产业转移，推进鄱阳湖、洞庭湖生态经济区和汉江、淮河生态经济带建设，研究建设一批流域沿岸及交通通道沿线的生态走廊，加强水环境保护和治理。东部地区要扩大生态空间，提高环境资源利用效率，加快推动产业升级，在生态环境质量改善等方面走在前列。

推进"一带一路"绿色化建设。加强中俄、中哈以及中国—东盟、上海合作组织等现有多双边合作机制，积极开展澜沧江—湄公河环境合作，开展全方位、多渠道的对话交流活动，加强与沿线国家环境官员、学者、青年的交流和合作，开展生态环保公益活动，实施绿色丝路使者计划，分享中国生态文明、绿色发展理念与实践经验。建立健全绿色投资与绿色贸易管理制度体系，落实对外投资合作环境保护指南。开展环保产业技术合作园区及示范基地建设，推动环保产业走出去。树立中国铁路、电力、汽车、通信、新能源、钢铁等优质产能绿色品牌。推进“一带一路”沿线省（区、市）产业结构升级与创新升级，推动绿色产业链延伸；开展重点战略和关键项目环境评估，提高生态环境风险防范与应对能力。编制实施国内“一带一路”沿线区域生态环保规划。

推动京津冀地区协同保护。以资源环境承载能力为基础，优化经济发展和生态环境功能布局，扩大环境容量与生态空间。加快推动天津传统制造业绿色化改造。促进河北有序承接北京非首都功能转移和京津科技成果转化。强化区域环保协作，联合开展大气、河流、湖泊等污染治理，加强区域生态屏障建设，共建坝上高原生态防护区、燕山—太行山生态涵养区，推动光伏等新能源广泛应用。创新生态环境联动管理体制机制，构建区域一体化的生态环境监测网络、生态环境信息网络和生态环境应急预警体系，建立区域生态环保协调机制、水资源统一调配制度、跨区域联合监察执法机制，建立健全区域生态保护补偿机制和跨区域排污权交易市场。到2020年，京津冀地区生态环境保护协作机制有效运行，生态环境质量明显改善。

推进长江经济带共抓大保护。把保护和修复长江生态环境摆在首要位置，推进长江经济带生态文明建设，建设水清地绿天蓝的绿色生态廊道。统筹水资源、水环境、水生态，推动上中下游协同发展、东中西部互动合作，加强跨部门、跨区域监管与应急协调联动，把实施重大生态修复工程作为推动长江经济带发展项目的优先选项，共抓大保护，不搞大开发。统筹江河湖泊丰富多样的生态要素，构建以长江干支流为经络，以山水林田湖为有机整体，江湖关系和谐、流域水质优良、生态流量充足、水土保持有效、生物种类多样的生态安全格局。上游区重点加强水源涵养、水土保持功能和生物多样性保护，合理开发利用水资源，严控水电开发生态影响；中游区重点协调江湖关系，确保丹江口水库水质安全；下游区加快产业转型升级，重点加强退化水生态系统恢复，强化饮用水水源保护，严格控制城镇周边生态空间占用，开展河网地区水污染治理。妥善处理江河湖泊关系，实施长江干流及洞庭湖上游“四水”、鄱阳湖上游“五河”的水库群联合调度，保障长江干支流生态流量与两湖生态水位。统筹规划、集约利用长江岸线资源，控制岸线开发强度。强化跨界水质断面考核，推动协同治理。

第四章 深化质量管理，大力实施三大行动计划

以提高环境质量为核心，推进联防联控和流域共治，制定大气、水、土壤三大污染防治行动计划的施工图。根据区域、流域和类型差异分区施策，实施多污染物协同控制，提高治理措施的针对性和有效性。实行环境质量底线管理，努力实现分阶段达到环境质量标准、治理责任清单式落地，解决群众身边的突出环境问题。

一、分区施策改善大气环境质量

实施大气环境质量目标管理和限期达标规划。各省（区、市）要对照国家大气环境质量标准，开展形势分析，定期考核并公布大气环境质量信息。强化目标和任务的过程管理，深入推进钢铁、水泥等重污染行业过剩产能退出，大力推进清洁能源使用，推进机动车和油品标准升级，加强油品等能源产品质量监管，加强移动源污染治理，加大城市扬尘和小微企业分散源、生活源污染整治力度。深入实施《大气污染防治行动计划》，大幅削减二氧化硫、氮氧化物和颗粒物的排放量，全面启动挥发性有机物污染防治，开展大气氨排放控制试点，实现全国地级及以上城市二氧化硫、一氧化碳浓度全部达标，细颗粒物、可吸入颗粒物浓度明显下降，二氧化氮浓度继续下降，臭氧浓度保持稳定、力争改善。实施城市大气环境质量目标管理，已经达标的城市，应当加强保护并持续改善；未达标的城市，应确定达标期限，向社会公布，并制定实施限期达标规划，明确达标时间表、路线图和重点任务。

加强重污染天气应对。强化各级空气质量预报中心运行管理，提高预报准确性，及时发布空气质量预报信息，实现预报信息全国共享、联网发布。完善重度及以上污染天气的区域联合预警机制，加强东北、西北、成渝和华中区域大气环境质量预测预报能力。健全应急预案体系，制定重污染天气应急预案实施情况评估技术规程，加强对预案实施情况的检查和评估。各省（区、市）和地级及以上城市及时修编重污染天气应急预案，开展重污染天气成因分析和污染物来源解析，科学制定针对性减排措施，每年更新应急减排措施项目清单。及时启动应急响应措施，提高重污染天气应对的有效性。强化监管和督察，对应对不及时、措施不力的地方政府，视情况予以约谈、通报、挂牌督办。

深化区域大气污染联防联控。全面深化京津冀及周边地区、长三角、珠三角等区域大气污染联防联控，建立常态化区域协作机制，区域内统一规划、统一标准、统一监测、统一防治。对重点行业、领域制定实施统一的环保标准、排污收费政策、能源消费政策，统一老旧车辆淘汰和在用车辆管理标准。重点区域严格控制煤炭消费总量，京津冀及山东、长三角、珠三角等区域，以及空气质量排名较差的前10位城市中受燃煤影响较大的城市要实现煤炭消费负增长。通过市场化方式促进老旧车辆、船舶加速淘汰以及防污设施设备改造，强化新生产机动车、非道路移动机械环保达标监管。开展清洁柴油机行动，加强高排放工程机械、重型柴油车、农业机械等管理，重点区域开展柴油车注册登记环保查验，对货运车、客运车、公交车等开展入户环保检查。提高公共车辆中新能源汽车占比，具备条件的城市在2017年底前基本实现公交新能源化。落实珠三角、长三角、环渤海京津冀水域船舶排放控制区管理政策，靠港船舶优先使用岸电，建设船舶大气污染物排放遥感监测和油品质量监测网点，开展船舶排放控制区内船舶排放监测和联合监管，构建机动车船和油品环保达标监管体系。加快非道路移动源油品升级。强化城市道路、施工等扬尘监管和城市综合管理。

显著削减京津冀及周边地区颗粒物浓度。以北京市、保定市、廊坊市为重点，突出抓好冬季散煤治理、重点行业综合治理、机动车监管、重污染天气应对，强化高架源的治理和监管，改善区域空气质量。提高接受外输电比例，增加非化石能源供应，重点城市实施天然气替代煤炭工程，推进电力替代煤炭，大幅减少冬季散煤使用量，“十三五”期间，北京、天津、河北、山东、河南五省（市）煤炭消费总量下降10%左右。加快区域内机动车排污监控平台建设，重点治理重型柴油车和高排放车辆。到2020年，区域细颗粒物污染形势显著好转，臭氧浓度基本稳定。

明显降低长三角区域细颗粒物浓度。加快产业结构调整，依法淘汰能耗、环保等不达标的产能。“十三五”期间，上海、江苏、浙江、安徽四省（市）煤炭消费总量下降5%左右，地级及以上城市建成区基本淘汰35蒸吨以下燃煤锅炉。全面推进炼油、石化、工业涂装、印刷等行业挥发性有机物综合整治。到2020年，长三角区域细颗粒物浓度显著下降，臭氧浓度基本稳定。

大力推动珠三角区域率先实现大气环境质量基本达标。统筹做好细颗粒物和臭氧污染防控，重点抓好挥发性有机物和氮氧化物协同控制。加快区域内产业转型升级，调整和优化能源结构，工业园区与产业聚集区实施集中供热，有条件的发展大型燃气供热锅炉，“十三五”期间，珠三角区域煤炭消费总量下降10%左右。重点推进石化、化工、油品储运销、汽车制造、船舶制造（维修）、集装箱制造、印刷、家具制造、制鞋等行业开展挥发性有机物综合整治。到2020年，实现珠三角区域大气环境质量基本达标，基本消除重度及以上污染天气。

二、精准发力提升水环境质量

实施以控制单元为基础的水环境质量目标管理。依据主体功能区规划和行政区划，划定陆域控制单元，建立流域、水生态控制区、水环境控制单元三级分区体系。实施以控制单元为空间基础、以断面水质为管理目标、以排污许可制为核心的流域水环境质量目标管理。优化控制单元水质断面监测网络，建立控制单元产排污与断面水质响应反馈机制，明确划分控制单元水环境质量责任，从严控制污染物排放量。全面推行“河长制”。在黄河、淮河等流域进行试点，分期分批科学确定生态流量（水位），作为流域水量调度的重要参考。深入实施《水污染防治行动计划》，落实控制单元治污责任，完成目标任务。固定污染源排放为主的控制单元，要确定区域、流域重点水污染物和主要超标污染物排放控制目标，实施基于改善水质要求的排污许可，将治污任务逐一落实到控制单元内的各排污单位（含污水处理厂、设有排放口的规模化畜禽养殖单位）。面源（分散源）污染为主或严重缺水的控制单元，要采用政策激励、加强监管以及确保生态基流等措施改善水生态环境。自2017年起，各省份要定期向社会公开控制单元水环境质量目标管理情况。

专栏2 各流域需要改善的控制单元

（一）长江流域（108个）

双桥河合肥市控制单元等40个单元由Ⅳ类升为Ⅲ类；乌江重庆市控制单元等7个单元由Ⅴ类升为Ⅲ类；来河滁州市控制单元等9个单元由Ⅴ类升为Ⅳ类；京山河荆门市控制单元等2个单元由劣Ⅴ类升为Ⅲ类；沱江内江市控制单元等4个单元由劣Ⅴ类升为Ⅳ类；十五里河合肥市控制单元等24个单元由劣Ⅴ类升为Ⅴ类；滇池外海昆明市控制单元化学需氧量浓度下降；南淝河合肥市控制单元等3个单元氨氮浓度下降；竹皮河荆门市控制单元等4个单元氨氮、总磷浓度下降；岷江宜宾市控制单元等14个单元总磷浓度下降。

（二）海河流域（75个）

洋河张家口市八号桥控制单元等9个单元由Ⅳ类升为Ⅲ类；妫水河下段北京市控制单元等3个单元由Ⅴ类升为Ⅳ类；潮白河通州区控制单元等26个单元由劣Ⅴ类升为Ⅴ类；宣惠河沧州市控制单元等6个单元化学需氧量浓度下降；通惠河下段北京市控制单元等26个单元氨氮浓度下降；共产主义渠新乡市控制单元等3个单元氨氮、总磷浓度下降；海河天津市海河大闸控制单元化学需氧量、氨氮浓度下降；潮白新河天津市控制单元总磷浓度下降。

（三）淮河流域（49个）

谷河阜阳市控制单元等17个单元由Ⅳ类升为Ⅲ类；东鱼河菏泽市控制单元由Ⅴ类升为Ⅲ类；新濉河宿迁市控制单元等9个单元由Ⅴ类升为Ⅳ类；洙赵新河菏泽市控制单元由劣Ⅴ类升为Ⅲ类；运料河徐州市控制单元由劣Ⅴ类升为Ⅳ类；涡河亳州市岳坊大桥控制单元等16个单元由劣Ⅴ类升为Ⅴ类；包河商丘市控制单元等4个单元氨氮浓度下降。

（四）黄河流域（35个）

伊洛河洛阳市控制单元等14个单元由Ⅳ类升为Ⅲ类；葫芦河固原市控制单元等4个单元由Ⅴ类升为Ⅳ类；岚河吕梁市控制单元由劣Ⅴ类升为Ⅳ类；大黑河乌兰察布市控制单元等8个单元由劣Ⅴ类升为Ⅴ类；昆都仑河包头市控制单元等8个单元氨氮浓度下降。

（五）松花江流域（12个）

小兴凯湖鸡西市控制单元等9个单元由Ⅳ类升为Ⅲ类；阿什河哈尔滨市控制单元由劣Ⅴ类升为Ⅴ类；呼伦湖呼伦贝尔市控制单元化学需氧量浓度下降；饮马河长春市靠山南楼控制单元氨氮浓度下降。

（六）辽河流域（13个）

寇河铁岭市控制单元等6个单元由Ⅳ类升为Ⅲ类；辽河沈阳市巨流河大桥控制单元等3个单元由Ⅴ类升为Ⅳ类；亮子河铁岭市控制单元等2个单元由劣Ⅴ类升为Ⅴ类；浑河抚顺市控制单元总磷浓度下降；条子河四平市控制单元氨氮浓度下降。

（七）珠江流域（17个）

九洲江湛江市排里控制单元等2个单元由Ⅲ类升为Ⅱ类；潭江江门市牛湾控制单元由Ⅳ类升为Ⅱ类；鉴江茂名市江口门控制单元等4个单元由Ⅳ类升为Ⅲ类；东莞运河东莞市樟村控制单元等2个单元由Ⅴ类升为Ⅳ类；小东江茂名市石碧控制单元由劣Ⅴ类升为Ⅳ类；深圳河深圳市河口控制单元等5个单元由劣Ⅴ类升为Ⅴ类；杞麓湖玉溪市控制单元化学需氧量浓度下降；星云湖玉溪市控制单元总磷浓度下降。

（八）浙闽片河流（25个）

浦阳江杭州市控制单元等13个单元由Ⅳ类升为Ⅲ类；汀溪厦门市控制单元等3个单元由Ⅴ类升为Ⅲ类；南溪漳州市控制单元等5个单元由Ⅴ类升为Ⅳ类；金清港台州市控制单元等4个单元由劣Ⅴ类升为Ⅴ类。

（九）西北诸河（3个）

博斯腾湖巴音郭楞蒙古自治州控制单元由Ⅳ类升为Ⅲ类；北大河酒泉市控制单元由劣Ⅴ类升为Ⅲ类；克孜河喀什地区控制单元由劣Ⅴ类升为Ⅴ类。

（十）西南诸河（6个）

黑惠江大理白族自治州控制单元等4个单元由Ⅳ类升为Ⅲ类；异龙湖红河哈尼族彝族自治州控制单元化学需氧量浓度下降；西洱河大理白族自治州控制单元氨氮浓度下降。

实施流域污染综合治理。实施重点流域水污染防治规划。流域上下游各级政府、各部门之间加强协调配合、定期会商，实施联合监测、联合执法、应急联动、信息共享。长江流域强化系统保护，加大水生生物多样性保护力度，强化水上交通、船舶港口污染防治。实施岷江、沱江、乌江、清水江、长江干流宜昌段总磷污染综合治理，有效控制贵州、四川、湖北、云南等总磷污染。太湖坚持综合治理，增强流域生态系统功能，防范蓝藻暴发，确保饮用水安全；巢湖加强氮、磷总量控制，改善入湖河流水质，修复湖滨生态功能；滇池加强氮、磷总量控制，重点防控城市污水和农业面源污染入湖，分区分步开展生态修复，逐步恢复水生态系统。海河流域突出节水和再生水利用，强化跨界水体治理，重点整治城乡黑臭水体，保障白洋淀、衡水湖、永定河生态需水。淮河流域大幅降低造纸、化肥、酿造等行业污染物排放强度，有效控制氨氮污染，持续改善洪河、涡河、颍河、惠济河、包河等支流水质，切实防控突发污染事件。黄河流域重点控制煤化工、石化企业排放，持续改善汾河、涑水河、总排干、大黑河、乌梁素海、湟水河等支流水质，降低中上游水环境风险。松花江流域持续改善阿什河、伊通河等支流水质，重点解决石化、酿造、制药、造纸等行业污染问题，加大水生态保护力度，进一步增加野生鱼类种群数量，加快恢复湿地生态系统。辽河流域大幅降低石化、造纸、化工、农副食品加工等行业污染物排放强度，持续改善浑河、太子河、条子河、招苏台河等支流水质，显著恢复水生态系统，全面恢复湿地生态系统。珠江流域建立健全广东、广西、云南等联合治污防控体系，重点保障东江、西江供水水质安全，改善珠江三角洲地区水生态环境。

优先保护良好水体。实施从水源到水龙头全过程监管，持续提升饮用水安全保障水平。地方各级人民政府及供水单位应定期监测、检测和评估本行政区域内饮用水水源、供水厂出水和用户水龙头水质等饮水安全状况。地级及以上城市每季度向社会公开饮水安全状况信息，县级及以上城市自2018年起每季度向社会公开。开展饮用水水源规范化建设，依法清理饮用水水源保护区内违法建筑和排污口。加强农村饮用水水源保护，实施农村饮水安全巩固提升工程。各省（区、市）应于2017年底前，基本完成乡镇及以上集中式饮用水水源保护区划定，开展定期监测和调查评估。到2020年，地级及以上城市集中式饮用水水源水质达到或优于Ⅲ类比例高于93%。对江河源头及现状水质达到或优于Ⅲ类的江河湖库开展生态环境安全评估，制定实施生态环境保护方案，东江、滦河、千岛湖、南四湖等流域于2017年底前完成。七大重点流域制定实施水生生物多样性保护方案。

推进地下水污染综合防治。定期调查评估集中式地下水型饮用水水源补给区和污染源周边区域环境状况。加强重点工业行业地下水环境监管，采取防控措施有效降低地下水污染风险。公布地下水污染地块清单，管控风险，开展地下水污染修复试点。到2020年，全国地下水污染加剧趋势得到初步遏制，质量极差的地下水比例控制在15%左右。

大力整治城市黑臭水体。建立地级及以上城市建成区黑臭水体等污染严重水体清单，制定整治方案，细化分阶段目标和任务安排，向社会公布年度治理进展和水质改善情况。建立全国城市黑臭水体整治监管平台，公布全国黑臭水体清单，接受公众评议。各城市在当地主流媒体公布黑臭水体清单、整治达标期限、责任人、整治进展及效果；建立长效机制，开展水体日常维护与监管工作。2017 年底前，直辖市、省会城市、计划单列市建成区基本消除黑臭水体，其他地级城市实现河面无大面积漂浮物、河岸无垃圾、无违法排污口；到 2020 年，地级及以上城市建成区黑臭水体比例均控制在 10%以内，其他城市力争大幅度消除重度黑臭水体。

改善河口和近岸海域生态环境质量。实施近岸海域污染防治方案，加大渤海、东海等近岸海域污染治理力度。强化直排海污染源和沿海工业园区监管，防控沿海地区陆源溢油污染海洋。开展国际航行船舶压载水及污染物治理。规范入海排污口设置，2017 年底前，全面清理非法或设置不合理的入海排污口。到 2020 年，沿海省（区、市）入海河流基本消除劣 V 类的水体。实施蓝色海湾综合治理，重点整治黄河口、长江口、闽江口、珠江口、辽东湾、渤海湾、胶州湾、杭州湾、北部湾等河口海湾污染。严格禁渔休渔措施。控制近海养殖密度，推进生态健康养殖，大力开展水生生物增殖放流，加强人工鱼礁和海洋牧场建设。加强海岸带生态保护与修复，实施“南红北柳”湿地修复工程，严格控制生态敏感地区围填海活动。到 2020 年，全国自然岸线（不包括海岛岸线）保有率不低于 35%，整治修复海岸线 1000 公里。建设一批海洋自然保护区、海洋特别保护区和水产种质资源保护区，实施生态岛礁工程，加强海洋珍稀物种保护。

三、分类防治土壤环境污染

推进基础调查和监测网络建设。全面实施《土壤污染防治行动计划》，以农用地和重点行业企业用地为重点，开展土壤污染状况详查，2018 年底前查明农用地土壤污染的面积、分布及其对农产品质量的影响，2020 年底前掌握重点行业企业用地中的污染地块分布及其环境风险情况。开展电子废物拆解、废旧塑料回收、非正规垃圾填埋场、历史遗留尾矿库等土壤环境问题集中区域风险排查，建立风险管控名录。统一规划、整合优化土壤环境质量监测点位。充分发挥行业监测网作用，支持各地因地制宜补充增加设置监测点位，增加特征污染物监测项目，提高监测频次。2017 年底前，完成土壤环境质量国控监测点位设置，建成国家土壤环境质量监测网络，基本形成土壤环境监测能力；到 2020 年，实现土壤环境质量监测点位所有县（市、区）全覆盖。

实施农用地土壤环境分类管理。按污染程度将农用地划为三个类别，未污染和轻微污染的划为优先保护类，轻度和中度污染的划为安全利用类，重度污染的划为严格管控类，分别采取相应管理措施。各省级人民政府要对本行政区域内优先保护类耕地面积减少或土壤环境质量下降的县（市、区）进行预警提醒并依法采取环评限批等限制性措施。将符合条件的优先保护类耕地划为永久基本农田，实行严格保护，确保其面积不减少、土壤环境质量不下降。根据土壤污染状况和农产品超标情况，安全利用类耕地集中的县（市、区）要结合当地主要作物品种和种植习惯，制定实施受污染耕地安全利用方案，采取农艺调控、替代种植等措施，降低农产品超标风险。加强对严格管控类耕地的用途管理，依法划定特定农产品禁止生产区域，严禁种植食用农产品，继续在湖南长株潭地区开展重金属污染耕地修复及农作物种植结构调整试点。到2020年，重度污染耕地种植结构调整或退耕还林还草面积力争达到2000万亩。

加强建设用地环境风险管控。建立建设用地土壤环境质量强制调查评估制度。构建土壤环境质量状况、污染地块修复与土地再开发利用协同一体的管理与政策体系。自2017年起，对拟收回土地使用权的有色金属冶炼、石油加工、化工、焦化、电镀、制革等行业企业用地，以及用途拟变更为居住和商业、学校、医疗、养老机构等公共设施的上述企业用地，由土地使用权人负责开展土壤环境状况调查评估；已经收回的，由所在地市、县级人民政府负责开展调查评估。将建设用地土壤环境管理要求纳入城市规划和供地管理，土地开发利用必须符合土壤环境质量要求。暂不开发利用或现阶段不具备治理修复条件的污染地块，由所在地县级人民政府组织划定管控区域，设立标志，发布公告，开展土壤、地表水、地下水、空气环境监测。

开展土壤污染治理与修复。针对典型受污染农用地、污染地块，分批实施200个土壤污染治理与修复技术应用试点项目，加快建立健全技术体系。自2017年起，各地要逐步建立污染地块名录及其开发利用的负面清单，合理确定土地用途。京津冀、长三角、珠三角、东北老工业基地地区城市和矿产资源枯竭型城市等污染地块集中分布的城市，要规范、有序开展再开发利用污染地块治理与修复。长江中下游、成都平原、珠江流域等污染耕地集中分布的省（区、市），应于2018年底前编制实施污染耕地治理与修复方案。2017年底前，发布土壤污染治理与修复责任方终身责任追究办法。建立土壤污染治理与修复全过程监管制度，严格修复方案审查，加强修复过程监督和检查，开展修复成效第三方评估。

强化重点区域土壤污染防治。京津冀区域以城市“退二进三”遗留污染地块为重点，严格管控建设用地开发利用土壤环境风险，加大污灌区、设施农业集中区域土壤环境监测和监管。东北地区加大黑土地保护力度，采取秸秆还田、增施有机肥、轮作休耕等措施实施综合治理。珠江三角洲地区以化工、电镀、印染等重污染行业企业遗留污染地块为重点，强化污染地块开发利用环境监管。湘江流域地区以镉、砷等重金属污染为重点，对污染耕地采取农艺调控、种植结构调整、退耕还林还草等措施，严格控制农产品超标风险。西南地区以有色金属、磷矿等矿产资源开发过程导致的环境污染风险防控为重点，强化磷、汞、铅等历史遗留土壤污染治理。在浙江台州、湖北黄石、湖南常德、广东韶关、广西河池、贵州铜仁6个地区启动土壤污染综合防治先行区建设。

第五章　实施专项治理，全面推进达标排放与污染减排

以污染源达标排放为底线，以骨干性工程推进为抓手，改革完善总量控制制度，推动行业多污染物协同治污减排，加强城乡统筹治理，严格控制增量，大幅度削减污

染物存量，降低生态环境压力。

一、实施工业污染源全面达标排放计划

工业污染源全面开展自行监测和信息公开。工业企业要建立环境管理台账制度，开展自行监测，如实申报，属于重点排污单位的还要依法履行信息公开义务。实施排污口规范化整治，2018年底前，工业企业要进一步规范排污口设置，编制年度排污状况报告。排污企业全面实行在线监测，地方各级人民政府要完善重点排污单位污染物超标排放和异常报警机制，逐步实现工业污染源排放监测数据统一采集、公开发布，不断加强社会监督，对企业守法承诺履行情况进行监督检查。2019年底前，建立全国工业企业环境监管信息平台。

排查并公布未达标工业污染源名单。各地要加强对工业污染源的监督检查，全面推进“双随机”抽查制度，实施环境信用颜色评价，鼓励探索实施企业超标排放计分量化管理。对污染物排放超标或者重点污染物排放超总量的企业予以“黄牌”警示，限制生产或停产整治；对整治后仍不能达到要求且情节严重的企业予以“红牌”处罚，限期停业、关闭。自2017年起，地方各级人民政府要制定本行政区域工业污染源全面达标排放计划，确定年度工作目标，每季度向社会公布“黄牌”、“红牌”企业名单。环境保护部将加大抽查核查力度，对企业超标现象普遍、超标企业集中地区的地方政府进行通报、挂牌督办。

实施重点行业企业达标排放限期改造。建立分行业污染治理实用技术公开遴选与推广应用机制，发布重点行业污染治理技术。分流域分区域制定实施重点行业限期整治方案，升级改造环保设施，加大检查核查力度，确保稳定达标。以钢铁、水泥、石化、有色金属、玻璃、燃煤锅炉、造纸、印染、化工、焦化、氮肥、农副食品加工、原料药制造、制革、农药、电镀等行业为重点，推进行业达标排放改造。

完善工业园区污水集中处理设施。实行“清污分流、雨污分流”，实现废水分类收集、分质处理，入园企业应在达到国家或地方规定的排放标准后接入集中式污水处理设施处理，园区集中式污水处理设施总排口应安装自动监控系统、视频监控系统，并与环境保护主管部门联网。开展工业园区污水集中处理规范化改造示范。

二、深入推进重点污染物减排

改革完善总量控制制度。以提高环境质量为核心，以重大减排工程为主要抓手，上下结合，科学确定总量控制要求，实施差别化管理。优化总量减排核算体系，以省级为主体实施核查核算，推动自主减排管理，鼓励将持续有效改善环境质量的措施纳入减排核算。加强对生态环境保护重大工程的调度，对进度滞后地区及早预警通报，各地减排工程、指标情况要主动向社会公开。总量减排考核服从于环境质量考核，重点审查环境质量未达到标准、减排数据与环境质量变化趋势明显不协调的地区，并根

据环境保护督查、日常监督检查和排污许可执行情况，对各省（区、市）自主减排管理情况实施“双随机”抽查。大力推行区域性、行业性总量控制，鼓励各地实施特征性污染物总量控制，并纳入各地国民经济和社会发展规划。

推动治污减排工程建设。各省（区、市）要制定实施造纸、印染等十大重点涉水行业专项治理方案，大幅降低污染物排放强度。电力、钢铁、纺织、造纸、石油石化、化工、食品发酵等高耗水行业达到先进定额标准。以燃煤电厂超低排放改造为重点，对电力、钢铁、建材、石化、有色金属等重点行业，实施综合治理，对二氧化硫、氮氧化物、烟粉尘以及重金属等多污染物实施协同控制。各省（区、市）应于2017年底前制定专项治理方案并向社会公开，对治理不到位的工程项目要公开曝光。制定分行业治污技术政策，培育示范企业和示范工程。

专栏3　推动重点行业治污减排

（一）造纸行业

力争完成纸浆无元素氯漂白改造或采取其他低污染制浆技术，完善中段水生化处理工艺，增加深度治理工艺，进一步完善中控系统。

（二）印染行业

实施低排水染整工艺改造及废水综合利用，强化清污分流、分质处理、分质回用，完善中段水生化处理，增加强氧化、膜处理等深度治理工艺。

（三）味精行业

提高生产废水循环利用水平，分离尾液和离交尾液采用絮凝气浮和蒸发浓缩等措施，外排水采取厌氧—好氧二级生化处理工艺；敏感区域应深度处理。

（四）柠檬酸行业

采用低浓度废水循环再利用技术，高浓度废水采用喷浆造粒等措施。

（五）氮肥行业

开展工艺冷凝液水解解析技术改造，实施含氰、含氨废水综合治理。

（六）酒精与啤酒行业

低浓度废水采用物化—生化工艺，预处理后由园区集中处理。啤酒行业采用就地清洗技术。

（七）制糖行业

采用无滤布真空吸滤机、高压水清洗、甜菜干法输送及压粕水回收，推进废糖蜜、酒精废醪液发酵还田综合利用，鼓励废水生化处理后回用，敏感区域执行特别排放限值。

（八）淀粉行业

采用厌氧+好氧生化处理技术，建设污水处理设施在线监测和中控系统。

（九）屠宰行业

强化外排污水预处理，敏感区域执行特别排放限值，有条件的采用膜生物反应器工艺进行深度处理。

（十）磷化工行业

实施湿法磷酸净化改造，严禁过磷酸钙、钙镁磷肥新增产能。发展磷炉尾气净化合成有机化工产品，鼓励各种建材或建材添加剂综合利用磷渣、磷石膏。

（十一）煤电行业

加快推进燃煤电厂超低排放和节能改造。强化露天煤场抑尘措施，有条件的实施封闭改造。

（十二）钢铁行业

完成干熄焦技术改造，不同类型的废水应分别进行预处理。未纳入淘汰计划的烧结机和球团生产设备全部实施全烟气脱硫，禁止设置脱硫设施烟气旁路；烧结机头、机尾、焦炉、高炉出铁场、转炉烟气除尘等设施实施升级改造，露天原料场实施封闭改造，原料转运设施建设封闭皮带通廊，转运站和落料点配套抽风收尘装置。

专栏3（续）

（十三）建材行业

原料破碎、生产、运输、装卸等各环节实施堆场及输送设备全封闭、道路清扫等措施，有效控制无组织排放。水泥窑全部实施烟气脱硝，水泥窑及窑磨一体机进行高效除尘改造；平板玻璃行业推进“煤改气”、“煤改电”，禁止掺烧高硫石油焦等劣质原料，未使用清洁能源的浮法玻璃生产线全部实施烟气脱硫，浮法玻璃生产线全部实施烟气高效除尘、脱硝；建筑卫生陶瓷行业使用清洁燃料，喷雾干燥塔、陶瓷窑炉安装脱硫除尘设施，氮氧化物不能稳定达标排放的喷雾干燥塔采取脱硝措施。

（十四）石化行业

催化裂化装置实施催化再生烟气治理，对不能稳定达标排放的硫黄回收尾气，提高硫黄回收率或加装脱硫设施。

（十五）有色金属行业

加强富余烟气收集，对二氧化硫含量大于3.5%的烟气，采取两转两吸制酸等方式回收。低浓度烟气和制酸尾气排放超标的必须进行脱硫。规范冶炼企业废气排放口设置，取消脱硫设施旁路。

控制重点地区重点行业挥发性有机物排放。全面加强石化、有机化工、表面涂装、包装印刷等重点行业挥发性有机物控制。细颗粒物和臭氧污染严重省份实施行业挥发性有机污染物总量控制，制定挥发性有机污染物总量控制目标和实施方案。强化挥发性有机物与氮氧化物的协同减排，建立固定源、移动源、面源排放清单，对芳香烃、烯烃、炔烃、醛类、酮类等挥发性有机物实施重点减排。开展石化行业“泄漏检测与修复”专项行动，对无组织排放开展治理。各地要明确时限，完成加油站、储油库、油罐车油气回收治理，油气回收率提高到90%以上，并加快推进原油成品油码头油气回收治理。涂装行业实施低挥发性有机物含量涂料替代、涂装工艺与设备改进，建设挥发性有机物收集与治理设施。印刷行业全面开展低挥发性有机物含量原辅料替代，改进生产工艺。京津冀及周边地区、长三角地区、珠三角地区，以及成渝、武汉及其周边、辽宁中部、陕西关中、长株潭等城市群全面加强挥发性有机物排放控制。

总磷、总氮超标水域实施流域、区域性总量控制。总磷超标的控制单元以及上游相关地区要实施总磷总量控制，明确控制指标并作为约束性指标，制定水质达标改善方案。重点开展100家磷矿采选和磷化工企业生产工艺及污水处理设施建设改造。大力推广磷铵生产废水回用，促进磷石膏的综合加工利用，确保磷酸生产企业磷回收率达到96%以上。沿海地级及以上城市和汇入富营养化湖库的河流，实施总氮总量控制，开展总氮污染来源解析，明确重点控制区域、领域和行业，制定总氮总量控制方案，并将总氮纳入区域总量控制指标。氮肥、味精等行业提高辅料利用效率，加大资源回收力度。印染等行业降低尿素的使用量或使用尿素替代助剂。造纸等行业加快废水处理设施精细化管理，严格控制营养盐投加量。强化城镇污水处理厂生物除磷、脱氮工艺，实施畜禽养殖业总磷、总氮与化学需氧量、氨氮协同控制。

专栏 4　区域性、流域性总量控制地区

（一）挥发性有机物总量控制

在细颗粒物和臭氧污染较严重的 16 个省份实施行业挥发性有机物总量控制，包括：北京市、天津市、河北省、辽宁省、上海市、江苏省、浙江省、安徽省、山东省、河南省、湖北省、湖南省、广东省、重庆市、四川省、陕西省。

（二）总磷总量控制

总磷超标的控制单元以及上游相关地区实施总磷总量控制，包括：天津市宝坻区，黑龙江省鸡西市，贵州省黔南布依族苗族自治州、黔东南苗族侗族自治州，河南省漯河市、鹤壁市、安阳市、新乡市，湖北省宜昌市、十堰市，湖南省常德市、益阳市、岳阳市，江西省南昌市、九江市，辽宁省抚顺市，四川省宜宾市、泸州市、眉山市、乐山市、成都市、资阳市，云南省玉溪市等。

（三）总氮总量控制

在 56 个沿海地级及以上城市或区域实施总氮总量控制，包括：丹东市、大连市、锦州市、营口市、盘锦市、葫芦岛市、秦皇岛市、唐山市、沧州市、天津市、滨州市、东营市、潍坊市、烟台市、威海市、青岛市、日照市、连云港市、盐城市、南通市、上海市、杭州市、宁波市、温州市、嘉兴市、绍兴市、舟山市、台州市、福州市、平潭综合实验区、厦门市、莆田市、宁德市、漳州市、泉州市、广州市、深圳市、珠海市、汕头市、江门市、湛江市、茂名市、惠州市、汕尾市、阳江市、东莞市、中山市、潮州市、揭阳市、北海市、防城港市、钦州市、海口市、三亚市、三沙市和海南省直辖县级行政区等。

在 29 个富营养化湖库汇水范围内实施总氮总量控制，包括：安徽省巢湖、龙感湖，安徽省、湖北省南漪湖，北京市怀柔水库，天津市于桥水库，河北省白洋淀，吉林省松花湖，内蒙古自治区呼伦湖、乌梁素海，山东省南四湖，江苏省白马湖、高邮湖、洪泽湖、太湖、阳澄湖，浙江省西湖，上海市、江苏省淀山湖，湖南省洞庭湖，广东省高州水库、鹤地水库，四川省鲁班水库、邛海，云南省滇池、杞麓湖、星云湖、异龙湖，宁夏回族自治区沙湖、香山湖，新疆自治区艾比湖等。

三、加强基础设施建设

加快完善城镇污水处理系统。全面加强城镇污水处理及配套管网建设，加大雨污分流、清污混流污水管网改造，优先推进城中村、老旧城区和城乡结合部污水截流、收集、纳管，消除河水倒灌、地下水渗入等现象。到 2020 年，全国所有县城和重点镇具备污水收集处理能力，城市和县城污水处理率分别达到 95%和 85%左右，地级及以上城市建成区基本实现污水全收集、全处理。提升污水再生利用和污泥处置水平，大力推进污泥稳定化、无害化和资源化处理处置，地级及以上城市污泥无害化处理处置率达到 90%，京津冀区域达到 95%。控制初期雨水污染，排入自然水体的雨水须经过岸线净化，加快建设和改造沿岸截流干管，控制渗漏和合流制污水溢流污染。因地制宜、一河一策，控源截污、内源污染治理多管齐下，科学整治城市黑臭水体；因地制宜实施城镇污水处理厂升级改造，有条件的应配套建设湿地生态处理系统，加强废水资源化、能源化利用。敏感区域（重点湖泊、重点水库、近岸海域汇水区域）城镇污水处理设施应于 2017 年底前全面达到一级 A 排放标准。建成区水体水质达不到地表水Ⅳ类标准的城市，新建城镇污水处理设施要执行一级 A 排放标准。到 2020 年，实现缺水城市再生水利用率达到 20%以上，京津冀区域达到 30%以上。将港口、船舶修造厂环卫设施、污水处理设施纳入城市设施建设规划，提升含油污水、化学品洗舱水、生活污水等的处置能力。实施船舶压载水管理。

实现城镇垃圾处理全覆盖和处置设施稳定达标运行。加快县城垃圾处理设施建设，实现城镇垃圾处理设施全覆盖。提高城市生活垃圾处理减量化、资源化和无害化水平，全国城市生活垃圾无害化处理率达到95%以上，90%以上村庄的生活垃圾得到有效治理。大中型城市重点发展生活垃圾焚烧发电技术，鼓励区域共建共享焚烧处理设施，积极发展生物处理技术，合理统筹填埋处理技术，到2020年，垃圾焚烧处理率达到40%。完善收集储运系统，设市城市全面推广密闭化收运，实现干、湿分类收集转运。加强垃圾渗滤液处理处置、焚烧飞灰处理处置、填埋场甲烷利用和恶臭处理，向社会公开垃圾处置设施污染物排放情况。加快建设城市餐厨废弃物、建筑垃圾和废旧纺织品等资源化利用和无害化处理系统。以大中型城市为重点，建设生活垃圾分类示范城市（区）、生活垃圾存量治理示范项目，大中型城市建设餐厨垃圾处理设施。支持水泥窑协同处置城市生活垃圾。

推进海绵城市建设。转变城市规划建设理念，保护和恢复城市生态。老城区以问题为导向，以解决城市内涝、雨水收集利用、黑臭水体治理为突破口，推进区域整体治理，避免大拆大建。城市新区以目标为导向，优先保护生态环境，合理控制开发强度。综合采取“渗、滞、蓄、净、用、排”等措施，加强海绵型建筑与小区、海绵型道路与广场、海绵型公园和绿地、雨水调蓄与排水防涝设施等建设。大力推进城市排水防涝设施的达标建设，加快改造和消除城市易涝点。到2020年，能够将70%的降雨就地消纳和利用的土地面积达到城市建成区面积的20%以上。加强城镇节水，公共建筑必须采用节水器具，鼓励居民家庭选用节水器具。到2020年，地级及以上缺水城市全部达到国家节水型城市标准要求，京津冀、长三角、珠三角等区域提前一年完成。

增加清洁能源供给和使用。优先保障水电和国家“十三五”能源发展相关规划内的风能、太阳能、生物质能等清洁能源项目发电上网，落实可再生能源全额保障性收购政策，到2020年，非化石能源装机比重达到39%。煤炭占能源消费总量的比重降至58%以下。扩大城市高污染燃料禁燃区范围，提高城市燃气化率，地级及以上城市供热供气管网覆盖的地区禁止使用散煤，京津冀、长三角、珠三角等重点区域、重点城市实施“煤改气”工程，推进北方地区农村散煤替代。加快城市新能源汽车充电设施建设，政府机关、大中型企事业单位带头配套建设，继续实施新能源汽车推广。

大力推进煤炭清洁化利用。加强商品煤质量管理，限制开发和销售高硫、高灰等煤炭资源，发展煤炭洗选加工，到2020年，煤炭入洗率提高到75%以上。大力推进以电代煤、以气代煤和以其他清洁能源代煤，对暂不具备煤炭改清洁燃料条件的地区，积极推进洁净煤替代。建设洁净煤配送中心，建立以县（区）为单位的全密闭配煤中心以及覆盖所有乡镇、村的洁净煤供应网络。加快纯凝（只发电不供热）发电机组供热改造，鼓励热电联产机组替代燃煤小锅炉，推进城市集中供热。到2017年，除确有必要保留的外，全国地级及以上城市建成区基本淘汰10蒸吨以下燃煤锅炉。

四、加快农业农村环境综合治理

继续推进农村环境综合整治。继续深入开展爱国卫生运动，持续推进城乡环境卫生整治行动，建设健康、宜居、美丽家园。深化“以奖促治”政策，以南水北调沿线、三峡库区、长江沿线等重要水源地周边为重点，推进新一轮农村环境连片整治，有条件的省份开展全覆盖拉网式整治。因地制宜开展治理，完善农村生活垃圾“村收集、镇转运、县处理”模式，鼓励就地资源化，加快整治“垃圾围村”、“垃圾围坝”等问题，切实防止城镇垃圾向农村转移。整县推进农村污水处理统一规划、建设、管理。积极推进城镇污水、垃圾处理设施和服务向农村延伸，开展农村厕所无害化改造。继续实施农村清洁工程，开展河道清淤疏浚。到2020年，新增完成环境综合整治建制村13万个。

大力推进畜禽养殖污染防治。划定禁止建设畜禽规模养殖场（小区）区域，加强分区分类管理，以废弃物资源化利用为途径，整县推进畜禽养殖污染防治。养殖密集区推行粪污集中处理和资源化综合利用。2017年底前，各地区依法关闭或搬迁禁养区内的畜禽养殖场（小区）和养殖专业户。大力支持畜禽规模养殖场（小区）标准化改造和建设。

打好农业面源污染治理攻坚战。优化调整农业结构和布局，推广资源节约型农业清洁生产技术，推动资源节约型、环境友好型、生态保育型农业发展。建设生态沟渠、污水净化塘、地表径流集蓄池等设施，净化农田排水及地表径流。实施环水有机农业行动计划。推进健康生态养殖。实行测土配方施肥。推进种植业清洁生产，开展农膜回收利用，率先实现东北黑土地大田生产地膜零增长。在环渤海京津冀、长三角、珠三角等重点区域，开展种植业和养殖业重点排放源氨防控研究与示范。研究建立农药使用环境影响后评价制度，制定农药包装废弃物回收处理办法。到2020年，实现化肥农药使用量零增长，化肥利用率提高到40%以上，农膜回收率达到80%以上；京津冀、长三角、珠三角等区域提前一年完成。

强化秸秆综合利用与禁烧。建立逐级监督落实机制，疏堵结合、以疏为主，完善秸秆收储体系，支持秸秆代木、纤维原料、清洁制浆、生物质能、商品有机肥等新技术产业化发展，加快推进秸秆综合利用；强化重点区域和重点时段秸秆禁烧措施，不断提高禁烧监管水平。

第六章　实行全程管控，有效防范和降低环境风险

提升风险防控基础能力，将风险纳入常态化管理，系统构建事前严防、事中严管、事后处置的全过程、多层级风险防范体系，严密防控重金属、危险废物、有毒有害化学品、核与辐射等重点领域环境风险，强化核与辐射安全监管体系和能力建设，

有效控制影响健康的生态和社会环境危险因素，守牢安全底线。

一、完善风险防控和应急响应体系

加强风险评估与源头防控。完善企业突发环境事件风险评估制度，推进突发环境事件风险分类分级管理，严格重大突发环境事件风险企业监管。改进危险废物鉴别体系。选择典型区域、工业园区、流域开展试点，进行废水综合毒性评估、区域突发环境事件风险评估，以此作为行业准入、产业布局与结构调整的基本依据，发布典型区域环境风险评估报告范例。

开展环境与健康调查、监测和风险评估。制定环境与健康工作办法，建立环境与健康调查、监测和风险评估制度，形成配套政策、标准和技术体系。开展重点地区、流域、行业环境与健康调查，初步建立环境健康风险哨点监测工作网络，识别和评估重点地区、流域、行业的环境健康风险，对造成环境健康风险的企业和污染物实施清单管理，研究发布一批利于人体健康的环境基准。

严格环境风险预警管理。强化重污染天气、饮用水水源地、有毒有害气体、核安全等预警工作，开展饮用水水源地水质生物毒性、化工园区有毒有害气体等监测预警试点。

强化突发环境事件应急处置管理。健全国家、省、市、县四级联动的突发环境事件应急管理体系，深入推进跨区域、跨部门的突发环境事件应急协调机制，健全综合应急救援体系，建立社会化应急救援机制。完善突发环境事件现场指挥与协调制度，以及信息报告和公开机制。加强突发环境事件调查、突发环境事件环境影响和损失评估制度建设。

加强风险防控基础能力。构建生产、运输、贮存、处置环节的环境风险监测预警网络，建设“能定位、能查询、能跟踪、能预警、能考核”的危险废物全过程信息化监管体系。建立健全突发环境事件应急指挥决策支持系统，完善环境风险源、敏感目标、环境应急能力及环境应急预案等数据库。加强石化等重点行业以及政府和部门突发环境事件应急预案管理。建设国家环境应急救援实训基地，加强环境应急管理队伍、专家队伍建设，强化环境应急物资储备和信息化建设，增强应急监测能力。推动环境应急装备产业化、社会化，推进环境应急能力标准化建设。

二、加大重金属污染防治力度

加强重点行业环境管理。严格控制涉重金属新增产能快速扩张，优化产业布局，继续淘汰涉重金属重点行业落后产能。涉重金属行业分布集中、产业规模大、发展速度快、环境问题突出的地区，制定实施更严格的地方污染物排放标准和环境准入标准，依法关停达标无望、治理整顿后仍不能稳定达标的涉重金属企业。制定电镀、制革、铅蓄电池等行业工业园区综合整治方案，推动园区清洁、规范发展。强化涉重金属工业园区和重点工矿企业的重金属污染物排放及周边环境中的重金属监测，加强环境风险隐患排查，向社会公开涉重金属企业生产排放、环境管理和环境质量等信息。组织开展金属矿采选冶炼、钢铁等典型行业和贵州黔西南布依族苗族自治州等典型地区铊污染排放调查，制定铊污染防治方案。加强进口矿产品中重金属等环保项目质量监管。

深化重点区域分类防控。重金属污染防控重点区域制定实施重金属污染综合防治规划，有效防控环境风险和改善区域环境质量，分区指导、一区一策，实施差别化防控管理，加快湘江等流域、区域突出问题综合整治，“十三五”期间，争取20个左右地区退出重点区域。在江苏靖江市、浙江平阳县等16个重点区域和江西大余县浮江河流域等8个流域开展重金属污染综合整治示范，探索建立区域和流域重金属污染治理与风险防控的技术和管理体系。建立“锰三角”（锰矿开采和生产过程中存在严重环境污染问题的重庆市秀山县、湖南省花垣县、贵州省松桃县三个县）综合防控协调机制，统一制定综合整治规划。优化调整重点区域环境质量监测点位，2018年底前建成全国重金属环境监测体系。

专栏5　重金属综合整治示范

（一）区域综合防控（16个）

泰州靖江市（电镀行业综合整治）、温州平阳县（产业入园升级与综合整治）、湖州长兴县（铅蓄电池行业综合整治）、济源市（重金属综合治理与环境监测）、黄石大冶市及周边地区（铜冶炼治理与历史遗留污染整治）、湘潭竹埠港及周边地区（历史遗留污染治理）、衡阳水口山及周边地区（行业综合整治提升）、郴州三十六湾及周边地区（历史遗留污染整治和环境风险预警监控）、常德石门县雄黄矿地区（历史遗留砷污染治理与风险防控）、河池金城江区（结构调整与历史遗留污染整治）、重庆秀山县（电解锰行业综合治理）、凉山西昌市（有色行业整治及污染地块治理）、铜仁万山区（汞污染综合整治）、红河个旧市（产业调整与历史遗留污染整治）、渭南潼关县（有色行业综合整治）、金昌市金川区（产业升级与历史遗留综合整治）。

（二）流域综合整治（8个）

赣州大余县浮江河流域（砷）、三门峡灵宝市宏农涧河流域（镉、汞）、荆门钟祥市利河—南泉河流域（砷）、韶关大宝山矿区横石水流域（镉）、河池市南丹县刁江流域（砷、镉）、黔南独山县都柳江流域（锑）、怒江兰坪县沘江流域（铅、镉）、陇南徽县永宁河流域（铅、砷）。

加强汞污染控制。禁止新建采用含汞工艺的电石法聚氯乙烯生产项目，到2020年聚氯乙烯行业每单位产品用汞量在2010年的基础上减少50%。加强燃煤电厂等重点行业汞污染排放控制。禁止新建原生汞矿，逐步停止原生汞开采。淘汰含汞体温计、血压计等添汞产品。

三、提高危险废物处置水平

合理配置危险废物安全处置能力。各省（区、市）应组织开展危险废物产生、利用处置能力和设施运行情况评估，科学规划并实施危险废物集中处置设施建设规划，将危险废物集中处置设施纳入当地公共基础设施统筹建设。鼓励大型石油化工等产业基地配套建设危险废物利用处置设施。鼓励产生量大、种类单一的企业和园区配套建设危险废物收集贮存、预处理和处置设施，引导和规范水泥窑协同处置危险废物。开展典型危险废物集中处置设施累积性环境风险评价与防控，淘汰一批工艺落后、不符合标准规范的设施，提标改造一批设施，规范管理一批设施。

防控危险废物环境风险。动态修订国家危险废物名录，开展全国危险废物普查，2020 年底前，力争基本摸清全国重点行业危险废物产生、贮存、利用和处置状况。以石化和化工行业为重点，打击危险废物非法转移和利用处置违法犯罪活动。加强进口石化和化工产品质量安全监管，打击以原油、燃料油、润滑油等产品名义进口废油等固体废物。继续开展危险废物规范化管理督查考核，以含铬、铅、汞、镉、砷等重金属废物和生活垃圾焚烧飞灰、抗生素菌渣、高毒持久性废物等为重点开展专项整治。制定废铅蓄电池回收管理办法。明确危险废物利用处置二次污染控制要求及综合利用过程环境保护要求，制定综合利用产品中有毒有害物质含量限值，促进危险废物安全利用。

推进医疗废物安全处置。扩大医疗废物集中处置设施服务范围，建立区域医疗废物协同与应急处置机制，因地制宜推进农村、乡镇和偏远地区医疗废物安全处置。实施医疗废物焚烧设施提标改造工程。提高规范化管理水平，严厉打击医疗废物非法买卖等行为，建立医疗废物特许经营退出机制，严格落实医疗废物处置收费政策。

四、夯实化学品风险防控基础

评估现有化学品环境和健康风险。开展一批现有化学品危害初步筛查和风险评估，评估化学品在环境中的积累和风险情况。2017 年底前，公布优先控制化学品名录，严格限制高风险化学品生产、使用、进口，并逐步淘汰替代。加强有毒有害化学品环境与健康风险评估能力建设。

削减淘汰公约管制化学品。到 2020 年，基本淘汰林丹、全氟辛基磺酸及其盐类和全氟辛基磺酰氟、硫丹等一批《关于持久性有机污染物的斯德哥尔摩公约》管制的化学品。强化对拟限制或禁止的持久性有机污染物替代品、最佳可行技术以及相关监测检测设备的研发。

严格控制环境激素类化学品污染。2017 年底前，完成环境激素类化学品生产使用情况调查，监控、评估水源地、农产品种植区及水产品集中养殖区风险，实行环境激素类化学品淘汰、限制、替代等措施。

五、加强核与辐射安全管理

我国是核能核技术利用大国。“十三五”期间，要强化核安全监管体系和监管能力建设，加快推进核安全法治进程，落实核安全规划，依法从严监管，严防发生放射性污染环境的核事故。

提高核设施、放射源安全水平。持续提高核电厂安全运行水平，加强在建核电机组质量监督，确保新建核电厂满足国际最新核安全标准。加快研究堆、核燃料循环设施安全改进。优化核安全设备许可管理，提高核安全设备质量和可靠性。实施加强放射源安全行动计划。

推进放射性污染防治。加快老旧核设施退役和放射性废物处理处置，进一步提升放射性废物处理处置能力，落实废物最小化政策。推进铀矿冶设施退役治理和环境恢复，加强铀矿冶和伴生放射性矿监督管理。

强化核与辐射安全监管体系和能力建设。加强核与辐射安全监管体制机制建设，将核安全关键技术纳入国家重点研发计划。强化国家、区域、省级核事故应急物资储备和能力建设。建成国家核与辐射安全监管技术研发基地。建立国家核安全监控预警和应急响应平台，完善全国辐射环境监测网络，加强国家、省、地市级核与辐射安全监管能力。

第七章　加大保护力度，强化生态修复

贯彻“山水林田湖是一个生命共同体”理念，坚持保护优先、自然恢复为主，推进重点区域和重要生态系统保护与修复，构建生态廊道和生物多样性保护网络，全面提升各类生态系统稳定性和生态服务功能，筑牢生态安全屏障。

一、维护国家生态安全

系统维护国家生态安全。识别事关国家生态安全的重要区域，以生态安全屏障以及大江大河重要水系为骨架，以国家重点生态功能区为支撑，以国家禁止开发区域为节点，以生态廊道和生物多样性保护网络为脉络，优先加强生态保护，维护国家生态安全。

建设“两屏三带”国家生态安全屏障。建设青藏高原生态安全屏障，推进青藏高原区域生态建设与环境保护，重点保护好多样、独特的生态系统。推进黄土高原—川滇生态安全屏障建设，重点加强水土流失防治和天然植被保护，保障长江、黄河中下游地区生态安全。建设东北森林带生态安全屏障，重点保护好森林资源和生物多样性，维护东北平原生态安全。建设北方防沙带生态安全屏障，重点加强防护林建设、草原保护和防风固沙，对暂不具备治理条件的沙化土地实行封禁保护，保障“三北”地区生态安全。建设南方丘陵山地带生态安全屏障，重点加强植被修复和水土流失防治，保障华南和西南地区生态安全。

构建生物多样性保护网络。深入实施中国生物多样性保护战略与行动计划，继续开展联合国生物多样性十年中国行动，编制实施地方生物多样性保护行动计划。加强生物多样性保护优先区域管理，构建生物多样性保护网络，完善生物多样性迁地保护设施，实现对生物多样性的系统保护。开展生物多样性与生态系统服务价值评估与示范。

二、管护重点生态区域

深化国家重点生态功能区保护和管理。制定国家重点生态功能区产业准入负面清单，制定区域限制和禁止发展的产业目录。优化转移支付政策，强化对区域生态功能稳定性和提供生态产品能力的评价和考核。支持甘肃生态安全屏障综合示范区建设，推进沿黄生态经济带建设。加快重点生态功能区生态保护与建设项目实施，加强对开发建设活动的生态监管，保护区域内重点野生动植物资源，明显提升重点生态功能区生态系统服务功能。

优先加强自然保护区建设与管理。优化自然保护区布局，将重要河湖、海洋、草原生态系统及水生生物、自然遗迹、极小种群野生植物和极度濒危野生动物的保护空缺作为新建自然保护区重点，建设自然保护区群和保护小区，全面提高自然保护区管理系统化、精细化、信息化水平。建立全国自然保护区“天地一体化”动态监测体系，利用遥感等手段开展监测，国家级自然保护区每年监测两次，省级自然保护区每年监测一次。定期组织自然保护区专项执法检查，严肃查处违法违规活动，加强问责监督。加强自然保护区综合科学考察、基础调查和管理评估。积极推进全国自然保护区范围界限核准和勘界立标工作，开展自然保护区土地确权和用途管制，有步骤地对居住在自然保护区核心区和缓冲区的居民实施生态移民。到2020年，全国自然保护区陆地面积占我国陆地国土面积的比例稳定在15%左右，国家重点保护野生动植物种类和典型生态系统类型得到保护的占90%以上。

整合设立一批国家公园。加强对国家公园试点的指导，在试点基础上研究制定建立国家公园体制总体方案。合理界定国家公园范围，整合完善分类科学、保护有力的自然保护地体系，更好地保护自然生态和自然文化遗产原真性、完整性。加强风景名胜区、自然文化遗产、森林公园、沙漠公园、地质公园等各类保护地规划、建设和管理的统筹协调，提高保护管理效能。

三、保护重要生态系统

保护森林生态系统。完善天然林保护制度，强化天然林保护和抚育，健全和落实天然林管护体系，加强管护基础设施建设，实现管护区域全覆盖，全面停止天然林商业性采伐。继续实施森林管护和培育、公益林建设补助政策。严格保护林地资源，分级分类进行林地用途管制。到2020年，林地保有量达到31230万公顷。

推进森林质量精准提升。坚持保护优先、自然恢复为主，坚持数量和质量并重、质量优先，坚持封山育林、人工造林并举，宜封则封、宜造则造，宜林则林、宜灌则灌、宜草则草，强化森林经营，大力培育混交林，推进退化林修复，优化森林组成、结构和功能。到 2020 年，混交林占比达到 45%，单位面积森林蓄积量达到 95 立方米/公顷，森林植被碳储量达到 95 亿吨。

保护草原生态系统。稳定和完善草原承包经营制度，实行基本草原保护制度，落实草畜平衡、禁牧休牧和划区轮牧等制度。严格草原用途管制，加强草原管护员队伍建设，严厉打击非法征占用草原、开垦草原、乱采滥挖草原野生植物等破坏草原的违法犯罪行为。开展草原资源调查和统计，建立草原生产、生态监测预警系统。加强“三化”草原治理，防治鼠虫草害。到 2020 年，治理“三化”草原 3000 万公顷。

保护湿地生态系统。开展湿地生态效益补偿试点、退耕还湿试点。在国际和国家重要湿地、湿地自然保护区、国家湿地公园，实施湿地保护与修复工程，逐步恢复湿地生态功能，扩大湿地面积。提升湿地保护与管理能力。

四、提升生态系统功能

大规模绿化国土。开展大规模国土绿化行动，加强农田林网建设，建设配置合理、结构稳定、功能完善的城乡绿地，形成沿海、沿江、沿线、沿边、沿湖（库）、沿岛的国土绿化网格，促进山脉、平原、河湖、城市、乡村绿化协同。

继续实施新一轮退耕还林还草和退牧还草。扩大新一轮退耕还林还草范围和规模，在具备条件的 25 度以上坡耕地、严重沙化耕地和重要水源地 15～25 度坡耕地实施退耕还林还草。实施全国退牧还草工程建设规划，稳定扩大退牧还草范围，转变草原畜牧业生产方式，建设草原保护基础设施，保护和改善天然草原生态。

建设防护林体系。加强“三北”、长江、珠江、太行山、沿海等防护林体系建设。“三北”地区乔灌草相结合，突出重点、规模治理、整体推进。长江流域推进退化林修复，提高森林质量，构建“两湖一库”防护林体系。珠江流域推进退化林修复。太行山脉优化林分结构。沿海地区推进海岸基干林带和消浪林建设，修复退化林，完善沿海防护林体系和防灾减灾体系。在粮食主产区营造农田林网，加强村镇绿化，提高平原农区防护林体系综合功能。

建设储备林。在水土光热条件较好的南方省区和其他适宜地区，吸引社会资本参与储备林投资、运营和管理，加快推进储备林建设。在东北、内蒙古等重点国有林区，采取人工林集约栽培、现有林改培、抚育及补植补造等措施，建设以用材林和珍贵树种培育为主体的储备林基地。到 2020 年，建设储备林 1400 万公顷，每年新增木材供应能力 9500 万立方米以上。

培育国土绿化新机制。继续坚持全国动员、全民动手、全社会搞绿化的指导方针，鼓励家庭林场、林业专业合作组织、企业、社会组织、个人开展专业化规模化造林绿化。发挥国有林区和林场在绿化国土中的带动作用，开展多种形式的场外合作造林和森林保育经营，鼓励国有林场担负区域国土绿化和生态修复主体任务。创新产权模式，鼓励地方探索在重要生态区域通过赎买、置换等方式调整商品林为公益林的政策。

五、修复生态退化地区

综合治理水土流失。加强长江中上游、黄河中上游、西南岩溶区、东北黑土区等重点区域水土保持工程建设，加强黄土高原地区沟壑区固沟保塬工作，推进东北黑土区侵蚀沟治理，加快南方丘陵地带崩岗治理，积极开展生态清洁小流域建设。

推进荒漠化石漠化治理。加快实施全国防沙治沙规划，开展固沙治沙，加大对主要风沙源区、风沙口、沙尘路径区、沙化扩展活跃区等治理力度，加强“一带一路”沿线防沙治沙，推进沙化土地封禁保护区和防沙治沙综合示范区建设。继续实施京津风沙源治理二期工程，进一步遏制沙尘危害。以“一片两江”（滇桂黔石漠化片区和长江、珠江）岩溶地区为重点，开展石漠化综合治理。到 2020 年，努力建成 10 个百万亩、100 个十万亩、1000 个万亩防沙治沙基地。

加强矿山地质环境保护与生态恢复。严格实施矿产资源开发环境影响评价，建设绿色矿山。加大矿山植被恢复和地质环境综合治理，开展病危险尾矿库和“头顶库”（1 公里内有居民或重要设施的尾矿库）专项整治，强化历史遗留矿山地质环境恢复和综合治理。推广实施尾矿库充填开采等技术，建设一批“无尾矿山”（通过有效手段实现无尾矿或仅有少量尾矿占地堆存的矿山），推进工矿废弃地修复利用。

六、扩大生态产品供给

推进绿色产业建设。加强林业资源基地建设，加快产业转型升级，促进产业高端化、品牌化、特色化、定制化，满足人民群众对优质绿色产品的需求。建设一批具有影响力的花卉苗木示范基地，发展一批增收带动能力强的木本粮油、特色经济林、林下经济、林业生物产业、沙产业、野生动物驯养繁殖利用示范基地。加快发展和提升森林旅游休闲康养、湿地度假、沙漠探秘、野生动物观赏等产业，加快林产工业、林业装备制造业技术改造和创新，打造一批竞争力强、特色鲜明的产业集群和示范园区，建立绿色产业和全国重点林产品市场监测预警体系。

构建生态公共服务网络。加大自然保护地、生态体验地的公共服务设施建设力度，开发和提供优质的生态教育、游憩休闲、健康养生养老等生态服务产品。加快建设生态标志系统、绿道网络、环卫、安全等公共服务设施，精心设计打造以森林、湿地、沙漠、野生动植物栖息地、花卉苗木为景观依托的生态体验精品旅游线路，集中建设一批公共营地、生态驿站，提高生态体验产品档次和服务水平。

加强风景名胜区和世界遗产保护与管理。开展风景名胜区资源普查，稳步做好世界自然遗产、自然与文化双遗产培育与申报。强化风景名胜区和世界遗产的管理，实施遥感动态监测，严格控制利用方式和强度。加大保护投入，加强风景名胜区保护利用设施建设。

维护修复城市自然生态系统。提高城市生物多样性，加强城市绿地保护，完善城市绿线管理。优化城市绿地布局，建设绿道绿廊，使城市森林、绿地、水系、河湖、耕地形成完整的生态网络。扩大绿地、水域等生态空间，合理规划建设各类城市绿地，推广立体绿化、屋顶绿化。开展城市山体、水体、废弃地、绿地修复，通过自然恢复和人工修复相结合的措施，实施城市生态修复示范工程项目。加强城市周边和城市群绿化，实施“退工还林”，成片建设城市森林。大力提高建成区绿化覆盖率，加快老旧公园改造，提升公园绿地服务功能。推行生态绿化方式，广植当地树种，乔灌草合理搭配、自然生长。加强古树名木保护，严禁移植天然大树进城。发展森林城市、园林城市、森林小镇。到 2020 年，城市人均公园绿地面积达到 14.6 平方米，城市建成区绿地率达到 38.9%。

七、保护生物多样性

开展生物多样性本底调查和观测。实施生物多样性保护重大工程，以生物多样性保护优先区域为重点，开展生态系统、物种、遗传资源及相关传统知识调查与评估，建立全国生物多样性数据库和信息平台。到 2020 年，基本摸清生物多样性保护优先区域本底状况。完善生物多样性观测体系，开展生物多样性综合观测站和观测样区建设。对重要生物类群和生态系统、国家重点保护物种及其栖息地开展常态化观测、监测、评价和预警。

实施濒危野生动植物抢救性保护。保护、修复和扩大珍稀濒危野生动植物栖息地、原生境保护区（点），优先实施重点保护野生动物和极小种群野生植物保护工程，开发濒危物种繁育、恢复和保护技术，加强珍稀濒危野生动植物救护、繁育和野化放归，开展长江经济带及重点流域人工种群野化放归试点示范，科学进行珍稀濒危野生动植物再引入。优化全国野生动物救护网络，完善布局并建设一批野生动物救护繁育中心，建设兰科植物等珍稀濒危植物的人工繁育中心。强化野生动植物及其制品利用监管，开展野生动植物繁育利用及其制品的认证标识。调整修订国家重点保护野生动植物名录。

加强生物遗传资源保护。建立生物遗传资源及相关传统知识获取与惠益分享制度，规范生物遗传资源采集、保存、交换、合作研究和开发利用活动，加强与遗传资源相关传统知识保护。开展生物遗传资源价值评估，加强对生物资源的发掘、整理、检测、培育和性状评价，筛选优良生物遗传基因。强化野生动植物基因保护，建设野生动植物人工种群保育基地和基因库。完善西南部生物遗传资源库，新建中东部生物遗传资源库，收集保存国家特有、珍稀濒危及具有重要价值的生物遗传资源。建设药用植物资源、农作物种质资源、野生花卉种质资源、林木种质资源中长期保存库（圃），合理规划和建设植物园、动物园、野生动物繁育中心。

强化野生动植物进出口管理。加强生物遗传资源、野生动植物及其制品进出口管理，建立部门信息共享、联防联控的工作机制，建立和完善进出口电子信息网络系统。严厉打击象牙等野生动植物制品非法交易，构建情报信息分析研究和共享平台，组建打击非法交易犯罪合作机制，严控特有、珍稀、濒危野生动植物种质资源流失。

防范生物安全风险。加强对野生动植物疫病的防护。建立健全国家生态安全动态监测预警体系，定期对生态风险开展全面调查评估。加强转基因生物环境释放监管，开展转基因生物环境释放风险评价和跟踪监测。建设国门生物安全保护网，完善国门生物安全查验机制，严格外来物种引入管理。严防严控外来有害生物物种入侵，开展外来入侵物种普查、监测与生态影响评价，对造成重大生态危害的外来入侵物种开展治理和清除。

第八章 加快制度创新，积极推进治理体系和治理能力现代化

统筹推进生态环境治理体系建设，以环保督察巡视、编制自然资源资产负债表、领导干部自然资源资产离任审计、生态环境损害责任追究等落实地方环境保护责任，以环境司法、排污许可、损害赔偿等落实企业主体责任，加强信息公开，推进公益诉讼，强化绿色金融等市场激励机制，形成政府、企业、公众共治的治理体系。

一、健全法治体系

完善法律法规。积极推进资源环境类法律法规制修订。适时完善水污染防治、环境噪声污染防治、土壤污染防治、生态保护补偿、自然保护区等相关制度。

严格环境执法监督。完善环境执法监督机制，推进联合执法、区域执法、交叉执法，强化执法监督和责任追究。进一步明确环境执法部门行政调查、行政处罚、行政强制等职责，有序整合不同领域、不同部门、不同层次的执法监督力量，推动环境执法力量向基层延伸。

推进环境司法。健全行政执法和环境司法的衔接机制，完善程序衔接、案件移送、申请强制执行等方面规定，加强环保部门与公安机关、人民检察院和人民法院的沟通协调。健全环境案件审理制度。积极配合司法机关做好相关司法解释的制修订工作。

二、完善市场机制

推行排污权交易制度。建立健全排污权初始分配和交易制度，落实排污权有偿使用制度，推进排污权有偿使用和交易试点，加强排污权交易平台建设。鼓励新建项目污染物排放指标通过交易方式取得，且不得增加本地区污染物排放总量。推行用能预算管理制度，开展用能权有偿使用和交易试点。

发挥财政税收政策引导作用。开征环境保护税。全面推进资源税改革，逐步将资源税扩展到占用各种自然生态空间范畴。落实环境保护、生态建设、新能源开发利用的税收优惠政策。研究制定重点危险废物集中处置设施、场所的退役费用预提政策。

深化资源环境价格改革。完善资源环境价格机制，全面反映市场供求、资源稀缺程度、生态环境损害成本和修复效益等因素。落实调整污水处理费和水资源费征收标准政策，提高垃圾处理费收缴率，完善再生水价格机制。研究完善燃煤电厂环保电价政策，加大高耗能、高耗水、高污染行业差别化电价水价等政策实施力度。

加快环境治理市场主体培育。探索环境治理项目与经营开发项目组合开发模式，健全社会资本投资环境治理回报机制。深化环境服务试点，创新区域环境治理一体化、环保“互联网+”、环保物联网等污染治理与管理模式，鼓励各类投资进入环保市场。废止各类妨碍形成全国统一市场和公平竞争的制度规定，加强环境治理市场信用体系建设，规范市场环境。鼓励推行环境治理依效付费与环境绩效合同服务。

建立绿色金融体系。建立绿色评级体系以及公益性的环境成本核算和影响评估体系，明确贷款人尽职免责要求和环境保护法律责任。鼓励各类金融机构加大绿色信贷发放力度。在环境高风险领域建立环境污染强制责任保险制度。研究设立绿色股票指数和发展相关投资产品。鼓励银行和企业发行绿色债券，鼓励对绿色信贷资产实行证券化。加大风险补偿力度，支持开展排污权、收费权、购买服务协议抵押等担保贷款业务。支持设立市场化运作的各类绿色发展基金。

加快建立多元化生态保护补偿机制。加大对重点生态功能区的转移支付力度，合理提高补偿标准，向生态敏感和脆弱地区、流域倾斜，推进有关转移支付分配与生态保护成效挂钩，探索资金、政策、产业及技术等多元互补方式。完善补偿范围，逐步实现森林、草原、湿地、荒漠、河流、海洋和耕地等重点领域和禁止开发区域、重点生态功能区等重要区域全覆盖。中央财政支持引导建立跨省域的生态受益地区和保护地区、流域上游与下游的横向补偿机制，推进省级区域内横向补偿。在长江、黄河等重要河流探索开展横向生态保护补偿试点。深入推进南水北调中线工程水源区对口支援、新安江水环境生态补偿试点，推动在京津冀水源涵养区、广西广东九洲江、福建广东汀江—韩江、江西广东东江、云南贵州广西广东西江等开展跨地区生态保护补偿试点。到2017年，建立京津冀区域生态保护补偿机制，将北京、天津支持河北开展生态建设与环境保护制度化。

三、落实地方责任

落实政府生态环境保护责任。建立健全职责明晰、分工合理的环境保护责任体系，加强监督检查，推动落实环境保护党政同责、一岗双责。省级人民政府对本行政区域生态环境和资源保护负总责，对区域流域生态环保负相应责任，统筹推进区域环境基本公共服务均等化，市级人民政府强化统筹和综合管理职责，区县人民政府负责执行落实。

改革生态环境保护体制机制。积极推行省以下环保机构监测监察执法垂直管理制度改革试点，加强对地方政府及其相关部门环保履责情况的监督检查。建立区域流域联防联控和城乡协同的治理模式。建立和完善严格监管所有污染物排放的环境保护管理制度。

推进战略和规划环评。在完成京津冀、长三角、珠三角地区及长江经济带、“一带一路”战略环评基础上，稳步推进省、市两级行政区战略环评。探索开展重大政策环境影响论证试点。严格开展开发建设规划环评，作为规划编制、审批、实施的重要依据。深入开展城市、新区总体规划环评，强化规划环评生态空间保护，完善规划环评会商机制。以产业园区规划环评为重点，推进空间和环境准入的清单管理，探索园区内建设项目环评审批管理改革。加强项目环评与规划环评联动，建设四级环保部门环评审批信息联网系统。地方政府和有关部门要依据战略、规划环评，把空间管制、总量管控和环境准入等要求转化为区域开发和保护的刚性约束。严格规划环评责任追究，加强对地方政府和有关部门规划环评工作开展情况的监督。

编制自然资源资产负债表。探索编制自然资源资产负债表，建立实物量核算账户，建立生态环境价值评估制度，开展生态环境资产清查与核算。实行领导干部自然资源资产离任审计，推动地方领导干部落实自然资源资产管理责任。在完成编制自然资源资产负债表试点基础上，逐步建立健全自然资源资产负债表编制制度，在国家层面探索形成主要自然资源资产价值量核算技术方法。

建立资源环境承载能力监测预警机制。研究制定监测评价、预警指标体系和技术方法，开展资源环境承载能力监测预警与成因解析，对资源消耗和环境容量接近或超过承载能力的地区实行预警提醒和差异化的限制性措施，严格约束开发活动在资源环境承载能力范围内。各省（区、市）应组织开展市、县域资源环境承载能力现状评价，超过承载能力的地区要调整发展规划和产业结构。

实施生态文明绩效评价考核。贯彻落实生态文明建设目标评价考核办法，建立体现生态文明要求的目标体系、考核办法、奖惩机制，把资源消耗、环境损害、生态效益纳入地方各级政府经济社会发展评价体系，对不同区域主体功能定位实行差异化绩效评价考核。

开展环境保护督察。推动地方落实生态环保主体责任，开展环境保护督察，重点检查环境质量呈现恶化趋势的区域流域及整治情况，重点督察地方党委和政府及其有关部门环保不作为、乱作为的情况，重点了解地方落实环境保护党政同责、一岗双责以及严格责任追究等情况，推动地方生态文明建设和环境保护工作，促进绿色发展。

建立生态环境损害责任终身追究制。建立重大决策终身责任追究及责任倒查机制，对在生态环境和资源方面造成严重破坏负有责任的干部不得提拔使用或者转任重要职务，对构成犯罪的依法追究刑事责任。实行领导干部自然资源资产离任审计，对领导干部离任后出现重大生态环境损害并认定其应承担责任的，实行终身追责。

四、加强企业监管

建立覆盖所有固定污染源的企业排放许可制度。全面推行排污许可，以改善环境质量、防范环境风险为目标，将污染物排放种类、浓度、总量、排放去向等纳入许可证管理范围，企业按排污许可证规定生产、排污。完善污染治理责任体系，环境保护部门对照排污许可证要求对企业排污行为实施监管执法。2017 年底前，完成重点行业及产能过剩行业企业许可证核发，建成全国排污许可管理信息平台。到 2020 年，全国基本完成排污许可管理名录规定行业企业的许可证核发。

激励和约束企业主动落实环保责任。建立企业环境信用评价和违法排污黑名单制度，企业环境违法信息将记入社会诚信档案，向社会公开。建立上市公司环保信息强制性披露机制，对未尽披露义务的上市公司依法予以处罚。实施能效和环保“领跑者”制度，采取财税优惠、荣誉表彰等措施激励企业实现更高标准的环保目标。到 2020 年，分级建立企业环境信用评价体系，将企业环境信用信息纳入全国信用信息共享平台，建立守信激励与失信惩戒机制。

建立健全生态环境损害评估和赔偿制度。推进生态环境损害鉴定评估规范化管理，完善鉴定评估技术方法。2017 年底前，完成生态环境损害赔偿制度改革试点；自 2018 年起，在全国试行生态环境损害赔偿制度；到 2020 年，力争在全国范围内初步建立生态环境损害赔偿制度。

五、实施全民行动

提高全社会生态环境保护意识。加大生态环境保护宣传教育，组织环保公益活动，开发生态文化产品，全面提升全社会生态环境保护意识。地方各级人民政府、教育主管部门和新闻媒体要依法履行环境保护宣传教育责任，把环境保护和生态文明建设作为践行社会主义核心价值观的重要内容，实施全民环境保护宣传教育行动计划。引导抵制和谴责过度消费、奢侈消费、浪费资源能源等行为，倡导勤俭节约、绿色低碳的社会风尚。鼓励生态文化作品创作，丰富环境保护宣传产品，开展环境保护公益宣传活动。建设国家生态环境教育平台，引导公众践行绿色简约生活和低碳休闲模式。小学、中学、高等学校、职业学校、培训机构等要将生态文明教育纳入教学内容。

推动绿色消费。强化绿色消费意识，提高公众环境行为自律意识，加快衣食住行向绿色消费转变。实施全民节能行动计划，实行居民水、电、气阶梯价格制度，推广节水、节能用品和绿色环保家具、建材等。实施绿色建筑行动计划，完善绿色建筑标准及认证体系，扩大强制执行范围，京津冀地区城镇新建建筑中绿色建筑达到 50%以上。强化政府绿色采购制度，制定绿色产品采购目录，倡导非政府机构、企业实行绿色采购。鼓励绿色出行，改善步行、自行车出行条件，完善城市公共交通服务体系。

到2020年，城区常住人口300万以上城市建成区公共交通占机动化出行比例达到60%。

强化信息公开。建立生态环境监测信息统一发布机制。全面推进大气、水、土壤等生态环境信息公开，推进监管部门生态环境信息、排污单位环境信息以及建设项目环境影响评价信息公开。各地要建立统一的信息公开平台，健全反馈机制。建立健全环境保护新闻发言人制度。

加强社会监督。建立公众参与环境管理决策的有效渠道和合理机制，鼓励公众对政府环保工作、企业排污行为进行监督。在建设项目立项、实施、后评价等环节，建立沟通协商平台，听取公众意见和建议，保障公众环境知情权、参与权、监督权和表达权。引导新闻媒体，加强舆论监督，充分利用“12369”环保热线和环保微信举报平台。研究推进环境典型案例指导示范制度，推动司法机关强化公民环境诉权的保障，细化环境公益诉讼的法律程序，加强对环境公益诉讼的技术支持，完善环境公益诉讼制度。

六、提升治理能力

加强生态环境监测网络建设。统一规划、优化环境质量监测点位，建设涵盖大气、水、土壤、噪声、辐射等要素，布局合理、功能完善的全国环境质量监测网络，实现生态环境监测信息集成共享。大气、地表水环境质量监测点位总体覆盖80%左右的区县，人口密集的区县实现全覆盖，土壤环境质量监测点位实现全覆盖。提高大气环境质量预报和污染预警水平，强化污染源追踪与解析，地级及以上城市开展大气环境质量预报。建设国家水质监测预警平台。加强饮用水水源和土壤中持久性、生物富集性以及对人体健康危害大的污染物监测。加强重点流域城镇集中式饮用水水源水质、水体放射性监测和预警。建立天地一体化的生态遥感监测系统，实现环境卫星组网运行，加强无人机遥感监测和地面生态监测。构建生物多样性观测网络。

专栏6 全国生态环境监测网络建设

（一）稳步推进环境质量监测事权上收

对1436个城市大气环境质量自动监测站、96个区域站和16个背景站，2767个国控地表水监测断面、419个近岸海域水环境质量监测点和300个水质自动监测站，40000个土壤环境国家监控点位，承担管理职责，保障运行经费，采取第三方监测服务、委托地方运维管理、直接监测等方式运行，推动环境监测数据联网共享与统一发布。

（二）加快建设生态监测网络

建立天地一体化的生态遥感监测系统，建立生态功能地面监测站点，加强无人机遥感监测，对重要生态系统服务功能开展统一监测、统一信息公布。建设全国生态保护红线监管平台，建立一批相对固定的生态保护红线监管地面核查点。建立生物多样性观测网络体系，开展重要生态系统和生物类群的常态化监测与观测。新建大气辐射自动监测站400个、土壤辐射监测点163个、饮用水水源地辐射监测点330个。建设森林监测站228个、湿地监测站85个、荒漠监测站108个、生物多样性监测站300个。

加强环境监管执法能力建设。实现环境监管网格化管理，优化配置监管力量，推动环境监管服务向农村地区延伸。完善环境监管执法人员选拔、培训、考核等制度，充实一线执法队伍，保障执法装备，加强现场执法取证能力，加强环境监管执法队伍职业化建设。实施全国环保系统人才双向交流计划，加强中西部地区环境监管执法队伍建设。到2020年，基本实现各级环境监管执法人员资格培训及持证上岗全覆盖，全国县级环境执法机构装备基本满足需求。

加强生态环保信息系统建设。组织开展第二次全国污染源普查，建立完善全国污染源基本单位名录。加强环境统计能力，将小微企业纳入环境统计范围，梳理污染物排放数据，逐步实现各套数据的整合和归真。建立典型生态区基础数据库和信息管理系统。建设和完善全国统一、覆盖全面的实时在线环境监测监控系统。加快生态环境大数据平台建设，实现生态环境质量、污染源排放、环境执法、环评管理、自然生态、核与辐射等数据整合集成、动态更新，建立信息公开和共享平台，启动生态环境大数据建设试点。提高智慧环境管理技术水平，重点提升环境污染治理工艺自动化、智能化技术水平，建立环保数据共享与产品服务业务体系。

专栏7　加强生态环境基础调查

加大基础调查力度，重点开展第二次全国污染源普查、全国危险废物普查、集中式饮用水水源环境保护状况调查、农村集中式饮用水水源环境保护状况调查、地下水污染调查、土壤污染状况详查、环境激素类化学品调查、生物多样性综合调查、外来入侵物种调查、重点区域河流湖泊底泥调查、国家级自然保护区资源环境本底调查、公民生活方式绿色化实践调查。开展全国生态状况变化（2011—2015年）调查评估、生态风险调查评估、地下水基础环境状况调查评估、公众生态文明意识调查评估、长江流域生态健康调查评估、环境健康调查、监测和风险评估等。

第九章　实施一批国家生态环境保护重大工程

“十三五”期间，国家组织实施工业污染源全面达标排放等25项重点工程，建立重大项目库，强化项目绩效管理。项目投入以企业和地方政府为主，中央财政予以适当支持。

专栏8　环境治理保护重点工程

（一）工业污染源全面达标排放

限期改造50万蒸吨燃煤锅炉、工业园区污水处理设施。全国地级及以上城市建成区基本淘汰10蒸吨以下燃煤锅炉，完成燃煤锅炉脱硫脱硝除尘改造、钢铁行业烧结机脱硫改造、水泥行业脱硝改造。对钢铁、水泥、平板玻璃、造纸、印染、氮肥、制糖等行业中不能稳定达标的企业逐一进行改造。限期改造工业园区污水处理设施。

专栏8（续）

（二）大气污染重点区域气化

建设完善京津冀、长三角、珠三角和东北地区天然气输送管道、城市燃气管网、天然气储气库、城市调峰站储气罐等基础设施，推进重点城市“煤改气”工程，替代燃煤锅炉18.9万蒸吨。

（三）燃煤电厂超低排放改造

完成4.2亿千瓦机组超低排放改造任务，实施1.1亿千瓦机组达标改造，限期淘汰2000万千瓦落后产能和不符合相关强制性标准要求的机组。

（四）挥发性有机物综合整治

开展石化企业挥发性有机物治理，实施有机化工园区、医药化工园区及煤化工基地挥发性有机物综合整治，推进加油站、油罐车、储油库油气回收及综合治理。推动工业涂装和包装印刷行业挥发性有机物综合整治。

（五）良好水体及地下水环境保护

对江河源头及378个水质达到或优于Ⅲ类的江河湖库实施严格保护。实施重要江河湖库入河排污口整治工程。完成重要饮用水水源地达标建设，推进备用水源建设、水源涵养和生态修复，探索建设生物缓冲带。加强地下水保护，对报废矿井、钻井、取水井实施封井回填，开展京津冀晋等区域地下水修复试点。

（六）重点流域海域水环境治理

针对七大流域及近岸海域水环境突出问题，以580个优先控制单元为重点，推进流域水环境保护与综合治理，统筹点源、面源污染防治和河湖生态修复，分类施策，实施流域水环境综合治理工程，加大整治力度，切实改善重点流域海域水环境质量。实施太湖、洞庭湖、滇池、巢湖、鄱阳湖、白洋淀、乌梁素海、呼伦湖、艾比湖等重点湖库水污染综合治理。开展长江中下游、珠三角等河湖内源治理。

（七）城镇生活污水处理设施全覆盖

以城市黑臭水体整治和343个水质需改善控制单元为重点，强化污水收集处理与重污染水体治理。加强城市、县城和重点镇污水处理设施建设，加快收集管网建设，对污水处理厂升级改造，全面达到一级A排放标准。推进再生水回用，强化污泥处理处置，提升污泥无害化处理能力。

（八）农村环境综合整治

实施农村生活垃圾治理专项行动，推进13万个行政村环境综合整治，实施农业废弃物资源化利用示范工程，建设污水垃圾收集处理利用设施，梯次推进农村生活污水治理，实现90%的行政村生活垃圾得到治理。实施畜禽养殖废弃物污染治理与资源化利用，开展畜禽规模养殖场（小区）污染综合治理，实现75%以上的畜禽养殖场（小区）配套建设固体废物和污水贮存处理设施。

（九）土壤环境治理

组织开展土壤污染详查，开发土壤环境质量风险识别系统。完成100个农用地和100个建设用地污染治理试点。建设6个土壤污染综合防治先行区。开展1000万亩受污染耕地治理修复和4000万亩受污染耕地风险管控。组织开展化工企业搬迁后污染状况详查，制定综合整治方案，开展治理与修复工程示范，对暂不开发利用的高风险污染地块实施风险管控。全面整治历史遗留尾矿库。实施高风险历史遗留重金属污染地块、河道、废渣污染修复治理工程，完成31块历史遗留无主铬渣污染地块治理修复。

（十）重点领域环境风险防范

开展生活垃圾焚烧飞灰处理处置，建成区域性废铅蓄电池、废锂电池回收网络。加强有毒有害化学品环境和健康风险评估能力建设，建立化学品危害特性基础数据库，建设国家化学品计算毒理中心和国家化学品测试实验室。建设50个针对大型化工园区、集中饮用水水源地等不同类型风险区域的全过程环境风险管理示范区。建设1个国家环境应急救援实训基地，具备人员实训、物资储备、成果展示、应急救援、后勤保障、科技研发等核心功能，配套建设环境应急演练系统、环境应急模拟训练场以及网络培训平台。建设国家生态环境大数据平台，研制发射系列化的大气环境监测卫星和环境卫星后续星并组网运行。建设全国及重点区域大气环境质量预报预警平台、国家水质监测预警平台、国家生态保护监控平台。加强中西部地区市县两级、东部欠发达地区县级执法机构的调查取证仪器设备配置。

（十一）核与辐射安全保障能力提升

建成核与辐射安全监管技术研发基地，加快建设早期核设施退役及历史遗留放射性废物处理处置工程，建设5座中低放射性废物处置场和1个高放射性废物处理地下实验室，建设高风险放射源实时监控系统，废旧放射源100%安全收贮。加强国家核事故应急救援队伍建设。

专栏9　山水林田湖生态工程

（一）国家生态安全屏障保护修复

推进青藏高原、黄土高原、云贵高原、秦巴山脉、祁连山脉、大小兴安岭和长白山、南岭山地地区、京津冀水源涵养区、内蒙古高原、河西走廊、塔里木河流域、滇桂黔喀斯特地区等关系国家生态安全的核心地区生态修复治理。

（二）国土绿化行动

开展大规模植树增绿活动，集中连片建设森林，加强“三北”、沿海、长江和珠江流域等防护林体系建设，加快建设储备林及用材林基地建设，推进退化防护林修复，建设绿色生态保护空间和连接各生态空间的生态廊道。开展农田防护林建设，开展太行山绿化，开展盐碱地、干热河谷造林试点示范，开展山体生态修复。

（三）国土综合整治

开展重点流域、海岸带和海岛综合整治，加强矿产资源开发集中地区地质环境治理和生态修复。推进损毁土地、工矿废弃地复垦，修复受自然灾害、大型建设项目破坏的山体、矿山废弃地。加大京杭大运河、黄河明清故道沿线综合治理力度。推进边疆地区国土综合开发、防护和整治。

（四）天然林资源保护

将天然林和可以培育成为天然林的未成林封育地、疏林地、灌木林地全部划入天然林，对难以自然更新的林地通过人工造林恢复森林植被。

（五）新一轮退耕还林还草和退牧还草

实施具备条件的25度以上坡耕地、严重沙化耕地和重要水源地15～25度坡耕地退耕还林还草。稳定扩大退牧还草范围，优化建设内容，适当提高中央投资补助标准。实施草原围栏1000万公顷、退化草原改良267万公顷，建设人工饲草地33万公顷、舍饲棚圈（储草棚、青贮窖）30万户、开展岩溶地区草地治理33万公顷、黑土滩治理7万公顷、毒害草治理12万公顷。

（六）防沙治沙和水土流失综合治理

实施北方防沙带、黄土高原区、东北黑土区、西南岩溶区以及“一带一路”沿线区域等重点区域水土流失综合防治，以及京津风沙源和石漠化综合治理，推进沙化土地封禁保护、坡耕地综合治理、侵蚀沟整治和生态清洁小流域建设。新增水土流失治理面积27万平方公里。

（七）河湖与湿地保护恢复

加强长江中上游、黄河沿线及贵州草海等自然湿地保护，对功能降低、生物多样性减少的湿地进行综合治理，开展湿地可持续利用示范。加强珍稀濒危水生生物、重要水产种质资源以及产卵场、索饵场、越冬场、洄游通道等重要渔业水域保护。推进京津冀“六河五湖”、湖北“四湖”、钱塘江上游、草海、梁子湖、汾河、滹沱河、红碱淖等重要河湖和湿地生态保护与修复，推进城市河湖生态化治理。

（八）濒危野生动植物抢救性保护

保护和改善大熊猫、朱鹮、虎、豹、亚洲象、兰科植物、苏铁类、野生稻等珍稀濒危野生动植物栖息地，建设原生境保护区、救护繁育中心和基因库，开展拯救繁育和野化放归。加强野外生存繁衍困难的极小种群、野生植物和极度濒危野生动物拯救。开展珍稀濒危野生动植物种质资源调查、抢救性收集和保存，建设种质资源库（圃）。

（九）生物多样性保护

开展生物多样性保护优先区域生物多样性调查和评估，建设50个生物多样性综合观测站和800个观测样区，建立生物多样性数据库及生物多样性评估预警平台、生物物种查验鉴定平台，完成国家级自然保护区勘界确权，60%以上国家级自然保护区达到规范化建设要求，加强生态廊道建设，有步骤地实施自然保护区核心区、缓冲区生态移民，完善迁地保护体系，建设国家生物多样性博物馆。开展生物多样性保护、恢复与减贫示范。

（十）外来入侵物种防治行动

选择50个国家级自然保护区开展典型外来入侵物种防治行动。选择云南、广西和东南沿海省份等外来入侵物种危害严重区域，建立50个外来入侵物种防控和资源化利用示范推广区，建设100个天敌繁育基地、1000公里隔离带。建设300个口岸物种查验点，提升50个重点进境口岸的防范外来物种入侵能力。针对已入侵我国的外来物种进行调查，建立外来入侵物种数据库，构建卫星遥感与地面监测相结合的外来入侵物种监测预警体系。

专栏9（续）

（十一）森林质量精准提升

加快推进混交林培育、森林抚育、退化林修复、公益林管护和林木良种培育。精准提升大江大河源头、国有林区（场）和集体林区森林质量。森林抚育4000万公顷，退化林修复900万公顷。

（十二）古树名木保护

严格保护古树名木树冠覆盖区域、根系分布区域，科学设置标牌和保护围栏，对衰弱、濒危古树名木采取促进生长、增强树势措施，抢救古树名木60万株、复壮300万株。

（十三）城市生态修复和生态产品供给

对城市规划区范围内自然资源和生态空间进行调查评估，综合识别已被破坏、自我恢复能力差、亟须实施修复的区域，开展城市生态修复试点示范。推进绿道绿廊建设，合理规划建设各类公园绿地，加快老旧公园改造，增加生态产品供给。

（十四）生态环境技术创新

建设一批生态环境科技创新平台，优先推动建设一批专业化环保高新技术开发区。推进水、大气、土壤、生态、风险、智慧环保等重大研究专项，实施京津冀、长江经济带、“一带一路”、东北老工业基地、湘江流域等区域环境质量提升创新工程，实施青藏高原、黄土高原、北方风沙带、西南岩溶区等生态屏障区保护修复创新工程，实施城市废物安全处置与循环利用创新工程、环境风险治理与清洁替代创新工程、智慧环境创新工程。推进环境保护重点实验室、工程技术中心、科学观测站和决策支撑体系建设。建设澜沧江—湄公河水资源合作中心和环境合作中心、“一带一路”信息共享与决策平台。

第十章　健全规划实施保障措施

一、明确任务分工

明确地方目标责任。地方各级人民政府是规划实施的责任主体，要把生态环境保护目标、任务、措施和重点工程纳入本地区国民经济和社会发展规划，制定并公布生态环境保护重点任务和年度目标。各地区对规划实施情况进行信息公开，推动全社会参与和监督，确保各项任务全面完成。

部门协同推进规划任务。有关部门要各负其责，密切配合，完善体制机制，加大资金投入，加大规划实施力度。在大气、水、土壤、重金属、生物多样性等领域建立协作机制，定期研究解决重大问题。环境保护部每年向国务院报告环境保护重点工作进展情况。

二、加大投入力度

加大财政资金投入。按照中央与地方事权和支出责任划分的要求，加快建立与环保支出责任相适应的财政管理制度，各级财政应保障同级生态环保重点支出。优化创新环保专项资金使用方式，加大对环境污染第三方治理、政府和社会资本合作模式的支持力度。按照山水林田湖系统治理的要求，整合生态保护修复相关资金。

拓宽资金筹措渠道。完善使用者付费制度，支持经营类环境保护项目。积极推行政府和社会资本合作，探索以资源开发项目、资源综合利用等收益弥补污染防治项目投入和社会资本回报，吸引社会资本参与准公益性和公益性环境保护项目。鼓励社会资本以市场化方式设立环境保护基金。鼓励创业投资企业、股权投资企业和社会捐赠资金增加生态环保投入。

三、加强国际合作

参与国际环境治理。积极参与全球环境治理规则构建，深度参与环境国际公约、核安全国际公约和与环境相关的国际贸易投资协定谈判，承担并履行好同发展中大国相适应的国际责任，并做好履约工作。依法规范境外环保组织在华活动。加大宣传力度，对外讲好中国环保故事。根据对外援助统一部署，加大对外援助力度，创新对外援助方式。

提升国际合作水平。建立完善与相关国家、国际组织、研究机构、民间团体的交流合作机制，搭建对话交流平台，促进生态环保理念、管理制度政策、环保产业技术等方面的国际交流合作，全面提升国际化水平。组织开展一批大气、水、土壤、生物多样性等领域的国际合作项目。落实联合国2030年可持续发展议程。加强与世界各国、区域和国际组织在生态环保和核安全领域的对话交流与务实合作。加强南南合作，积极开展生态环保和核安全领域的对外合作。严厉打击化学品非法贸易、固体废物非法越境转移。

四、推进试点示范

推进国家生态文明试验区建设。以改善生态环境质量、推动绿色发展为目标，以体制创新、制度供给、模式探索为重点，设立统一规范的国家生态文明试验区。积极推进绿色社区、绿色学校、生态工业园区等“绿色细胞”工程。到2017年，试验区重点改革任务取得重要进展，形成若干可操作、有效管用的生态文明制度成果；到2020年，试验区率先建成较为完善的生态文明制度体系，形成一批可在全国复制推广的重大制度成果。

强化示范引领。深入开展生态文明建设示范区创建，提高创建规范化和制度化水平，注重创建的区域平衡性。加强创建与环保重点工作的协调联动，强化后续监督与管理，开展成效评估和经验总结，宣传推广现有的可复制、可借鉴的创建模式。

深入推进重点政策制度试点示范。开展农村环境保护体制机制综合改革与创新试点。试点划分环境质量达标控制区和未达标控制区，分别按照排放标准和质量约束实施污染源监管和排污许可。推进环境审计、环境损害赔偿、环境服务业和政府购买服务改革试点，强化政策支撑和监管，适时扩大环境污染第三方治理试点地区、行业范围。开展省级生态环境保护综合改革试点。

五、严格评估考核

环境保护部要会同有关部门定期对各省（区、市）环境质量改善、重点污染物排放、生态环境保护重大工程进展情况进行调度，结果向社会公开。整合各类生态环境评估考核，在 2018 年、2020 年底，分别对本规划执行情况进行中期评估和终期考核，评估考核结果向国务院报告，向社会公布，并作为对领导班子和领导干部综合考核评价的重要依据。

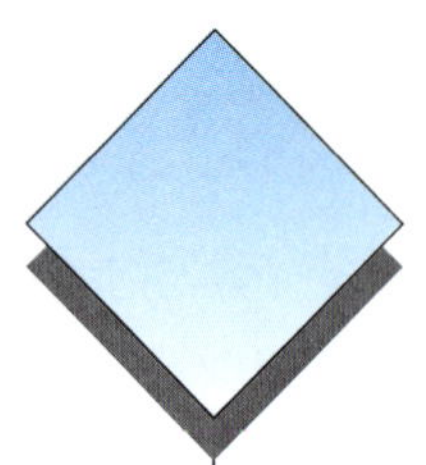

附录5 《煤炭工业“十三五”推广应用先进技术》目录

领域	序号	科技成果名称
地质勘探与地质保障	1	煤矿高密度全数字三维地震勘探技术
	2	矿井巷道地质构造超前探测技术
	3	煤矿井下超长综采工作面内地质构造槽波透视技术
	4	煤矿复杂水文地质条件突水构造探测技术
	5	煤矿地理信息系统与遥感遥测资源勘测技术
矿井建设	6	深厚复杂岩土斜井冻结法凿井关键技术
	7	千米深井特殊地层注浆材料及注浆工艺
	8	千米深井基岩快速掘砌技术及装备
	9	煤矿大直径反井施工技术与装备
	10	矿井松软岩层与破碎带巷道、硐室与马头门支护技术
煤炭绿色高效开采	11	特厚煤层大采高综放开采技术与装备
	12	厚煤层一次采全高综采成套技术与装备
	13	薄与极薄煤层综采工作面自动化生产技术与装备
	14	大倾角煤层安全高效综采成套技术与装备
	15	煤矿遗留煤柱与不规则块段安全高效开采技术与装备
	16	大断面煤巷快速掘进与支护技术装备
	17	综采工作面顺槽巷道超前支护技术与装备
	18	煤矿复杂围岩条件巷道高预应力锚杆支护技术
	19	松软易膨胀岩层巷道变形与底鼓控制技术
	20	大断面岩巷掘爆结合快速掘进技术与装备
	21	矿井大功率变频驱动与高效装卸载提升技术与装备
	22	大采高综放工作面快速搬家工艺及设备
	23	无煤柱煤开采技术与配套装备
	24	低透气性煤层群煤与瓦斯共采技术
	25	大采深矿井部分充填开采技术与装备

（续）

领域	序号	科技成果名称
煤炭绿色高效开采	26	煤矿井下采选充采集成技术
	27	大型煤矿露天-井工协调开采技术
	28	煤矿区地下水资源保护性开采技术
	29	煤矿开采地表沉陷控制与生态保护技术
煤层气开发	30	煤层气地面高效抽采与商业化利用技术
	31	煤层气抽采地面远距离自动控制钻进技术与装备
	32	低浓度煤层气高效安全燃烧技术与装备
	33	煤矿井下顺煤层长钻孔瓦斯高浓度抽采技术与装备
	34	煤矿保护层开采穿层钻孔瓦斯高效抽采技术与装备
煤矿安全	35	矿井通风系统信息化仿真监控技术与系统
	36	煤与瓦斯突出综合预警技术及系统
	37	深部开采煤岩动力灾害预测预警技术
	38	矿井瓦斯抽采达标评价技术与软件系统
	39	煤矿采动区地面井抽采瓦斯成套技术
	40	煤矿井下千米定向钻进技术及装备
	41	高瓦斯矿井井下预裂增透抽采技术与装备
	42	综采工作面自然发火预测预报预警技术
	43	易自燃煤层综采工作面采空区防灭火技术
	44	基于分布式光纤的矿用带式输送机防灭火监控系统
	45	矿山物联网安全生产超前感知关键技术
	46	煤矿高可靠性安全监控系统关键技术
	47	基于无线接入的便携式自诊断传感器及安全检测仪表
	48	矿井老空区水害隐患电法综合探测技术
	49	矿井粉尘浓度在线监测与高效除尘技术
	50	煤矿灾害应急救援关键技术与装备
煤炭加工与清洁利用	51	大型模块化重介选煤厂关键技术及装备
	52	高硫煤高效分选技术与工艺
	53	高灰难选煤泥的高效分选技术与工艺
	54	大直径三产品重介质旋流器
	55	低阶煤高效提质技术与工艺
	56	100万吨级煤炭间接液化技术、工艺与装备
	57	高效低排放煤粉工业锅炉系统
	58	燃煤锅炉低排放循环流化床燃烧技术

（续）

领　域	序号	科　技　成　果　名　称
煤炭加工与清洁利用	59	多喷嘴对置式水煤浆气化技术与装备
	60	干煤粉气化技术、工艺与关键装备
	61	无烟超低灰纯煤生产技术与工艺
	62	燃煤电厂脱硫废水零排放处理技术
	63	煤矸石电厂 SO_2、NO_x 和汞等多污染物的一体化脱除技术
	64	煤矿区大型电厂燃煤烟气污染物的资源化回收技术
	65	油母页岩、铝土矿、高岭土等共伴生矿产综合利用技术
	66	煤矿循环经济园区采选—发电—综合利用成套技术
矿区环境保护与污染治理	67	高强度开采矿区环境损伤形成机理及预测技术
	68	生态脆弱区煤炭现代开采地下水和地表生态保护技术
	69	采煤沉陷区复垦环境监测与评价技术
	70	煤矿工矿区废弃土地再利用技术
	71	矿区自燃煤矸石山原位治理与生态修复技术
	72	采煤沉陷区土地复垦与农业生态再塑技术
	73	矿区沉陷区煤矸石充填复垦技术
	74	煤矿废弃物综合利用和无害化处理技术
煤矿信息化智能化	75	基于云服务和大数据技术的矿山智能预测和决策系统
	76	基于移动互联网的煤矿安全生产数据网络传输技术体系
	77	基于大数据的地理信息系统（GIS）重构技术
	78	综采工作面数字化测控与无人化生产技术
	79	基于 GIS 的煤矿数字化智能化监测与管理系统
	80	矿区遥感遥测生态环境信息化监测技术

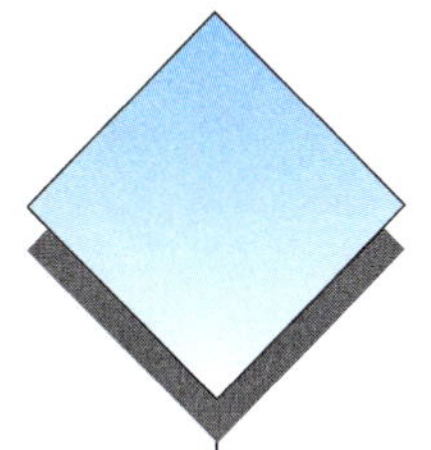

附录 6　2016 年能源领域行业标准制(修)订计划(煤炭部分)

序号	计划编号	标准项目名称	标准类别	制定修订	完成年限	标准化管理机构	技术委员会或技术归口单位	主要起草单位	代替标准
1	20160155	钻井液用磺化褐煤(SMC)	产品	修订	2016	中国石油天然气集团公司	石油工业标准化技术委员会油田化学剂专业标准化技术委员会	中国石油集团渤海钻探工程有限公司泥浆技术服务分公司、石油工业油田化学剂质量监督检验中心、中石化胜利石油工程有限公司钻井工艺研究院	SY/T 5092—2002
2	20160157	钻井液用褐煤树脂	产品	修订	2016	中国石油天然气集团公司	石油工业标准化技术委员会油田化学剂专业标准化技术委员会	中国石油集团渤海钻探工程有限公司泥浆技术服务分公司、石油工业油田化学剂质量监督检验中心、中石化胜利石油工程有限公司钻井工艺研究院	SY/T 5679—1993
3	20160290	立井井筒钻注平行作业技术规范	方法	制定	2016	中国煤炭工业协会	煤炭行业煤矿安全标准化技术委员会	淮北矿业(集团)有限责任公司、合肥工业大学、北京中煤矿山工程有限公司、中国煤炭工业协会生产力促进中心、煤矿深井建设技术国家工程实验室	
4	20160291	矿用调速型磁力偶合器	产品	制定	2017	中国煤炭工业协会	煤炭行业煤矿安全标准化技术委员会	煤科集团沈阳研究院有限公司、大连理工大学、神华集团有限责任公司、淮南矿业(集团)有限责任公司	
5	20160292	煤矿井下防爆电动风扇技术条件	产品	制定	2016	中国煤炭工业协会	煤炭行业煤矿安全标准化技术委员会	中煤科工集团重庆研究院有限公司、国家安全生产重庆矿用设备检验中心	

（续）

序号	计划编号	标准项目名称	标准类别	制定修订	完成年限	标准化管理机构	技术委员会或技术归口单位	主要起草单位	代替标准
6	20160293	矿用塑料护套保温钢管	产品	制定	2016	中国煤炭工业协会	煤炭行业煤矿安全标准化技术委员会	中煤科工集团上海研究院	
7	20160294	煤矿抽放瓦斯用焊接不锈钢管	产品	制定	2016	中国煤炭工业协会	煤炭行业煤矿安全标准化技术委员会	中煤科工集团上海有限公司	
8	20160295	煤矿抽放瓦斯用涂层螺旋焊接钢管	产品	制定	2016	中国煤炭工业协会	煤炭行业煤矿安全标准化技术委员会	中煤科工集团上海有限公司	
9	20160296	煤矿井下用钢塑复合网	产品	制定	2016	中国煤炭工业协会	煤炭行业煤矿安全标准化技术委员会	中煤科工集团上海有限公司	
10	20160297	煤矿用红外气体分析仪通用技术条件	产品	制定	2017	中国煤炭工业协会	煤炭行业煤矿安全标准化技术委员会	煤科集团沈阳研究院有限公司	
11	20160298	煤矿在用电机车检测检验规范	方法	制定	2016	中国煤炭工业协会	煤炭行业煤矿安全标准化技术委员会	山东公信安全科技有限公司、中国煤炭工业协会生产力促进中心、中煤科工集团上海有限公司检测技术研究中心、上海申传电气股份有限公司、国家煤矿防爆安全产品质量监督检验中心等	
12	20160299	煤矿在用竖井提升系统防坠器检测检验规范	方法	制定	2016	中国煤炭工业协会	煤炭行业煤矿安全标准化技术委员会	山东公信安全科技有限公司、中国煤炭工业协会生产力促进中心、中国安全生产科学研究院、中国矿业大学、国家煤矿防爆安全产品质量监督检验中心	
13	20160300	煤最短自然发火期的热量平衡测定法	方法	制定	2017	中国煤炭工业协会	煤炭行业煤矿安全标准化技术委员会	煤科集团沈阳研究院有限公司	
14	20160301	煤炭行业绿色矿山建设规划编制基本要求	方法	制定	2017	中国煤炭工业协会	中国煤炭工业协会	神华集团有限责任公司、中国煤炭工业协会生产力促进中心、神华神东煤炭集团公司、淮北矿业（集团）有限责任公司、冀中能源集团有限责任公司、大同煤矿集团有限责任公司等	
15	20160302	煤炭行业绿色矿山建设技术要求	方法	制定	2017	中国煤炭工业协会	中国煤炭工业协会	神华集团有限责任公司、中国煤炭工业协会生产力促进中心、神华神东煤炭集团公司、淮北矿业（集团）有限责任公司、冀中能源集团有限责任公司、大同煤矿集团有限责任公司等	

（续）

序号	计划编号	标准项目名称	标准类别	制定修订	完成年限	标准化管理机构	技术委员会或技术归口单位	主要起草单位	代替标准
16	20160303	煤炭行业绿色矿山建设评价规范	方法	制定	2017	中国煤炭工业协会	中国煤炭工业协会	神华集团有限责任公司、中国煤炭工业协会生产力促进中心、神华神东煤炭集团公司、淮北矿业(集团)有限责任公司、冀中能源集团有限责任公司、大同煤矿集团有限责任公司等	
17	20160304	煤矿井下瓦斯抽采钻孔钻封一体化技术规范	安全	制定	2018	中国煤炭工业协会	中国煤炭工业协会	平顶山天安煤业股份有限公司、煤炭信息院、煤科集团沈阳研究院有限公司、义马煤业集团股份有限公司	
18	20160305	煤矿在用水环真空泵系统安全检测检验规范	方法	制定	2017	中国煤炭工业协会	中国煤炭工业协会	贵州煤田地质局实验室、徐州矿一电子技术研究所、中国矿业大学	
19	20160306	煤矿掘进工程师水平评价标准	管理	制定	2016	中国煤炭工业协会	中国煤炭工业协会	中国煤炭工业协会人事培训部、中国煤炭工业协会人力资源工作委员会、中国煤炭工业协会培训中心	
20	20160307	煤矿机电工程师水平评价标准	管理	制定	2016	中国煤炭工业协会	中国煤炭工业协会	中国煤炭工业协会人事培训部、中国煤炭工业协会人力资源工作委员会、中国煤炭工业协会培训中心	
21	20160308	煤矿通风工程师水平评价标准	管理	制定	2016	中国煤炭工业协会	中国煤炭工业协会	中国煤炭工业协会人事培训部、中国煤炭工业协会人力资源工作委员会、中国煤炭工业协会培训中心	
22	20160309	采煤工程师水平评价标准	管理	制定	2016	中国煤炭工业协会	中国煤炭工业协会	中国煤炭工业协会人事培训部、中国煤炭工业协会人力资源工作委员会、中国煤炭工业协会培训中心	
23	20160310	煤矿供电防越级跳闸系统	产品	制定	2016	中国煤炭工业协会	中国煤炭工业协会	中国煤炭工业协会生产力促进中心、南京弘毅电气自动化有限公司、神华神东煤炭集团公司、哈尔滨国力电气有限公司	
24	20160311	矿山物联网构建基本要求	基础	制定	2016	中国煤炭工业协会	中国煤炭工业协会	中滦科技有限公司、中国煤炭工业协会生产力促进中心、中国煤炭科工集团常州研究院有限公司、兖矿集团有限公司有限公司、中国矿业大学	
25	20160312	煤矿井下钻孔轨迹测量与质量评价技术要求	方法	制定	2017	中国煤炭工业协会	中国煤炭工业协会	山西焦煤集团有限责任公司、北京合康科技发展有限责任公司、中国煤炭工业协会生产力促进中心、山西焦煤低碳技术开发公司、杭州祥龙钻探设备科技股份有限公司	

（续）

序号	计划编号	标准项目名称	标准类别	制定修订	完成年限	标准化管理机构	技术委员会或技术归口单位	主要起草单位	代替标准
26	20160313	封闭式储煤设施安全检测系统通用技术条件	方法	制定	2016	中国煤炭工业协会	中国煤炭工业协会	徐州中矿奥特麦科技有限公司、中国煤炭工业协会生产力促进中心、大同煤矿集团有限责任公司、煤科集团沈阳研究院有限公司、义马煤业集团股份有限公司	
27	20160314	煤矿能源管理系统	产品	制定	2016	中国煤炭工业协会	中国煤炭工业协会	中煤科工常州自动化研究院、上海山源电子科技股份有限公司、华荣科技股份有限公司	
28	20160315	煤矿用排水系统及排水泵节能规范	能效	制定	2017	中国煤炭工业协会	中国煤炭工业协会	中煤科工唐山研究院有限公司选检中心、唐山市水泵厂有限公司、辽宁南票煤电有限公司	
29	20160316	深层地下水循环氢氧稳定同位素示踪方法	方法	制定	2016	中国煤炭工业协会	中国煤炭工业协会	合肥兴皖煤炭化工科技有限公司、中国科技大学、芜湖智艺绿色能源技术有限公司、宿州学院、北京华安奥特科技有限公司、合肥工业大学、皖北煤电集团(国家水害中心)	
30	20160339	燃煤电厂煤炭机械化采制样设备使用导则	方法	制定	2017	中国电力企业联合会	电力行业燃煤机械标准化技术委员会	广东电网有限责任公司电力科学研究院、广东省粤电集团有限公司、西安热工研究院有限公司、河北大唐国际丰润热电有限责任公司	
31	20160356	入炉煤粉样品的采样和制备方法	方法	修订	2017	中国电力企业联合会	电力行业电厂化学标准化技术委员会	西安热工研究院有限公司	DL/T 567.2—1995 DL/T 567.4—1995
32	20160605	煤矿智能化瓦斯安全抽采系统技术要求	方法	制定	2017	煤矿瓦斯治理国家工程研究中心	能源行业煤矿瓦斯治理与利用标准化技术委员会	山东安益矿用设备有限公司、山东中科纳米管材有限公司、煤矿瓦斯治理国家工程研究中心	
33	20160606	煤矿井下瓦斯抽采钻孔密封技术规范	方法	制定	2018	煤矿瓦斯治理国家工程研究中心	能源行业煤矿瓦斯治理与利用标准化技术委员会	中国矿业大学、煤矿瓦斯治理国家工程研究中心、河南理工大学	
34	20160607	煤矿井下瓦斯抽采钻孔成孔、护孔技术规范	方法	制定	2018	煤矿瓦斯治理国家工程研究中心	能源行业煤矿瓦斯治理与利用标准化技术委员会	中国矿业大学、河南理工大学、煤矿瓦斯治理国家工程研究中心	

(续)

序号	计划编号	标准项目名称	标准类别	制定修订	完成年限	标准化管理机构	技术委员会或技术归口单位	主要起草单位	代替标准
35	20160608	瓦斯内燃发电现场验收规范	方法	制定	2017	煤矿瓦斯治理国家工程研究中心	能源行业煤矿瓦斯治理与利用标准化技术委员会	河南柴油机重工有限责任公司	
36	20160609	瓦斯内燃发电用瓦斯冷凝脱水装置技术要求	方法	制定	2017	煤矿瓦斯治理国家工程研究中心	能源行业煤矿瓦斯治理与利用标准化技术委员会	河南柴油机重工有限责任公司	
37	20160610	煤层气藏开发效果评价技术规范	方法	制定	2017	中联煤层气国家工程研究中心有限责任公司	能源行业煤层气标准化技术委员会	中石油煤层气有限责任公司、中国石油勘探开发研究院廊坊分院、煤层气国家工程研究中心、中国石油化工股份有限公司华东分公司、中联煤层气有限责任公司、山西蓝焰煤层气集团有限责任公司	
38	20160611	煤层气储层评价	方法	制定	2017	中联煤层气国家工程研究中心有限责任公司	能源行业煤层气标准化技术委员会	中联煤层气有限责任公司、中石油煤层气有限责任公司、煤层气国家工程研究中心、中国石油化工股份有限公司华东分公司、山西蓝焰煤层气集团有限责任公司	
39	20160671	甲醇合成用焦炉煤气技术条件	产品	制定	2017	能源行业煤制燃料标准化技术委员会	能源行业煤制燃料标准化技术委员会	七台河宝泰隆煤化工股份有限公司、中国标准化研究院、中国石油和化学工业联合会	
40	20160672	煤气化炉制造技术条件第3部分：干煤粉加压气化炉	工程建设	制定	2016	能源行业煤制燃料标准化技术委员会	能源行业煤制燃料标准化技术委员会	中国华能集团清洁能源技术研究院有限公司、上海锅炉厂有限公司中国五环工程有限公司	
41	20160673	气流床煤气化单元能效计算方法	管理	制定	2016	能源行业煤制燃料标准化技术委员会	能源行业煤制燃料标准化技术委员会	中国神华煤制油化工有限公司、通用电气神华气化技术有限公司航天长征化学工程股份有限公司、中国华能集团清洁能源技术研究院有限公司、中国五环工程有限公司	
42	20160674	费托合成蜡碳数分布的测定气相色谱法	方法	制定	2017	能源行业煤制燃料标准化技术委员会	能源行业煤制燃料标准化技术委员会	北京低碳清洁能源研究所	

参　考　文　献

[1] 中华人民共和国 2016 年国民经济和社会发展统计公报. http://www. stats. gov. cn/

[2] 中华人民共和国国民经济和社会发展第十三个五年规划纲要. http://news. xinhuanet. com/

[3] 国家统计局能源统计司. 中国能源统计年鉴 2016[M]. 北京:中国统计出版社,2016.

[4] 能源发展"十三五"规划. http://www. sdpc. gov. cn/

[5] 煤炭工业发展"十三五"规划. http://www. nea. gov. cn/

[6] 中国矿产资源报告(2016). http://www. mlr. gov. cn/

[7] 中国煤炭工业改革发展年度报告(2016). http://www. coalchina. org. cn/

[8] 稳中求进谋发展　聚焦供给抓改革　全国能源工作会议在京召开[EB/OL]. (2016-12-28). http://www. nea. gov. cn/

[9] 郭同欣. 中国对世界经济增长贡献不断提高[N]. 人民日报,2017-01-13.

[10] 李婕. 中国对全球减贫贡献最大　扶贫成绩绝无仅有[N]. 人民日报海外版,2017-01-16.

[11] 超八成上市煤企预盈或预增[N]. 中国煤炭报,2017-02-10.

[12] 煤炭行业 2016 年三季报前瞻[N]. 申万宏源,2016-10-17.

[13] 山西煤企兼并重组步入快车道　晋煤集团资产借*ST 煤气上市[N]. 证券日报,2016-06-24.

[14] 煤钢去产能取得重要阶段性成效[N]. 中国煤炭报,2017-02-08.

[15] 排污费将转换为环保税,增强执法刚性,减少地方干预[N]. 人民日报,2017-01-09.

[16] 环保机构垂直管理对煤矿产生什么影响? [N]. 中国煤炭报,2016-10-11.

[17] 2017 年全国能源工作会议[J]. 能源杂志,2016-12-27.

[18] 煤炭数字图书馆. http://www. coallib. com/

[19] 刘鹏. 2016 年上半年北方港口煤炭运输形势分析及下半年展望[J]. 中国港口,2016(8):20-22.

[20] 煤炭板块[N/OL]. 中国能源报 . http://paper. people. com. cn/zgnyb/html/

[21] 2016 年全国煤炭经济运行基本情况,环渤海动力煤价格[EB/OL]. 国家煤炭工业网 . http://www. coalchina. org. cn/

[22] 煤炭运价指导文件[EB/OL]. 中国铁路总公司 . http://www. china-railway. com. cn/

[23] 价格指数,中国(太原)煤炭交易中心 . http://www. ctctc. cn/

[24] 煤矿瓦斯防治部际协调领导小组第十四次会议在京召开[EB/OL]. (2017-01-16). http://www. nea. gov. cn/2017-01/16/c_135985557. htm

[25] 煤制油:距五千万吨"小目标"又近了[EB/OL]. (2017-02-13). http://coal. in-en. com/html/coal-2423800. shtml

[26] 建设项目环境影响评价已批准项目公告[EB/OL]. http://hps. mep. gov. cn/jsxm/pzxmgg/

[27] 白裕光. 煤炭开采对环境的影响及对策[J]. 节能环保,2016,10.

[28] 刘亚琼. 当前我国煤炭产业政策及其影响分析[J]. 企业改革与管理,2014.

[29] 张绍强. 发挥资源优势,加大清洁高效利用,促进煤炭企业转型发展[J]. 煤炭加工与综合利用,2016.

[30] 白旭阳,等. 粉煤灰提取氧化铝工业能耗分析[J]. 有色金属(冶炼部分),2017.

[31] 2016 电力工业运行简况. http://www. cec. org. cn/

[32] 2016 中国煤炭企业十大新闻[EB/OL]. 国家煤炭工业网，http://www. coalchina. org. cn/

[33] 武晓娟.《“十三五”国家科技创新规划》出炉　能源领域重点发力清洁利用技术，中国能源报，2016 - 08 - 15.

[34] 中煤协：煤炭工业“十三五”科技发展指导意见出炉[N]. 中国能源报，2016 - 04 - 25.

[35] 神华集团. 科技创新驱动发展，煤炭开采与环境保护并行[N]. 北京周报，2016 - 05 - 27.

[36] 曹志国，等. 神东矿区煤炭开采水资源保护利用技术与应用[J]. 煤炭工程，2014，46(10).

[37] 创新驱动、资本催化，走错位转型之路[EB/OL].（2016 - 11 - 16）. http://sn. people. com. cn/n2/2016/1116/c226647 - 29319705. html

[38] 集团公司科技研发创新迈出坚实步伐[EB/OL].（2017 - 01 - 12）. http://www. ykjt. cn/xwsx/text/2017 - 01/12/content_585722. html

[39] 中煤集团研发设计的综采工作面设备成功替代国际一流装备[EB/OL].（2017 - 01 - 12）. http://www. sasac. gov. cn/n86114/n326638/c2522706/content. html

[40] 栾姗. 郑煤机液压支架成功打入美国市场[N]. 河南日报，2016 - 06 - 08.

[41] 中国煤科的煤机智能制造的创新与应用[J]. 中国煤科，2016[4].

[42] 2016 年中国煤炭行业十大新闻[N]. 中国煤炭报，2017 - 01 - 04.

[43] 2016 年中国煤炭科技十大新闻[N]. 中国煤炭报，2017 - 01 - 04.

[44] “三高煤”清洁利用找到新路径[N]. 中国质量报，2016 - 07 - 26.

[45] 11 项涉煤项目获第十八届中国专利奖[N]. 中国煤炭报，2016 - 12 - 20.

[46] 国家安全生产监督管理总局网站，http://www. chinasafety. gov. cn/

[47] 国家能源局网站，http://www. nea. gov. cn/

[48] 住房和城乡建设部网站，http://www. mohurd. gov. cn/

[49] 中国煤炭工业协会网站，http://www. coalchina. org. cn/

[50] 中国煤炭科技创新网，http://www. mtkj. org/

[51] 赵琴. 煤矿安全监察管理信息化建设研究[D]. 呼和浩特：内蒙古大学，2016.

[52] 全国安全生产信息化总体建设方案[EB/OL].（2017 - 01 - 13）. http://www. chinasafety. gov. cn/

[53] 中国煤炭行业深度调研及发展趋势分析报告[EB/OL].（2014 - 11 - 13）. http://www. chinabgao. com/

[54] 国家煤矿安全监察局网站，http://www. chinasafety. gov. cn/.

[55] 2017 年全国安全生产工作会议[EB/OL].（2017 - 01 - 20）. http://www. chinasafety. gov. cn/newpage/zhuantibaodao/rdzt_17gzh. htm